全国高等院校电子商务系列实用规划教材

# 网络营销（第2版）

主　编　王宏伟

副主编　张媛媛　李　敏

北京大学出版社
PEKING UNIVERSITY PRESS

## 内 容 简 介

本书围绕高等院校的培养目标，旨在编写一本体现理论教学与实践教学相结合、重视学生网络营销技能培养、具有特色的网络营销教材。

全书共10章，主要包括4部分内容：第1部分(第1章)是网络营销的理论基础，主要介绍了网络营销的产生、概念、基本功能，网络营销与传统营销的整合等；第2部分(第2～4章)是网络营销的环境基础，介绍了网络营销环境、网络市场调研和网络市场分析等；第3部分(第5～8章)是网络营销实务，包括网络营销战略与策略，介绍了搜索引擎、E-mail、网络社区、博客、网络广告等主要营销方法；第4部分(第9～10章)是网络营销实践与管理。

本书可作为高等院校(应用型本科、高职高专)电子商务和市场营销等相关专业的教材，也可作为在职人员的培训用书，还可作为成人高等学校学生的自学用书。

**图书在版编目(CIP)数据**

网络营销/王宏伟主编．—2版．—北京：北京大学出版社，2014.3

(全国高等院校电子商务系列实用规划教材)

ISBN 978-7-301-23803-5

Ⅰ.①网… Ⅱ.①王… Ⅲ.①网络营销—高等学校—教材 Ⅳ.①F713.36

中国版本图书馆CIP数据核字(2014)第019452号

**书　　名：网络营销(第2版)**

著作责任者：王宏伟　主编

责 任 编 辑：刘　丽

标 准 书 号：ISBN 978-7-301-23803-5/C・0984

出 版 发 行：北京大学出版社

地　　　址：北京市海淀区成府路205号　100871

网　　　址：http://www.pup.cn　新浪官方微博：@北京大学出版社

电 子 信 箱：pup_6@163.com

电　　　话：邮购部62752015　发行部62750672　编辑部62750667　出版部62754962

印　刷　者：北京虎彩文化传播有限公司

经　销　者：新华书店

787毫米×1092毫米　16开本　17.75印张　416千字

2010年1月第1版

2014年3月第2版　2019年1月第6次印刷

定　　　价：36.00元

# 第2版前言

网络技术的飞速发展，为网络经济发展奠定了基础，以电子商务为基础的网络经济发展为企业的网络营销带来了新的机遇，以品牌推广、网络广告和客户沟通等为主要形式的网络营销在企业营销中的重要地位和作用已得到企业的广泛认可，网络营销已从概念认识转为实践运用。

网络营销是一门实践性很强的课程。编者在研究国内外优秀教材及教学方法的基础上，结合教育部对高等院校人才培养目标的要求，旨在编写一本体现理论教学与实践教学相结合的、重视学生网络营销技能培养的、具有特色的网络营销教材。

本书在第1版的基础上进行修订，其突出特点表现在3个方面：一是在内容上，基本反映网络营销的最新理念与基本原理，注重实用性，将理论知识与实践训练相结合，简单易学；二是在结构上，本书各章节均由不同模块组成；三是在案例教学上，在重视案例教学的普遍性和典型性的基础上，实现案例的时代性，根据网络营销的最新发展，提供最新的教学案例。本书包括多个模块：知识目标和技能目标说明学习目标；引例引出本章的主要学习内容；正文介绍主要的学习内容；案例用于研究网络营销中存在的问题和成因，加深对所学知识的认识和掌握，增加学习的趣味性；知识库对相关知识和内容进行深入分析和拓展；资料链接提供相关背景资料，帮助学生开拓视野，提高对问题的深层次认识和理解；本章小结以结构框图的形式使学生对本章所学内容形成清晰的框架，便于复习和提高；思考与练习通过习题检验学生了解知识及掌握技能的程度，培养学生的分析能力和思辨表达能力；实训与案例通过综合案例的学习和操作性强的实训项目，进一步强化对技能的训练和能力的培养。

本书由王宏伟担任主编，张媛媛、李敏担任副主编。全书共10章，具体的编写分工如下：第1～3章由王宏伟编写，第6～8章由张媛媛编写，第4、5、9、10章由李敏编写。全书由王宏伟总纂定稿。

在编写本书的过程中，编者借鉴了大量文献资料，在此对相关作者表示感谢！由于编者水平有限，书中难免有不足之处，敬请广大读者批评指正，并对本书提出宝贵的修改意见。

编　者

2014年1月

# 第 1 版前言

随着计算机和网络技术的高速发展，各种网络调研、网络广告、网络服务等网络营销活动已经渗透到企业的生产经营中，网络营销已从概念认识转到实践运用，并在不断地深化。

网络营销是一门实践性很强的课程。编者在研究国内外优秀教材及教学方法的基础上，结合教育部对高职高专人才培养目标的要求，旨在编写一本体现理论教学与实践教学相结合的、重视学生网络营销技能培养的、具有高等职业教育特色的网络营销教材。

本书的突出特点表现在两个方面：一是在内容上，基本反映网络营销的最新理念与基本原理，注重实用性，将理论知识与实践训练相结合，简单易学；二是在结构上，本书各章节均由不同模块组成。具体模块分别是：学习目标——知识目标和技能目标；引例——引出本章的主要学习内容；正文——主要的学习内容；案例——用来研究网络营销中存在的问题和成因，加深对所学知识的认识和掌握，增加学习的趣味性；知识库——对相关知识和内容进行深入分析和拓展；资料链接——提供相关背景资料，帮助学生开拓视野，提高对问题的深层次认识和理解；本章小结——以结构框图的形式使学生对该章所学的内容形成清晰的框架，便于复习和提高；思考与练习——通过习题检验学生了解知识及掌握技能的程度，培养学生的分析能力和思辨表达能力；案例与实训——通过综合案例的学习和操作性强的实训项目，进一步强化对技能的训练和能力的培养。

本书由王宏伟教授任主编，张媛媛、甄小虎和陈联刚任副主编，芦阳、康金辉和贯晶参与编写。全书共分 10 章，其中，第 1 章由王宏伟编写，第 2、5 章由陈联刚编写，第 3 章由贯晶编写，第 4 章由康金辉编写，第 6 章由芦阳编写，第 7、8 章由甄小虎编写，第 9、10 章由张媛媛编写。全书由王宏伟总纂定稿。

在编写过程中，本书借鉴了大量文献资料，在此对相关作者表示感谢！

由于编者水平有限，不妥之处敬请广大读者批评指正，并对本书提出宝贵的修改意见。

编　者<br>2010 年 1 月

# 目　　录

# 第1章

# 网络营销的理论基础

## 知识目标

（1）了解网络营销的产生与发展；
（2）掌握网络营销的基本内涵、特点和基本功能；
（3）掌握网络营销基本理论的核心思想。

## 技能目标

（1）能够对网络营销与传统营销的优缺点进行分析；
（2）能够说明网络营销与电子商务的关系；
（3）能够分析某一具体网站的网络营销应用。

引 例

## 快速发展的互联网络

如图 1.1～图 1.3 所示，根据中国互联网信息中心发布的《第 33 次中国互联网络发展状况调查统计报告》，截至 2013 年 12 月底，中国 IPv4 地址数量为 3.30 亿，拥有 IPv6 地址 16 670 块/32，域名总数为 1 844 万个(其中 .CN 域名数为 1 083 万个)，网站总数达到 320 万个，国际出口带宽达到 3 406 824Mb/s。互联网基础资源呈快速增长，位居世界前列。

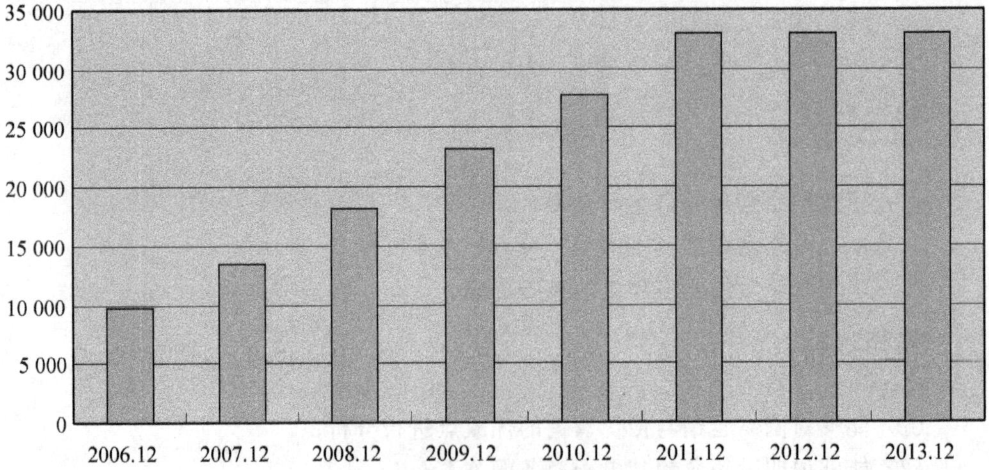


图 1.1 中国 IPv4 地址资源变化情况

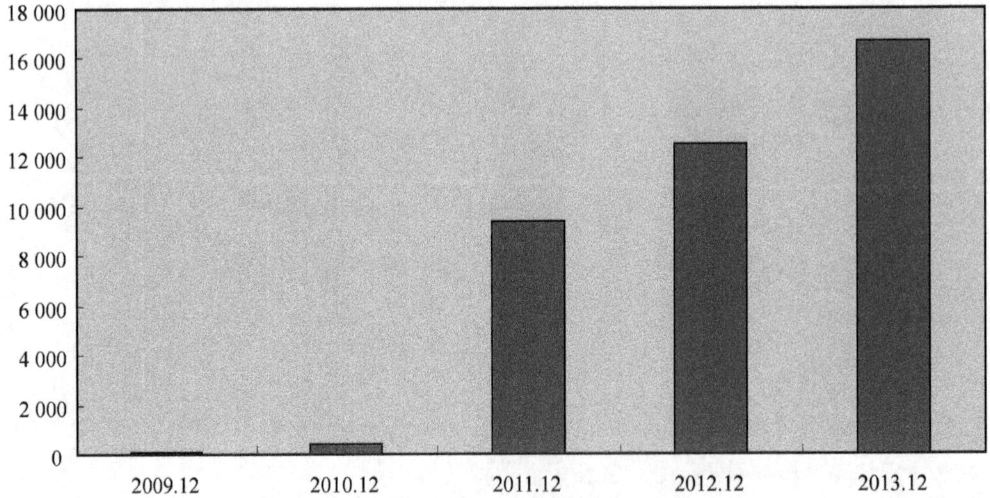


图 1.2 中国 IPv6 地址资源变化情况

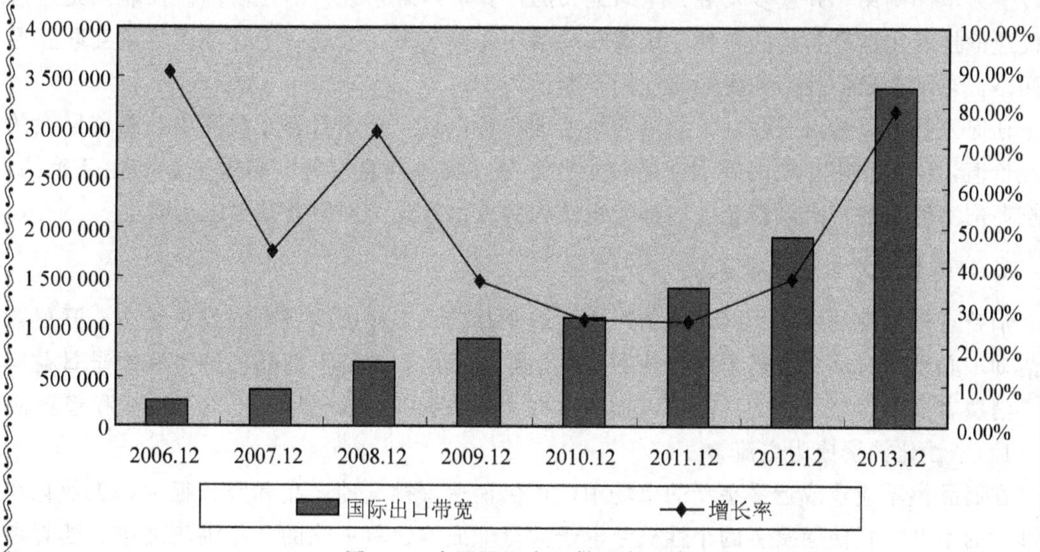


图 1.3 中国国际出口带宽变化情况

（资料来源：http://www.cnnic.cn.）

互联网是人类历史发展中一个伟大的里程碑，它极大地促进了人类社会的进步与发展。网络也越来越成为人们日常工作和生活中不可缺少的工具，网络媒体在社会信息环境中的地位日益提升，企业需抓住信息化的历史机遇，借助网络的力量获得成功。网络基础资源的快速发展，一方面为企业网络营销奠定了基础，另一方面也说明了网络营销的快速发展。

## 1.1 网络营销概述

随着互联网与通信技术的发展和广泛应用，网络经济已悄然来临。在互联网络这一潜力巨大的数字化新兴市场上，以新的理念和方法开展营销活动，实现营销目标，成为各类企业关注的焦点。

### 1.1.1 网络营销产生的基础

网络营销是网络经济下的一种新的营销方式，是计算机和网络通信技术的发展、消费者价值观的变革、商业竞争等多种因素综合作用的结果。

1. 网络营销产生的技术基础

计算机和网络通信技术的发展与应用是网络营销产生的技术基础。网络营销以互联网为基础，互联网的前身是美国国防部为支持国防研究项目，于 20 世纪 60 年代末 70 年代初建成的阿帕网(ARPA Net)。20 世纪 80 年代以后，网络的商业价值逐渐被挖掘，阿帕网转变为军民两用，并逐步发展为全球最大的计算机网络系统，即互联网。互联网是通过现代通信技术将世界各地的各种广域网和局域网连接起来，形成一个跨越国界的互联互通的网络，它随着通信技术的发展与应用不断扩大。

任何人都可以加入互联网，共享网络上的各种信息。企业看到互联网中蕴藏着巨大的商业价值，纷纷利用互联网展示产品和企业形象，提供信息服务，拓展企业的业务范围，并按照网络经济的特点调整企业内部组织结构和营销方式，网络营销也应运而生。

### 2. 网络营销产生的观念基础

消费者价值观的变革是网络营销产生的观念基础。企业以消费者的需求为中心开展营销活动，必须了解消费者需求的特征和变化趋势。目前，市场上商品的种类和数量日益丰富，消费者面对纷繁复杂的商品可以随意挑选，消费者的需求也呈现出以下特征和趋势。

1）个性化消费成为主流

在商品供不应求或近乎垄断的市场中，可供消费者挑选的产品和服务很少，工业化和标准化的生产方式使消费者的个性被淹没于大量低成本、单一化的产品洪流之中。随着市场经济的发展，市场从卖方市场转变为买方市场，可供挑选的商品日益丰富，消费者需求的多样化和差异性开始显现，需求变化的速度也越来越快，每个消费者都可能成为一个细分市场，个性化消费成为主流。

2）理性购买意识增强

随着商品的日益丰富，消费者购买的风险逐渐增加，对风险的感知也随着选择的增多而上升。而消费者需求的个性化，使得消费者愿意通过各种方式主动获取与商品或服务有关的信息，并对信息进行比较分析，做出理性的购买决策，降低购买风险。

3）追求购买方便性

随着工作压力的增大和空闲时间的减少，一部分消费者对购买的方便性要求越来越高，并力求降低购买过程中的时间成本和精力成本。

4）价格对消费者心理有重要影响

对于每种商品，消费者在心理上都有一个价格上限，超过这个界限，消费者会倾向于放弃购买。在互联网发展的初期，人们习惯于免费的产品或服务；随着互联网的广泛应用，消费者接受了付费产品或服务，但对网上销售的产品和服务有低价格的心理预期，消费者的价值评价与市场价格的差异仍对消费者行为有着重要的影响。

以上这些新的消费者的价值观念，是使人们普遍接受网络营销观念的基础。

**课堂思考**

网络营销能否适应消费者需求变化的趋势与特征？

### 3. 网络营销产生的现实基础

日趋激烈的市场竞争是网络营销产生的现实基础。在激烈的市场竞争中，企业为了获得竞争优势，不仅要不断应用新的营销手段来吸引更多的消费者，还要不断地寻求变革，尽可能地降低商品生产和销售过程中所产生的成本和费用，缩短生产销售周期，提高企业的赢利能力。网络营销的产生给企业带来了福音。开展网络营销不仅无须支付大量的店面租金，而且通过与顾客的及时沟通，使企业能够根据消费者的需求进行个性化定制，减少企业库存，提高企业的市场应变能力，从而从根本上增强企业的竞争优势。

**案例 1-1**

## 茅台酒网上卖

面对激烈的市场竞争，曾经的“酒香不怕巷子深”已经成为历史，贵州茅台集团作为茅台酒的生产者，不仅投巨资购买中央电视台黄金时段(2011 年 11 月，耗费 4.4 亿元夺得央视 2012 年黄金时段广告权)，而且，面对迅速发展的电子商务、网络营销、数以亿计的网民和数亿万元的网上销售，贵州茅台集团也不得不重新审视自己的营销网络和渠道。2012 年 7 月 23 日，茅台网上商城全新开业，全面负责茅台酒及其系列产品网上销售业务，使茅台酒的网上销售成为现实。

（资料来源：http://www.emaotai.cn/b2c/index.aspx.）

**思考题**：贵州茅台酒为什么开展网上销售？

### 1.1.2 网络营销的基本内涵

关于网络营销，迄今还没有形成一个公认的和较为规范、完善的定义。拥有不同知识背景的专家学者从不同的角度去认识网络营销，对网络营销的研究方法和研究内容都有不同的解释。例如，一些专家学者侧重于研究如何通过网络实现企业的营销目标，而另一些专家学者强调网站的推广技巧，还有一些把网络营销视为网上直销或网上销售。

从“营销”的角度出发，本书综合以往的观点，将网络营销定义为企业为适应和满足消费者的需求，以网络环境为基础，运用现代通信技术，系统地使用各类电子工具对产品或服务所进行的一系列经营活动，进而实现企业的营销目标。

网络营销是一种新型的营销模式，旨在通过利用各种互联网工具为企业营销活动提供有效的支持，具有很强的实践性。如何定义网络营销并不重要，重要的是理解网络营销的真正意义和目的，有效开展网络营销活动。认识和理解网络营销应注意以下几个方面。

#### 1. 网络营销是企业营销战略的组成部分

网络营销是企业整体营销战略的组成部分，它一方面包括传统营销活动在网络环境下的应用和实现过程，另一方面包括网络环境下特有的、以数字化形式的产品及无形服务为核心内容的各种营销活动。网络营销与传统市场营销并存，并同时在营销实践中得到应用与发展，两者共同为实现营销目标而努力。例如，网站推广，除了在网上做推广外，还要利用传统营销方法进行推广。

#### 2. 网络营销不限于网上销售

网上销售是企业在网络平台上与消费者开展网上交易的过程。而网络营销则贯穿于企业开展网上经营的整个过程，包括网站推广、信息发布、顾客服务、网上调研、销售促进和网上销售等内容。网上销售只是网络营销环节之一。

3. 网络营销不是电子商务

网络营销与电子商务存在密切联系，但也有一定的区别。网络营销只是一种营销模式，注重通过开展以互联网为主要手段的营销活动来促进商品交易、提升企业品牌价值、加强与顾客沟通及改善顾客服务等；电子商务的内涵很广，其核心是电子化交易，强调的是交易方式和交易过程的各个环节都是在网上实现的。例如，发生在网上交易过程中的网上支付、安全与法律等问题，都不是网络营销重点研究的内容。网络营销是电子商务的重要组成部分。

4. 网络营销不是万能的

互联网已经成为“第五媒体”，并且应用越来越广泛，但如同电视不能全部取代广播、报纸、杂志一样，网络也不能最终取代电视、杂志、广播等传统营销媒体。各种营销方式覆盖的人群及目标客户各有侧重，优势互补。

资料链接

## 与网络营销概念相关的几个英文术语

World Wide Web，万维网，简称WWW。Web Marketing中的Web等同于WWW，Web Marketing强调的是基于网站的营销。

Internet Marketing，指在互联网上开展的营销活动，比Web Marketing范围要广。

OnLine Marketing，指在线营销，与网下营销相对应。通常在一些调查统计、行业分析类的文章中能看到用这一词汇来表示网络营销相关领域的某些指标。

Cyber Marketing，Cyber指计算机虚拟空间，Cyber Marketing是指网络营销在虚拟的计算机空间进行运作的营销活动。

Network Marketing，泛指利用各种网络资源开展的营销活动。这里的网络资源包括互联网、企业内部网(Intranet)、增值网络(VAN)等。

E-marketing，常用的网络营销英译。E即Electronic，表示电子化、信息化、网络化的含义。E-marketing与电子商务(E-business)、电子虚拟市场(E-market)、电子邮件(E-mail)等约定俗成的翻译相对应。

Cyber Marketing和Net Work Marketing这些术语应用较少，但有时为了使写作中的词汇不至于过于单调，而采用的不同表达方式。

在“网络营销”的众多英译名称中，是否建立一个英文与中文术语的一一对应关系，其实并不重要，只要不引起混淆就可以了，更多地在于个人的习惯。

(资料来源：http://www.wm23.com/200402/chap1/2121.htm.)

### 1.1.3 网络营销的特点

互联网是开展网络营销的基础，互联网的某些特性使得网络营销呈现出跨时空性、多媒体性、成长性、整合性、复合性等特点。

1. 跨时空性

互联网具有跨越时间和空间进行信息交换的特点。基于互联网的网络营销也不受时间和空间的限制，使跨时空交易成为可能。借助互联网，企业可以全天候向世界各地的顾客提供产品和服务。

2. 多媒体性

通过互联网络传递的信息不仅仅是文字，利用多媒体技术还可以传递声音、图像、动画等，这些信息被有机地融为一体，以超文本的形式生动活泼地展现给顾客，从而提高网络营销对顾客的影响力。

3. 成长性

经过十多年的快速发展，中国网民增长进入了一个相对平稳的阶段，互联网在易转化人群和发达地区居民中的普及率已经达到较高水平，而随着移动互联网的繁荣发展，移动终端设备价格更低廉、接入互联网更方便等特性，为部分落后地区和难转化人群中的互联网推广工作提供了契机。根据中国互联网络信息中心统计显示，截至2013年12月底，中国网民数量达到6.18亿，互联网普及率为45.8%，域名总数为1 844万个。

4. 整合性

网络营销从消费者的需求出发，根据消费者的需求设计产品或服务并送达消费者。开展网络营销需要企业对营销活动进行统一的规划和协调，有效整合企业资源和可利用的社会资源，以统一的传播资讯向消费者传达信息，满足消费者需求。

5. 复合性

网络营销以网络平台为基础，以通信技术为支撑。企业开展网络营销必须有相应的技术投入和技术支持，需要拥有营销知识、掌握网络通信技术的复合型人才。

### 1.1.4 网络营销的基本功能

网络营销作为一种新的营销模式，其基本功能表现在网络品牌建立、网站推广、信息发布和产品展示、网络调研、产品销售、销售促进、顾客服务等方面。

1. 网络品牌建立

品牌在很大程度上代表着企业的实力和形象，消费者往往认牌购物。网络营销的重要功能之一是在互联网上建立并推广企业的品牌，并利用互联网推动和促进企业品牌在网下的拓展和扩散，提升企业的整体形象。

2. 网站推广

对于网络营销者来说，要想让更多的顾客从互联网的海量信息中获得相关信息，并产生购买动机和行为是非常困难的，网站推广的重要性正在于此。为使企业的产品和服务信息家喻户晓，企业必须做好网站推广，让更多的顾客知道并访问企业网站，为网络营销的成功奠定基础。

3. 信息发布和产品展示

不管是哪种营销模式，都要将特定信息传递给目标群体。互联网为企业发布信息和产品展示提供了快速、便捷的渠道，通过网站发布信息，进行产品展示成为网络营销的主要内容之一。此外，企业还可以利用电子布告栏系统(Bulletin Board System，BBS)、新闻组(Newsgroup)、E-mail等工具或其他网络服务提供商发布信息。

4. 网络调研

网络调研是企业能动性的一种表现，是提升企业网络营销能力的手段。企业可以利用多种搜索方法主动获取市场信息，研究市场变化趋势，分析消费者心理和行为，研究竞争对手的营销目标和策略，以提高企业对市场的快速反应能力，为企业制定网络营销策略提供依据。

5. 产品销售

企业传统的销售渠道是从生产商到批发商，然后通过零售商送达消费者手中。网上销售是企业新的销售渠道，企业通过建立具有网上交易功能的网站开展销售活动，或利用电子商务综合平台上的网上商店开展销售活动。

6. 销售促进

网络营销的另一个功能是通过使用有奖促销、拍卖促销、免费促销等各种针对性强的网上促销手段来实现增加销售的目的。这些促销方法和手段并不限于对网上销售的支持，对于促进网下销售同样很有价值。

7. 顾客服务

在网络营销过程中，企业通过常见问题解答、E-mail、论坛和各种即时通信(Instant Messaging，IM)工具等，向顾客提供包括无假日的紧急需要服务、信息跟踪、信息定制、信息转移等各种服务，提高顾客的满意度，增进与顾客的关系。

网络营销的各个功能之间是相互联系、相互促进的。网络营销的最终目的是充分协调和发挥各种功能，以更好、更及时地满足顾客的需求，实现网络营销的整体效益最大化。

**课堂思考**

从图 1.4 中，你能发现茅台网上商城具备网络营销的哪几项基本功能？

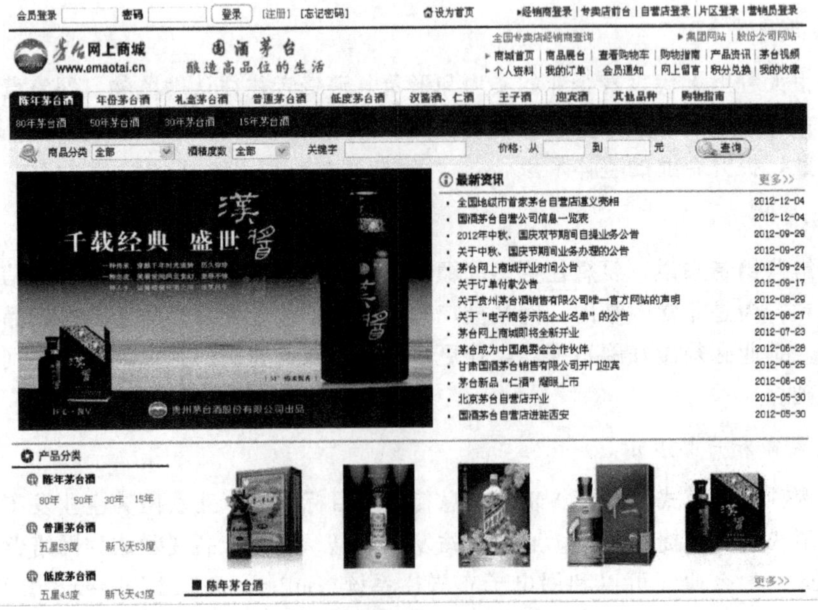


图 1.4　茅台网上商城

资料链接

## 中小企业互联网应用普及状况

联合国国际电联(International Telecommunications Union，ITU)发布的《ICT核心指标》，按其应用特点，将企业互联网应用分为以下4大类。

(1) 沟通类。利用互联网方式完成交流沟通的通用型互联网应用，主要包括发送和接收E-mail、网络电话/VoIP等。

(2) 信息类。利用互联网获取或者发布信息的互联网应用，包括了解商品或服务信息、从政府机构获取信息、发布信息或即时消息等。

(3) 商务服务类。利用互联网辅助企业更好地进行商务活动，如网络客户服务、网上银行等。

(4) 内部支撑类。利用互联网辅助企业内部管理、内部工作效率提升的相关互联网应用，包括与政府机构互动(如在线办事)、网络招聘、在线员工培训等。

根据中国互联网信息中心发布的《2013年上半年中国企业互联网应用状况调查报告》，截至2013年6月底，全国范围内使用互联网办公企业比例为80.8%；40.1%的企业建立了独立的企业网站，独立网站具有产品展示、树立企业形象的功能的比例为86.4%和77.4%；17.5%的企业利用电子商务平台建立企业网店。在全国范围内，普及率排在前三位的互联网应用分别为：沟通类应用——发送和接收电子邮件，商务类应用——网上银行，信息类应用——了解商品或服务信息，比例分别为84.9%、68.8%和68.5%。

在互联网应用上，企业普遍使用QQ等即时聊天工具进行营销推广、搜索引擎营销推广和利用电子商务平台推广的使用率分别为61.7%、58.8%和57.7%；传统的互联网营销方式中，网站展示性广告使用率为47.5%，电子邮件营销使用率为46.7%；其他如论坛/BBS、微博、网盟等使用率较低(在20%左右)。

(资料来源：http://www.cnnic.cn.)

### 1.1.5 网络营销的主要内容

在传统的市场营销中，产品(Product)策略、价格(Price)策略、渠道(Place)策略和促销(Promotion)策略被称为市场营销4P组合策略，也是整个市场营销学的基本框架。

基于不同视角和知识背景的网络营销研究人员，对网络营销的理解存在较大的差异，对网络营销理论体系研究的内容也不同。

注重网络营销相关技术手段研究的学者将与网络营销相关的技术手段作为整个理论(内容)体系的核心内容，包括搜索引擎检索原理、企业网站服务器构建、网页制作方法、E-mail系统配置等。

注重网络营销操作方法和技巧的学者将网站推广、网络广告等作为网络营销的主要内容，强调网络营销的实践性。

注重传统市场营销学理论研究的学者将网络营销视为一种新的营销模式，是现代市场营销的重要组成部分，将传统的4P体系融入网络营销。这种体系比较完整，适合教学的需要，但对实践应用有很大的限制，如很难将企业网站、搜索引擎、E-mail等纳入进来。

综合以上观点，本书结合网络技术和市场营销理论，以企业为营销主体，构建了一套网络营销内容体系，主要包括4部分，如图1.5所示。

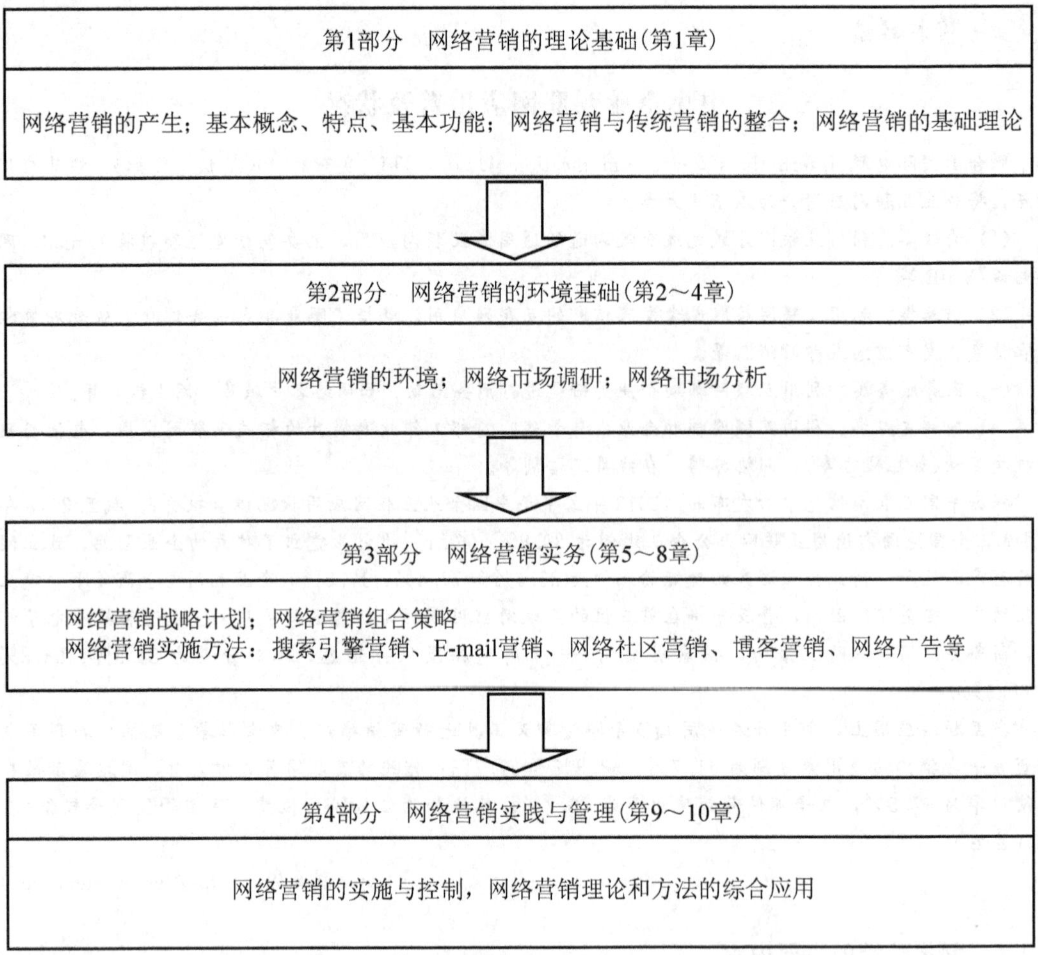


**图 1.5　网络营销内容体系框架**

第 1 部分(第 1 章)作为全书的理论基础，主要对网络营销的产生、基本概念、特点、基本功能、网络营销与传统营销的整合、网络营销的理论基础等进行探讨，为深入了解网络营销奠定基础。

第 2 部分(第 2～4 章)为网络营销的环境基础，介绍了网络营销的环境、网络市场调研和网络市场分析，包括网络营销的宏观和微观环境、网络营销的支持条件、网络市场调研、网络市场的特点和网络消费者分析等。

第 3 部分(第 5～8 章)为网络营销实务，介绍了网络营销战略计划、网络营销策略及其实施的方法，重点介绍搜索引擎营销、E-mail 营销、网络社区营销、博客营销、网络广告等重要方法。这一部分是网络营销内容体系的主体，也是实现各种网络营销功能的基础。

第 4 部分(第 9～10 章)为网络营销实践与管理，是对网络营销理论和方法的综合应用。

## 1.2 网络营销与传统营销

网络营销作为一种新的营销模式和手段，与传统营销同属现代市场营销理论，两者既有相同点，又存在明显的区别。有效整合网络营销与传统营销策略和手段，更好地唤起顾客对产品的注意，满足顾客需要，是企业营销者必须研究的重要课题。

### 1.2.1 网络营销与传统营销的相同点

1. 目标相同

作为现代市场营销理论的重要组成部分，网络营销和传统营销的目标都是通过发现需求并满足需求来实现销售，创造利润。

2. 活动范畴相同

网络营销和传统营销的活动范畴都包括消费者需求调查、产品设计开发、产品定价、销售、促销、了解消费者的评价及反馈等，涵盖从产品研发到消费结束的全过程。

3. 围绕中心相同

网络营销和传统营销都以消费者为中心，围绕消费者需求提供产品和服务，通过满足消费者的需求实现企业的赢利和发展。网络营销和传统营销都需要企业以满足消费者需求为中心，通过市场调查发现、唤醒、引导、激发消费者的真正需求，然后有针对性地去满足这些需求。

### 1.2.2 网络营销与传统营销的区别

网络营销是以互联网为基础展开的营销活动，它与传统营销的区别主要表现在以下几个方面。

1. 营销环境不同

市场营销以工业经济为基础，而网络营销除了工业经济基础外，还有网络经济、网络技术和现代通信技术基础。网络营销以网络通信技术为基础，通过互联网和企业内部网络实现企业营销活动的信息化、自动化与全球化，消除了传统营销中时间和空间的限制。

2. 目标市场不同

在传统市场营销活动中，目标市场的选择多是针对某一特定消费群体。网络营销的目标市场则更多的是个性需求者。企业通过网络收集大量信息，了解不同消费者的不同需求，从每一个消费者身上寻找商机，并针对每一个消费者制定相应的营销策略，为其提供个性化的产品或服务。

3. 营销策略不同

网络营销是在虚拟环境下开展营销活动，顾客只能通过网络了解产品信息，无法直观感觉和试用，因此，在营销策略上，企业也必须根据虚拟环境要求，设计产品及产品展示，制定相应的营销策略。

(1) 产品策略。在网络营销中，消费者不能触摸到产品的实体，企业利用多媒体技术将产品的外形、性能、特点、品质及为用户提供的服务展示出来。理论上讲，一般商品和服务都可以在网络上销售。目前，适于在网上销售的产品主要是比较直观和容易识别的产品，如电子产品、音像制品、书籍等。企业在开展网络营销时，必须结合网络特点，重新考虑产品的设计、开发、包装和品牌策略。

(2) 价格策略。传统营销中制定产品价格重点考虑产品成本和企业目标利润。借助于互联网双向沟通技术，网络营销中企业采取双赢的定价策略对产品或服务进行定价。一方面充分考虑目标消费者的接受能力，另一方面利用互联网降低成本与费用，与消费者分享因成本降低带来的价值增值。

(3) 渠道策略。传统营销的销售渠道策略取决于营销各主体间的空间距离及交通条件，产品销售采取库存和中间环节(分销商)的迂回模式来实现。网络营销主体利用互联网与顾客直接沟通，实现直销，借助于第三方物流减少对库存和中间环节的依赖，降低流通费用和交易费用；无形产品则可以直接通过网络进行配送。

(4) 促销策略。传统营销运用广告、人员推销、公共关系、销售促进等各种促销手段。在网络营销中，人员推销作为直销的手段难以采用，网络广告是网上促销的主要手段，并且促销内涵和实现方式更为丰富。

促销的实质是信息沟通，网络营销使传统的单向信息沟通转变为交互式信息沟通，提高了消费者的参与度和积极性。

4. 沟通方式不同

传统营销中交易双方往往以直接面对面的方式接洽。网络营销中交易双方通过网站、E-mail、BBS 等进行信息交互沟通。

**资料链接**

## 网络经济下的消费者行为模式比较

在网络经济下，作为媒体的互联网逐渐成为企业营销推广的重要工具。

首先，从用户的角度看，互联网尤其是上网搜索改变了用户的消费行为模式。根据中国互联网络信息中心调查显示，有77%的互联网用户在购买产品前会上网搜索信息。根据图1.6中的AISAS模型，搜索作为整个消费行为最重要的瓶颈，搜索结果的有无、搜索结果的好坏会直接对消费行为造成影响，通过分享成倍扩散。网络上的信息、评论对购物决策的影响已经逐渐超过传统媒体。

其次，网络营销的效果优于其他媒体。基于用户数据库的分析，网络营销能够实现精准投放。同时，互联网是唯一一个能够集问题识别、信息搜集、评价选择、决策购买和购后评价这一系列消费者行为为一身的媒体平台。大大提高了用户的购物效率，能够使营销直接产生购买效果。

最后，网络对其他媒体的融合使得用户的媒体消费习惯越来越集中于网络。这必然导致广告资源流向互联网，网络广告相对于其他媒体广告将在较长时间内保持较快的增长速度。

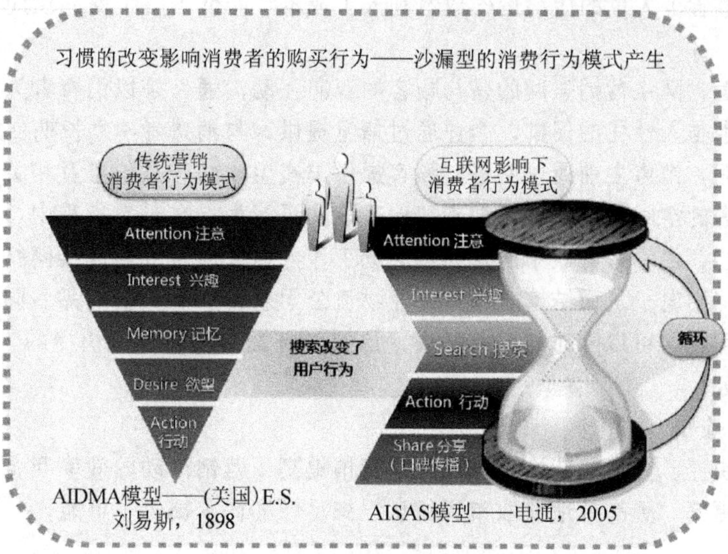


图 1.6 消费者行为模式比较

（资料来源：http://www.cnnic.cn.）

### 1.2.3 网络营销的优势和不足

1. 网络营销的优势

网络营销具有许多明显的优势，主要表现在以下 3 个方面。

1）市场竞争的公平性

在网络营销中，没有时间、空间的限制，减少了市场壁垒和市场扩展的障碍。所有的企业不受自身规模的约束，面对覆盖全球的网络市场，公平竞争。每个企业都可拥有自己的网站，都可以通过网络随时传递产品信息，寻找贸易合作伙伴，创造贸易机会。

2）营销策略贴近顾客

在产品方面，网络营销顺应了当今社会消费需求个性化、多样化的发展趋势，使消费者拥有比传统营销更大的产品选择自主权。一方面，消费者可以根据自己的需求与偏好在全球范围内快速找到自己想要的产品；另一方面，企业在产品定位、设计、生产等阶段，通过 BBS、在线讨论和 E-mail 等方式与顾客进行沟通，以极低的成本即时获取消费者的意见和要求，实现企业与消费者的“一对一”营销，体现“以顾客为中心”的营销理念，满足消费者个性化需求。

在价格方面，网络营销主体直接面对消费者，节省了中间费用，降低了销售成本；企业通过网上采购，将原材料采购与产品制造有机地结合起来，形成一体化的信息传递和信息处理体系，大大降低了采购成本；企业在网上发布信息，与顾客沟通的费用通常比较低，节省了促销费用。以上各项费用的降低会最终反映为产品价格的降低，从而产生较大的竞争优势。

在渠道方面，网络营销的优势主要体现在它能使企业与顾客之间进行零距离的沟通和交流。通过网络，企业可以直接面对消费者销售产品，减少了批发商、零售商等中间环节和产品库存，节省了大量的店铺运作成本和人工成本，降低了整个商品供应链上的费用和经营风险。

在促销方面，网络营销强调的是与顾客的双向互动沟通，是以消费者为主导的、非强迫性的、低成本与人性化的促销，企业通过信息提供，与消费者建立长期良好的关系。

在服务方面，销售之前通过网络向顾客提供丰富生动的产品信息及相关资料，留给顾客更多自由考虑的空间，使顾客更加理智地采取购买行为；在买卖过程中，顾客无需花费时间去商场选购，也不必为联系送货而与商场工作人员交涉，只需链接网络，即可在虚拟商店浏览商品，用电子货币结算，通过专业物流公司获得所购买的商品。同时，用户在购买后若出现了问题，可以随时与厂家联系，得到来自卖方及时的、快捷的、7×24 小时的技术支持和服务。

3）市场反应快

网络具有快捷、方便等特性。开展网络营销提高了营销活动的效率和企业的市场反应能力，为企业更好、更高效地获取市场信息、满足顾客需求提供了可能。

### 2. 网络营销的不足

与传统营销相比，网络营销具有显著优势，但作为一种新的营销模式，网络营销还存在以下几方面的不足。

1）通信技术与网络安全制约网络营销的发展

目前，中国网络发展很快，但整体水平不高，网络消费者的信息管理与分析能力有待提高；在广大农村地区，网络通信技术的应用还不够普及；同时，由于互联网的完全开放性使得网络安全受到很大的威胁，用户对网上交易的安全性存在疑虑。这些因素在很大程度上制约了网络营销的发展。

2）价格问题愈加敏感

公开、透明的产品服务价格信息，使得顾客极易在比较中做出选择，价格问题对顾客购买决策的影响进一步加强。网络营销企业为获得更多的订单和销量，也常把价格作为重要的竞争策略。

3）购物乐趣缺失

对一些消费者来讲，特别是女性消费者，商品的选购过程是一个休闲、娱乐的过程。网上购物尽管方便、快捷，但面对的是冷冰冰、没有感情的机器，在虚拟的网络空间中的购物活动抹杀了传统市场中的购物乐趣；同时，网上购物也无法满足消费者社交的心理需要，无法使消费者获得在网下购物中所能得到的显示自身社会地位、成就或支付能力等方面的心理需要。

## 1.2.4 网络营销与传统营销的整合

在现代市场营销中，网络营销和传统营销各有侧重，两者的整合是实现营销目标的关键。

### 1. 网络营销不可能完全取代传统营销

网络营销作为一种新的营销模式，与传统营销相比有许多优势，但不能完全取代传统营销，主要有以下几个方面的因素。

(1) 到目前为止，依托于互联网的电子商务市场仅仅是整个商品市场的一部分，电子商务市场的交易额只占整个市场交易额的一小部分。

(2) 网络市场所覆盖的消费群体只是整个市场中的一小部分，许多群体由于种种原因还不能或不愿参与网上交易，如老年人、农村地区的消费者等。

(3) 许多消费者因个人生活方式、兴趣、偏好等原因，不愿接受网上交易方式，如许多消费者习惯于在传统的商场里边购物边休闲。

(4) 营销活动的对象是有灵性和感情的人，互联网作为一种沟通工具，难以具备传统营销中以人为本的营销策略所具有的独特的亲和力。借助于互联网虽然可以使企业与顾客有条件直接进行交流，但这个过程中缺少人们交流中的肢体语言，在一定程度上制约了企业与顾客间的情感交流。

#### 2. 网络营销的4C策略

4C理论由美国营销专家罗伯特·F. 劳特朋(Robert F. Lauterborn)教授于1990年提出，它以消费者需求为导向，重新设定了市场营销组合的4个基本要素：消费者(Consumer)、成本(Cost)、便利(Convenience)和沟通(Communication)。网络信息技术和现代通信技术的发展，使4C营销组合策略在网络营销中得到更有效的运用，也使市场营销实践得到快速发展。

(1) 消费者策略。企业应把追求消费者满意度放在第一位，即忘掉产品，专注于消费者的需求，生产和销售消费者真正需要的产品。

(2) 成本策略。企业应努力降低消费者的购买成本，即忘掉价格，考虑消费者获取满足的支付成本，生产出的产品成本必须是消费者能够并且愿意接受的。

(3) 便利策略。企业要充分注意到消费者购买过程中的便利性，即忘掉渠道，专攻消费者便利、安全购物。

(4) 沟通策略。企业应以消费者为中心实施有效的营销沟通，即忘掉促销，加强与消费者的沟通，尊重消费者，与消费者建立一种友好、健康的关系。

#### 3. 网络营销与传统营销的整合策略

传统营销与网络营销是现代市场营销的两个有机组成部分，这两者缺一不可，必须有效整合才能使其发挥最大的功效，满足消费者的个性化需求，实现企业的营销战略和目标。

(1) 产品策略整合。产品和服务要更加注重对消费者个性化需求的满足。企业通过市场调研了解消费者的需求和欲望，设计生产符合消费者需求的产品，借助于传统营销模式，满足一般消费者需求；借助于网络平台，满足更广大区域内的网络消费者的个性化需求。网络营销的实施，不仅为企业提供了一种全新的营销模式，也为企业提供了新的开拓市场的工具和增长点。例如，Dell公司通过互联网，根据顾客的需求组装计算机，在计算机部件价格急剧下降的今天，实现销售业绩的大幅增长。

(2) 价格策略整合。价格的高低不仅影响企业的收入和利润，也同时影响着消费者的需求和支付成本。在定价时，企业不仅要考虑生产成本、费用和目标利润，还要借助网络平台了解目标市场的支付能力和意愿，平衡企业和消费者双方的利益，从而提高定价的有效性和可行性。

(3) 渠道策略整合。不同的消费者有不同的偏好和渠道选择，同一消费者在不同时间和条件下也会选择不同的渠道。企业若采用单一渠道模式，无异于放弃更大的市场份额和市场拓展空间。企业要通过传统渠道和网上销售渠道的有效整合，以更有效、更便利的方式满足消费者需求，从而提高营销效率和业绩。

(4) 促销策略整合。促销的本质是沟通，网下交流与网上交流各有目标和优势。有效利用两种不同的方式进行沟通，充分了解消费者的意愿和真正关心的利益点，是影响促销策略成败的关键。

### 1.2.5 网络营销的发展趋势

中国网民对互联网深层次应用的需求和接受程度增速快，但水平低，成长空间较大。

#### 1. 网络广告模式创新加快

自 2001 年以来，网络广告模式，包括网络广告形式、尺寸，网络广告媒体形式，网络广告信息传递模式和网络广告投放形式等，均在不断创新。

企业在开展网络营销时，可根据网站提供的相关内容和服务选择网络广告媒体；可根据广告受众的偏好、广告目标、广告预算等选择广告形式，如语音广告、视频广告；在网络广告的投放和管理模式上，企业可根据自身情况、管理能力和资源，确定是自助投放、自助管理，还是委托或由广告代理商负责。

#### 2. 搜索引擎营销竞争加剧

行业的发展有其内在的规律，从诞生、发展、成熟直到衰退，市场份额通常都要经历从集中到分散再到集中的过程。随着互联网的普及和广泛应用，搜索引擎领域的市场竞争也在不断加剧，主要表现在两个方面：一是搜索引擎服务商的数量不断增加，新生搜索引擎不断涌现，如搜狐推出的搜狗和 Yahoo 的一搜等；二是搜索引擎服务商为获得更多的市场份额，不断改进销售渠道，增加和改进服务项目与内容。

目前，搜索引擎营销服务具有一定的垄断性，产品价格和销售模式基本上取决于服务商的严格规定。但随着竞争的加剧，多渠道销售、多种灵活定价模式的搜索引擎产品将更有市场吸引力。

#### 3. Web 2.0 网络营销越来越受到企业的重视

尽管 Web 2.0 网络营销尚未成为主流，但随着 Web 2.0 网站的快速发展，企业的网络营销资源、网络营销方法也在不断增加。诸如博客(Blog)、RSS、网摘、播客(Podcast)等 Web 2.0 网络营销越来越受到企业的重视，并成为有效的网络营销工具。

#### 4. 提供一站式解决方案将成为企业获得专业化网络营销服务的重要途径

一站式解决方案是指集网站建设、站点推广、商机转化等网络营销重要环节于一身的网络营销服务，由一家网络服务商提供。提供一站式解决方案不仅能够降低企业在时间、精力和资金上的消耗，而且有利于网站后续管理和维护，实现网站的有效运行。

# 1.3 网络营销的基本理论

网络营销区别于传统营销的根本之处在于网络本身的特性和对消费者个性化需求的有效满足。企业开展网络营销活动的理论主要有目标市场营销理论、直复营销理论、关系营销理论、软营销理论、整合营销理论和定制营销理论等。

## 1.3.1 目标市场营销理论

目标市场营销是指企业通过市场细分，选择一个或几个细分市场作为自己的目标市场，专门研究其需求特点，并有针对性地设计适当的产品、制定适当的价格、选择合适的渠道和促销手段开展市场营销活动，集中力量为目标市场服务，满足目标市场的需要。

目标市场营销的核心是市场细分(Segmenting)、目标市场选择(Targeting)和市场定位(Positioning)，又称 STP 营销。

### 1. 市场细分

所谓市场细分，是指企业根据市场需求的多样性和购买行为的差异性，把市场划分为若干个具有某种相似特征的顾客群，即细分市场或子市场，以便选择并确定自己的目标对象。通过市场细分，使各细分市场之间具有较为明显的差异性，而属于同一细分市场的消费者则具有相同或相似的需求特征和要求。

市场细分的主要依据有两点，一是购买者之间的需求存在着广泛的差异，这些差异是由购买者所处的不同地理环境及千差万别的文化、社会、个人和心理特征的影响而形成的；二是企业资源的有限性，即任何一家企业都不可能满足所有消费者的所有需求。

消费者市场的细分方法有地理细分、人口细分、心理细分和行为细分四大类。

### 2. 目标市场选择

在市场细分的基础上，企业通过评估每个细分市场的吸引力，根据企业自身的优势和能力，选择一个或若干个细分市场作为自己的目标市场，并针对目标市场的特点展开营销活动，以期在满足顾客需求的同时，获取更大的利润。

目标市场选择策略包括无差异市场营销策略、差异性市场营销策略和集中性市场营销策略 3 种。每种策略都有优缺点、适用的范围和条件。企业应根据自身资源、产品同质性、市场同质性、产品所处的生命周期阶段、竞争对手的目标市场战略等具体情况来选择相应的营销策略。

### 3. 市场定位

市场定位是指企业针对选定的目标市场，根据自身的优劣势和竞争对手的情况，为产品在顾客心目中建立一个有利的竞争位置，从而树立一个鲜明的品牌形象，以吸引更多的顾客，提高产品的市场竞争力，实现企业既定的营销目标。

有效的市场定位，可使消费者对企业的产品或品牌产生深刻、独特的印象和好感，形成习惯性购买，提高企业的市场竞争力。

市场定位的基础是差异化。没有差异化，就不存在定位问题。差异化主要包括产品差异化、服务差异化、人员差异化、企业形象差异化等方面。

### 1.3.2 直复营销理论

直复营销(Direct Response Marketing)指不通过中间商，企业直接与顾客“面对面”开展的营销活动。“直复”即直接回复，是指顾客对企业的营销努力有一个明确而直接的回复，企业可以通过对回复的统计，做出对营销效果的评价。传统的直复营销形式有以下几种。

1. 直接邮购营销

直接邮购营销指企业自己或委托广告公司制作宣传信函，分发给目标顾客，引起顾客对产品的兴趣，并通过信函或其他媒体进行订货和发货，最终完成销售的营销过程。

2. 目录营销

目录营销指企业编制商品目录，并通过一定的途径分发到顾客手中，实现订货并发货的销售行为。目录营销实际上是从邮购营销演化而来的，两者的最大区别在于目录营销适用于经营一条或多条完整产品线的企业。

3. 电话营销

电话营销指企业通过电话向顾客提供产品和服务信息，顾客再借助电话提出交易要求的营销活动。

4. 电视营销

电视营销指企业通过购买电视的某个时段，播放有关产品信息，包括产品功能、价格等，促使顾客产生购买意向并最终达成交易行为的营销活动，其实质是电视广告的延伸。

借助互联网的高效性，顾客可以直接通过网络订货和付款，企业则通过网络接受订单、安排生产，并直接将产品送给顾客。互联网也就成为直复营销的最佳工具之一。

**案例 1-2**

## 红孩子公司的直复营销之路

红孩子公司2004年成立，同年www.readbaby.com.cn网站正式开通，构建了B2C网站、直投DM商品目录、呼叫服务中心、社区网站、特别渠道联盟等多个平台，以及分布在9个省市的分公司。

2005年8月，红孩子公司推出服务会员的网上论坛及社区；2006年9月，新增化妆、家居、健康等品类的经营；2008年5月，新增3C小家电品类销售；2009年，食品和化妆品先后成为B2C领域销售领先的频道；2010年6月，获中国互联网协会信用评级AAA级；2010年，全国呼叫中心运营监控及现场分析体系、全国统一服务质量监控体系试上线运行、热线岗前培训统一标准及管理体系、全国投诉管理分析和红孩子社区分享功能先后上线；2011年，UCP系统上线，“缤购”(binggo.com)全新上线。目前，公司产品包括母婴、化妆、食品、家居、保健、厨电等；“红孩子”网站(图1.7)已经成为中国最大的孕婴妈妈安心购物网站；binggo. com B2C网站已成为中国女性重要的安心购物平台。

图 1.7 红孩子网站主页

（资料来源：www. redbaby. com. cn.）

**思考题**：查阅资料，说明红孩子公司成功的主要原因是什么？

资料链接

## 中国企业的直复营销之路

直复营销作为一种营销手段来运用，在国外已经有漫长的发展史，以其精准化的理念和手段，创造了众多的新兴企业，其中不乏像Dell一样的巨头。直复营销进入中国，也催生出“携程”、“PPG”等明星企业。现阶段中国企业的直复营销之路，更具灵活性、杂交性，营销性远超于技术性，主要表现在以下几个方面。

1. 目标市场选择策略

在国外，直复营销的生命力在于精准。精准的保障是高科技的计算机分析，是科学精准的数据分析。对潜在消费对象的性别特征、年龄特征、收入水平是必须要了解的，还要分析对方的心理特点、消费习惯，挖掘对方对信息的接受方式，接受时段。然后再采取为其量身定做的手段，进行信息传播，调动购买需求。

中国直复营销的众多真正成功者，却一反直复营销经典理论，走出了一条模糊路线。销售的是男女老少都能用的产品；反复叫卖的，是普通家庭都需要的产品；即使针对细分人群，也是在这一大类人都适用的产品上做足文章。

在众多成功者的宣传中，除了明确的利益，还清晰地看到这样的产品字眼：“家庭常备”、“常吃常用”。好像“万金油”，任何人都可以来一点。

2. 产品策略

中国直复营销企业的目录杂志越办越厚，内容越办越乱。卖衬衣休闲裤的，卖起了牛仔裤；卖婴儿用品的，也卖起了日用品。而在国外，直复营销企业多经营单一品类产品。

3. 推广策略

在中国，直复营销目前更接近一种渠道。PPG、红孩子的萌芽阶段，并没有精确的分析，它们之所以成功，核心是选择的产品适合于直复购物模式。中国的消费环境，大部分人还没有到享乐的阶段，在这样的环境下，大众化的产品更容易成功。

吸引入会和不断挖掘是中国直复营销的主要手段。从保健品到衬衣，一元策略被广泛采用。以有极其吸引力的价格吸引入会，已经成为中国直复营销企业屡试不爽的手段。入会后，宣传资料、电话、E-mail纷至沓来，运用会员制的各种措施不断挖掘客户。

在中国当前国情下做直复营销，既不能照搬照抄西方理论鹦鹉学舌，更不能穿新鞋走老路不思进步，而必须根据中国国情实事求是地思考问题，处理事物。

（资料来源：http://www.51callcenter.com/newsinfo/206/16627/.）

### 1.3.3 关系营销理论

关系营销(Relationship Marketing)倡导企业应积极主动地与其相关利益群体，如顾客、公众、供应商、营销中介等建立并保持一种友好合作的关系，以形成一种长期稳定的关系网络，保持企业有利的市场竞争位置，实现企业的营销目标。

关系营销的核心是保持顾客，在与顾客保持长期关系的基础上开展营销活动，为顾客提供高度满意的产品和服务。有关调查显示，一个满意的顾客会影响8笔潜在的生意，其中至少有一笔会成交；一个不满意的顾客会影响25个潜在顾客的购买意愿；争取一位新顾客所花的成本是保住一位老顾客的6倍。建立良好的顾客关系，有利于提高顾客的忠诚度，并为企业带来长远利益。

互联网的普及使企业与顾客之间有条件实现低成本的沟通和交流，并为企业与顾客之间建立长期稳定的关系提供了有效保障。企业利用互联网获得顾客需求信息，了解市场需求，有效地进行市场细分和目标市场选择并锁定市场，最大限度地降低营销费用，提高对市场的反应速度，更好地为顾客提供服务，实现双赢。

### 1.3.4 软营销理论

软营销也称为柔性营销，是针对工业经济时代以大规模生产为主要特征的强势营销提出的新理论。它强调企业进行市场营销活动的同时，必须尊重消费者的感受和体验，通过一系列人性化的营销活动让顾客能心甘情愿地接受企业的产品和服务。

相对于以广告和人员推销等为主要促销手段的强势营销，软营销强调通过有效沟通，让消费者主动接受企业提供的产品或服务。借助于互联网，企业实现了与顾客之间自由、平等、开放和交互的信息交流，从而使软营销理论得以实践。

网络社区(Network Community)和网络礼仪(Netiquette)是实施网络软营销的基本保障。

网络社区是指那些具有相同兴趣或目的、经常相互交流、互利互惠、能给成员以安全感的互联网上的单位或个人所组成的团体。在网上，人们利用网络论坛、新闻组等工具，就共同感兴趣的话题展开讨论，形成如程序员、游戏、摄影爱好者甚至某球星的球迷等社区。

网络礼仪是互联网自诞生以来所逐步形成并不断完善的一套良好的、不成文的网络行为规范。在互联网上开展网络软营销活动，特别是促销活动，必须遵循一定的网络礼仪。例如，利用E-mail进行网络营销时，必须谨记两个“必须”与一个“不要”，即公司或者个人收到E-mail，必须及时礼貌地给予答复；每一封寄出的E-mail，必须表述清楚简洁，且有一定价值；不要发送人们不欢迎或明确表示拒绝接收的E-mail。

**课堂思考**

国外有一家DIY家装连锁店，每个员工的职责是告诉消费者采用哪些装修材料、工具既能满足他们的要求，又能最省钱。有一位消费者为了解决一个难题，欲购买一套价值5 000美元的工具，该连锁店的一名员工为其提供了一个简单的解决方案，只花了5美元，消费者非常感动。许多人说这样的商店太不明智了，应该让消费者尽量多花钱，才是快速致富之本，你认为呢？

### 1.3.5 整合营销理论

整合营销(Integrated Marketing)是一种对各种营销工具和手段的系统化结合，根据营销环境的变化，进行即时的动态修正，以使交易双方在交互中实现价值增值的营销理念与方法。整合就是把营销的各个环节和各种策略与方法综合成一个有机整体。

整合营销要求以消费者为中心，综合利用企业所有可利用的资源，实现企业的高度一体化营销。整合既包括企业营销过程、营销方式及营销管理等方面的整合，也包括对企业内外部的商流、物流及信息流的整合。在网络经济时代，整合营销要特别注重对网络营销的整合，发挥网络优势，实现4C前提下的4P策略。

整合营销强调协调与统一，一方面要整体配置企业所有的资源，另一方面要使企业中各层次、各部门和各岗位，以及总公司、分公司、产品供应商、经销商及相关合作伙伴协调行动，并追求企业与外部环境的协调一致，形成竞争优势。

**案例1-3**

#### 海尔的“零距离下的虚实网融合”

海尔集团1984年创立于青岛，是目前全球化家电制造商之一。2011年，海尔集团全球营业额1 509亿元，在全球17个国家拥有8万多名员工，用户遍布世界100多个国家和地区。

2000年海尔实施战略转型，2004年创建网上海尔商城(www.ehaier.com)，与互联网实现充分融合，以“零距离下的虚实网融合”创出第一时间满足用户第一需求的竞争力，即通过网上商城(图1.8)和网络社区形成用户黏度和产品直销，通过营销网、物流网、服务网，在第一时间送达用户满意。商业模式从传统商业模式转型为人单合一双赢模式，形成了网上直销、网下直营店和网下分销复合型销售模式。而利用海尔商城，让顾客直接参与产品设计，为顾客提供设计建议，让海尔的“为顾客提供一站式服务”成为现实。

图 1.8　海尔商城主页

（资料来源：http://www.ehaier.com.）

**思考题**：与其他国内家电企业相比，海尔的网上商城优势何在？

### 1.3.6　定制营销理论

定制营销(Customized Marketing)视每一位顾客为一个单独的细分市场，根据每一个人的特定需求来安排营销组合策略。定制营销是在规模化生产不能满足消费者多样化、个性化需求的情况下提出来的。

在市场需求多样化的今天，定制营销能极大地满足消费者的个性化需求，提高企业的竞争力。在定制营销中，顾客可以直接参与产品的设计，企业参考顾客的意见改进产品，从而达到产品、技术等方面的创新，且与顾客的需求保持一致，促进企业的不断发展。2000年，海尔提出“定制冰箱”的概念，即“我的冰箱我设计”，为消费者量身定做冰箱产品。

顾客数据库是企业实施定制营销的依据。企业将自己与顾客的每一次交易都记录下来，包括顾客购买的数量、价格、采购条件、特定需要、性别、年龄等。通过数据库分析，了解新老顾客的需求状况，从而制定出针对性更强的营销策略。

**案例 1-4**

## 型牌男装，密码定制

型牌男装是为商务男士提供高级男装定制服务的专业品牌，专注做好“男装定制专家”。型牌网是北京酷绅服装有限公司旗下的个人定制网站。

型牌男装志在提高定制服装的性价比，希望客户“用成衣的价格享受到高级定制服务”，型牌发明了密码定制法，利用网上定制，让客户只用3个尺寸即可开始定制，95%以上的人只需通过这一简单便利的方法就可以定制到满意的高级男装，同时，也为那些要求更加严格的客户提供了告知日常穿衣感受、审核调整成衣设计尺寸、在线客服沟通、电话沟通和无条件退货等多项服务，尽一切可能追求客户满意。

（资料来源：http://www.utype.cn.）

**思考题**：网上服装定制真的能代替传统定制吗？网上服装定制的主要客户群体有哪些？

资料链接

## 电商应用：多因素驱动电子商务市场快速发展

据中国互联网发展中心发布的第33次《中国互联网络发展状况统计报告》显示，2013年网民互联网应用状况基本保持上一年的发展趋势，即时通信作为第一大上网应用，网民使用率还在继续上升；电子商务类应用继续高速发展；电子邮件、论坛/BBS等老牌互联网应用使用率较低。

1. 网络购物用户购买决策存在年龄代际区隔

根据CNNIC《2013年中国网络购物市场研究报告》显示，不同年龄代际横向比较来看，在购买不熟悉的产品时，60后决策更看重购物网站的品牌；70后追求品牌的性价比，看重购物网站的品牌和产品价格的高低；80后更看重用户评价与网站的知名度/口碑；90后则更看重于用户评价。这与不同年龄代际的生活态度和购物习惯相关。因此购物网站在做宣传推广时，针对不同年龄段目标用户应该采取不同的促销策略。

2. 手机网络购物成重要消费模式，增长潜力较大

随着中国移动网络环境的改善和智能手机的普及，中国电子商务类应用在手机端发展迅速。2013年手机网络购物用户规模达到1.44亿，年增长率160.2%，使用率高达28.9%。此外，根据CNNIC《2013年中国网络购物市场研究报告》，网络购物时使用手机浏览查询的用户占比58.2%，而手机网络购物用户仅占网络购物总体用户的47.8%。

数据显示，81.8%的手机网络购物用户通过手机上百度等通用搜索查看商品信息，78.8%的手机网络购物用户在手机上输入网址打开网站浏览。用手机上一淘网等购物搜索查看和登录购物网站客户端软件浏览的网络购物用户均占比54.5%。

用户使用手机网络购物的情景较为多元化。有86.7%的用户在家休闲时用手机网络购物，对于部分用户而言，手机已经开始逐步替代家庭电脑在用户网络购物中的地位；有60.0%的用户是在无法使用电脑联网时使用手机网络购物；20%的用户在上班、上学时用手机网络购物；还有40.0%和13.3%的用户是在乘坐公共交通工具和排队等候时用手机网络购物。

3. 购物网站是购物搜索的主要地点，搜索与线上购买契合度提升

购物网站已成为网民最常用的购物搜索平台，近年来，由于大型购物平台的崛起，平台内商品种类不断丰富、信息不断完善，网民直接在这些购物平台上搜索的意愿增加。网民电脑上常用的购物搜索网站类型中，购物网站达75.8%，远超综合搜索引擎(23.7%)和垂直搜索引擎(0.5%)。随着电子商务的普及、物流和在线支付服务质量的提升，网民线上购物意愿增强，购物搜索后在线购买的比例增加。62.2%的网民在搜索购物信息后，以线上购买情况较多，还有13.4%的人“线上、线下购买情况下不多”，只有22.6%的网民线下购买情况较多，1.6%的网民不购买。

4. 移动智能终端的发展拓展在线旅游预订渠道，交互应用促进消费

根据CNNIC《2012—2013年中国在线旅游预订行业发展报告》，线上预订用户中，有过手机预订经历的用户占20.3%。安装了在线旅游预订APP的人绝大多数都在使用该APP。手机在人们旅行过程中作用贯穿全程。不仅仅是旅游过程中与亲人朋友联络，对于旅行前目的地等行程信息查询、旅游过程中信息导航(LBS等功能)、旅游过程中分享见闻等智能手机新兴功能，线上预订用户占比分别为60.6%、59.8%和45.3%，多于线下预订用户。

（资料来源：http://www.cnnic.cn.）

# 本章小结

- 网络营销的理论基础
  - 网络营销概述
    - 网络营销产生的基础
      - 技术基础：计算机与网络通信技术的发展与应用
      - 观念基础：消费者价值观的变革
      - 现实基础：日趋激烈的市场竞争
    - 网络营销的基本内涵
    - 网络营销的特点
      - 跨时空性、多媒体性、成长性、整合性、技术性
    - 网络营销的基本功能
      - 网络品牌建立、网站推广、信息发布和产品展示、网络调研、产品销售、销售促进、顾客服务
    - 网络营销的主要内容
  - 网络营销与传统营销
    - 网络营销与传统营销的相同点
      - 都是经营活动，需要通过协调整合发挥功能，都以消费者需求为中心
    - 网络营销与传统营销的区别
      - 表现在营销环境、目标市场、营销策略、沟通方式上
    - 网络营销的优势和不足
      - 优势：市场竞争的公平性、营销策略贴近顾客、市场反应快
      - 不足：通信技术与网络安全制约网络营销的发展、价格问题愈加敏感、购物乐趣缺失
    - 网络营销与传统营销的整合
    - 网络营销的发展趋势
  - 网络营销的基本理论
    - 目标市场营销理论
      - 目标市场营销的核心是市场细分、目标市场选择、市场定位
    - 直复营销理论
      - 不通过营销中间商而直接由企业与顾客“面对面”地开展营销活动
    - 关系营销理论
      - 企业与顾客、中间商、供应商等保持一种长期稳定友好合作的关系
    - 软营销理论
      - 尊重消费者的感受和体验
    - 整合营销理论
      - 对各种营销工具和手段的系统化结合
    - 定制营销理论
      - 根据每一个人的特定需求来安排营销组合策略

## 思考与练习

1. 单项选择题

(1)“企业可以借助互联网将不同的营销活动进行统一规划和协调，以统一的资讯向消费者传达信息”，这体现了网络营销的(　　)特点。

A. 技术性　　B. 整合性　　C. 跨时空性　　D. 成长性

(2)“网络营销是在互联网络这个平台上开展的，搭建网络平台需要信息技术、电子技术等的支撑”，这体现了网络营销的(　　)特点。

A. 技术性　　B. 整合性　　C. 跨时空性　　D. 成长性

(3) 关于网络营销，下列说法中错误的是(　　)。

A. 网络营销不是孤立存在的　　B. 网络营销不是网上销售

C. 网络营销不等于电子商务　　D. 网络营销就是建立企业网站

(4) 下列说法中错误的是(　　)。

A. 强势营销活动中消费者常常是被动地接受广告信息的“轰炸”

B. 软营销活动强调的是相互尊重和沟通

C. 软营销是通过不断的信息灌输方式在消费者心中留下深刻的印象

D. 强势营销的主要促销手段是广告和人员推广

(5) 定制营销将(　　)看做一个细分市场。

A. 需求相同的顾客　　B. 每一位顾客

C. 居住地相同的顾客　　D. 年龄相同的顾客

2. 多项选择题

(1) 除了网络调研之外，网络营销的功能还包括(　　)。

A. 网站推广　　B. 信息发布和产品展示　　C. 产品销售

D. 销售促进　　E. 顾客服务

(2) 网络营销相对于传统营销的优势是(　　)。

A. 跨时空性　　B. 双向互动沟通　　C. 价格优势

D. 个性化　　E. 安全性高

(3) 下列关于网络营销的说法正确的是(　　)。

A. 网络营销并不完全独立于传统营销活动

B. 网络营销完全独立于传统营销活动

C. 网络营销是建立在计算机和网络通信技术上的营销活动

D. 网络营销与传统营销在与顾客接触方式上没有明显的不同

E. 网络营销不可替代传统营销

(4)(　　)是实施网络软营销的基本保障。

A. 虚拟市场　　B. 网络礼仪　　C. 网络社区

D. 网络消费者　　E. 网络技术

(5) 网络营销不可能完全取代传统营销，是因为(　　)。

A. 依托于互联网的电子商务市场仅仅是整个商品市场的一部分

B. 网络市场所覆盖的消费群体只是整个市场中的一小部分

C. 许多消费者习惯于在传统的商场里边购物边休闲

D. 难以具备传统营销的以人为本的营销策略所具有的独特的亲和力

E. 网上销售的产品质量低劣

3. 简答题

(1) 什么是网络营销？如何理解网络营销？

(2) 网络营销如何与传统营销整合？

(3) 网络营销产生的技术基础、观念基础和现实基础是什么？

(4) 简述直复营销、关系营销、软营销、整合营销、定制营销的主要思想。

(5) 简述4C策略。

(6) 网络营销可以完全取代传统营销吗？为什么？

(7) 网络营销与传统营销的相同点有哪些？区别又是什么？

(8) 简述网络营销的优势和不足。

## 实训与案例

(1) 登录中国互联网络信息中心网站(www.cnnic.cn)，查阅中国互联网发展状况统计报告等资料，就中国互联网发展趋势提出自己的看法。

(2) 登录淘宝网(www.taobao.com)、当当网(www.dangdang.com)等商业网站，比较分析各网站的市场定位和销售情况，撰写分析报告。

# 第2章

# 网络营销环境

## 知识目标

(1) 了解网络营销宏观环境和网络营销微观环境；
(2) 明确网络营销系统的组成；
(3) 了解电子支付系统和物流配送系统的功能；
(4) 掌握网络营销的安全保障。

## 技能目标

能够分析网络营销环境的变化。

**引　例**

## 淘　宝　网

网络经济的快速发展，使得原本默默无闻的每年11月11日成为网购的狂欢节。2013年11月11日，阿里巴巴集团旗下的淘宝和天猫一天的销售额达到350亿元，再次刷新网购销售纪录！

2009年，淘宝在11月11日发起“品牌商品五折”活动，当天销售额突破1亿元；2010年11月11日，销售增长了8倍，达9.36亿元；2011年的同一天成交额飙升至52亿元，2012年则达到190亿元。在过去的5年时间，中国社会商品零售总额增长了不到100%，而网购总额则增长了18倍！网购再一次以它的独有的优势让中国传统的零售渠道深思！

淘宝网是中国深受欢迎的网购零售平台，2012年年底已拥有近5亿的注册用户数，每天有超过6 000万的固定访客，每天的在线商品数已经超过了8亿件。随着淘宝网规模的扩大和用户数量的增加，淘宝也从单一的C2C网络集市变成了包括C2C、团购、分销、拍卖等多种电子商务模式在内的综合性零售商圈。目前已经成为世界范围的电子商务交易平台之一。

淘宝网致力于推动“货真价实、物美价廉、按需定制”网货的普及，帮助更多的消费者享用海量且丰富的网货，获得更高的生活品质；通过提供网络销售平台等基础性服务，帮助更多的企业开拓市场、建立品牌，实现产业升级；帮助更多胸怀梦想的人通过网络实现创业就业。新商业文明下的淘宝网，正走在创造1 000万就业岗位这下一个目标的路上。

淘宝网不仅是中国深受欢迎的网络零售平台，也是中国的消费者交流社区和全球创意商品的集中地。淘宝网在很大程度上改变了传统的生产方式，也改变了人们的生活消费方式。不做冤大头、崇尚时尚和个性、开放善于交流的心态以及理性的思维，成为淘宝网上崛起的“淘一代”的重要特征。淘宝网多样化的消费体验，让淘一代们乐在其中：团设计、玩定制、赶时髦、爱传统。

淘宝正在用一种特殊的气质影响并改变着淘宝上的消费者、商家的流行态度和风尚趋势。从淘便宜、淘方便到淘个性，潮流的气质影响着潮流的行为，潮流的平台揭示着潮流的趋势——淘宝网引领的淘潮流时代已然来临。

（资料来源：http://www.taobao.com.）

**思考题：**淘宝网是如何抓住环境变化取得长足发展的？

企业作为社会经济组织，其营销活动总是处于一定的环境中，既受到外部环境的影响，也受到内部条件的制约。网络营销环境既能为企业提供机会，也能给企业网络营销造成威胁；企业的内部条件既能够使企业获得竞争优势，也能使企业处于劣势。

## 2.1　网络营销环境分析

企业的网络营销环境是指影响企业的网络营销活动及其目标实现的各种因素和动向。环境的变化是绝对的、永恒的。随着社会的发展，特别是网络技术在营销中的运用，使得环境更加变化多端。如何不断地观察和分析环境的变化并适应这种变化，是企业网络营销取得成功的关键。

### 2.1.1 网络营销宏观环境

宏观环境是指一个国家或地区的政治法律、经济、社会文化、人口、科学技术及自然等环境因素，是影响企业进行网络营销活动的宏观条件。宏观环境对企业短期的利益可能影响不大，但对企业的长远发展和发展战略的制定具有重大的影响。网络营销宏观环境主要包括以下 6 个方面的因素，如图 2.1 所示。

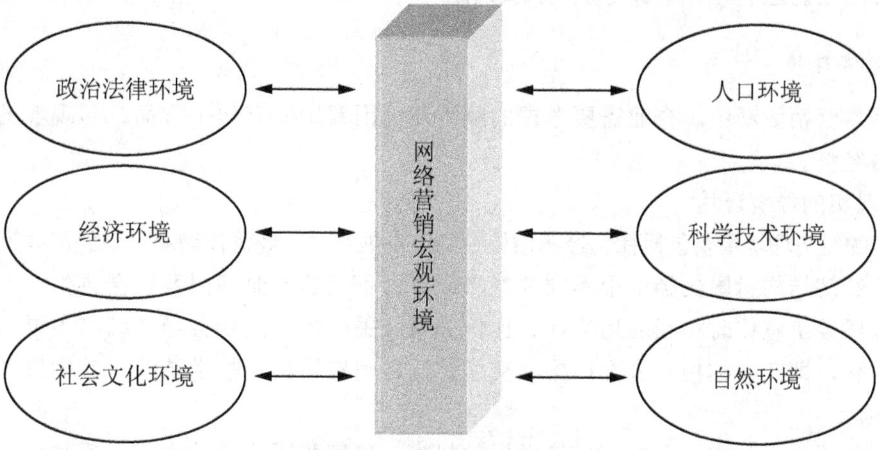


图 2.1 网络营销宏观环境

#### 1. 政治法律环境

网络营销政治环境主要包括一个国家(或地区)的政治制度，政治局势，政府在发展电子商务、网络营销方面的方针政策等因素。

网络营销法律环境是指能对企业的网络营销活动起到规范或保障作用的有关法律、法令、条例及规章制度等法律性文件的制定、修改、废除及其立法与司法等因素的总称。

政治法律环境因素对企业开展网络营销活动具有保障和规范作用。具体来讲，体现在以下 4 个方面。

(1) 企业的网络营销活动要遵守目标市场东道国的相关法律法规的规范。

(2) 企业的网络营销活动要服从国家有关发展战略与政策的要求。

(3) 企业要积极利用国家政策给网络营销带来的机会及时开展营销活动。

(4) 企业要积极运用相关的法律法规武器，保护自己在网络营销活动中的合法权益。

目前，关于电子商务、网络营销的国际立法主要有《电传交换数据统一行动法则》、《电子提单规则》、《电子商务示范法》、《电子签字示范法》等。中国的电子商务法规主要有《中华人民共和国计算机信息网络国际联网管理暂行规定》、《计算机信息网络国际联网安全保护管理办法》、《国家电子商务发展总体框架(初稿)》、《互联网信息服务管理办法》、《互联网站从事登载新闻业务管理暂行规定》、《互联网电子公告服务管理规定》、《关于互联网中文域名管理的通告》、《中华人民共和国电子签名法》、《网络营销服务技术规范》等。

课堂思考

中国的《电子商务法律法规建议草案》中规定："购买人在收到货物明显不同于产品描述情形下，可以无条件退还货物。"；"产品出卖人对任何物品，必须清楚地指明其为新产品、返修产品或二手物品；任何物品的原始包装一经开封，即视为二手物品；对于二手物品，物品描述应当至少包括其真实状况或可用性、已用期限、剩余有效期或可用期限、物品可用性等。"

试讨论这些规定对网上的在线交易产生的影响。

2. 经济环境

在网络营销活动中，企业需要考虑的经济环境因素主要有两个方面，即现实的经济环境和网络经济。

1）现实的经济环境

现实的经济环境主要包括社会经济结构、经济发展水平、经济体制和宏观经济政策等。

社会经济结构指国民经济中不同的经济成分、不同的产业部门及社会再生产各个方面在组成国民经济整体时相互的适应性、比例关系及关联性等。社会经济结构主要包括5个方面的内容，即产业结构、分配结构、交换结构、消费结构、技术结构，其中以产业结构最为重要。

经济发展水平是指一个国家经济发展的规模、速度和所达到的水准。反映一个国家经济发展水平的常用指标有国内生产总值、人均国内生产总值、经济增长速度等。

经济体制是指国家经济组织的形式。经济体制规定了国家与企业、企业与企业、企业与各经济部门的关系，并通过一定的管理手段和方法，调控或影响社会经济流动的范围、内容和方式等。目前，世界上大多数国家实行市场经济体制。

经济政策是指国家或政党制定的、一定时期内国家经济发展目标及其实现的战略与策略，包括综合性的全国经济发展战略和产业政策、国民收入分配政策、价格政策、物资流通政策、金融货币政策、劳动工资政策、对外贸易政策等。经济政策是影响国民经济发展和产业结构调整的主要政策。

资料链接

## 中国国民经济现状和发展规划摘要

根据国家统计局公布的统计资料显示：2013年，全年国内生产总值56.9万亿元，人均GDP为4.18万元；全年农村居民人均纯收入8 896元，城镇居民人均可支配收入26 955元；全年社会消费品零售总额23.44万亿元。

另据中国《国民经济和社会发展第十二个五年规划纲要》，以2010年为不变价格，到2015年，全国国内生产总值要实现55.8万亿元，城镇居民人均可支配收入要超过26 810元，农村居民人均可支配收入超过8 310元。并且要加快建设宽带、融合、安全、泛在的下一代国家信息基础设施，推动信息化和工业化深度融合，推进经济社会各领域信息化。

国民经济的快速稳定发展，无疑成为网络经济发展的基础和推动力量。

（资料来源：http://www.stats.gov.cn；http://www.gov.cn）

2）网络经济

网络经济是指建立在计算机网络基础上的生产、分配、交换和消费的经济关系。网络经济并不是独立于传统经济之外、与传统经济完全对立的纯粹的“虚拟”经济，而是一种在传统经济基础上产生的、经过以计算机为核心的现代通信技术提升的高级经济发展形态。网络经济与传统经济相比有许多不同的特点，这些特点对网络营销从经营理念到营销战略与策略都会产生极大的影响。

(1) 网络经济是全球一体化的经济。以互联网为基础的网络经济打破了时间和空间的限制，将世界变成了一个“地球村”，使地理距离变得无关紧要。基于网络的经济活动受空间因素的制约很小，经济全球化进程大大加快，世界各国的相互依存性空前加强。

(2) 网络经济具有自我膨胀性。网络经济的自我膨胀性突出表现在四大定律上：一是摩尔定律(Moore's Law)，即计算机芯片的运算处理能力，每 18 个月就会翻一番，而与此同时，价格则减半；二是梅特卡夫法则(Metcalf Law)，即网络产生和带来的效益将随着网络用户的增加而呈指数形式增长；三是马太效应(Matthews Effect)，即在一定条件下，优势或劣势一旦出现并达到一定程度，就会导致不断加剧而自行强化，出现“强者更强，弱者更弱”的局面；四是吉尔德定律(Gilder's Law)，即通信系统的总带宽将以每年 3 倍的速度增长。

网络经济的四大定律不仅展示了网络经济自我膨胀的规模与速度，而且揭示了其内在的规律性。

(3) 网络经济呈边际效益递增性。网络资源——虚拟空间是无限的，使得网络经济呈现边际效益递增性。

首先，网络经济中的边际成本是递减的。信息网络成本主要由三部分构成：一是网络建设成本，二是信息传递成本，三是信息的收集、处理、制作成本。在无限的虚拟空间中，网络信息可以长期存储使用，网络建设费用与信息传递成本与入网人数无关，故网络建设和信息传递的边际成本为零。信息的收集、处理、制作成本与入网人数相关，即入网人数越多，所需的信息收集、处理、制作的费用就越多，但其边际成本都呈下降趋势。综合起来，信息网络的边际成本是递减的，而网络收益却随着入网人数的增加，使边际收益递增。

其次，网络经济具有累积增值性。在网络经济中，对信息的投资不仅可以获得一般的投资报酬，还可以获得信息累积的增值报酬。一方面，网络信息能够发挥特殊功能，把零散而无序的大量资料、数据、信息按照使用者的要求进行加工、处理、分析、综合，从而形成有序的、高质量的信息资源，为决策提供科学依据。另一方面，网络信息的使用具有传递效应，即信息的使用会带来不断增加的报酬，使网络经济呈现边际收益递增的趋势。

(4) 网络经济的核心是创新，创新的核心是速度。在网络经济时代，产品生命周期大大缩短，产品更新换代速度越来越快；创新成为企业获得超额回报的手段和条件，企业之间为追求市场垄断就必须在创新的速度上展开激烈的竞争。

此外，网络经济的快速发展和变化，要求企业必须具备极强的适应性。在网络经济时代，市场竞争是在全球范围内进行的，市场瞬息万变。企业的适应性包括三方面的内容：一是企业产品的适应性，即企业产品或服务能够适应不断变化的市场需求；二是企业行为的适应性，即企业行为要适应急剧变化的市场竞争的需要；三是企业组织的适应性，即企业组织要富有弹性，能够伸缩自如地应对市场变化的要求。

网络经济有着与传统经济迥然不同的特征、原理和规律。在网络经济中，企业必须顺应环境的变化，采取新的竞争战略与策略，才有可能在激烈的竞争中取胜。

**资料链接**

## 下一代互联网“十二五”发展目标

“十二五”期间，互联网普及率达到45%以上，推动实现三网融合，IPv6宽带接入用户数超过2 500万，实现IPv4和IPv6主流业务互通，IPv6地址获取量充分满足用户需求。

另外，“十二五”期间，中国下一代互联网理论研究、软件研发、设备制造、应用服务等领域实现高端突破，业务应用和终端设备对网络的支持能力显著提高，推动形成系统的标准体系。建成较为完善的网络与信息安全保障体系，网络与信息安全水平显著提升。

网络单位信息流量综合能耗下降40%以上，网络设备制造产业万元增加值能耗下降15%以上。形成一批具有较强国际影响力的下一代互联网研究机构和骨干企业，新增就业岗位超过300万个，进一步增强对消费、投资、出口的拉动作用，以及对信息产业、高技术服务业、经济社会发展的辐射带动作用。

（资料来源：http://www.edu.cn.）

3. 社会文化环境

任何企业都是由社会成员所组成的一个小的社会团体，存在于一定的社会环境中，受到社会环境的影响和制约。社会文化环境的内容很丰富，在不同的国家、地区、民族之间存在明显的差异。在营销竞争手段向非价值、使用价值型转变的今天，营销企业必须重视对社会文化环境，尤其是网络文化的研究。

网络技术为人们创造了崭新的、数字化的虚拟空间，为人类营造了一个“虚拟社会”。在这个虚拟社会里，没有权威和世俗的约束，为人们彰显个性提供了场所，创造了机会；通过快速、高效的信息传递和虚拟的身份，人与人之间进行着前所未有的思想、观念和价值观的交流与影响，进而改变行为，并形成一种独具特色的网络文化。

网络文化作为一种不分国界、不分地区、建立在互联网基础上的亚文化，涵盖了人们在参与信息网络应用与技术开发过程中所建立起来的价值观念、思想意识、语言习惯、网络礼仪、网络习俗及社会关系等，并对网络消费群体产生重大影响。

1）网络语言

网络社会人群交际中形成的，网络社会约定俗成、自我确认、互相认同的“方言”，即网络语言。网络语言一般由汉字、数字、符号、字母、图形等组成，能够简单方便、快捷迅速地表达意思、情绪。常见的网络语言如表2-1所示。

表2-1 常见的网络语言

| 网络语言 | 含义 | 网络语言 | 含义 | 网络语言 | 含义 |
|---|---|---|---|---|---|
| 菜鸟 | 新手 | GG | 哥哥 | 很IN | 很内行、专业 |
| 9494 | 就是就是 | MM | 妹妹 | ^_^ | 眯着眼睛笑 |
| 88，886 | 再见 | IC | 我明白了 | Zzzzz… | 睡觉 |

续表

| 网络语言 | 含　义 | 网络语言 | 含　义 | 网络语言 | 含　义 |
|---|---|---|---|---|---|
| 8147 | 不要生气 | CU | 再见 | 大虾 | 网络高手 |
| 51396 | 我要先走了 | RUOK | 你还好吗 | 东东 | 指东西 |
| 286 | 反应慢 | 很 OUT | 很老土 | 斑竹 | 版主 |

2）网络礼仪

网络礼仪是指在网上交往活动中形成的、被赞同的礼节和仪式，即人们进行网上交往中应遵循的礼节和行为规范。

**资料链接**

## 网络礼仪

1. 自由和自律

网络社会鼓励并尊重个性发挥，但也要注意行为规范。无论是企业还是个人，网上的行为都要在享受自由的同时注意自律。

2. 平等和尊重

在相对独立的网络环境中交流，没有权威的统治，也不受世俗的约束，人与人之间的交流与沟通以计算机网络为媒介，所有参与者都在一个相对自由、平等的环境中生活；人们无须面对面便可以在宽松、平等的网络环境中展现自我，人与人之间没有地位差异、等级差别、贫富悬殊，实现真正平等相处。

网络文化是一种以“自我”为中心的文化，但这种“自我”应该以尊重他人为前提。网络社会倡导的是人们之间的相互尊重与友好相处，如不使用 BBS 张贴私人的 E-mail，不进行喧哗的销售活动等。

3. 礼貌和诚信

网络社会中的自由并非绝对不受任何约束的自由，也非打破一切“现实无差异”的平等。在网络社会中，人们交往还应遵循必要的礼仪规范，使用礼貌语言与符号，并且要讲求诚信、真诚待人。

4. 奉公守法

网络的无约束性会导致人性中的恶念得到释放，网络的隐蔽性也给人们逾越社会规范创造了条件。作为现实社会的组成部分，网络社会也应遵循现实社会的道德规范和法律，网民也应奉公守法。

3）网络习俗

网络习俗是在网络社会形成过程中逐步形成的、人们习以为常的一些观念、态度和行为方式的总和。比较突出的网络习俗主要有两个方面，即休闲和免费。

(1) 休闲。互联网作为休闲和娱乐的媒体，人们习惯于在随意的气氛与环境中开展业务。企业应利用人们休闲娱乐的习惯，为其产品和服务命名活泼、有趣的名字，给人留下深刻印象，达到“过目不忘”的效果；在网络促销、广告设计方面，应根据目标市场需求，做到活泼随意，并富有吸引力；在撰写产品说明书时，应做到语言轻松活泼、通俗易懂，在条件允许的情况下，可使用一些网络语言。

(2) 免费。为访问者免费提供有价值的信息且不带任何附加条件是成功的互联网业务活动的共同点。免费登录企业网站并获得相关信息已成为访问者的习惯。提供免费信息或服务，已成为企业网络营销战略的重要内容。通过提供免费的信息或服务，企业可以获得访问者信息及其所关心的产品和服务，同时，能展示企业在技术、质量和承诺等方面的实力，树立良好的企业形象。

4. 人口环境

人是企业营销活动的直接和最终对象，是产品的购买者和消费者。人口的规模决定着市场规模和潜力；人口结构影响着消费结构和产品构成；人口组成的家庭、家庭类型及其变化，影响着消费品的消费结构及其变化。网络营销的人口环境包括网民数量、结构及其变化趋势等。

5. 科学技术环境

网络营销的产生和发展是以计算机和通信技术为基础的。科学技术的发展在促进网络发展的同时，也为企业改善经营管理提供了有力的技术保障。企业开展网络营销必须密切注意信息技术的发展变化，掌握信息技术的发展变化对网络营销的影响，及时调整营销方式和策略。

技术进步改变了网络用户的结构，扩展了网络营销的范畴。宽带技术的发展使视频点播、多媒体网络教学成为可能；无线上网技术的发展实现了移动办公、移动购物，进一步促进了电子商务和网络营销的发展。

**案例 2-1**

### 快速发展的移动通信技术

1G：第一代通信技术，1995 年问世，第一代模拟制式手机只能进行语音通话。1G 无线系统在设计上只能传输语音流量，并受到网络容量的限制。AMPS 为 1G 网络的典型代表。

2G：第二代通信技术，1996—1997 年出现的第二代 GSM、CDMA 等数字制式手机，具备接收数据的功能，如接收 E-mail 或网页。

3G：第三代通信网络，2000 年 5 月，国际电信联盟正式公布第三代移动通信标准，中国提交的 TD-SCDMA 正式成为国际标准，与欧洲 WCDMA、美国 CDMA 2000 成为 3G 时代最主流的三大技术之一。3G 主要特征是可提供移动宽带多媒体业务，能够在全球范围内更好地实现无线漫游，并处理图像、音乐、视频流等多种媒体形式，提供包括网页浏览、电话会议、电子商务等多种信息服务。

4G：第四代移动通信技术，2012 年开始应用。4G 最明显的优势在于通话质量及数据通信速度，它集 3G 与 WLAN 于一身并能够传输高质量视频图像，以及图像传输质量与高清晰度电视不相上下的技术产品。4G 系统能够以 100Mb/s 的速度下载，比拨号上网快 2 000 倍，上传的速度也能达到 20Mb/s，并能够满足几乎所有用户对于无线服务的要求。

**思考题：** 移动通信技术的发展给人们带来了哪些革命性的变化？

6. 自然环境

自然环境是指一个国家或地区的客观环境因素，主要包括自然资源、气候、地形地质、地理位置等。网络营销自然环境是指影响网络营销目标市场顾客群需求特征与购买行为的气候、地貌、资源、生态等因素。从网络营销活动本身来看，互联网跨越时空，网络营销不受自然环境的影响，但从网络营销目标市场需求特征与消费行为来看，自然环境因素对网络营销策略选择有较大的影响。

### 2.1.2 网络营销微观环境

微观环境由企业及其周围的活动者组成，直接影响着企业为顾客服务的能力。它包括企业内部环境、网络供应商、网上公众、网络营销中介、网络顾客、网络竞争者等因素，如图 2.2 所示。

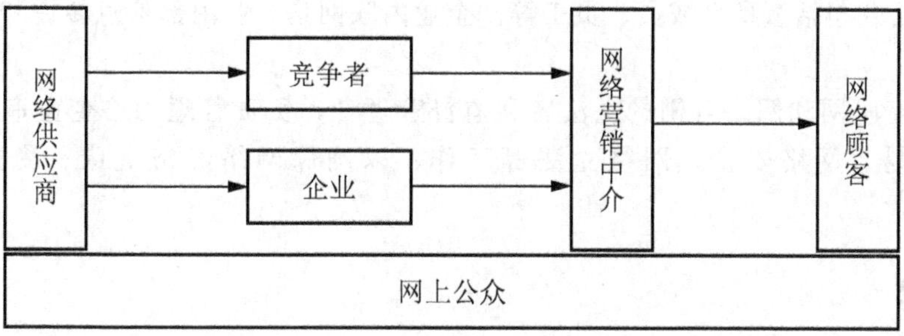


图 2.2 网络营销微观环境

#### 1. 企业内部环境

在网络营销的活动中，信息交换和网上交易是营销活动的重要内容，并由此形成三种网络化，即企业内部网络化，如管理信息系统(MIS)和以互联网为基础的企业内联网；企业与企业之间的网络化(B2B)，如关联企业间、企业与供应商和分销商间的网上交易和信息交换平台；企业与消费者之间的网络化(B2C)，企业通过互联网与分布广泛且不稳定的消费者进行交易。

网络化是网络营销活动的基础，网络营销部门在制订网络营销计划时，应以企业营销战略和发展目标为依据，兼顾企业内部各部门间、企业决策层与管理层间、企业各级管理层间的沟通、协调和配合，使整个企业成为快速高效、有较强市场反应能力和竞争力的有机整体。

#### 2. 网络供应商

供应商是指向企业及其竞争者提供生产经营所需原料、部件、能源、资金等资源的公司或个人。

企业和供应商之间的关系是交易关系、竞争关系和合作关系。首先是交易关系，双方因各自需要而相互交换产品、服务和信息。其次是竞争关系，为各自独立的经济利益而讨价还价，力图获得定价权。最后是合作关系，交易的结果是双方相互依赖和交流，通过有效合作实现共赢。在营销活动中，企业必须处理与供应商之间的这三种关系，最终成为合作伙伴关系。

#### 3. 网上公众

网上公众是指对网络营销企业实现其营销目标构成实际或潜在影响的任何团体、单位和个人，包括网民、网络金融服务机构、网络媒体、内联网公众、政府等。

网民是网络营销企业的潜在顾客，是企业网站的主要访问者和企业的营销对象，是企业关注的核心。网络营销企业必须关注网民对其网站、产品或服务的态度和评价，树立良好的网上企业形象。

网络金融服务机构是网络营销企业的融资对象或投资人，包括网上银行、风险投资公司等。

网络媒体由发表网上新闻、网上特写和网上社论的机构组成，主要包括电子化报纸、电子化杂志、主要搜索引擎、提供网站评估服务的专业性网站等，为企业提供站点推广和广告宣传支持。

内联网公众包括董事会成员、员工等。企业内联网是企业内部信息传递和交流的重要平台。

政府是互联网和网络营销的立法者和监督管理者，负责管理网络企业审批、网络链接、网络交易、网络安全、网络立法等工作，以确保网络经济健康、稳定、有序的发展。

**课堂思考**

假设你在一家网上销售服装企业工作。你的领导认为开展网络营销离不开网上公众的参与和支持，要求你准备一份清单，列出你认为对公司重要的网上公众，并对怎样与这些公众发展好关系提出建议。请撰写该清单，并提出建议。

4. 网络营销中介

网络营销中介包括网络服务提供商(Internet Server Provider，ISP)、第三方物流提供商、认证中心、网上金融服务商、网上营销服务机构及网络中间商(如网络批发商、网络零售商、经纪人和代理商)等。

网络营销中介机构与企业的关系如图 2.3 所示。

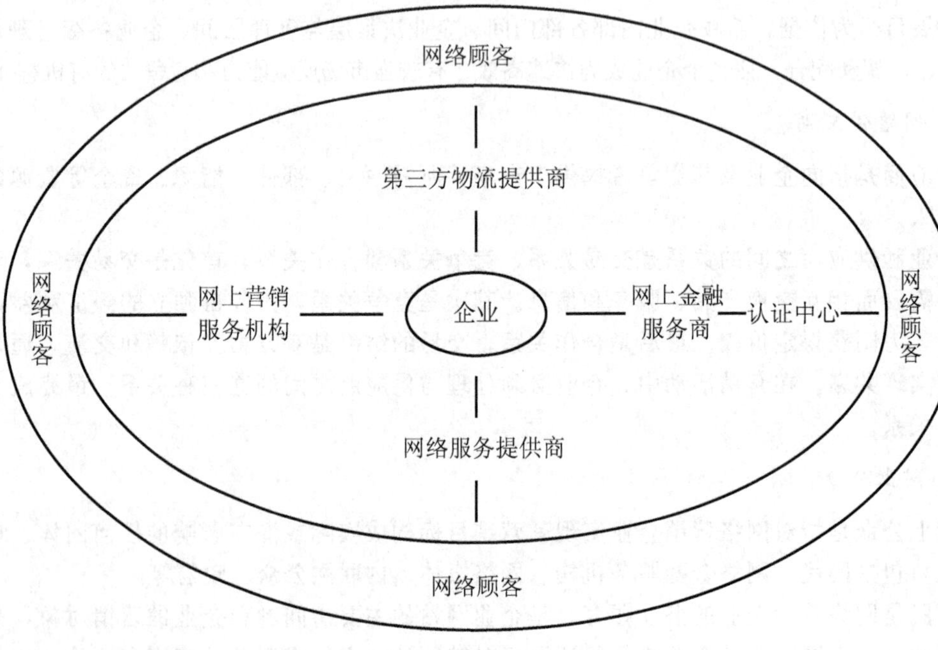


图 2.3　网络营销中介机构与企业的关系

ISP是为用户提供互联网接入和(或)互联网信息服务的公司或机构，前者简称IAP(Internet Access Provider，网络接入提供商)，后者简称ICP(Internet Content Provider，网络内容提供商)。

一般而言，企业为了使其网站正常运转，应与相关的网络服务提供商合作，获得他们的技术支持。面对呈爆炸式、散乱式增长的网上信息，浏览者往往无从下手，这就需要网络服务提供商对信息进行有效的组织和引导，对原本无序的信息进行过滤和梳理，为访问者节省搜索、分类、整理信息的时间，从而提高网站的访问量。对于网络营销企业来讲，抓住信息就等于抓住顾客，与网络服务提供商建立长期的、良好的合作伙伴关系，有利于提高网络营销活动的效率。

第三方物流提供商是为交易的商品提供运输配送的专业机构。在网络营销活动中，合同的订立、所有权的转移、资金的支付、信息的交流都可以在网络平台上完成，而只有商品实体的转移需在网下进行。借助于快捷高效的第三方物流来完成交易已成为许多网络营销企业的首选，这就要求企业与第三方物流提供商建立良好的合作伙伴关系，以降低物流成本，提高物流效率。

认证中心和网上金融服务提供商是影响网络营销的关键因素。认证中心提供对企业和顾客身份的认证，确定交易双方身份的合法性、真实性，以提高交易的可靠性和安全性。网上金融服务提供商通过提供各种电子支付方式，简化企业与顾客之间的支付活动，提高支付效率，实现安全支付。

网上营销服务机构是为企业提供网络技术支持、网上调研、营销策划、网络广告设计发布、站点推广、会计及法律咨询等服务的中介机构，对企业顺利开展网络营销活动，提高营销效率、降低营销成本及费用具有重要作用，是社会分工专业化的结果。

在网络经济时代，企业借助网络直接与最终用户接触，减少了中间环节，降低了交易成本，对传统营销中的中间商的功能和作用的发挥产生了重要影响。

**课堂思考**

网络营销会使传统的中间商走向消亡吗?

5. 网络顾客

顾客是产品的购买者或消费者，是企业最终的营销对象。计算机和网络技术的发展极大地消除了企业与顾客之间的空间距离，为双方提供了一个快速、高效的信息交流平台，使经济全球化、市场一体化得以实现。互联网的发展不仅为企业提供了广阔的市场营销空间，同时也为消费者在更大范围内选择商品、比较商品创造了条件。通过网络，顾客可以获得更多的产品或服务信息，做出更为合理的购买决策；借助互联网双向沟通平台，企业可以充分展示其产品服务形象，丰富产品服务信息，了解顾客需求和市场竞争状况，有针对性地开展营销活动，从而更好地满足顾客需求。

6. 网络竞争者

竞争是市场经济活动的必然，没有竞争就没有发展。企业开展网络营销，也面临来自以相同的方式向相同的市场提供相同或相近产品和服务的企业竞争的压力。研究竞争对手、取长补短，是取得竞争优势的重要途径。

在网络环境下，企业的竞争者来源于两个方面：一个是网下市场竞争者；另一个是网上市场竞争者。网上竞争者也以相同的方式、相同或相近的价格，向相同的顾客提供相同或相近的产品或服务，他们是网上企业的主要竞争对手。为取得竞争优势，企业通过直接访问在线竞争者的网站，了解其新产品、价格、服务、优惠措施等信息；通过阅读与在线竞争者有关的新闻组上的内容，了解顾客对竞争者产品、服务的评价；通过自己的网站，了解顾客对本企业的评价或与在线竞争者的对比情况等，做到知己知彼。

**案例 2-2**

## 2012年度社会化媒体十大热点事件

1. 新浪微博降温

自从新浪微博宣称其用户超过3亿以后，新浪微博的活跃度就开始降低。新浪微博的降温表现在以下几个方面：一是用户在线时间的减少，用户黏度的降低；二是内容的同质化，“草根”的刷屏导致内容雷同、同质化严重；三是微博营销走下神坛。2011年某些大师用“微力无边”忽悠了一大批对微博好奇的人。但是微博水军的盛行，使大号转发的营销效果衰减，大家已经认识到微博不是万能的，社会化营销并不能“无微不至”。

2. 微信崛起

微信是2012年社会化媒体的最大亮点，这里不仅是因为它用户突破2亿，也不是因为它推出媒体性功能公众平台；也不仅是因为它推出朋友圈，让微信具有SNS的功能；最重要的是它是移动互联网上的一项真正杀手级的应用，谁都知道移动互联网是社会化媒体的蓝海。

3. 电商大战

2012年8月14日，京东商城的首席执行官刘强东发了两条看似“吐槽”的微博，向家电行业“大佬”国美、苏宁下战书，号称大型家电三年内零毛利，比国美、苏宁店面要便宜10%以上。随后，苏宁、国美先后高调宣布参战，后来当当也加入进来，电商大战拉开帷幕。值得一提的是，此次电商大战基本上都是在微博上进行的。

4. 3B大战

2012年8月21日当天，360将360浏览器默认搜索引擎由谷歌正式替换为360自主搜索引擎。奇虎公司(360)新推出的搜索引擎和百度开启争夺搜索引擎市场的一场网络资源战争，简称“3B大战”。

5. 双十一大促销

2012年11月11日(光棍节)这天，在淘宝上，众多商家推出五折优惠促销活动，掀起电商优惠狂潮。2012年11月11日购物狂欢节总销售额191亿元，其中天猫132亿元，淘宝59亿元，中国网民创新纪录！

6. Pinterest没落

2011年Pinterest风光无限，而到2012年下半年，Pinterest的模仿者突然风光不再。一些垂直电商分享，除了依靠商品推广解决方案(Commodity Promotion Solution，CPS)赚取微薄利润外，也没有找到更好的商业模式。Pinterest的投资热潮，来得猛，走得也快。

7. YY上市

YY于北京时间2012年11月21日，在美国纳斯达克上市，是今年互联网行业为数不多的亮点。

8. 科技博客复兴

Web 2.0的兴起和移动阅读的普及，为科技博客带来前所发展的机遇。

9. 亚马逊 Kindle 商店正式进入中国

2012 年 12 月 13 日，亚马逊中国网站正式上线了 Kindle 商店，Kindle 用户可以直接购买中文 Kindle 版书籍。亚马逊 Kindle 商店进入中国，以它的规模和影响力，势必会对国内阅读行业产生很大影响。

10. 唱吧、啪啪、微拍等移动应用初露锋芒

2012 年下半年，一个很文艺的移动应用“啪啪”突然火了起来。说起来很简单，即是图片配上声音，让照片会说话。

（资料来源：http://www.iresearch.cn.）

**思考题**：对一般企业来讲，案例中的十大热点事件哪些属于网络营销环境因素？

与传统市场竞争相比，网上竞争不仅包括产品和服务的质量、价格等，还包括以下几个方面。

（1）网站界面设计的吸引力。网上企业不计其数，基于上网费用和时间的限制，网络消费者不可能浏览每个网站，那些界面设计好的网站首先会吸引网民“驻足”，进而为获得网络消费者进一步了解企业信息、产品服务信息，甚至客户订单奠定了基础。网站页面是网络营销的“脸”，做好界面设计是站点推广的重要前提。

（2）产品信息查询的方便性。网络空间的相对无限性使企业有条件将尽可能多的信息在网上展示，供访问者查询。访问者在浏览时单击一次，就像打开一道门。当访问者需要经过多次点击才能获得所需信息时，就会影响信息查询效率和网站的访问量。做好信息分类，方便访问者查询是提高访问量、留住访问者，进而提高市场竞争力的重要手段。

（3）物流的快捷性。方便、快捷的物流是网络营销的重要环节，也是网络营销企业竞争的手段。物流能力差，速度慢，效率低，不能及时与网络顾客进行实物交割，都将直接影响企业的经营业绩和市场竞争力。

（4）网上支付的安全性。网络的虚拟性导致网络欺诈活动时有发生，网上支付的安全性问题成为影响网络营销的重要因素。加强企业网站的防火墙建设和顾客个人信息的保密工作，增强顾客对网络支付的信任感，对争取顾客、获得更多交易订单有重要影响。

（5）服务水平。随着市场经济和科学技术的发展，产品的同质性越来越强，服务的差异性成为影响企业市场竞争力的重要因素。越来越多的企业开始认识到服务水平的重要性。在网络经济下，产品质量、价格、性能都是透明的，唯有服务是个性的、差异的，建立快捷有效的网络营销服务体系是实现网络营销可持续发展的关键。

**案例 2-3**

## 苏宁易购的“阳光包”

苏宁易购是苏宁电器旗下新一代 B2C 网上购物平台（www.suning.com），现已覆盖传统家电、3C 电器、日用百货等品类。2011 年，苏宁易购将强化虚拟网络与实体店面的同步发展，不断提升网络市场份额。未来 3 年，苏宁易购将依托强大的物流、售后服务及信息化支持，继续保持快速的发展步伐；到 2020 年，苏宁易购计划实现 3 000 亿元的销售规模，成为中国领先的 B2C 平台之一。

“阳光包”是苏宁自主研发的一项电器延长保修服务品牌，它涵盖了厂保期内的意外保障服务、厂保期结束后的延长保修服务以及货品替换服务等全程保修服务业务。“阳光包”为顾客提供家电的全程保修服务。“阳光包”服务流程主页和“阳光包”保障内容分别如图 2.4 和图 2.5 所示。

图 2.4 “阳光包”服务流程主页

| 产品类型 | 适用范围 | 保障内容 | | 主要特色 |
|---|---|---|---|---|
| 延长保修计划 | 全品类适用 | 机械元件故障、电子电气元件故障<br>电压不稳引起的性能故障<br>环境因素（灰尘、受热、内部潮湿、冷凝）造成的性能故障 | 保障期限：厂保期后1-3年 | 延保期内，维修三次，第四次直接免费更换新机！<br>1. 保障范围更广，保修时间更长！<br>2. 延保期内，承诺三次换新！<br>3. 维修费用全免，且无任何隐性费用！ |
| 意外保障计划 | 3C品类专属（点击查看明细） | 因进液造成的性能故障<br>因挤压造成的性能故障<br>因碰撞造成的性能故障<br>因意外跌落造成的性能故障<br>因充电时的异常电流造成的性能故障等导致的机器非人为意外损坏 | 保障期限：购机之日起一年 | 意外保障服务，让你享受无忧生活！<br>1. 3C意外损坏也可获得保障，真正替您省钱、省心！<br>2. 意外保障+延长保修，给您挚爱3C全面保障！<br>3. 购机之日即可获得保障，更及时、更贴心！ |
| | | 机械元件故障、电子电气元件故障<br>电压不稳引起的性能故障<br>环境因素（灰尘、受热、内部潮湿、冷凝）造成的性能故障 | 保障期限：厂保期后1-2年 | |
| 货品替换计划 | 小家电、OA办公及音响类专属（点击查看明细） | 机械元件故障、电子电气元件故障<br>电压不稳引起的性能故障<br>环境因素（灰尘、受热、内部潮湿、冷凝）造成的性能故障 | 保障期限：厂保期后1-3年 | 延保期内，机器发生性能故障，无需维修，即可免费更换新机<br>1. 延保期内，即坏即换，免除维修烦恼！<br>2. 换机费用全免，包您称心如意！<br>3. 参加品类齐全，包您售后无忧！ |

图 2.5 “阳光包”保障内容

（资料来源：http://www.suning.com.）

**思考题：**苏宁易购开发“阳光包”的目的是什么？

## 2.2 网络营销支持条件

网络营销是现代信息技术在企业商务活动中的应用，网络营销是企业电子化经营的基础，而开展网络营销又需要一定的支持条件。

### 2.2.1 网络营销管理系统

网络营销的产生是随着互联网的产生和发展而出现的一种新型营销模式。网络营销管理系统是企业通过营销环境分析，结合自身情况和网络特征，为实现其营销目标所建立的管理体系。

1. 网络营销管理系统的功能

网络营销管理系统主要有以下 5 项功能。

(1) 信息发布与沟通。通过网络营销系统发布有关的产品服务信息，与顾客进行直接沟通，是大多数企业网络营销系统的初步形式。

(2) 电子单据的传输。电子单据的传输是网上交易的重要环节，用以保证交易的合法性。电子单据的传输一般要求保密、安全、可靠，而且可以作为法律凭证。

(3) 网上支付与结算。网上支付与结算就是实现商品所有权转移，完成资金支付，实现市场交易完成的功能。

(4) 物流系统。物流系统是网络营销的重要环节，是完成交易的另一个关键。

(5) 网络营销的售后服务。网上售后服务主要指提供产品技术资料、网上咨询，以及售后商品的保修、维修、退货等服务。

2. 网络营销管理系统的主要构成

网络营销管理系统由 5 个子系统构成：品牌管理子系统、营销沟通子系统、网上销售子系统、客户关系管理子系统、营销绩效评价子系统。

1) 品牌管理子系统

品牌管理子系统的主要功能是宣传介绍品牌，通过企业介绍、产品服务介绍、品牌宣传，让顾客充分了解企业的产品和服务、企业的现有政策和活动，传递相关信息与知识，培养顾客的认知感、信任感。利用品牌管理系统达到宣传、塑造良好企业形象和品牌形象的目的，并通过详细的企业品牌目录、产品目录和品牌形象，吸引顾客。

2) 营销沟通子系统

设置营销沟通子系统，主要是企业通过选择有效的信息沟通渠道，向顾客迅速地传递连续的信息，实现访问者对产品服务的认知、兴趣、比较、选择乃至购买。

为提高沟通效率和有效性，营销沟通子系统通常需要建立一个顾客自由参与讨论的虚拟社区，让顾客发表对有关问题的看法和意见，引导、激发顾客讨论，了解顾客对企业及产品的态度，为企业进一步研究消费者需求和行为、提高营销绩效奠定基础。

3) 网上销售子系统

网上销售子系统为满足用户网上交易的需求，设置订单处理、支付处理、物流处理和售后服务等功能模块，以顺利实现产品销售。

4）客户关系管理子系统

通过客户关系管理子系统实现对客户销售、市场调研、技术支持和服务的全面管理。该系统通过对客户基本数据的记录和跟踪、客户订单的流程追踪、市场的划分和研究、客户服务数据的分析等活动，进行数据挖掘和在线联机分析，并对客户信息、客户的反馈意见进行统计分析和归类等。

5）营销绩效评价子系统

营销绩效评价子系统通过建立一套定量和定性的评价指标体系，对网络营销的活动从各个方面，包括营销理念、网站访问量、顾客服务等，进行客观的、科学的综合绩效评价，以掌握企业网络营销的运行状况和运行效果，为制定和调整营销目标、营销计划、营销策略提供依据。

### 2.2.2 电子支付系统

建立可靠的安全电子支付系统，使客户和商家透明地进行安全交易，是顺利开展网络营销的基础和保障。

电子支付是指电子交易的当事人使用安全电子手段，通过网络进行的货币支付或资金流转，电子交易的当事人包括消费者、厂商和金融机构。

**课堂思考**

与传统的支付方式相比，电子支付具有哪些特征？

1. 电子支付系统的参与者

1）付款人

付款人是指与网络营销企业存在交易关系或有未清偿的债权债务关系的一方。付款人用自己拥有的支付工具(如信用卡、电子钱包、电子支票等)，借助支付平台付款，是电子支付体系运作的原因和起点。

2）网络营销企业

网络营销企业是与付款人有商品交易关系或有债权债务关系的另一方，付款人发起的支付指令向中介金融机构请求获取货币给付，即请求结算。网络营销企业一般需要设置专门的后台服务来处理电子支付问题，包括协助身份认证、处理不同的电子支付工具等。

3）付款人开户行

付款人开户行是指付款人在其中拥有资金账户的金融机构，是电子支付的付款行。付款人所拥有的电子支付工具由金融机构提供。付款人开户行在提供电子支付工具的同时，提供一种银行信用，即保证支付是真实并可兑付的。

4）网络营销企业开户行

网络营销企业开户行是指企业在其中开设资金账户的金融机构，是支付结算的收款行。企业将收到的支付指令提交给开户行，开户行接受请求并收款，完成与付款人开户行之间的清算工作。

5）支付网关

支付网关(Payment Gateway)是互联网公用网络平台与银行内部的金融专用网络平台之间的安全接口。电子支付的信息必须通过支付网关进行处理后，才能进入金融机构的内部支付结算系统，完成安全的授权和结算。支付网关的建设关系到整个电子支付系统，特别是网络营销支付结算的安全及金融机构的安全。

在网络营销中，网络平台同时传输交易信息和支付信息，保证这两种信息在网络传输过程中不被无关的第三方阅读，包括付款人的支付信息(如客户信用卡号、授权密码等)不被企业看到，网络交易信息(如商品种类、商品总价等)不被金融机构获得，是确保网络交易安全进行的关键，这就要求支付网关必须由交易参与者之外的第三方银行或其委托的信用卡发卡机构来建设完成。

6）金融专用网

金融专用网包括连接各商业银行及支付网关的各种金融专用网，包括中国国家现代化支付系统、中国人民银行电子联行系统、工商银行电子汇兑系统、银行卡授权系统等。金融专用网是网络营销网上支付平台的重要组成部分。

7）CA 认证中心

CA(Certificate Authority)认证中心又称电子商务认证授权机构，主要负责向互联网上参与网络营销活动的各方(包括客户、商家、支付网关、银行等)发放与维护数字证书，确认各方身份的真实性，发放公共密钥及提供数字签名服务等，保证网络营销支付结算的安全和有序进行。

除此之外，要顺利完成交易的电子支付结算活动，还要有网上支付工具及遵循的支付通信协议，即电子货币的应用过程。支付通信协议主要是指支付的安全通信与控制模式，如安全套接层协议层(Secure Sockets Layer，SSL)模式与安全电子交易协议(Secure Electronic Transaction，SET)模式等。电子支付体系的基本构成如图 2.6 所示。

2. 电子支付系统的功能

安全、有效、便捷是各种支付方式追求的共同目标。电子支付系统具有以下几个方面的功能。

1）支付功能

支付功能是支付系统的基本功能。随着电子支付系统的发展，多边支付问题得以有效解决。

电子支付系统的基本构成如图 2.6 所示。

2）认证功能

为保证交易的安全性，应对网上欺诈和虚假交易，通过认证机构向参与各方发放数字证书，以证实参与各方身份的合法性。

3）加密功能

电子支付系统采用单钥体制或双钥体制来进行加密，并采用数字信封、数字签名等技术来加强数据传输的保密性，以防止未被授权的第三者获取相关信息。

4）确认业务信息的完整性功能

电子支付系统要保护数据不被未授权者建立、嵌入、删除、篡改、重放，完整无缺地到达接收方。

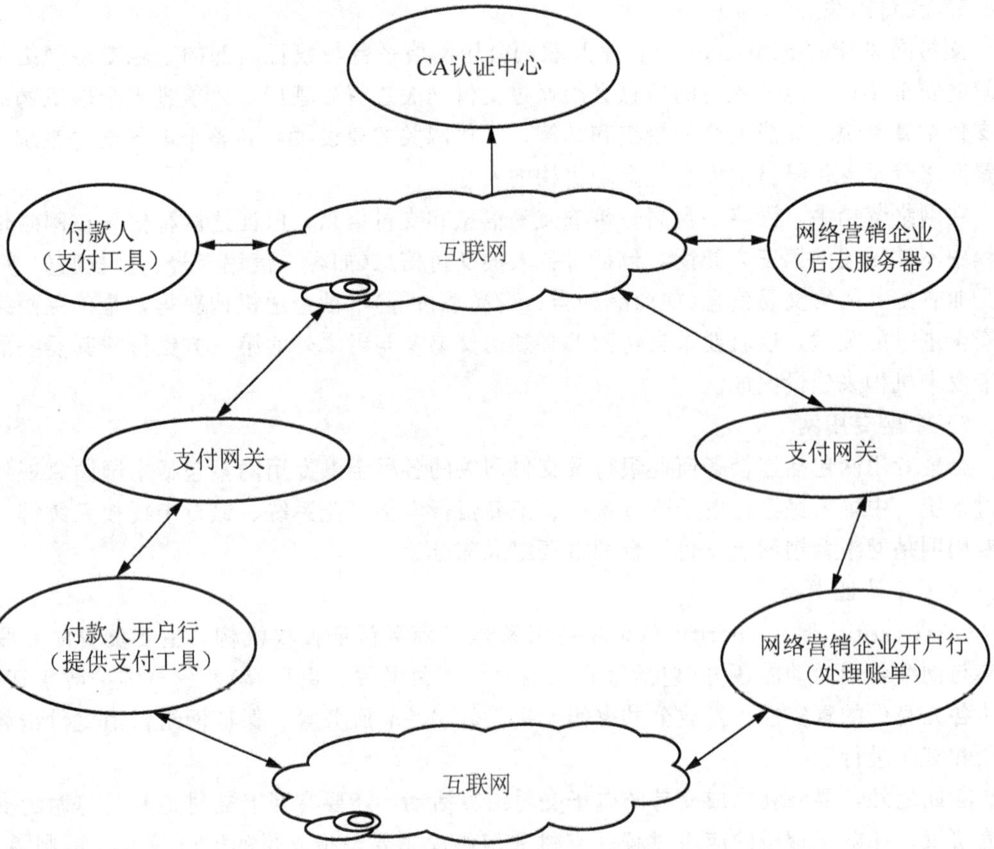


图 2.6 电子支付体系的基本构成

5）保证功能

当交易双方出现纠纷时，电子支付应保证双方业务的不可否认性。例如，发送用户不可否认他所发送的信息，接收方不可否认他已接收到的信息等。电子支付系统必须在交易的过程中生成或提供足够充分的证据来迅速辨别纠纷中的是非，通常用仲裁签名、不可否认签名等技术来实现。

### 2.2.3 物流配送系统

网络营销的快速发展有赖于信息流、资金流、物流的发展。没有与之相配套的配送体系，网络交易只能流于形式。

1. 物流配送

物流配送是实现商品实体转移、完成商品交易的最后环节。物流配送活动包括商品实体的运输、储存、配送、装卸、保管、物流信息管理等各种活动。在网络营销中，除无形产品和服务外，绝大多数有形产品和部分服务需要通过物流配送系统实现商品实体的转移。建立快捷、准确、安全的物流配送系统和物流信息监控系统，对降低物流费用和营销成本，促进网络营销发展具有重要作用。

案例 2－4

## 美国联邦快递的高效物流服务

在物流业内，联邦快递以效率著称，它提供业内最广泛的运输服务，并在全球提供不间断支持，时间和效率是联邦快递的生命所在。

联邦快递有600多架飞机，穿梭于200多个国家及地区，实施电子化客户关系管理(Electronic customer relationship management，ECRM)系统，引入GPRS技术，构建完善、智能的电子商务网络。

每晚22时50分，位于美国孟菲斯国际机场的联邦快递超级转运中心的工作人员便要开始紧张、忙碌、有条不紊的工作。来自世界各地约150架联邦快递的货机，以每小时85架次的频率在这里降落，数千名工人通过机场上百个登机门将货物在17分钟内卸完。货物由传送带分别送往信函和包裹处理系统，托运至超级转运中心的传送带上，借助先进的激光扫描和矩阵式管理，该中心每小时可分拣15万件包裹。经过一系列的扫描与分拣，货物将按目的地被工作人员装上飞机。次日凌晨5时，货物将全部装机运走。

为了实现公司提出的“为客户提供最快最好的快递服务”宗旨，公司系统地对员工进行培训，使他们尽可能高效率地从事工作。公司的工业工程师对每一位司机的行驶路线都进行了时间研究，并对其中运货、暂停和取货活动设立了标准。这些工程师记录了红灯、通行、按门铃、穿过院子、上楼梯的精确时间和中间休息喝咖啡甚至上厕所的时间，将这些数据输入计算机中，从而给出每一位司机每天工作的详细时间标准。

联邦快递的全球网络必须无瑕疵地运转，做到这点需要严格的纪律，同时必须推动创新，创新是为了以更高的效率实现在全球接收并传递货物。例如，利用Toast应用程序，当一批货被发送之后，屏幕上就会弹出窗口，工作人员无须做任何事就能跟踪一个包裹；为应对燃料价格不断攀升的情况，联邦快递大胆使用新能源(太阳能)为其设施提供燃料和电力。创新的目的是在高成本年代能够继续保持高效运作。

(资料来源：http://www.glkuaidi.cn/news/2009326/ns383.html.)

**思考题**：物流配送系统在网络营销中的作用有哪些?

2. 网络营销下物流配送系统的特征

1) 实时化

网络的应用可以实现对整个物流过程的实时监控和实时决策。新型的物流配送系统通过与网络系统的连接，对系统的任何一个神经末端收到的需求信息，都能在极短的时间内做出反应，拟订出详细的配送计划，并通知各环节开始工作，实现物流配送。

2) 信息化

信息化是现代物流配送系统的基本特征。物流信息化表现为物流信息转让的商品化、物流信息收集的数据库化和代码化、物流信息处理的电子化、物流信息传递的标准化和实时化、物流信息存储的数字化等。

3) 自动化

自动化以信息化为基础，其核心是机电一体化，表现为无人化，其结果是快速、准确、高效。建立自动化物流配送系统对扩大物流作业能力、提高劳动效率、减少物流作业的差错等具有重要作用。

4）网络化

物流系统网络化以信息化为基础，有两层含义：一是物流配送系统的计算机通信网络化，包括物流配送中心与供应商、制造商、顾客等通过计算机网络联系；二是物流组织网络化，即建立物流联盟，将各地物流企业作为结点连接起来，形成一个基于互联网的精准物流系统，将商品快速、安全地送达各地顾客手中。

5）智能化

物流管理智能化是物流自动化和信息化的更高层次应用。物流作业过程中大量的运筹和决策，包括库存水平的确定、最佳运输路径的选择、自动导向车的运行轨迹和作业控制、自动分拣机的运行、物流配送中心经营管理等工作，都需要借助于大量的知识技能来完成。

物理管理智能化就是用准确计算法和因素穷尽法来将物流管理中出现的问题用较准确的解决方案记录下来，通过编制计算机软件来自动对这些问题进行分析、判断和处理，解决物流管理中出现的各种技术问题。

6）柔性化

物流管理柔性化是在柔性化管理平台下，强调各部门利益与整体利益的协调一致，以作业信息共享、设备调配为基础，有效配置各种资源，满足终端客户柔性化需求的物流系统。物流管理柔性化是在社会需求差异化、个性化的基础上发展起来的一种新型物流模式。要求物流管理根据客户需求“多品种、小批量、多批次、短周期”的特点，灵活地组织和实施物流作业，满足客户需求。

物流设施、商品包装的标准化，物流的社会化、共同化都是电子商务下物流模式的新特点。

**案例 2－5**

## 苏宁易购的苏宁配送

苏宁的配送网络覆盖全国绝大部分地区，无论顾客选购的是大件商品还是小件商品，均可享受快捷安全的苏宁配送服务。苏宁易购订单信息如图 2.7 所示。

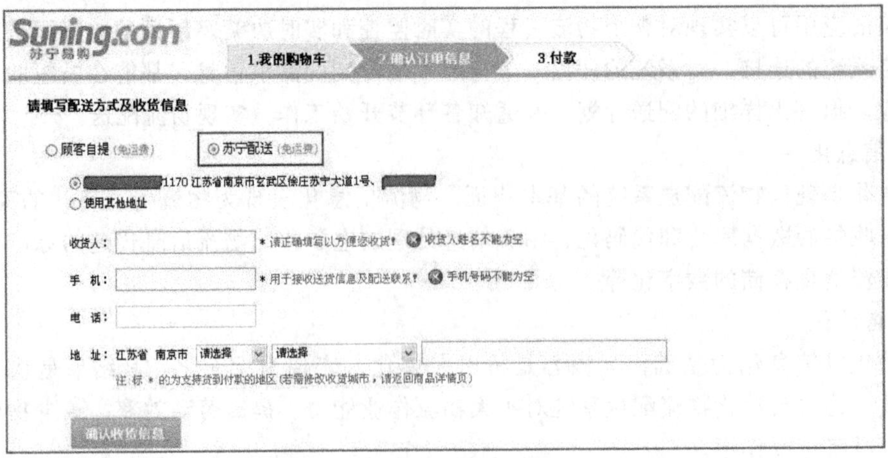


图 2.7　苏宁易购订单信息

1. 配送范围

在苏宁易购订购的商品可配送至全国绝大部分地区，顾客根据自己的地址选择正确的省、市、区/县后，系统会提示可供选择的送货方式及相关配送信息。

2. 注意事项

为了保证货物的及时送达，请顾客在填写时准确、详细录入有效的联系方式和地址信息。

若配送人员反馈无人收货或与顾客联系不上，无法将商品送到顾客的手中，此时苏宁易购会发送邮件向顾客说明，请顾客在收到此邮件后尽快联系配送人员，配送人员的联系方式可通过“我的易购—订单中心—订单详情”查询或者直接致电客服：4008－198－198。

配送人员会尝试为顾客投递两次，如既未收到顾客的回复又无法跟顾客取得联系，配送人员会将购买的商品退货至苏宁易购库房。在此之后，若顾客还需要此商品，建议重新订购，对此带来的不便请谅解。

3. 备注说明

1) 苏宁易购现有仓库及服务覆盖范围

苏宁易购目前在全国有10个始发仓库，分别是南京、北京、上海、广州、沈阳、成都、武汉、西安、杭州、深圳。其中南京、北京、上海、广州4个仓库提供全国发货服务，沈阳、成都、武汉、西安4个仓库分别提供东北、西南、华中、西北片区发货服务，杭州仓库提供浙江省发货服务，深圳仓库提供同城服务。

系统会根据实际库存情况为顾客选择发货库房，以确保顾客能更快收到订购的商品。

提醒注意，因发货仓库不同，货物配送到顾客手中的配送时间会有所不同，提交订单后系统会提示顾客准确的配送时间，请及时关注。

2) 配送服务承诺

(1) 配送的定义。当日12:00～18:00生成的订单，次日上午14:00前配送完成；当日18:00～次日12:00生成的订单，次日22:00前配送完成。

(2) 商品与小件商品的定义。略。

(3) 半日配送覆盖范围。大件商品半日配送覆盖区域(略)；小件商品半日配送覆盖区域(略)。

(4) 次日达配送定义。当日0:00～18:00生成的订单，次日20:00前配送完成。

4. 提醒注意

(1) 如遇交通管制、大雨雪、洪涝、冰灾、地震、节假日、停电等因素，均不在“半日配送”服务范围内。

(2) 以上地区做到半日配送需要依据当地仓库的库存情况为基础，同城出货承诺半日配送，异地出货请您关注页面提示的配送时间。

(3) 配送范围精确到区级，但只覆盖主城区；区级内偏远地区无法承诺半日配送，请顾客谅解。

(4) 对于液体、粉末类(如乳液等化妆品，洗发水、玻璃水、清洁水等)，磁性类商品(如音箱、磁动车)，电池，压力类(足球、篮球、排球等，摩丝等压力瓶)，易燃类(油汀、打火机、火机油等)这些商品为国家明文规定的航空违禁品，必须通过陆运方式运输，会有2～3天的时效延迟。请顾客在下单时注意，为此带来的不便敬请谅解。

(资料来源：http://www.suning.com.)

**思考题**：结合案例内容，说明苏宁易购具备物流配送系统的哪些特征?

### 2.2.4 网络营销的安全保障

随着计算机和通信技术的发展，互联网得到广泛应用，网络营销已成为许多企业的重要营销手段。有效解决网络营销的安全问题是促进网络营销健康、快速发展的重要保障。

1. 网络营销存在的主要安全问题

1) 支付安全问题

网络营销的核心是交易双方通过互联网进行信息交流、业务洽谈，直至达成交易协议，完成交易。网上支付作为网络营销活动的重要环节，支付的安全性一直受到来自互联网的欺诈和犯罪的威胁，如信用卡号码被盗、个人银行信息泄露等。

**案例 2-6**

## 第三方支付企业安全体系对比

随着中国互联网的发展，第三方支付平台越来越重视安全性能的开发，利用多重安全技术策略确保用户安全，大大降低了技术风险。此外，以支付宝代表的第三方支付企业在赔付机制、安全教育和联盟合作方面表现突出，对用户的权益投入更多的保护，赢得了用户较多的安全信任。主要支付企业安全体系对比如表2-2所示。

**表 2-2 主要支付企业安全体系对比**

| 安全组件 | 主要功能 | 支付宝 | 财付通 | 银联在线 |
|---|---|---|---|---|
| 页面加密技术 | 有效地保护用户资料信息 | 密码 | 密码 | 密码 |
| 动态校验码 | 防止使用穷举法进行破解 | 验证码 | 验证码 | 验证码 |
| 登录安全控件 | 对关键数据信息进行安全电子交易协议加密 | √ | √ | √ |
| 数字证书 | 网上身份认证 | 支付宝数字证书且账户必须通过实名认证机制 | 财付通数字证书 | EVSSL 数字证书服务 |
| 硬件加密技术 | 硬件设备提高私密性 | 支付盾 | 财付盾 | — |
| 密码保护 | 更加安全的保障和较高的信用度 | 支付宝安全客户端提供双密码保护 | 密码安全控件，双密码保护 | |
| 动态口令 | 生成不可预测的随机数字组合，提升安全性 | 手机动态口令，宝令安全产品 | 短信验证码 | 动态手机口令 |
| 安全监控 | 日常监控账户变化，支付时二次保障账户安全 | “智能实时风险监控系统”，短信、E-mail通知、旺旺提醒 | 短信、QQ、E-mail通知等24小时安全监控系统 | “风险管理系统监控” |

续表

| 安全组件 | 主要功能 | 支付宝 | 财付通 | 银联在线 |
| --- | --- | --- | --- | --- |
| 赔付机制 | 降低用户风险，提高支付信任度 | 完整的会员保障机制（支付宝余额支付、快捷支付赔付机制等） | — | — |
| 安全教育 | 普及安全知识，增强用户安全技巧 | 网站设置“安全中心”，联合各行业将热点安全问题做专题投放、互动 | 主页设置安全主题教育 | 网站“安全小常识” |
| 联盟合作 | 加强安全产品的适用性，打造安全生态圈 | 联合全球90%的主流浏览器和终端安全厂商，国内TOP商户安全合作 | 与腾讯系安全厂商合作更密切 | 与浏览器、杀毒等厂商合作 |

（资料来源：http://www.cnnic.cn.）

**思考题**：上网查阅案例中三种网上支付方式的安全程度，并分析原因。

2）技术安全问题

网络营销的发展，不仅要求网络传输有极快的响应速度和畅通的道路，还要求安全到达。目前，网络技术安全问题主要表现在不法行为者采用假冒在线服务站点盗取访问者密码、身份信息、计算机数据资料等。考虑到个人信息的安全性，许多顾客可能放弃网上交易，从而影响网络营销的发展。

3）产品质量安全问题

买到称心如意、质量可靠的商品是消费者的期望。由于市场行为缺乏必要的自律和完善的社会监督，假冒伪劣商品屡禁不止，欺诈时有发生。在网上交易时，消费者付款后买不到商品或买到商品的质量、性能与网上宣传的存在明显差异，都会影响网络营销的发展。

**案例 2-7**

## 中国互联信息网安全状况

根据《第33次中国互联网络发展状况统计报告》显示，截至2013年12月，中国网络购物用户规模为3.02亿，使用网上支付的用户规模达到2.60亿人，在网民中的渗透率为42.1%。

根据《2013年中国网民信息安全状况研究报告》，整体上讲，中国信息安全环境不容乐观，有74.1%的网民在过去半年内遇到过信息安全问题，总人数达4.38亿。

手机垃圾短信/骚扰短信、骚扰电话发生比例仍然较高，在整体网民中发生比例分别达59.2%、49.0%；其次为手机欺诈/诱骗信息，发生比例为36.3%；再次为手机恶意软件，发生比例达23.9%；其他方面，假冒网站/诈骗网站发生比例为21.6%，中病毒或木马发生比例为17.6%，个人信息泄露发生比例为13.4%，账号或密码被盗发生比例为8.9%。

信息安全事件对人们的影响较大。遭受安全事件的人群中，50.4%的人认为“花费时间和精力”，有28.2%的人学习或工作受到了影响，13.1%的人重要资料或联系人信息丢失，还有8.8%的人经济受到了损失。2013年3月～9月，全国因信息安全遭受的经济损失达到了196.3亿元。根据安全事件发生种类数以及遭受损失的数量来划分用户群体，重度受害人群占16.2%，轻度受害人群占28.3%，风险人群占29.6%，安全人群占25.9%。

与其他国家网民一样，网上支付安全问题也是影响中国网络购买的主要问题之一。各国网民对网上支付安全性的担忧如图2.8所示。

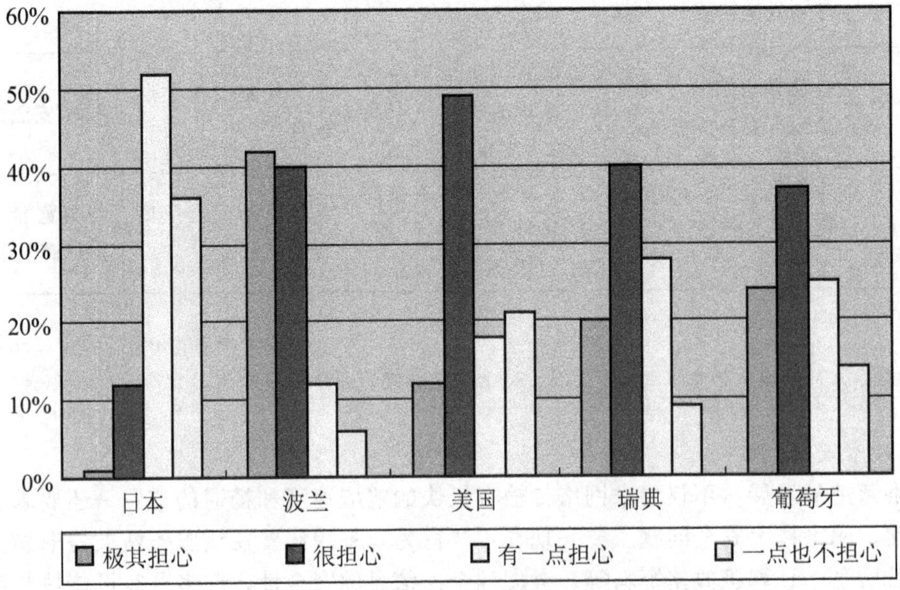


**图2.8　各国网民对网上支付安全性的担忧**

（资料来源：http://www.cnnic.cn.）

**思考题：**为什么中国网民安全意识不足？

2. 网络营销安全保障的层次

为保证网络营销的顺利进行，网络营销平台的运行要安全、稳定可靠，任何影响网络正常运行的因素，如计算机硬件、软件错误，网络通信故障，病毒攻击等都会导致网络营销活动不能顺利开展，使交易数据在确定的时刻和地点的有效性得不到保证，甚至造成巨大的经济损失。

从整个网络营销安全系统来看，安全性可划分为4个层次：网络结点的安全性、通信的安全性、应用程序的安全性、用户的认证管理。

1）网络结点的安全性

防火墙是一种由计算机硬件设备和软件组合而成，在内部网与外部网之间、专用网与公用网之间的界面上构建的保护屏障，从而保护内部网免受非法用户的侵入。防火墙可以有效地阻止黑客的入侵及攻击，为网络营销的开展提供了一个相对安全的平台。

为确保网络结点的安全，单有防火墙是不够的。网络营销企业需要建立全方位的防御体系，包括规定的网络访问和服务访问、本地和远地的用户认证、磁盘和数据加密、病毒防护措施及健全的管理制度等，对所有有可能受到网络攻击的地方给予同样级别的安全保护。

资料链接

### 防火墙的主要功能

防火墙主要具有以下3项功能。

(1) 防火墙对流经它的网络通信进行扫描，这样能够过滤掉一些攻击，以免其在目标计算机上被执行。由于只有经过精心选择的应用协议才能通过防火墙，所以网络环境变得更安全。同时，防火墙可以记录下这些访问并做出日志，也能提供网络使用情况的统计数据。

(2) 防火墙可以关闭不使用的端口，而且它还能禁止特定端口的流出通信，以防重要的内部信息外泄，可以封锁特洛伊木马。

(3) 防火墙可以禁止来自特殊站点的访问，从而防止来自不明入侵者的所有通信。

2) 通信的安全性

为保证通信安全，在客户端浏览器和网络营销Web服务器之间采用安全电子交易协议建立安全链接，对所传递的重要信息进行加密。实践证明，加密是保障通信安全的有效方法。

3) 应用程序的安全性

计算机程序是网络黑客和病毒攻击的主要对象之一。编写缜密的计算机应用程序，并对程序进行不断升级、更新，弥补程序漏洞，可以有效提高应用程序的安全性。

4) 用户的认证管理

企业用户身份认证可以通过服务器CA证书与IC卡相结合来进行。CA证书用于认证服务器的身份，IC卡用于认证企业用户的身份；对个人用户采用ID号和密码口令的身份确认机制来认证。

资料链接

### 2011年度互联网安全威胁四大特征

2012年2月20日，金山网络正式发布《2011—2012中国互联网安全研究报告》。报告指出，2011年全年新增病毒总数再次下滑，而针对网购的攻击则日益普遍，钓鱼网站取代病毒木马成为互联网第一大安全威胁，每月拦截网民访问次数比去年激增了100倍，互联网安全威胁呈四大特征。

1. 钓鱼网站取代病毒木马成为首要安全威胁

金山毒霸云安全中心数据显示，2011年钓鱼网站增速明显，全年新增钓鱼网站数量达到45万个。2011年11月，金山毒霸拦截钓鱼网站次数达到11亿次，受影响网民约占总数的10%，网民平均每浏览14个网页就有一次遇到钓鱼网站。

2011年金山毒霸拦截新增病毒达到1 230万个，日平均拦截次数约500万次，钓鱼网站的拦截次数是病毒木马的5倍之多，钓鱼网站已经成为中国互联网安全的首要威胁。

钓鱼网站的制造手法也呈现多样性和技术性，从直接复制伪造知名网站的页面，到利用XSS的漏洞攻击、制造多次跳转来达成钓鱼的目的。

2. 网购木马呈现增长趋势且网购攻击日益严重

2011年，网购木马呈现增长趋势，表现十分活跃。网购木马经营者大多使用QQ、淘宝旺旺等聊天工具实施一对一的诈骗，隐藏性很强，成功率很高，危害性极大。

3. 计算机病毒制造者向手机安卓平台转移

高性能智能手机和平板电脑市场份额的快速增长，以及手机购物、手机游戏等应用的风靡，引发了手机安全威胁的爆发，电脑病毒制造者将主要诈骗阵地从PC转移到手机。

金山手机卫士云安全中心数据显示，2011年安卓平台的恶意软件增长速度迅猛，全年安卓平台新增病毒数量23 681个，受害用户1 037万人。

4. 社会化媒体成为诈骗传播新宠

2011年，恶意传播者利用人们社会心理而非技术手段实施欺诈的案例增长十分明显，这种趋势未来会愈演愈烈。恶意软件传播者往往通过盗取网民登录信息，利用热门的社会化媒体微博、SNS社区等发送中奖、送礼或广告等钓鱼网站实施进一步的欺诈攻击。

2011年度十大病毒：①鬼影病毒，直接在Windows下改写硬盘分区表；②QQ群蠕虫病毒，中毒计算机的QQ会自动转发群消息，是第一个可以利用QQ群共享来传播的蠕虫病毒；③变形金刚盗号木马，病毒利用暴风影音加载DLL文件时不校验的漏洞使病毒文件得到运行机会；④输入法盗号木马，主要目的是盗取游戏账号；⑤QQ假面病毒，利用“我的自拍”、“美女图片”做诱饵盗取QQ账号；⑥空格幽灵病毒，一个仿图片的病毒，实质是一个远程控制程序；⑦DNF(地下城与勇士)假面病毒，通过伪游戏外挂网站传播的，其最主要目的是盗取网络游戏DNF(地下城与勇士)账号；⑧淘宝客劫持木马，劫持浏览器访问淘宝网、淘宝商城到淘宝客页面的一类木马病毒；⑨新型QQ大盗，通过成人网站的专用播放器传播，感染后，会在后台下载更多木马和流氓软件，窃取用户信息；⑩网购木马，2011年全年都很活跃，有多个网购木马成功突破安全软件的防御，甚至有的网购木马还会直接推荐安装某安全浏览器。

（资料来源：http://www.ijinshan.com.）

## 本章小结

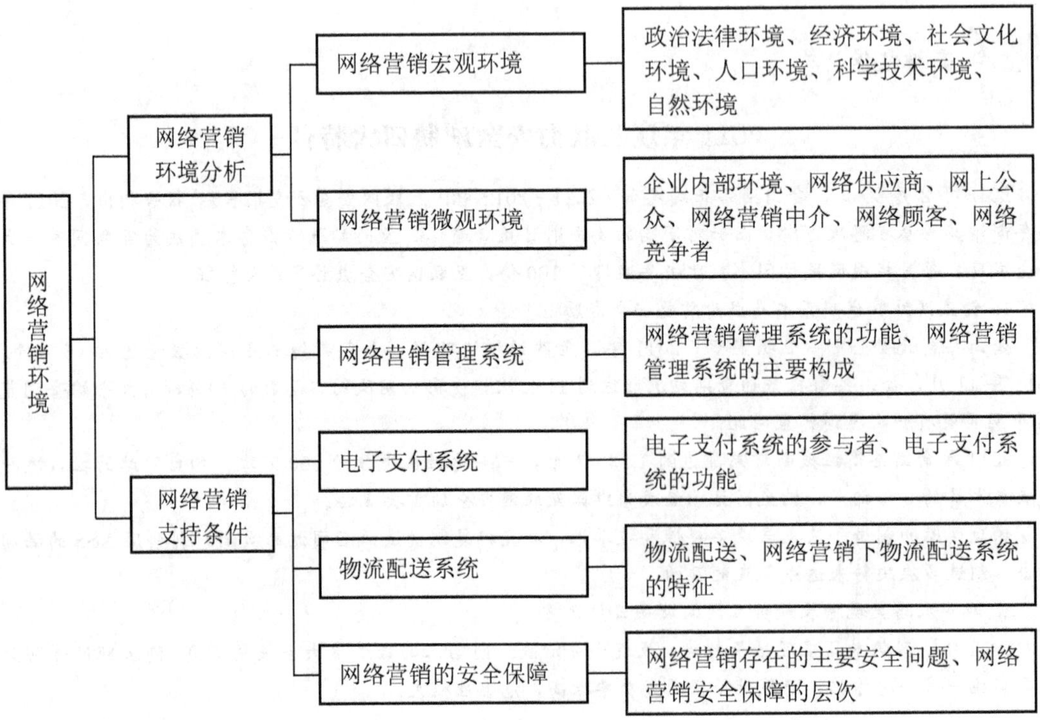

## 思考与练习

1. 单项选择题

(1) 网络营销环境是指(　　)。

A. 影响网络营销活动的各种因素　　B. 计算机的安全环境

C. 企业的内部条件　　D. 网络上的交易环境

(2) Nike公司的广告中使用动画人物“黑棍小人”形象，被认定为剽窃中国闪客而被判赔30万元。这是Nike公司忽略(　　)环境因素的原因。

A. 政治法律　　B. 网络经济　　C. 社会文化　　D. 科学技术

(3) 某跨国公司为了保证在中国市场的营销成功，将中国的高层管理者由原来的外国人换成了懂得中国市场和中国员工特点的中国人。这是由于他们考虑到了网络营销的(　　)环境。

A. 政治法律　　B. 网络经济　　C. 社会文化　　D. 科学技术

(4) 为开展网络营销活动的企业提供商品运输配送的专业物流机构属于企业的(　　)。

A. 网上公众　　B. 网络竞争者　　C. 供应商　　D. 网络营销中介顾客

(5) 包括网上银行、风险投资公司在内的(　　)是网络营销企业的融资对象或投资人。

A. 网络媒体　　B. 内联网公众

C. 网络金融服务机构　　D. 网民

2. 多项选择题

(1) 宏观环境包括(　　)等因素，是影响企业进行网络营销活动的宏观条件。

A. 政治法律　　B. 网络竞争者　　C. 社会文化

D. 企业内部　　E. 科学技术

(2) 网上公众是指对网络营销企业实现其营销目标构成实际或潜在影响的任何团体、单位和个人，包括(　　)。

A. 网民　　B. 网络媒体　　C. 内联网公众

D. 政府　　E. 网络金融服务机构

(3) 网络营销中介包括(　　)。

A. 网络供应商　　B. 网络中间商　　C. 认证中心

D. 网上金融服务商　　E. 第三方物流提供商

(4) 网络营销管理系统的功能有(　　)。

A. 信息发布与沟通　　B. 电子单据的传输　　C. 网上支付与结算

D. 物流系统　　E. 网络营销的售后服务

(5) 网络营销下物流配送系统的特征有(　　)。

A. 实时化　　B. 信息化　　C. 智能化

D. 网络化　　E. 柔性化

3. 简答题

(1) 简述网络营销宏观环境的内容。

(2) 简述网络营销微观环境的内容。

(3) 网络营销管理系统应具备哪些功能?

(4) 电子支付系统在网络营销中起什么作用?

(5) 举例说明中国网络营销的安全保障现状和完善措施。

## 实训与案例

(1) 通过搜索引擎查找国务院办公厅发布的《关于加快电子商务发展的若干意见》、《中华人民共和国电子签名法》,了解其内容,分析它对中国发展电子商务及网络营销的意义。

(2) 案例分析。

### 社交网络——一种新的商业模式

市场调研机构 Bizrate Insights 2012 年 3 月的调研数据表明,北美 32%的网购用户因在像 Pinterest 这样的社交图片分享网站看到图片而购买产品,其中 26%的用户会直接点击图片进入零售商网站购买;27%的用户在社交网站上看到了他们想买的产品,但因未在购物状态等原因未完成购买。社会化媒体与电子商务的结合正在改变人们的购物行为,也在改变整个电商行业的格局。

社交网络源自网络社交,网络社交的起点是 E-mail。互联网本质上就是计算机之间的联网,早期的 E-mail 解决了远程的邮件传输问题,至今它也是互联网上最普及的应用,同时它也是网络社交的起点。BBS 则更进了一步,把"群发"和"转发"常态化,理论上实现了向所有人发布信息并讨论话题的功能,社交点对点推进到点对面。即时通信和博客(Blog)更像是前面两个社交工具的升级版本,即时通信提高了即时效果(传输速度)和同时交流能力(并行处理);博客则体现越来越强的个体意识。

随着网络社交的演进,一个人在网络上的形象更加趋于完整,促进了社交网络产生。交友只是社交网络的一个开端。社交网络发展经过四个过程:

概念化阶段——SixDegrees 代表的六度分隔理论;

结交陌生人阶段——Friendster 帮助用户建立弱关系从而带来更高社会资本的理论;

娱乐化阶段——MySpace 创造的丰富的多媒体个性化空间吸引注意力的理论;

社交图阶段——Facebook 复制线下真实人际网络来到线上低成本管理的理论。

整个社会化网络服务(Social Networking Services, SNS)发展的过程是循着人们逐渐将线下生活的更完整的信息流转移到线上进行低成本管理,这让虚拟社交越来越与现实世界的社交出现交叉。网络社交的演进一直在遵循"低成本替代"原则,降低人们社交的时间和物质成本,或降低管理和传递信息成本。同时,利用不断丰富和快捷网络信息技术和网络通信技术,代替传统社交方式,实现社交由"接触型"转向"非接触型",进而改变人们的生活方式。而随着营销的发展,网络社交也已成为一种新的商业模式。

(资料来源:http://www.cnnic.cn.)

**思考题:** 调查 3 家以上社交网络,比较分析这 3 家社交网络的营销模式和内容之间的差异。

# 第3章 网络市场调研

## 知识目标

(1) 理解网络市场调研的含义、特点；
(2) 掌握网络市场调研的步骤和方法；
(3) 了解网络市场调研中应注意的问题。

## 技能目标

(1) 能根据企业调研目标设计网上调查问卷；
(2) 会运用主要的间接调查方法收集商务信息。

引 例

**中国互联网络发展状况统计调查**

中国互联网络信息中心是经国家主管部门批准，于1997年6月3日组建的管理和服务机构，行使国家互联网络信息中心的职责。

作为中国信息社会重要的基础设施建设者、运行者和管理者，中国互联网络信息中心在“国家公益，安全可信，规范高效，服务应用”方针的指导下，负责国家网络基础资源的运行管理和服务，承担国家网络基础资源的技术研发并保障安全，开展互联网发展研究并提供咨询，促进全球互联网开放合作和技术交流，不断追求成为“专业，责任，服务”的世界一流互联网络信息中心。

从1998年起，中国互联网络信息中心每年开展两次调查活动，调查的内容涉及中国互联网络发展的宏观概况(包括域名、网站、IP地址、国际出口带宽等)、中国网民的相关情况(包括网民规模与结构特征、网民的行为与观念等)。通过对这些调查数据的整理，形成了内容丰富的调查报告。截至2014年1月，共发布了33次《中国互联网络发展状况统计报告》，所提供的有关中国互联网上网计算机数、用户人数、信息流量分布、域名注册等方面情况的统计信息，对中国政府和企业动态掌握互联网在中国的发展情况、科学地进行决策有十分重要的意义。

(资料来源：http://www.cnnic.cn.)

**思考题**：中国互联网络信息中心发布的互联网调查信息包括哪些方面？采用的调查方法有哪些？

市场调研是企业营销中不可或缺的内容，能为企业快速、准确地把握市场提供依据。互联网的许多特性为实施网络营销的企业进行市场调研提供了便利条件。

## 3.1 网络市场调研概述

传统的市场调研是指以科学的方法，系统地，有目的地收集、整理、分析和研究所有与市场有关的信息，重点把握有关消费者的需求、购买动机和购买行为等方面的信息，从而把握市场现状和发展态势，有针对性地制定营销策略，以提高营销效益。作为一种崭新的沟通媒体，互联网优于传统媒体的特性在于其方便、即时的交互功能，这一特性是通过Web站点收集市场信息的有效手段。为适应信息传播媒体的变革，一种崭新的调研方式——网络市场调研随之产生。

### 3.1.1 网络市场调研的含义

互联网上的海量信息、免费的搜索引擎、免费的E-mail等服务，已对传统市场调研和营销策略产生了很大的影响，极大地丰富了市场调研的资料来源，扩展了传统的市场调研方法，特别是在互联网上进行直接调查方面具有无可比拟的优势。

网络市场调研，又称网上市场调研或网上调查(Internet Survey，IS)，是指在互联网上针对特定营销环境进行调查设计、收集资料和初步分析的活动。

企业利用各种网上调研的方式、方法，系统地收集有关市场营销的数据和资料，研究市场需求情况、消费者购买行为、营销因素、宏观环境及竞争对手情况等有关问题，为企业的网上营销决策提供数据支持和分析依据。

网上调查的适用范围很广，不仅在企业中得到了广泛的应用，同时也被政府机构及其他社会团体用于开展非营利性的调查研究项目。

### 3.1.2 网络市场调研的比较与特点

#### 1. 网络市场调研与传统调研的比较

网络的普及使得企业对网络市场调研越来越重视。尽管都属于市场调研，受互联网自身特点的影响，网上调研有别于传统市场调研，如表 3－1 所示。

表 3－1 网络调研与传统调研的比较

| 比较项目 | 网络市场调研 | 传统市场调研 |
| --- | --- | --- |
| 调研费用 | 费用低，主要是设计费和数据处理费，每份问卷所要支付的费用几乎为零 | 费用昂贵，包括问卷设计、印刷、发放、回收，聘请和培训访问员，录入调查结果，由专业公司对问卷进行统计分析等多方面的费用 |
| 调研范围 | 全国乃至全世界，样本数量庞大 | 受成本限制，调查地区和样本的数量均有限 |
| 运作速度 | 很快，只需搭建平台，数据库可自动生成，几天就可能得出有意义的结论 | 慢，需要 2～6 个月才能得出结论 |
| 调研的时效性 | 全天候进行 | 不同的被访问者对其可进行访问的时间不同 |
| 被访问者的便利性 | 非常便利。被访问者可自由决定时间、地点回答问卷 | 不太方便。一般要跨越空间，到达访问地点 |
| 调研结果的可信性 | 相对真实可信 | 一般由督导对问卷进行审核，措施严格，可信性高 |
| 适用性 | 适合长期的大样本调查，适合要迅速得出结论的情况 | 适合面对面地深度访谈，食品类等需要对受访者进行感官测试 |

#### 2. 网络市场调研的特点

网络市场调研是指利用互联网的开放性、自由性、平等性、广泛性和直接性等特点，有效地与被调查者进行信息沟通和交流。与传统调研相比，网络市场调研具有以下几个方面的特征。

1）及时性和共享性

在数字化信息技术飞速发展的今天，网络调研较好地解决了传统调研方法所得的调研结果时效性差的问题。只要鼠标轻轻一点，世界任何一个角落的用户都可以加入其中，从用户输入信息到企业接收信息，只不过数秒钟的时间；调研者利用后台计算机相关软件对数据进行处理，很快就可以得出调研的结果。同时，被调查者只要单击“结果”按钮，就可以知道到现在为止所有被调查者的观点所占的比例，可加强被调查者的参与感，实现信息的共享。

**案例3－1**

## 中国建设银行网上调查

中国建设银行为更好地为客户提供服务，在其首页的“客户服务”专栏中设置“网上调查”栏目，以了解顾客意见，改进服务，访问者只需单击对应按钮，即可参与调查活动，并在参与调查后还可以浏览点查结果，如图3.1和图3.2所示。

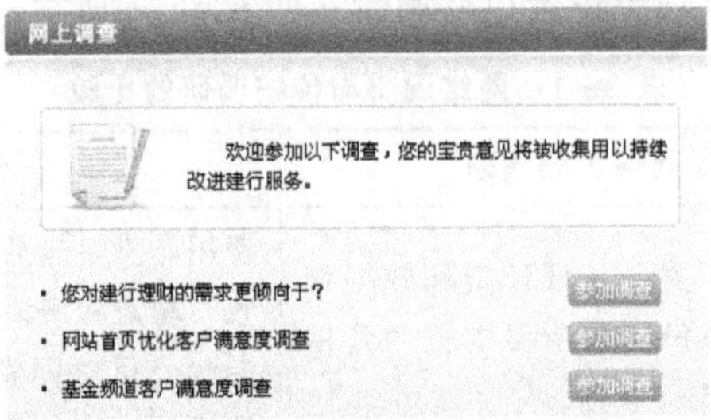


图3.1 中国建设银行网上调查截图

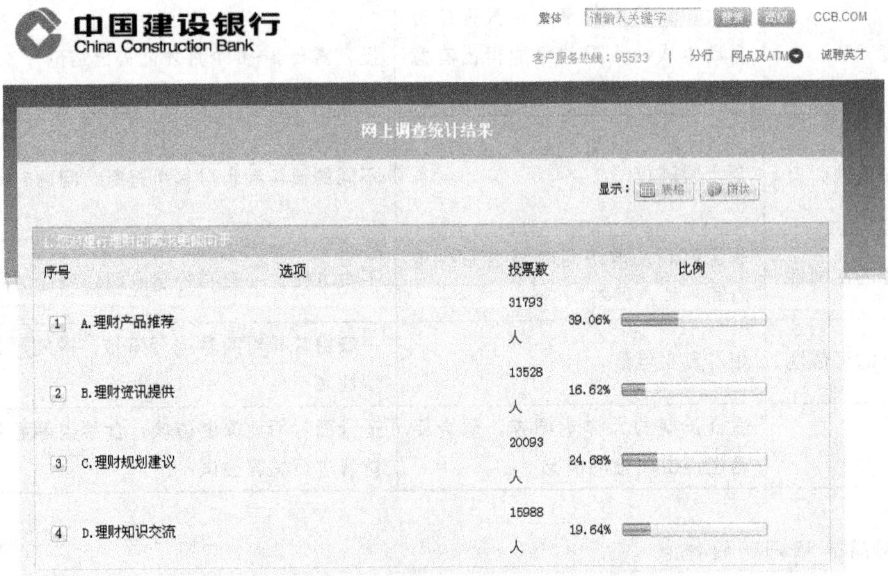


图3.2 中国建设银行在线调查的阶段性结果显示

实际上，在网民注册成为网站会员时，所填写的会员资料已经在参与网站的调查活动，也是网站明确其目标市场的主要信息来源和决策依据。

（资料来源：http://www.ccb.com.）

**思考题**：打开三家以上网站，并以会员身份登录注册，分析其注册信息的异同。

2）便捷性和低成本

互联网是一个全天候、全球开放性的网络，用户可以在任何方便的时间和地点参与调查，不受区域制约和时间限制，参与调研的便捷性非常高。

在开展网上市场调研的过程中不需要派出调查人员，不受天气和调查范围的限制；不需要印刷调查问卷，也无须派人值守；调查过程中最繁重、最关键的信息收集和录入工作将分布到众多网上用户的终端上完成，节省了大量的人力、财力和物力，调研成本较低。

3）交互性和充分性

在网上进行市场调查时，访问者可以通过BBS、新闻组、E-mail、即时通信等方法及时就问卷的相关问题提出自己的看法和建议，以减少因问卷设计不合理而导致的调查结论出现偏差等问题；访问者可以在网上自由充分地表达自己的看法，不受时间的限制；企业以同样的方式对访问者的意见做出及时反馈。这些都是传统市场调研不可能做到的。

4）调研结果可靠、客观真实

企业站点的访问者一般都对企业或其产品有一定的兴趣，这种基于顾客和潜在顾客的市场调研结果是相对客观和真实的；调研结果能在很大程度上反映消费者的态度和市场发展的趋向，调研结果的可靠性较高。

首先，被调查者是在完全自愿的条件下参与调查的，调查的针对性和自愿性强；而传统市场调查中面谈法之一的拦截询问法，实质上是带有一定的“强制性”的。

其次，调查问卷的填写是自愿的，填写者一般对调查内容有一定的兴趣，回答问题相对认真；而传统市场调查的被调查者可能出于各种目的参与调查，填写调查问卷许多是为了应付。

最后，网上市场调研可以避免传统市场调研中人为因素所导致的调查结论的偏差，被访问者是在完全独立思考的环境中接受调查的，能最大限度地保证调研结果的客观性。

**案例 3-2**

### 淘宝网的会员注册信息用户反馈调查

淘宝网注册信息如图3.3所示。

用户反馈调查常用的问题有以下几个。

您对注册“基本信息页”的整体感受如何？（可多选）

对于注册“基本信息页”，您还有哪些意见？（请填写在下面的文本框中）

对于注册“基本信息页”以下方面，您的满意程度如何？（每行单选）

对于注册“基本信息页”，您的总体满意程度如何？（单选）

您常用的旺旺ID是？（请填写）

您常用的联系电话是？（请填写）

您常用的电子邮箱是？（请填写）

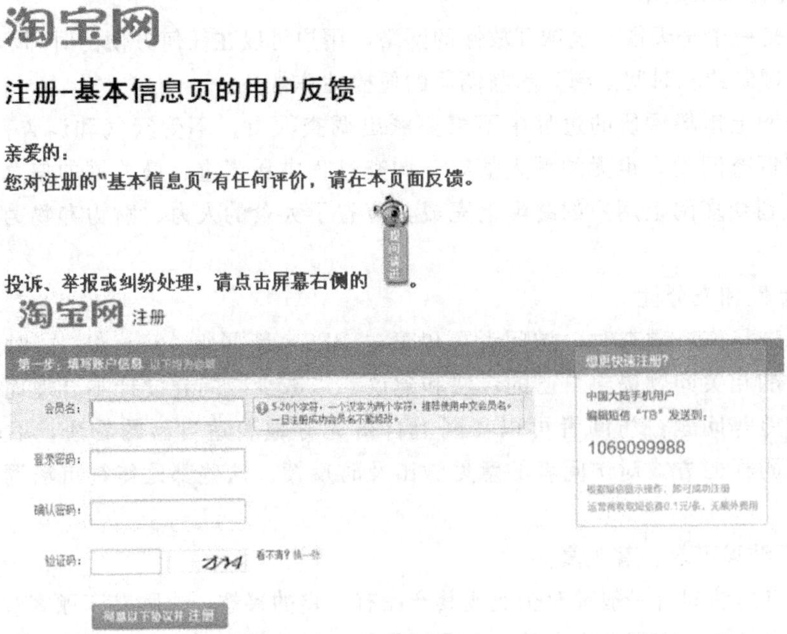


图 3.3　淘宝网注册信息

(资料来源：http://www.taobao.com.)

**思考题**：你参与过网站的交互性调查吗？案例中的调查项目你认可吗？你会如实填写吗？为什么？

5）可检验性和可控制性

利用互联网进行网上调研、收集信息，可以有效地对采集信息的质量实施系统地检验和控制。网上市场调查问卷可以附加全面规范的指标解释，有利于消除因对指标理解不清或调查员解释口径不一而造成的调查偏差；问卷的复核检验由计算机依据设定的检验条件和控制措施自动实施，可以确保对调查问卷100%的复核检验，保证检验与控制的客观公正性；通过对被调查者的身份验证技术，可以有效地防止信息采集过程中的舞弊行为。

## 3.2　网络市场调研实务

互联网上的信息极为丰富，如何运用有效的方法和工具，在海量的网络信息中收集企业所需的商务信息，并进行特殊分析和处理，已成为企业营销人员的必备能力之一。

### 3.2.1　网络市场调研的步骤

网络市场调研与传统的市场调研一样，应遵循一定的方法与步骤，以保证调研质量。网络市场调研一般包括以下5个步骤。

1. 明确问题与调研目标

网络市场调研的第一个步骤是要明确调研问题和调研工作所要达到的目标。企业在任何问题上都存在着许多可以进行调研的内容；调研目标既不可过于宽泛，也不能过于狭窄，要明确界定调研目标并充分考虑网络调研成果的实效性。

在确定网上调查目标时，需考虑企业的顾客或潜在顾客是否上网，网民与企业的顾客或潜在顾客是否重合，企业的网上顾客规模是否足够大，能否代表企业的所有顾客群体等问题，以保证网上调研结果的有效性。

2. 制订调研计划

网上市场调研的第二个步骤是制订行之有效的市场调研计划，包括确定资料来源、调查方法、调查手段、抽样方案和联系方法，如表3-2所示。

表3-2 调研计划内容

| 项　目 | 具体内容 |
|---|---|
| 资料来源 | 一手资料，二手资料 |
| 调查方法 | 选择调查方法：专题讨论法，问卷调查法，实验法 |
| 调查手段 | 选择调查手段：在线问卷，交互式计算机辅助电话访谈系统，网络调研软件系统 |
| 抽样方案 | 确定抽样方案：抽样单位，样本规模，抽样程序 |
| 联系方法 | 明确联系方法：用E-mail传输问卷，网上论坛，互联网提交 |

网上市场调研计划应该由专业人员设计，相关营销管理人员必须具有丰富的营销调研知识，以便审批调研计划，分析调研结果。

3. 收集信息

网络通信技术的迅速发展，使信息收集的方法变得非常简单，企业只需将被调查者反馈的信息进行下载、归集，或直接从网上下载相关数据即可。

在问卷回答中，被调查者经常会有意无意地漏掉一些信息，企业需在页面中嵌入脚本或通用网关界面(Common Gateway Interface，CGI)程序进行实时监控。当被调查者遗漏问卷上的一些内容时，程序会拒绝提交调查表或者验证后重发给被调查者要求补填，完整填写后被调查者会收到证实问卷已完成的公告。

4. 分析信息

市场调研的目的是通过对调查信息进行分析研究，为企业营销决策提供依据，因此，信息分析非常重要，直接关系到信息使用和企业决策。“答案不在信息中，而在调查人员的头脑中”。调查人员如何从数据中提炼出与调查目标相关的信息，直接影响到最终的结果。常用的数据分析技术包括交叉列表分析、概括分析、综合指标分析和动态分析等；国际上较为通用的分析软件有统计产品与服务解决方案(Statistical Product and Service Solutions，SPSS)、统计分析系统(Statistical Analysis System，SAS)等。

网络信息的一大特征是即时呈现，竞争者也可能从一些知名的商业网站上看到同样的信息，因此，提高信息的分析能力，有利于企业在快速变化的市场中捕捉到商机，获得竞争优势。

5. 撰写调研报告

撰写调研报告是整个调研活动的最后阶段。调研报告不是数据和资料的简单堆砌，而是市场调研人员采用一定的统计分析技术，对所获信息进行分析整理并得出相应的有价值的结果，可为企业制定营销策略和营销决策提供依据。

作为对被调查者的一种激励或奖赏，网上调查应尽可能地把调查报告的全部结果反馈给被调查者或网站访问者。

**资料链接**

### 调研报告的格式

调研报告的形式有描述性报告、解释性报告和建议性报告或描述与对象相结合的综合性报告。调研报告的表述设有固定格式，一般由标题、目录、内容摘要、调研报告正文、结论与建议、附件等几部分组成。

1. 标题

标题一般设置在报告的扉页上。有的调研报告还采用正、副标题形式，一般正标题表达调查的主题，副标题则具体表明调查的单位和问题。报告的扉页上除标题外，还可有报告日期、委托方、调查方等信息。

2. 目录

如果调研报告的内容较多，为了方便读者阅读，应当使用目录或索引形式列出报告所分的主要章节和附录，并注明标题、有关章节号码及页码。一般来讲，目录的篇幅不宜超过一页。

3. 内容摘要

内容摘要部分主要是概括介绍调研的主要情况与结论。

4. 调研报告正文

正文是调研报告的主体部分，包括调研目的、调研对象和调查内容、调查研究的方法(如样本的抽取，资料的收集、整理、分析技术等)、可供市场活动的决策者进行独立思考的全部调研结果和必要的市场信息，以及对这些情况和内容的分析评论。

5. 结论与建议

结论与建议包括对正文部分所提出的主要内容的总结，提出如何利用已证明为有效的措施和解决某一具体问题可供选择的方案与建议。

6. 附件

附件包括参考资料及附录。附录是调查报告正文包含不了或没有提及，但与正文有关且必须附加说明的部分，包括数据汇总表及原始资料背景材料和必要的工作技术报告。

### 3.2.2 网络市场调查的方法

利用互联网进行市场调查有两种方法，一是网上直接调查，收集一手资料；二是网上间接调查，收集二手资料。

**课堂思考**

作为某化妆品公司的营销人员，目前公司拟推出一款面向18～22岁未婚女性的唇膏。如何通过网络进行调查？

1. 网上直接调查

网上直接调查是指利用互联网直接采取问卷调查、专家访谈、观察等方式收集一手资料。

1）网上直接调查的分类

根据不同的标准，可以对网上直接调查进行分类。

（1）按照采用调查方法的不同，可以分为网上讨论法、网上观察法和网上问卷调查法，其中常用的是网上问卷调查法，下面简要介绍前两种调查方法。

网上讨论法是小组讨论法在互联网上的应用。网上讨论法可通过多种途径实现，如BBS、新闻组、网络实时交谈(IRC)、网络会议等。主持人在相应的讨论组中发布调查项目，请被调查者参与讨论，发表各自的观点和意见。调查结果需要主持人加以总结和分析，对信息收集和数据处理的模式设计要求很高，难度较大。

网上观察法是对网站的访问情况和网络消费者的网上行为进行观察和监测的方法。采用该方法的代表性企业是法国的 Net Vlaue 公司，重点对网络用户的网上行为进行监测，号称是“基于互联网用户的全景测量”。

**案例 3-3**

## Net Vlaue 的全景测量

Net Vlaue 全景测量的独特之处在于，一般的网上观察是基于网站的，通过网站的计数器来了解访问量和停留时间等信息；而 Net Vlaue 的测量则是基于用户的，它可以全面了解网站和用户的情况。Net Vlaue 首先通过大量的“计算机辅助电话调查”(Computer Assisted Telephone Interview，CATI)获得用户的基本人口统计资料，然后从中抽取样本，寻找自愿受试的用户，下载软件到用户的计算机中，由此记录被测试用户的全部网上行为。它不仅记录了用户访问的网站，而且还记录了用户上传和下载软件、收发 E-mail 等全部网上行为，因此，被称为“基于互联网用户的全景测量”。

**思考题：**采用网上观察法调查时需要注意什么？

（2）按照调查者组织调查样本的行为，可以分为主动调查法和被动调查法。主动调查法是调查者主动组织调查样本，完成统计调查的方法；被动调查法是调查者被动地等待调查样本造访，完成统计调查的方法。

（3）按照网上调查采用的技术可以分为网络站点法、电子邮件法、随机 IP 法和视讯会议法等。

网络站点法是将调查问卷的 HTML 文件附加在一个或几个网站的网页上，由浏览这些站点的网上用户在此网页上回答调查问题的方法。站点法属于被动调查法，是网上直接调查的基本方法。

电子邮件法是采用给被调查者发送 E-mail 的形式，将调查问卷发送给一些特定的网上用户，由用户填写后以 E-mail 的形式再反馈给调查者的调查方法。电子邮件法属于主动调查法，与传统邮件法相比，邮件传送的效率大大提高。

随机 IP 法是以产生一批随机 IP 地址作为抽样样本的调查方法。随机 IP 法属于主动调查法，其理论基础是随机抽样。

视讯会议法是基于 Web 的计算机辅助访问(Computer Assisted Web Interviewing，CAWI)，是将分散在不同地域的被调查者利用互联网视讯会议功能虚拟地组织起来，在主持人的引导下讨论调查问题的调查方法。

(4) 按照被调查者有无意识到调查的行为，可分为网上民意测验和网络跟踪。网上民意测验是在被调查者有意识下进行的调查活动；不同于网络民意调查，通过网络跟踪器进行调查是在被调查者无意识下进行的，即在被调查者不知情的情况下收集数据信息的方法。

**案例 3－4**

### 多款浏览器推出“禁止跟踪”，用户隐私引发关注

继 Microsoft 之后，360 安全浏览器推出了“禁止跟踪”功能。通过此功能，用户能够检测到跨站跟踪、Cookies 跟踪等行为。在互联网背后隐藏着一双“看不见的眼睛”，正在盯着用户的行为。

随着互联网的普及，互联网在进行快速的信息交流、提供便利服务的同时，网络隐私日渐成为社会话题，越来越多的用户担忧其个人隐私会在网络上被泄漏。跨站跟踪和 Cookies 跟踪成为向用户投放精准广告以实现网站商业目的的重要方式。

跨站跟踪。用户访问的网站可能嵌入了第三方网站的跟踪代码，当用户打开这个网站时，这段嵌入的代码会向第三方网站发送信息跟踪用户的上网行为。跨站跟踪主要基于商业目的，通过跟踪用户的上网行为，第三方网站可以实现针对用户的内容定制、精准广告投放及用户上网习惯的分析。第三方网站通过跟踪代码，把用户的上网记录上传到服务器，这些上网记录可能涉及用户的隐私。

Cookies 跟踪。Cookies 则是当用户浏览网站时，网站在用户硬盘上植入的一个很小的文本文件，记录了用户 ID、密码、浏览过的网页、停留的时间等信息。植入 Cookies 后，当用户再次访问该网站时，网站通过读取 Cookies，得知用户的相关信息后，可以在页面显示定制的欢迎标语，或者让用户不用输入 ID、密码就直接登录等。用户多数的账号丢失、登录串号其实都和 Cookies 有关，很多木马都是通过窃取 Cookies 来盗取用户的账号和隐私信息。

2012 年 11 月 19 日，美国联邦贸易委员会以侵犯隐私为由，对谷歌罚款 250 万美金。美国联邦贸易委员会认定，谷歌在秘密跟踪用户的上网行为。

为了实现商业利益最大化，网站普遍采用跨站跟踪和 Cookies 跟踪等手段收集用户上网行为数据，通过分析用户上网习惯来实现广告的精准投放。但是，过度搜集此类数据涉及侵犯用户网络隐私。对于包含用户个人信息的 Cookies，早在 2012 年 5 月欧盟即开始实施 Cookies 法案，规定了 Cookies 可记录的内容，并且规定所有网站在使用 Cookies 的时候必须得到用户授权。欧盟颁布一系列禁止跟踪法案，标志着网络隐私保护将达到新的水平。

（资料来源：http://sh.eastday.com.）

**思考题**：商业利益和个人隐私之间的矛盾应如何化解？

2) 网上问卷调查法

网上问卷调查法是目前最为常见的一种网上直接调查方法。网上问卷调查法是将调查问卷在网上发布，被调查者通过网络填写问卷、完成调查的一种方法。合理设计调查问卷、选择恰当的问卷发布方法是提高问卷反馈率和调查效果的重要手段。

(1) 网上调查问卷设计。调查问卷一般包括 4 个主要组成部分：卷首语、问题指导语、问卷的主体及结束语。

卷首语是说明由谁执行此项调查、调查目的和意义。卷首语的目的是使被调查者感到正在进行的调查项目是合理、合法的，是值得他们花时间和精力来认真填写的。

问题指导语(填表说明)是向被调查者解释怎样正确地填写问卷的语句。

问卷的主体包括问题和备选答案，是问卷的核心部分；问题的类型分为开放型和封闭型。

结束语中可以表示出对被调查者的感谢，或者给出一些奖品、优惠券等。

采用网上问卷调查时，问卷设计的质量直接影响调查效果。在设计问卷时要注意以下几点。

① 调查问卷的主题要明确，重点要突出。调查问卷开始部分应生动清晰地向被调查者介绍调研目的，以吸引潜在的被调查者注意，争取他们参与问卷调查；同时介绍内容还应包括完成答卷的相关指示和整个过程所需的时间。

② 科学地设计调研问卷的问题。首先，网上被调查者在被访问时一般很少用键盘输入信息，而大多用鼠标指针直接进行选择，因此，网上调查问卷的问题应尽量采用封闭型问题，提供选择性信息(单选或多选)，减少被调查者的信息输入量，以免被调查者厌烦。其次，每个问题都必须与主题相关，都应设计成使得所有被访者对这个问题都有同样的理解，每个问题的答案应该是企业需要的，而不一定是企业喜欢的。最后，问卷中的问题数量要合理，填写问卷的时间长短要合适。

③ 问卷调查结果要便于整理、分析。成功的问卷设计除了要紧密结合调查主题，方便信息收集外，还应考虑便于对调查结果进行统计分析。

④ 有奖问卷的奖项设置要合理。为激励被调查者参与调查，调查者一般会采取有奖问卷的方式，但奖项设置要合理，如图 3.3 所示。奖品价值过小，对被调查者难以产生激励作用；奖品价值过大，就会吸引一些人为了获得奖品而参与调查，不仅会降低调查结果的可靠性，也会造成调查费用过大。

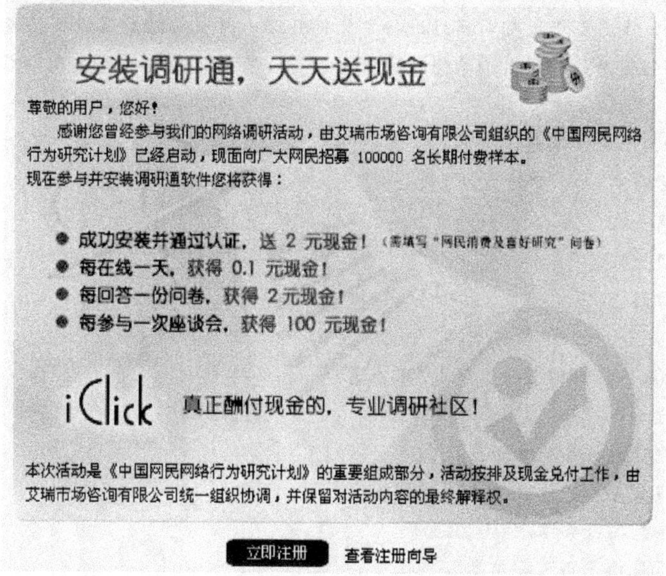


图 3.4　艾瑞调研社区参与调研的报酬

⑤ 保护个人信息隐私。网上信息传播面广、速度快，网络用户的个人信息一旦被他人掌握，很容易受到侵犯，因此，每个网络用户对个人信息都有不同程度的自我保护意

识。如果调查问卷中包含一些被调查者不愿意透露的个人信息，被调查者可能拒绝回答。为保护个人信息安全，提高被调查者参与的积极性，在企业开展网上调查时，应及时公布保护个人信息声明，或调查问卷中尽可能避免涉及被调查者隐私的敏感问题和个人信息，如住址、家庭电话、身份证号码等。

(2) 网上调查问卷的发布。此发布是将设计好的问卷通过一定的方式在网上发布，让被调查者了解并参与调查。常见的网上调查问卷的发布方式有以下几种。

① 网站(页)问卷调查。即将设计好的问卷放在网站的某个网页上。这要求问卷设计有吸引力，且易于回答；访问者根据自己的情况，决定是否参与调查。网页问卷调查发布的方法有两种：一是在网站上设置有调查问卷的标志或链接文字，被调查者通过单击链接进入问卷页面，并完成调查问卷的填写；二是给被调查者发出一份 E-mail，解释调查的目的，并邀请他们参与，邮件中有调查问卷的超级链接，被调查者只要单击该链接，浏览器就会打开问卷所在的网页。调查的结果自动进入数据库，便于快速处理。为提高网站调查效果，调查者应了解目标市场状况，针对目标市场开展调查，特别是 E-mail 的发送。例如，在进行顾客满意度调查时，应针对顾客或用户开展。这种调查方式的主要缺点是主动参与调查的样本可能不具有代表性。为此，调查者应采用有效的邀请方式，邀请目标对象参与调查。

**案例 3-5**

### 建设银行的网站首页优化客户满意度调查

非常感谢您参与我行网站首页优化客户满意度调查。为了提升我行网站的服务品质，向广大客户提供更优质的使用体验，我行已于近期对网站进行了优化升级，新版网站首页以简洁清新的风格展示给广大客户，旨在提高您的使用效率。我们希望通过本次调查，了解您对我行新版网站首页的使用感受，倾听您的宝贵建议。

(1) 您访问建行网站的频率是怎样的?

□ 几乎每天都访问

□ 至少每周访问一次

□ 至少每月访问一次

□ 至少每季度访问一次

□ 极少访问

(2) 您访问建行网站的目的是什么?(可以多选)

□ 登录网上银行

□ 使用网站账户查询服务查询账户信息

□ 办理各类在线业务，如开通、注销、申请、定制、下载等

□ 了解建行个人产品服务信息

□ 了解建行公司机构产品服务信息

□ 了解建行各类促销优惠信息和公告信息

□ 了解各类行情信息和资讯信息

□ 参与建行网站互动，如客户调查或网上留言等

□ 查询建行网点及 ATM 信息

☐ 访问分行网站了解地方性信息

☐ 了解建行企业信息或新闻信息

☐ 了解建行招聘信息

(3) 使用新版网站首页，您是否可以方便地达成您的访问目的？(请打分，10分为非常方便，1分为非常不方便)

| 1分 | 2分 | 3分 | 4分 | 5分 | 6分 | 7分 | 8分 | 9分 | 10分 |
|---|---|---|---|---|---|---|---|---|---|
| | | | | | | | | | |

(4) 您对新版网站首页展示的内容满意度如何？(请打分，10分为非常满意，1分为非常不满意)

| 1分 | 2分 | 3分 | 4分 | 5分 | 6分 | 7分 | 8分 | 9分 | 10分 |
|---|---|---|---|---|---|---|---|---|---|
| | | | | | | | | | |

(5) 您对新版网站首页的视觉设计效果满意度如何？(请打分，10分为非常满意，1分为非常不满意)

| 1分 | 2分 | 3分 | 4分 | 5分 | 6分 | 7分 | 8分 | 9分 | 10分 |
|---|---|---|---|---|---|---|---|---|---|
| | | | | | | | | | |

(6) 为了提供更优质的服务，新版网站首页设置了多个全新栏目，您对新版建行网站首页栏目的整体设置满意度如何？(请打分，10分为非常满意，1分为非常不满意)

| 1分 | 2分 | 3分 | 4分 | 5分 | 6分 | 7分 | 8分 | 9分 | 10分 |
|---|---|---|---|---|---|---|---|---|---|
| | | | | | | | | | |

(7) 您对特定栏目的满意度如何？(请打分，10分为非常满意，1分为非常不满意)

| | 1分 | 2分 | 3分 | 4分 | 5分 | 6分 | 7分 | 8分 | 9分 | 10分 |
|---|---|---|---|---|---|---|---|---|---|---|
| 客户服务 | | | | | | | | | | |
| 优惠与服务 | | | | | | | | | | |
| 产品服务概览 | | | | | | | | | | |
| 网点及ATM | | | | | | | | | | |

(8) 总体而言，您对新版网站首页的满意度是？(请打分，10分为非常满意，1分为非常不满意)

| 1分 | 2分 | 3分 | 4分 | 5分 | 6分 | 7分 | 8分 | 9分 | 10分 |
|---|---|---|---|---|---|---|---|---|---|
| | | | | | | | | | |

(9) 请您对新版网站首页的整体使用体验予以评价(可以多选)。

☐ 简洁易用，逻辑清晰

☐ 逻辑混乱，使用复杂

☐ 信息充足，便于查找

□ 内容过于简单，不易查找

□ 页面风格清晰大气

□ 页面风格缺乏设计感

□ 其他，请注明

(10) 您认为我们应该如何进一步改善网站首页，请留下您的宝贵意见。

最多可输入250个字。

(11) 您的性别是?

□ 男

□ 女

(12) 您的年龄是?

□ 18岁以下

□ 18～25岁

□ 26～35岁

□ 36～45岁

□ 46～55岁

□ 55岁以上

(13) 您的教育程度是?

□ 初中及以下

□ 高中

□ 大学

□ 硕士

□ 硕士以上

(资料来源：http://www.ccb.com.)

**思考题**：结合案例内容，说明调查问卷设计应如何围绕调查主题展开。

② E-mail调查。即将问卷直接发送到被访者的私人电子邮箱中，吸引被访者的注意和兴趣，主动参与调查。这需要调查者收集目标群体的电子邮箱地址作为抽样样本，类似于传统调查中的邮寄问卷调查。电子邮件调查覆盖面大，是网络调查中最快、最简单的方法。电子邮件调查的不足之处主要有两个方面，一是问卷以平面文本格式为主，无法实现跳答、随机化、错答检查等较为复杂的问卷设计；二是调查的质量在很大程度上取决于抽样框的完备性和回收率。

③ 弹出式(Pop-up)调查。即调查者在网站上设计一个弹出窗口，当网络消费者访问网站时，就会弹出窗口，请网络消费者参与网上调查。如果网络消费者有兴趣参与，单击该窗口中的“是”按钮，则会出现一份问卷的新窗口，完成网上问卷后即可在线提交。调查者在网站上安装抽样软件，按一定的抽样方法自动地抽取被访者。该调查类似于传统调查中的街头或商场的拦截式调查，得到的一般也不是真正意义上的随机样本。“拦截”依据的是“访问”而不是“访问者”，经常访问者被拦截抽中的可能性要大于偶尔访问者。为了保证一个访问者最多只能填写一次问卷，常采用跟踪文件(Cookies)的方式。

④ 讨论组调查。即在相应的讨论组中发布问卷信息或调查题目，邀请访问者参与调查。该方法与E-mail调查方法一样，调查费用低，而且属于主动型调查。在指向Web网

站上的问卷在新闻组和 BBS 上发布时，应注意网上行为规范，调查的内容应与讨论组主题相关，以免引起被调查者的反感甚至抵制抗议。

2. 网上间接调查

网上间接调查主要是利用互联网收集与企业经营有关的二手信息资料，这些信息资料是由他人收集、整理的关于市场、竞争者、消费者及宏观环境等方面的信息。网上间接调查一般是通过搜索引擎(Search Engine)搜索有关的网页信息，调查者根据这些信息进一步查找所需资料。

1）网上间接调查的方法

（1）利用搜索引擎收集资料。搜索引擎是指根据一定的策略、运用特定的计算机程序收集互联网上的信息，在对信息进行组织和处理后，为用户提供检索服务的系统。搜索引擎是在互联网上获取所需信息的重要工具，是互联网的主要应用之一。

**资料链接**

## 搜索引擎的使用

从使用者的角度看，搜索引擎提供一个包含搜索框的页面，在搜索框输入词语，通过浏览器提交给搜索引擎后，搜索引擎就会返回与用户输入的关键词相关的内容信息列表。

1. 确定关键词

要在搜索引擎上搜索信息首先必须输入关键词，关键词是搜索的开始。在大多数情况下，关键词选择方向的偏差是找不到所需信息的主要原因。学会从复杂搜索意图中提炼出最具代表性和指示性的关键词对提高搜索效率至关重要。

选择搜索关键词的关键是明确搜索目标，即要找的对象是网站、网页，还是产品服务信息或其他。

2. 细化搜索条件

搜索条件越具体，搜索引擎返回的结果也会越精确。

在搜索有关计算机冒险游戏方面的资料时，输入“game”，因范围太大故返回资料太多；用“computer game”作为关键词，范围会大大缩小；而用“computer adventure game”，返回的结果会较精确。

搜索引擎基本上都支持附加逻辑命令查询，常用的是“+”和“—”，或与之相对应的布尔(Boolean)逻辑命令 AND、OR 和 NOT。用好这些命令符号，可以大幅度提高搜索的精度。

除利用前面提到的逻辑命令来缩小查询范围外，还可使用引号(注意为英文字符)，如“computer adventure games”。

3. 特殊搜索命令

在一般情况下，熟练掌握一般搜索技巧就足够了。为满足用户的一些特殊需要，搜索引擎也支持一些特殊的搜索命令，以方便精确地定位所需信息。

(1) 标题搜索。多数搜索引擎都支持针对网页标题的搜索，命令是“title:”，在 Yahoo 中是“t:”(注意冒号为英文字符且后面不跟空格)。在进行标题搜索时，前面提到的逻辑符号和精确匹配原则同样适用。例如，输入“title(或 t): computer adventure games”，返回的结果都是标题中包含关键字、词的信息条目。

(2) 网站搜索。即针对网站进行搜索，命令是“site:”(Google)、“host:”(AltaVista)、“url:”(Infoseek)或“domain:”(HotBot)。

现在，越来越多的企业、组织、政府机构、国际组织等建立并使用网站，使用搜索引擎来查询所需信息越来越便捷、有效。应当注意的是，在使用搜索引擎时，应根据查询的是中文信息还是外文信息，选择对应的中文搜索引擎或外文搜索引擎，以便更快捷有效地查询到所需信息。

常用的中文搜索引擎有百度(www. baidu. com)、搜狗(www. sogou. com)、新浪爱问(www. iask. com)、Google 中国(www. google. cn)。常用的英文搜索引擎有 Google(www. google. com)、Yahoo(www. yahoo. com)、Live(www. live. com)、Search Mash(www. searchmash. com)、ASK(www. ask. com)。

(2) 利用网络社区收集资料。网络社区是指以博客/个人空间、论坛/BBS 等形式存在的网上交流空间。兴趣相同的网民集中在网络社区的同一主题内，共同交流相关话题。网络社区不仅是网民获取信息的渠道之一，也是网民寄托情感的途径，网络社区用户黏性很强。

网络社区的形式多种多样，搜索引擎网站开通的贴吧和空间，电子商务网站开通的论坛，即时通信网站背靠巨大的用户规模开通的个人空间，还有以各种不同人群定位的专业论坛、博客/个人空间等，都是网络社区发展的形式。不同形式网络社区的兴起，满足了网民不同的需求，也为开展网络间接调查提供了方便。

(3) 利用新闻组收集资料。新闻组是一个基于网络的计算机组合，这些计算机被称为新闻组服务器，不同的用户通过一些软件可连接到新闻组服务器上，阅读其他人的消息并可以参与讨论。新闻组是一个完全交互式的超级电子论坛，是网络用户进行交流的工具。新闻组和 WWW、E-mail、远程登录、文件传输同为互联网提供的重要服务内容。在国外，新闻组账号和上网账号、E-mail 账号一起并称为三大账号。

新闻组作为一种高效而实用的工具，具有主题鲜明、信息量大、直接交互性和全球互连性强等多方面优点。它的信息内容广泛，并可以精确地按兴趣爱好及类别对使用者进行分类。其中包含的各种不同类别的主题已经涵盖了人类社会所能涉及的所有内容，包括科学技术、人文社会、地理历史、休闲娱乐等。新闻组的使用者可以从中获得免费的信息，并可相互交换免费信息。

(4) 利用 E-mail 收集资料。E-mail 是互联网使用最广的通信方式，不仅费用低，而且使用方便快捷，拥有大量的网络用户。截至 2008 年 12 月 31 日，中国网民 E-mail 的使用率为 56.8%。许多 ICP、传统的媒体公司和企业，为保持与用户的沟通，也定期给公司用户发送 E-mail，发布公司的最新动态和有关产品服务信息。E-mail 是快捷有效的信息收集渠道，资料收集者只需在有关网站注册，便可接收 E-mail 信息。

**资料链接**

## 微博微信两大社交服务终端流量趋近，原生社交 App 表现优异

2013 Q3 社区交友类服务在 PC 端依然保持较为平稳的发展，社交在 PC 端进入成熟阶段。从整体流量来看，社交服务两大终端流量逐渐趋近。在 PC 端，微博服务与社区服务在社交季度浏览时长中占比进一步提升；在移动端，微信依然是社交 APP 中最重要的拉动力量。

1. 2013 年 8 月，社区交友类服务月度覆盖人数达到 4.3 亿

如表 3-3 所示，2013 年 8 月，社区交友类服务月度覆盖人数达到 4.3 亿，在总体网民中渗透率为 90.8%。在 PC 端主要网络服务中排名第四，仅次于即时通信、搜索服务和在线视频。社区交友类服务在 PC 端进入平稳发展阶段，其覆盖人数与用户黏性在国内主要网络服务中处于领先地位。

表 3-3 PC 端社交服务及其他服务月度覆盖人数

| 服务类别 | 月度覆盖人数/亿人 | 同比增长率 | 总体网民渗透率 |
|---|---|---|---|
| 即时通信 | 4.71 | 9.0% | 96.8% |
| 搜索服务 | 4.60 | 4.8% | 97.4% |
| 在线视频 | 4.55 | 3.1% | 97.4% |
| 社区交友 | 4.29 | 0.2% | 90.8% |
| 新闻资讯 | 4.18 | 3.6% | 88.5% |

2. 社区交友类服务两大终端流量趋近，微信拉动移动端流量明显

根据艾瑞咨询 iUserTracker 与 mUserTracker 监测数据显示，社交类服务流量在 PC 端和 App 端流量逐渐趋近，受微信的拉动，移动端流量增长迅速。2013 年 8 月，App 端月度浏览时长同比增长 251.1%，PC 端同比下降 31.3%，App 端流量增速以绝对优势领先。

3. 微博与社区在 PC 端季度浏览时长占比进一步上升

2013 Q3 社交服务在 PC 端的各类细分服务中，微博与社区季度浏览时长占比较上一季度进一步上升，占比均为 16.6%。微博进入用户增长放缓的成熟期之后，整个平台的活跃度在前几个季度有降低，进入 Q3 以后，微博加大了对内容方面的运营，话题申请资格的开放、热门综艺榜单的设置等措施都为微博黏性的提升做出贡献。

4. 原生社交 App 发展迅速，未来空间大

根据艾瑞咨询移动端网民网络行为监测系统 mUserTracker 数据显示，2013 年 8 月，微信的用户月度浏览时长达到 7.5 亿小时，同比增长了 495.9%，增长约为 5 倍。QQ 空间与陌陌同比增长分别为 194.0%与 219.1%。艾瑞咨询分析认为，微信朋友圈和公众账号是微信黏性上升的主要原因。QQ 空间凭借在 PC 端的庞大用户基数，迁移到移动端之后也有较大增长空间。陌陌是社交原生 App 的典型代表，这类应用将会成为未来社交 App 的主力。

（资料来源：http://media.iresearch.cn.）

2）网上间接信息来源

网上间接信息的来源包括企业内部信息源和企业外部信息源两个方面。与市场有关的企业内部信息源，主要是企业自己收集、整理的市场信息，企业产品市场销售记录、档案材料和历史资料，包括企业会计账目、销售记录、客户名称表、推销员报告、客户和中间商的通信记录、信件、市场营销调研报告和企业发布的专门审计报告等。

企业外部的市场信息源的范围极广，主要是国内外有关的公共机构。

(1) 政府机构网站。政府机构网站包括本国政府网站和外国政府网站。政府有关部门、国际贸易研究机构、海关及本国政府在外国的官方办事机构(如商务处)，通常因工作需要较全面地收集世界或所在国的市场信息资料。通过这些机构网站可以方便地获取较为详细、系统、专门化的信息资料。

(2) 国际组织网站。世界上许多国际组织都定期或不定期地发布大量市场情报。与国

际市场信息有关的主要网站如表 3-4 所示。

表 3-4　主要国际组织网站及其能提供的信息

| 国际组织名称 | 网站地址 | 提供信息简介 |
| --- | --- | --- |
| 联合国(United Nations) | http://www.un.org | 发布有关国际的和各国的贸易、工业和其他经济方面的统计资料，以及与市场发展问题有关的资料 |
| 世界贸易组织(World Trade Organization) | http://www.wto.org | 发布贸易关税的规定、多边及诸边贸易协定等资料 |
| 国际货币基金组织(International Monetary Fund) | http://www.imf.org | 发布有关各国和国际市场的外汇管理、贸易关系、贸易壁垒、各国对外贸易和财政经济发展情况等资料 |
| 世界银行(World Bank) | http://www.worldbank.org | 通过考察某国的银行业系统和金融市场及贸易、基础设施、贫困和社会保障网络等事项，评估其经济前景 |
| 国际贸易中心(International Trade Center) | http://www.itc.org | 提供特种产品的研究、各国市场介绍资料，还设有答复咨询的服务机构，专门提供由计算机处理的国际市场贸易方面的全面、完整、系统的资料 |

(3) 金融机构网站。金融机构包括银行、保险公司、城市信用合作社、证券公司和财务公司等机构。这些机构网站上一般会有全国性的经济调查、金融调查、相关商品评论及其他有关资料，获取这些资料，有利于把握市场和各细分市场的营销环境。

(4) 图书馆。公共图书馆和大学图书馆是企业获得市场背景资料和文件、研究报告的主要渠道。对外贸易部门的图书馆是企业有价值信息的主要来源，包括各种贸易统计数字、有关市场的产品、价格信息、国际市场分销渠道和中间商的市场信息资料。

(5) 商情调研机构。商情调研机构除为委托人提供研究和信息咨询工作外，其定期发表的市场报告和专题研究论文也是企业的重要信息资料来源。

(6) 其他来源。竞争对手及相关企业是企业市场信息的重要来源之一。企业营销人员通过与这些企业的外联部门联系，获取相关企业的商品目录、产品资料、价目表、经销商、代理商、批发商和经纪人一览表、年度报告等资料，以了解市场竞争的全貌和竞争环境。

通过互联网访问相关企业或者组织机构的网站，可以帮助企业获得市场信息和相关资料。在网络信息时代，信息的获取不再是难事，困难的是如何在繁多的信息海洋中找出企业需要的、有价值的信息。

**课堂思考**

假定你是某网上书店的营销人员。面对国内的几大竞争对手——当当和卓越，为了能够在网络营销过程中克敌制胜，你将通过哪些方法和渠道去了解竞争对手？

**案例 3－6**

## 2013年11月时尚网站行业数据

根据艾瑞咨询推出的网民连续用户行为研究系统 iUserTracker 最新数据显示，2013 年 11 月，时尚网站日均覆盖人数达 928.2 万人，如表 3—5 所示。其中，YOKA 时尚网日均覆盖人数达 110 万人，网民到达率达 0.5%，位居第一；爱丽时尚网日均覆盖人数达 98 万人，网民到达率达 0.4%，位居第二；太平洋时尚女性日均覆盖人数达 83 万人，网民到达率达 0.4%，位居第三。

表 3－5　时尚网站日均覆盖人数排名

| 排　名 | 网　站 | 日均覆盖人数/万人 | 日均网民到达率/% |
|---|---|---|---|
| 1 | YOKA 时尚网 | 110 | 0.5 |
| 2 | 爱丽女性网 | 98 | 0.4 |
| 3 | 太平洋时尚女性 | 83 | 0.4 |
| 4 | Onlyicdy 女人志 | 79 | 0.3 |
| 5 | 悦己女性网 | 68 | 0.3 |
| 6 | Vogue 时尚网 | 66 | 0.3 |
| 7 | 尚趣网 | 58 | 0.2 |
| 8 | 爱美网 | 58 | 0.2 |
| 9 | GQ 男性网 | 55 | 0.2 |
| 10 | 海报时尚网 | 41 | 0.2 |

iUserTracker 最新数据显示，2013 年 11 月，时尚网站有效浏览时间达 1 173 万小时，如表 3－6 所示。其中，悦己女性网有效浏览时间达 123 万小时，占总有效浏览时间的 10.5%，位居第一；YOKA 时尚网有效浏览时间达 118 万小时，占总有效浏览时间的 10%，位居第二；名品网有效浏览时间达 117 万小时，占总有效浏览时间的 10%，位居第三。

表 3－6　时尚网站有效浏览时间排名

| 排　名 | 网　站 | 月度有效浏览时间/万小时 | 月度有效浏览时间比例/% |
|---|---|---|---|
| 1 | 悦己女性网 | 123 | 10.5 |
| 2 | YOKA 时尚网 | 118 | 10.0 |
| 3 | 名品网 | 117 | 10.0 |
| 4 | 爱丽时尚网 | 89 | 7.6 |
| 5 | Vogue 时尚网 | 65 | 5.6 |
| 6 | Onlyicdy 女人志 | 64 | 5.5 |
| 7 | GQ 男士网 | 55 | 4.7 |

续表

| 排名 | 网站 | 月度有效浏览时间/万小时 | 月度有效浏览时间比例/% |
|---|---|---|---|
| 8 | 爱美网 | 50 | 4.3 |
| 9 | 太平洋时尚网 | 40 | 3.4 |
| 10 | 漂亮女人 | 32 | 2.7 |

(资料来源：http://media.iresearch.cn.)

**思考题**：举例说明时尚网站行业数据对开展网络营销活动有什么影响?

### 3.2.3 网络市场调研应注意的问题

在网络信息时代，利用互联网进行市场调查是一种非常有效的方式，许多企业网站上都设置有在线调查表，用以收集用户的反馈信息，在线调查有关产品信息、消费者行为、顾客意见、品牌形象等，这是企业获得第一手调研资料的有效手段。应该注意的是，在企业网站访问量较小或接受调查者人数较少时，企业难以获得足够的有效调查问卷，调查结果的有效性就会受到严重影响。

为提高在线调查的质量，对网上市场调研活动中的每个环节都要考虑，特别应做好以下几个方面的工作：一是设计科学合理的在线调查问卷，既便于被调查者填写问卷，也便于调查人员处理调查结果，尽量减少无效问卷；二是确定参与调查群体的代表性，需注意网上调查结果不仅受样本数量少的影响，也受样本分布不均衡的严重影响；三是提高被调查者的参与性，如设置合理奖项以吸引尽可能多的人参与调查、及时公布保护个人信息声明等；四是采用多种网上调研手段，在线问卷调查是网上调查最基本的调查方式，但为了提高调查结果的可靠性和有效性，调查者还应考虑根据调查目的和预算采用其他网上调查方法作为有效补充。

**资料链接**

#### 第33次中国互联网络发展状况统计调查

中国互联网调查社区是由中国互联网络信息中心发起并运行，旨在支持中国互联网行业的研究和发展的调查社区。社区招募了一群热爱调研的社区会员，并经常组织多个领域的问卷调查。由于问卷的回收数量较为可观，调研价值明显，现免费开放问卷平台供有调查需求的企业发起问卷调研。

1. 具体操作步骤

(1) 提交问卷。企业提出调研需求，向中国互联网络信息中心提交问卷，以及问卷奖品方案。

(2) 审核并编辑问卷。中国互联网络信息中心审核问卷内容，并制作相应的在线问卷。

(3) 投放问卷。中国互联网络信息中心在社区投放问卷，同时企业可以根据调研情况在自身网站或通过其他途径进行投放。

(4) 数据回收和反馈。问卷投放结束后，中国互联网络信息中心帮助回收问卷数据并及时反馈给企业，企业按照之前制定的奖品方案向接受调研的会员提供回馈奖品。奖品可以为电子卡密、实物奖品等。

2. 调查问卷

1）总体互联网问卷

（1）请问您使用互联网几年了？【单选】

（2）最近半年，您平均每周上网多长时间？【填写0～168范围内的数字】

（3）最近半年，您上网时使用过以下哪些网络应用，或者进行过以下哪些活动？【可多选】

（4）最近半年，您上网的地点有哪些？【可多选】

（5）您目前每月的上网费用大概是多少？【单选】

（6）您认为现在的宽带价格高低？【单选】

（7）您能接受的家庭月宽带价格大概是多少？【单选】

（8）请问在最近半年内，您使用过哪些设备上网？【可多选】

（9）为了更为深入地了解互联网应用状况，请选择以下您最感兴趣的主题问卷进行调查，最多可以选两项，再次感谢您的合作。【可多选】

2）购物网站

（1）最近半年，您在网上买过东西吗？【单选】

（2）您在网上买东西的方式有以下哪些？【可多选】

（3）您更常直接登录的购物网站是？【可多选】

（4）您一般在网上买东西是在哪些环境？【可多选】

（5）最近半年，您用手机查找过商品吗？【单选】

（6）您一般在手机上如何查看商品信息？【可多选】

（7）您用手机最常直接登录哪些购物网站？【可多选】

（8）您在决定购买商品之前，是否会登录微博搜索商品相关信息？【单选】

（9）您在自己的微博上是否转发过有关商品的信息？如看到价格促销、款式中意的预购商品，转发或@给他人。【单选】

（10）您有没有在微博上看到商品信息(图片展示、文字介绍等)，然后通过其后面的链接访问来销售该商品的网站，最后实际购买了该商品的经历？【单选】

（11）最近半年您有过几次这样的经历？【单选】

（12）您最后购买的商品与您预期的一样吗？【单选】

（13）最近半年，您在网上参加过海外代购商品吗？【单选】

3. 个人信息部分

* 性别：

* 您的出生年份是：

* 您所在的地区：

* 您的文化程度是：（含在读学历）

* 您的职业是：

* 您个人平均每月收入大约是多少：

* 过去半年，您主要居住在城镇、城郊还是乡村：

* E-mail：

身份证号：不是有效的身份证号码(仅作为抽奖使用，非必答)

姓名：（仅作为抽奖使用，非必答）

4. 关于用户隐私

（1）我的个人信息资料会泄露吗？

不会。尊重用户个人隐私是中国互联网络信息中心的基本服务要求，中国互联网络信息中心不会公开、更改或泄漏用户的任何信息资料，除非有法律许可要求。您所提供的个人信息将仅用于：A. 为您提供更好的个性化服务；B. 与您保持必要的联系，如礼品寄送、奖品领取确认等；C. 不记名的数据分析，如您所代表的具有某一类特征(性别、教育、地区等)的网民行为特点分析。

(2) 我的上网记录会泄露吗？个人隐私安全吗？

中国互联网络信息中心保证，每一位调查志愿者的个人隐私(包括上网记录)都将受到标准安全措施的保护，任何未经授权的访问都将被拒绝。

此外，如果您成为网民样本，我们只会对您所代表的具有某一类特征(性别、教育、地区等)的网民行为进行分析。网民行为分析并不针对个人，并且只统计访问量排名靠前的网站、频道的相关数据，而不包括用户访问的具体页面。相关数据及分析将被应用于中国互联网行业研究，为中国互联网的发展提供参考依据。

同时，调查者还需介绍调查者自身情况、调查目的及结果用途等有关内容。

(资料来源：http://www.cnnic.cn.)

## 本章小结

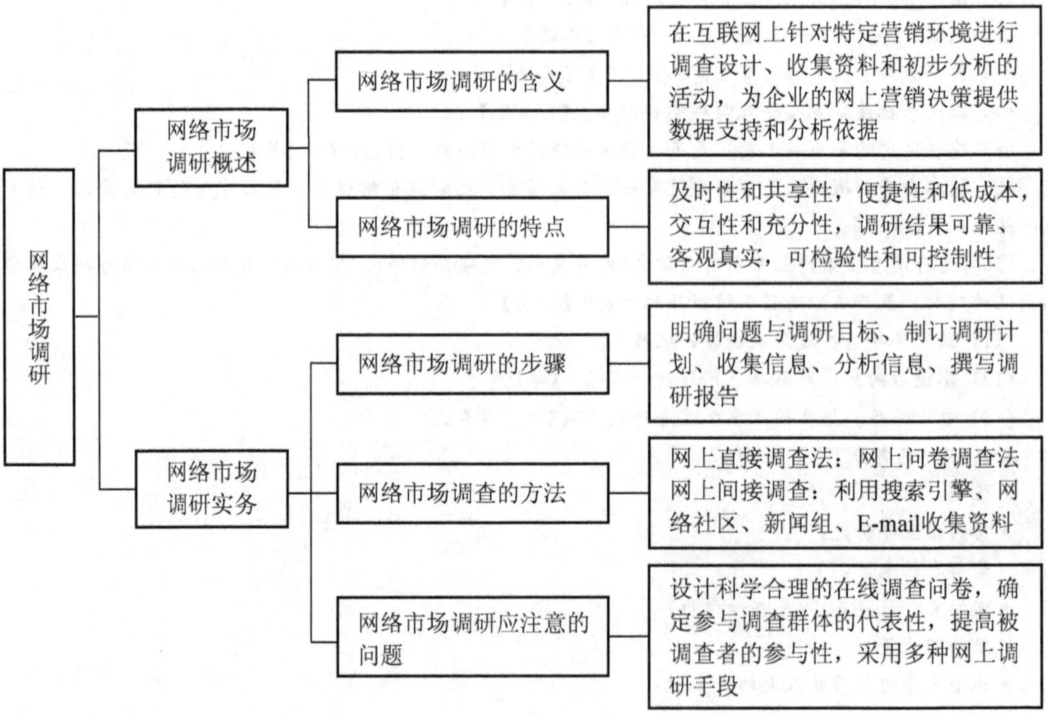


## 思考与练习

1. 单项选择题

(1) 在网上调查时，被访问者可以及时就问卷相关的问题提出自己的看法和建议，这说明网络调研具有的特点是(　　)。

A. 及时性和共享性　　B. 便捷性和低成本

C. 可靠、客观真实　　D. 交互性和充分性

(2) 问卷的复核检验由计算机依据设定的检验条件和控制措施自动实施，可以确保网络市场调研的(　　)。

A. 及时性和共享性　　B. 交互性和充分性

C. 可靠、客观真实　　D. 可检验性和可控性

(3) 最常用的收集原始资料的网络市场调研方法是(　　)。

A. 网上讨论法　　B. 网上观察法

C. 视讯会议法　　D. 网上问卷调研法

(4) 在下列网络市场调研方法中，属于被动调研法的是(　　)。

A. 电子邮件法　　B. 随机 IP 法　　C. 视讯会议法　　D. 网络站点法

(5) 在设计调研问卷时，(　　)是说明由谁执行此项调查、调查目的和意义的，目的是使被调查者感到正在进行的调查项目是合理合法的，是值得他们花时间和精力来认真填写的。

A. 问题指导语　　B. 问卷主体　　C. 卷首语　　D. 结束语

2. 多项选择题

(1) 下列说法正确的是(　　)。

A. 网络市场调研费用主要是设计费和数据处理费，但比传统市场调研费用高

B. 网络市场调研范围可以是全国乃至全世界

C. 企业可以全天候进行网络市场调研

D. 网络市场调研中，被访问者可自由决定时间、地点回答问卷

E. 网络市场调研适合进行深度访谈

(2) 网络市场调研的特点有(　　)。

A. 及时性和共享性　　B. 便捷性和低成本　　C. 可检验性和可控性

D. 交互性和充分性　　E. 调研结果可靠、客观真实

(3) 以下属于网上直接调查方法的是(　　)。

A. 网上问卷调查法　　B. 网上讨论法　　C. 收集第三方调查报告

D. 收集各种媒体资料　　E. 网上观察法

(4) 以下属于网上间接调查方法的是(　　)。

A. 主动调查法　　B. 电子邮件法　　C. 第三方调查报告

D. 各种媒体资料收集　　E. 被动调查法

(5) 企业可以通过(　　)等方式发布网上调查问卷。

A. E-mail　　B. 网站(页)问卷　　C. 新闻组

D. 搜索引擎　　E. 网络社区

3. 简答题

(1) 什么是网络市场调研？

(2) 举例说明网络市场调研的特点。

(3) 简述设计在线问卷时应注意的问题。

(4) 什么是网上直接调研？有哪些方法？

(5) 什么是网上间接调研？有哪些方法？

(6) 网络市场调研需要经过哪些步骤？

(7) 试比较网络调研与传统调研。

(8) 在网络调研过程中应该注意哪些事项？

## 实训与案例

(1) 模拟市场调研过程。分成若干小组，选择一名比较自信的同学作为小组的“产品”，并针对他(她)设计一份调研表格，问题个数不少于7个；挑选另一小组与本组合作，两组互相交换问卷并填写；收集数据、分析数据并完成调查报告；指定一名同学介绍本组调查问卷并公布调查结果。

(2) 为自己申请一个免费电子信箱，并且使用Foxmail软件来管理该信箱。找到一个合适的邮件服务商，注册一个新信箱；下载并安装Foxmail；在Foxmail中添加该信箱；用Foxmail收发邮件。

(3) 案例分析。

### 中国手机网民上网行为研究报告(摘要)

1. 调查介绍

1) 调查对象

中国有手机的6岁及以上常住居民，且最近半年使用过手机接入互联网的手机网民。

2) 调查规模

本次调查截止时间为2013年9月，成功样本量共为2 000个，覆盖中国大陆一至五线城市。

3) 调查方式

采用计算机辅助电话访问系统(Computer-Aided Telephone Interviewing, CATI)进行调查：通过随机生成手机号码，使用手机拨打的方式对用户进行访问。

4) 调查内容和目的

本次调查侧重于了解现阶段中国手机浏览器用户结构、使用行为特点和品牌使用情况，并对手机浏览器和手机应用程序进行比较，以期全面了解中国网民的手机浏览器使用情况。

2. 报告概要

截至2013年6月底，中国手机网民规模达3.69亿，在整体网民中占比79.5%；在用户使用率上，UC浏览器为69.4%，手机QQ浏览器为52.2%。

1) 用户属性

手机浏览器用户以男性为主，占比59.6%；青少年、青年和中年用户是手机浏览器的主要用户群，其中：20～29岁的用户比例最高，占比为36.8%；初高中学历人群是手机浏览器的主要用户群，占比为65.0%，高学历用户占比逐渐上升；2 001～3 000元和3 001～5 000元收入段人群为手机浏览器的主要用户群体，占比分别为17.4%和20.9%；学生和个体户/自由职业者是手机浏览器中用户数量最多的两个群体，占比分别为28.4%和18.5%；城镇用户是中国手机浏览器的核心使用群体，占比为74.7%。

2）用户规模

用户规模稳步增加，市场竞争激烈，传统互联网厂商品牌表现突出。

3）用户产品决策行为

品牌自身性能是关键，朋友关系传播影响力较大。

在信息了解渠道上，手机应用商店/软件平台和亲戚朋友同事介绍推荐是手机浏览器用户获取手机浏览器信息的最主要渠道，占比分别为46.9%和45.9%。在选择常用手机浏览器因素上，自身性能/速度和功能内容丰富程度的影响程度最大，用户占比分别为73.5%和46.4%，而预装和排名比例则相对较小，分别为38.8%和35.7%。

大部分手机浏览器用户还处于实用经济型阶段——快、好用，省流量。打开网页速度、操作方便和省流量是用户最为关注的三个因素，占比分别为74.5%、59.7%和54.4%；在功能上用户期望能对文字输入方式、个性化、生活相关服务及网页应用等多个方面有所改进。

4）用户使用行为

每天多次，碎片化使用为主；从网页浏览工具向多应用平台发展；网页应用已具备一定用户基础。

用户使用手机浏览器较为频繁，75.6%用户每天都使用；从手机浏览器使用时长来看，平均每次使用手机浏览器时长为10～30分钟，占比为33.1%，用户使用手机浏览器的习惯主要为每天使用多次，每次使用时间较短，碎片化特点明显。

搜索和网站浏览是使用手机浏览器的两个主要功能。搜索信息、通过首页快捷方式访问自己常用网站和通过网址导航访问网站的占比分别为79.4%、58.7%和49.2%。

手机浏览器从网页浏览工具向多应用平台发展，用户逐渐养成使用手机浏览器多项功能的行为习惯。

手机浏览器用户浏览最多的网站类型为新闻资讯网站，比例为71.8%；其次为小说等文学作品网站，比例为43.1%，阅读是目前手机浏览器用户的核心诉求。购物网站和视频网站的比例为39.1%和36.6%，处于手机浏览器用户需求的第二梯队，相比2013年9月的访问比例显著上升。

3. 总结

手机浏览器市场竞争激烈，传统互联网企业挤占传统手机浏览器厂商市场；手机浏览器竞争策略从预装、排名向产品本身性能回归；手机浏览器高价值用户比例不断上升，用户差异化需求有待满足；手机浏览器入口优势加强，网页应用已具备一定用户基础。

（资料来源：http://www.cnnic.com.）

**思考题**：(1) 作为大学生，你是否使用手机上网？你上网具有哪些行为特征？

(2) 结合案例中资料，调查周围同学或所接触的手机网民上网行为。

(3) 手机已经成为网民上网的主要工具，作为营销者如何针对手机网民开展网络营销(选择一种产品或服务为例加以说明)？

# 第 4 章 网络市场分析

## 知识目标

(1) 掌握网络市场的含义、分类及特征；
(2) 了解网络消费者的类型和特征；
(3) 了解影响网络消费者购买的主要因素；
(4) 掌握网络消费者的购买动机和购买过程。

## 技能目标

(1) 能够结合实际分析网络消费者的购买动机；
(2) 能够根据不同的网络消费者类型制定不同的营销策略。

## 引 例

### 从8周到72小时 宝洁如何网住消费者需求

网络使用户的消费行为变得迅速而复杂。企业不但要对这种变化保持高度的洞察力，还必须具有强大的动态反应能力，对千变万化的用户行为做出迅速甚至实时地响应才能留住客户。要达到这种响应速度，不仅需要企业自身的努力，还需要渠道伙伴和企业员工的共同努力。

如今，宝洁向130多个国家中的将近50亿消费者销售着大约250个品牌，包括帮宝适纸尿裤、潘婷护发产品和汰渍洗衣粉。并在80多个国家设立了办事处，其106 000名员工在2001财年创造了392亿美元的收入。

要在竞争高度激烈的消费品行业中领先，就要求宝洁能摸准全球消费者的脉搏。从芝加哥到加拉加斯，从布鲁塞尔到北京，宝洁的产品开发人员和销售人员必须要比竞争对手更了解消费者的需求。宝洁也必须将这些需求与创新力量相衔接，帮助他们迅速地生产出可满足客户需求的新产品和构思出新解决方案。

为加速产品上市，宝洁面临着一个供应链挑战：高效地与在全球销售其产品的数千家零售商联系。从最小的杂货店和街角商店到大型超市和会员商店，宝洁需要通过遍布全球、成熟度不一的分销系统供应其产品。而在这个过程中，宝洁必须严格关注成本的管理，以便能使产品对消费者来说有较高价值，对宝洁来说能获得较高利润。

宝洁确定了以Web和互联网为标志的新数字战略，涉及业务运营的所有方面：了解消费者、优化供应链、消除非增值成本并提高员工效率。

宝洁现在正执行在线消费者研究和理念调查，这大大减少了收集和分析消费者意见的时间，降低了成本，使宝洁更快地将消费者愿意购买的产品推向市场。“一两年前，我们在全球进行数千理念测试和消费者调查时，需要6～8周时间。”宝洁公司的总裁兼首席执行官A. G. 雷富礼(A. G. Lafley)说，“今天我们在48～72小时内即可完成大部分理念测试，可靠性相同甚至更高”。

宝洁希望扩展零售范围并以更低成本提供更优服务，因此它采用了一个思科公司提供的名为“网络订购管理”的在线系统，使零售客户能随时随地直接与宝洁相连。这一网络使零售商能全面访问宝洁的促销、库存和日程安排信息，同时能方便地在网络上提交并管理订单。

“凭借网络订购管理，我们不必在店中安排销售人员也能达到同样的服务范围。”首席信息官(Chief Information Officer，CIO)兼企业间业务官斯蒂夫·戴维(Steve David)说，“零售商很喜爱它，因为其成本只是以往的1/10甚至1%。我们现在通过网络订购管理处理的业务占总业务的2%～3%。我们的目标是在未来两三年，使我们的大部分交易在网上进行。”

宝洁正使整体供应链管理方式更加以客户为中心。宝洁全球业务服务部总裁迈克·鲍尔(Mike Power)说：“当消费者走入一个零售环境，他们希望在合适的时间、地点获得合适的产品，不希望出现缺货现象。缺货会使他们失望，使我们损失销量。基于实时数据的系统使我们能做得更好，即更少出现缺货现象、及时供货、提供更受消费者喜爱的产品，使消费者更为满意。”

(资料来源：http://finance.sina.com.cn/leadership/case/20051025/11242062646.shtml.)

**思考题：**宝洁公司如何利用网络满足消费者的需求？

从宝洁公司的案例可以看出，网络使顾客的消费行为变得迅速而复杂，而顾客作为企业服务的对象，企业需要通过满足顾客的需求获得利润。因此，企业首先要研究顾客真正想要什么，分析顾客的购买行为，这对有效开展营销活动至关重要。

# 4.1 网络市场概述

满足市场需求是企业营销活动的出发点和归宿点。对于在网上开展营销活动的企业而言，必须深刻认识网络市场的特点，准确把握网络消费者的购买行为特征，才能明确产品的销售对象，有针对性地制定营销策略，在充分满足顾客需求的前提下，提高网络营销活动效率，实现企业的发展目标。

## 4.1.1 网络市场的含义

市场是社会分工和商品交换的产物，它具有交换、分配和服务 3 大功能。随着现代科学技术的发展及其在市场活动中的广泛应用，现代市场发生了很大变化，尤其是借助现代计算机技术和网络技术实现了国际互联网的建成与应用，使得广大消费者(用户)可以通过互联网进行交易谈判、合同签订，最终实现商品交易，从而网络市场应运而生。作为市场，网络市场也必须具有一般市场的 3 要素，即商品、愿意购买商品的人和购买力。综上所述，网络市场是指那些对某些产品和服务具有特定欲望和需求并且愿意和能够通过互联网来购买这些产品和服务的客户总和。

网络市场交易的主体包括企业、政府组织、团体机构、网络中介机构和网民等。

## 4.1.2 网络市场的分类

一般情况下，开展网络营销活动的企业并不能满足所有网络顾客的所有需求。企业应按一定标准对网络市场进行分类，针对不同类型市场中的顾客的需求特点，制定不同的营销策略。

网络市场上的顾客其购买目的是不同的，按照顾客购买目的的不同可将网络市场划分为网络消费者市场和网络组织市场两大类，如图 4.1 所示。

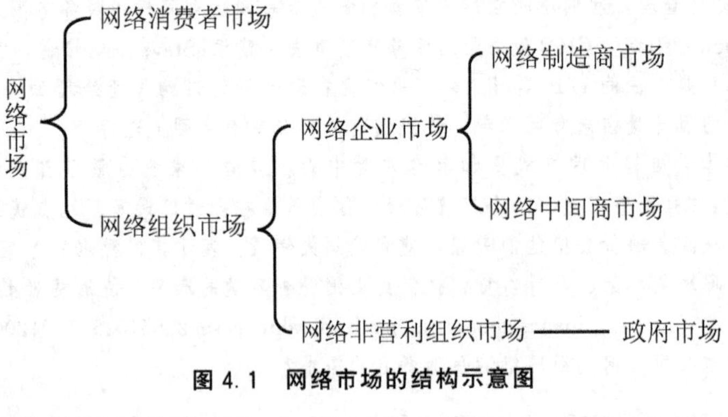


**图 4.1 网络市场的结构示意图**

### 1. 网络消费者市场

个人和家庭是市场的基本购买单位。网络消费者市场是指以满足个人或家庭消费为目的，由网民构成的市场。研究网络消费者的购买目的、动机、影响其购买行为的主要因素及购买过程等，对制定网络营销策略、有效地开展网络营销活动至关重要。

2. 网络组织市场

企业组织、政府部门及其他非营利组织购买商品，通常以组织消费或再生产、再销售为目的，由它们所组成的网络市场称为网络组织市场。

制造商购买产品和服务的目的在于生产其他产品或劳务，以供销售、出租；中间商购买产品和服务的目的在于转售或出租给他人；各级政府和非营利组织购买产品和服务的目的在于执行政府的职能，维持机构的正常运作。

资料链接

## 中国网络用户规模

据中国互联网络信息中心统计，截至2013年12月底，中国网民数量达到6.18亿，互联网普及率为45.8%。

截至2013年12月底，中国手机网民规模为5亿，较上年底增加约8 009万人，网民中使用手机上网的用户占比升至81.0%。

中国网民中农村人口占比为28.6%，网民规模达到1.77亿，比上年底增加约2 101万人。

截至2013年12月底，受访中小企业中，使用计算机办公的比例为93.1%，使用互联网的比例为82.3%，固定宽带普及率为79.6%，开展在线销售、在线采购的比例分别为23.5%和26.8%，利用互联网开展营销推广活动的比例为20.9%。

表4-1为中国上网用户人数及CN下注册域名数。

表4-1 中国上网用户人数及CN下注册域名数一览表

| 时间点 | 上网用户/万人 | 宽带用户/万人 | 手机网民/万人 | WWW站点数/万个 | CN下注册域名/万个 | 国际出口带宽/MB |
|---|---|---|---|---|---|---|
| 2004年12月底 | 9 400 | 4 280 | 350 | 66.90 | 43.000 0 | 74 429 |
| 2005年12月底 | 11 100 | 6 430 | 610 | 69.42 | 109.447 0 | 136 106 |
| 2006年12月底 | 13 700 | 9 070 | 1 700 | 84.30 | 180.339 3 | 256 696 |
| 2007年12月底 | 21 000 | 16 300 | 5 040 | 150.38 | 900.199 3 | 368 927 |
| 2008年12月底 | 29 800 | 27 000 | 11 760 | 287.80 | 1 357.232 6 | 640 287 |
| 2009年12月底 | 38 400 | 34 600 | 23 300 | 323.18 | 1 345.913 3 | 866 367 |
| 2010年12月底 | 45 700 | 45 000 | 30 300 | 190.81 | 434.952 4 | 1 098 957 |
| 2011年12月底 | 51 300 | 39 200 | 35 600 | 229.56 | 352.851 1 | 1 389 529 |
| 2012年12月底 | 56 400 | — | 42 000 | 268.07 | 751.000 0 | 1 899 792 |
| 2013年12月底 | 61 758 | — | 50 006 | 320.16 | 1 082.948 0 | 3 406 824 |

(资料来源：http://www.cnnic.cn.)

### 4.1.3 网络市场的特征

消费者是企业产品或服务的购买者，企业能否在市场上实现其价值，关键在于有没有消费者购买其产品。在网络市场中，网络和电子商务系统的巨大信息处理能力为大量的产品和服务信息提供展示平台，消费者通过网络检索机制取全方位的产品服务信息，从而做出满足自己需求的、理性的决策，网络市场也真正成为买方市场。但由于网络的特点，网上消费者市场与网下消费者市场有许多不同。

每个网民是网络营销的主要个体消费者，广大的网民构成了网络消费者市场。网民的规模决定了网络消费者市场的规模和潜力，网民的结构影响着消费结构和产品结构。企业要做好网络市场营销工作，就必须对网络消费者的群体特征，即网民特征进行分析，以便采取相应的对策。

1. 构成特征

随着互联网的广泛应用，中国网民的构成也在不断地变化，深入分析、研究网民的结构，把握网络消费者群体的需求状况是企业必须考虑的重要问题。根据中国互联网络信息中心发布的《第33次中国互联网络发展状况统计报告》(截至2013年12月底)，中国网民结构特征主要包括以下几个方面。

1）性别特征

截至2013年12月底，中国网民中男性占比为56%，比女性高出12个百分点。近年来中国网民性别比例保持基本稳定。受性别因素影响，男性的网络消费更多地是电子产品和户外用品，而女性则更倾向于服装和食品。

2）年龄特征

如图4.2所示，随着中国网民增长空间逐步向中年和老年人群转移，中国网民中40

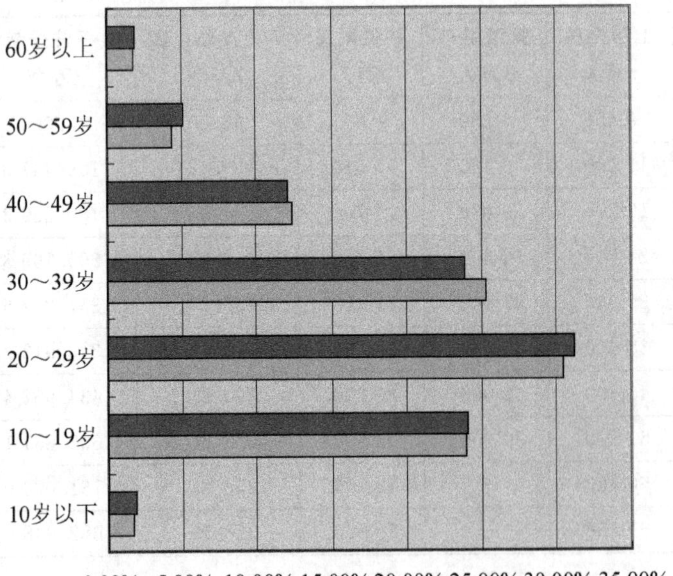


(资料来源：http://www.cnnic.cn.)

图4.2 网民年龄结构对比

岁以上人群比重逐渐上升，截至2013年12月底，该群体比重为19.1%，比2012年年底上升0.5个百分点。其他年龄段人群占比则相对稳定或略有下降。受网民年龄结构的影响，中国互联网应用呈现出与年轻网民特征较为相符的特点，娱乐成为网络的主要应用之一。

3）学历结构

网民向低学历人群扩散的趋势在2013年继续保持，小学及以下、初中学历人群占比均有上升，其中初中学历人群升幅较为明显，显示出互联网在该人群中渗透速度较快。大专及以上学历人群中网民占比基本饱和，上升空间有限。随着网民规模的逐渐扩大，网民的学历结构正逐渐向中国总人口的学历结构靠拢，这也是互联网大众化的表现之一。

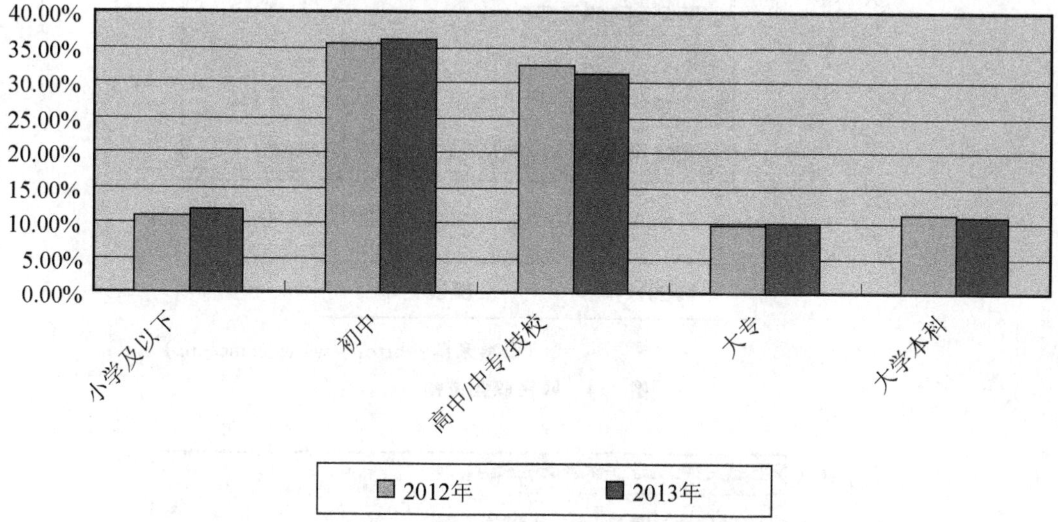


（资料来源：http://www.cnnic.cn.）

**图4.3 网民学历结构对比**

4）职业结构

网民中学生所占的比例最大，为25.5%，比较历年数据，与网民年龄结构变化相对应，学生群体占比基本呈现出连年下降的趋势；党政机关事业单位工作者，企业公司管理者、职员，专业技术人员等文职人员占有较大比重；占中国人口最大比重的农民、产业/服务业工人在网民中所占比重还比较低，如图4.4所示。

5）收入结构

网民中收入在500元以下的占20.8%。由于网民中最大的群体是学生，影响到网民收入结构中低收入者比例较高。但是与2012年年末相比，网民中月收入在5 000元以上的人群占比提升明显，达12.6%，比2012年年底提高了2.5个百分点，如图4.5所示。

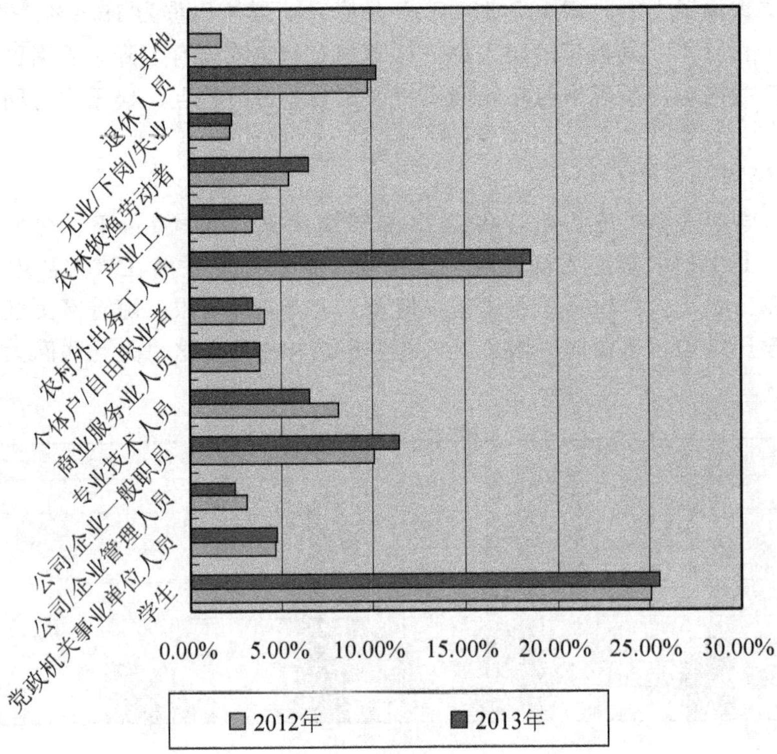


(资料来源：http://www.cnnic.cn.)

图 4.4 网民职业结构

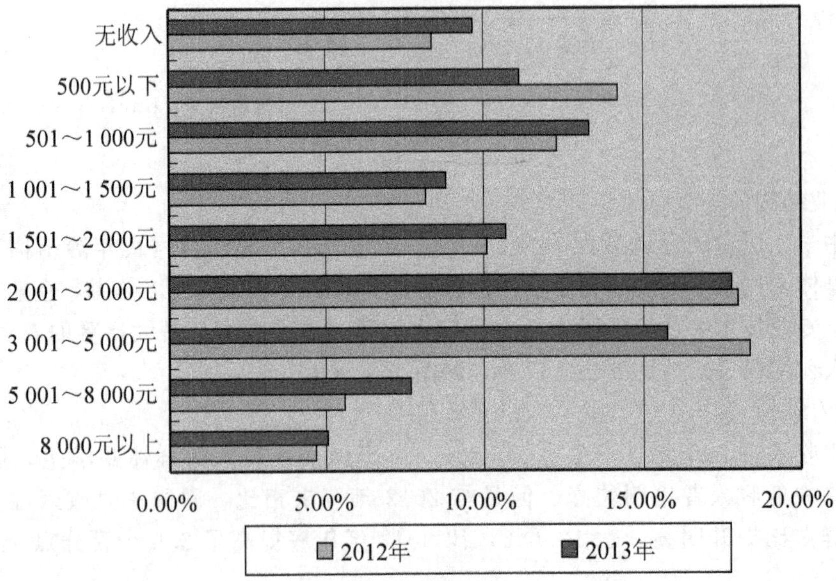


(资料来源：http://www.cnnic.cn.)

图 4.5 网民收入结构

2. 网络使用特征

1）上网时间

网民上网时间与网龄之间存在密切关系，网龄越长，上网时间越长。上网时间是各种网络应用的基础和使用程度的客观反映。一般而言，网民上网时间越长，使用的各种网络应用就越丰富，网民的网络行为成熟度就越高。

2013 年，中国网民人均每周上网时长由 2012 年下半年的 20.5 小时增至 25 小时。2013 年 Wi-Fi 和 3G 网络的快速发展，更好地满足了网民对各类应用的需求，尤其是像视频这样的大流量的应用，从而提升了网民的上网时间。

2）上网地点

家庭、网吧是网民上网的最主要场所。不同身份的网民，其上网地点存在着明显的差异。至 2013 年年底，有 89.8%的网民在家中上网，较 2012 年年底下降了 1.9 个百分点。在网吧、学校机房等场所接入互联网的网民比例下降幅度较大，其中网吧网民占比下降了 3.7 个百分点，在学校公共机房上网的网民占比下降了 4.4 个百分点，这些提供公共上网设施的场所使用率逐年下降，是个人上网设备持有比例提升和网络接入条件改善的必然结果。

3）上网设备

2013 年 69.7%的网民通过台式计算机上网，相比 2012 年年底下降了 0.9 个百分点。通过笔记本上网的网民比例与上年底相比略有降低，为 44.1%，如图 4.6 所示。手机上网的比例保持较快增速，从 74.5%上升至 81%。在这样的发展趋势下，目前中国网民实现互联网接入的方式呈现出全新格局，在 2013 年，通过手机接入互联网的网民数量达到 5 亿人，手机成为了中国网民的第一大上网终端。

不同职业的网民，上网设备也存在明显差异，管理人员更加倾向于使用笔记本上网，办公室职员主要通过台式计算机上网，而学生多用手机上网。

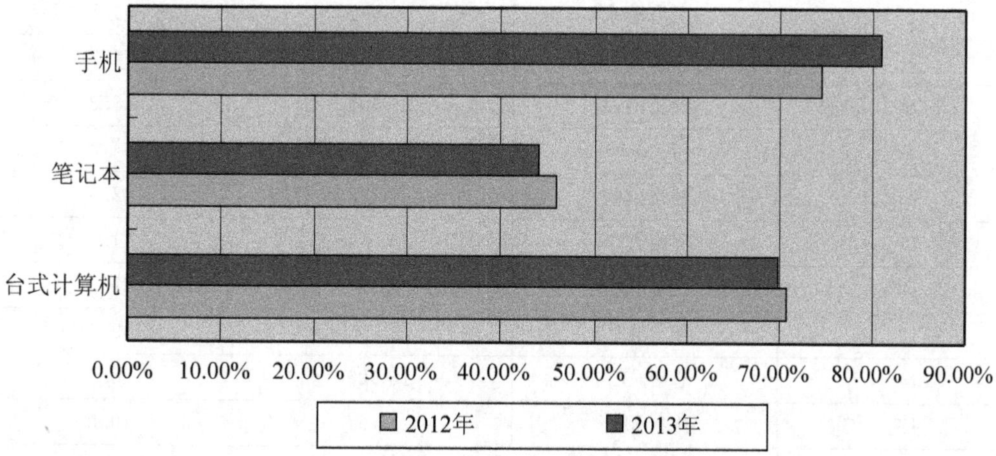


（资料来源：http://www.cnnic.cn.）

**图 4.6 网民上网设备**

资料链接

## 移动互联网和手机终端的发展

移动互联网和手机终端的发展对中国互联网的普及具有重要的意义，对于中国广阔的农村地区以及庞大的流动人口来说，使用手机接入互联网是更为廉价和简便的方式。在2012年刚开始上网的新网民中，农村网民比例达到51.8%，这一群体中使用手机上网的比例高达60.4%，使用台式计算机和笔记本式计算机的比例只有45.7%和8.7%，而新网民中城镇人口使用手机上网的比例只有47.2%。这一结果显示出，相比于计算机，手机上网对农村网民的增长发挥了更加重要的作用。虽然中国农村地区的信息化基础设施建设、电子设备的普及已经有了长足的发展，但是通过计算机使用固网的成本依然较高，在这样的限制下，通过手机终端接入移动互联网是在农村地区普及互联网更加现实的方式。

4）主要网络应用的使用行为

2012年上半年，即时通信用户维持较高的增速，2012年6月底，这一数字继续提升至82.8%，用户人数达到4.45亿人，半年增长率达到7.2%，继续保持中国网民第一大应用的领先地位。此外，网络视频及网络购物、网上支付等电子商务类应用的用户规模增幅明显，这几类应用在手机端的发展也较为迅速。表4-2为网络应用使用率排名。

表4-2 网络应用使用率排名

| 排名 | 应用 | 用户规模/万 | 网民使用率/% |
|---|---|---|---|
| 1 | 即时通信 | 46 775 | 82.9 |
| 2 | 搜索引擎 | 45 110 | 80.0 |
| 3 | 网络音乐 | 43 586 | 77.3 |
| 4 | 博客/个人空间 | 37 299 | 66.1 |
| 5 | 网络视频 | 37 183 | 65.9 |
| 6 | 网络游戏 | 33 569 | 59.5 |
| 7 | 微博 | 30 861 | 54.7 |
| 8 | 社交网站 | 27 505 | 48.8 |
| 9 | E-mail | 25 080 | 44.5 |
| 10 | 网络购物 | 24 202 | 42.9 |
| 11 | 网络文学 | 23 344 | 41.4 |
| 12 | 网上银行 | 22 148 | 39.3 |
| 13 | 网上支付 | 22 065 | 39.1 |
| 14 | 论坛/BBS | 14 925 | 26.5 |
| 15 | 旅行预订 | 11 167 | 19.8 |
| 16 | 团购 | 8 327 | 14.8 |
| 17 | 网络炒股 | 3 423 | 6.1 |

（资料来源：http://www.cnnic.cn.）

**课堂思考**

针对排名靠前的网民应用，作为一名营销人员，会考虑利用哪些平台？

即时通信在中国网民中的使用率于2011年年底超过80%，至2012年12月底，这一数字继续提升至82.9%，用户人数达到4.67亿人，年增长率达到12.7%。手机上网的进一步普及，尤其是智能终端的推广，以及手机聊天工具的创新，使得即时通信作为中国网民第一应用的地位更加稳固。

截至2012年年底，中国搜索引擎用户规模为4.51亿人，较2011年年底增长了4 370万人，年增长率10.7%，在网民中的渗透率为80.0%。搜索引擎作为互联网的基础应用，是网民获取信息的重要工具，其使用率自2010年后保持在80%左右水平，稳居互联网第二应用之位。整体来看，搜索引擎已进入稳定发展阶段，搜索用户市场逐渐从单一用户规模增长向用户体验提升发展。

网上银行和网上支付用户规模在2012年的增速分别达到33.2%和32.3%，截至2012年12月底，网上支付用户规模达到2.21亿人，较2011年底的用户增量超过5 000万人。此外，手机在线支付的发展速度也十分突出，截至2012年12月底，手机网上支付用户达到5 531万人，用户年增长80.9%，使用率为13.2%。

截至2012年12月底，中国微博用户规模为3.09亿人，较2011年底增长了5 873万人，增幅达到23.5%。网民中的微博用户比例较2011年年底提升了6个百分点，达到54.7%。手机微博用户规模达到2.02亿，即高达65.6%的微博用户使用手机终端访问微博，用户行为的移动化让微博成为移动互联网时代最具发展潜力的产品之一。微博已经成为中国网民使用的主流应用，庞大的用户规模又进一步巩固了其网络舆论传播中心的地位。不过中国互联网数据平台相关数据显示，2012年下半年，微博日均覆盖人数呈现出逐月下降的趋势，从7月1.12亿的峰值下降至12月的0.87亿；日均访问时长也从7月的峰值1 172万小时下降至12月的778万小时。

截至2012年12月，中国网络购物用户规模达到2.42亿人，网络购物使用率提升至42.9%。与2011年相比，网购用户增长4 807万人，增长率为24.8%。在网民增长速度逐步放缓的背景下，网络购物应用依然呈现迅猛的增长势头，2012全年用户绝对增长量超出2011年的1 463万，增长率高出去年同期4个百分点(2011年增长量为3 344万人，增长率为20.8%)。当前，居民消费在拉动国民经济发展中的重要性明显提升，而网络零售更是成为促进消费的重要抓手。此外，手机网络购物成为拉动网络购物用户增长的重要力量，2012年手机网购用户年增长136.5%，达到5 550万人。

截至2012年底中国网络视频用户达到3.72亿人，较2011年年底增加了4 653万人，增长率为14.3%。网民中上网收看视频的用户比例较2011年年底提升了2.5个百分点，达到65.9%。2012年，中国网络视频企业继续为用户提供优质网络视频服务，同时针对行业发展中存在的问题采取了积极的应对策略。

**课堂思考**

虽然目前网络消费已经成为一种时尚，但还是有很多人持反对意见。因为这些人认为，网络消费还是有很多弊病，如产品质量或支付安全等问题。针对此问题，你怎么看？

## 4.2 网络消费者分析

营销的目标是使目标消费者的需求和欲望得到满足并感到满意。不管在何种营销模式下，对目标消费者的分析和研究始终是制定营销策略的基础。

### 4.2.1 网络消费者的类型及特征

1. 网络消费者的类型

消费者行为是对消费者进行分类的有效方式之一。而网络消费者的网络应用行为则是对网络消费者进行分类的有效方式。企业应该通过网络应用对网络消费者进行群体细分，重点分析不同类型网络消费者的行为特征，并结合企业特点为网络营销、电子商务等工作提供更为精准的人群定位，以便制定相应的营销策略。

根据网络消费者的网络应用行为，可以把网络消费者分为以下几种类型。

1）娱乐型

娱乐型的网络消费者对网络的应用较为单一，主要是网络游戏、网络音乐、网络视频。这一群体在年龄上偏向于两端。

2）交流型

交流型网络消费者在即时通信、博客、论坛/BBS、交友等具有社交特征的网络应用上的参与度较高。

3）信息收集型

信息收集型的网络消费者在网络上的主要活动是利用政府、媒体等公共信息网站、搜索引擎及 E-mail 等收集所需的信息，这是网民中最大的一个群体。

4）购物型

购物型的网络消费者在网络购物、在线炒股、旅行预订等应用行为上的特征比较明显。这一群体占网民总体比例较小，是网民中的一个小群体。

**资料链接**

#### 网络消费者的类型

按照网络消费者的消费特征，可以将网络消费者分为以下 6 类：简单型、冲浪型、接入型、议价型、定期型和运动型。

(1) 简单型的顾客。他们需要的是方便直接的网上购物。他们每月只花 7 小时上网，但进行的网上交易却占了一半。零售商们必须为这一类型的人提供真正的便利，让顾客觉得在该网站上购买商品将会节约更多的时间。要满足这类人的需求，首先要保证订货、付款系统的安全、方便，最好设有购买建议的界面。另外提供一个易于搜索的产品数据库是保持顾客忠诚的一个重要手段。

(2) 冲浪型的顾客。他们占常用网民的 8%，而在网上花费的时间却占了 32%，并且访问的网页是其他网民的 4 倍。冲浪型网民对常更新、具有创新设计特征的网站很感兴趣。

(3) 接入型的网民。他们是刚触网的新手，占36%的比例，他们很少购物，而喜欢网上聊天和发送免费问候卡。那些有着著名传统品牌的公司应对这群人保持足够的重视，因为网络新手们更愿意相信生活中所熟悉的品牌。另外，这些消费者的上网经验不是很丰富，一般对于网页中的简介、常见问题的解答、名词解释、站点结构之类的链接会更加感兴趣。

(4) 议价型的网民。他们有一种趋向购买便宜商品的本能，占常用网民的80%。eBay网站一半以上的顾客属于这一类型，他们喜欢讨价还价，并有强烈的愿望在交易中获胜。在自己的网站上打出“大减价”、“清仓处理”、“限时抢购”之类的字眼，能够很容易吸引到议价型的消费者。

(5) 定期型和运动型的网络使用者。他们通常都是被网站的内容吸引。定期型网民常常访问新闻和商务网站，而运动型的网民喜欢运动和娱乐网站。目前，网络商面临的挑战是如何吸引更多的网民，并努力将网站访问者变为消费者。对于这种类型的消费者，网站必须确保自己的站点包含消费者所需要的和感兴趣的信息，否则他们会很快跳过这个网站进而转入下一个网站中。

2. 网络消费者的特征

网络消费是一种新型的消费形式，与传统的消费形式相比，有类似的地方，也存在着不同的特点。网络消费者的消费行为特征主要表现在以下几个方面。

1) 消费的个性化

随着消费品的日益丰富和消费者个性化需求的不断增强，消费者开始制定自己的消费准则，市场营销的重心回到了对个性化需求的满足。个性化消费正在成为消费的主流，而网络应用的普及为网络消费的个性化实现提供了条件，使网络消费个性化特征日益显现。

**案例4-1**

### 羞客——不再隐藏

2011年5月，羞客(xiuker)以独特的个性设计展示，自有服装品牌网上销售的商业模式正式上线。

羞客利用互联网，以互动经营模式，做专业个性的设计平台，客户体验至上，以及高性价比的经营之道。目前，其主要针对男装、女装T恤的设计创意为主，不断创新，年轻而富有激情的设计师团队，羞客将成为互联网服装品牌的后起之秀。

(资料来源：http://www.xiuker.com.)

**思考题：**羞客的主要目标客户群体是什么？

2) 消费的主动性

在社会分工日益细化和专业化的趋势下，消费者的消费风险随产品服务选择的增加而上升。在选择大件耐用消费品或高技术产品时，消费者往往利用各种渠道收集有关产品服务信息，并通过分析比较做出购买决策。网络应用的普及及网络营销的开展，为消费者收集相关产品服务信息提供了方便、快捷的手段，大大提高了消费者选择的主动性和满意程度。

事实上，消费主动性的增强来源于现代社会不确定性的增加和人类追求稳定、平衡的欲望。

案例 4-2

## 玫琳凯积极满足消费者主动体验的需求

玫琳凯(中国)化妆品有限公司(www.marykay.com.cn)的网站中包含了许多女性消费者所希望了解的商品信息。它介绍了玫琳凯女士、公司历史、企业文化、特色服务、国际分布、产品系列、美容护肤游戏、当月新品及促销信息等内容。消费者可以通过自己的主动浏览，了解到玫琳凯品牌的创始人、世界最成功的女企业家玫琳凯女士传奇的一生；了解到玫琳凯的销售策略和方法；可以通过模拟彩妆大师，在线测试化妆效果；可以单击“购买”按钮，直接进行在线购物。网络消费者通过以上的一系列主动体验，加深了对目标商品的信任程度，也强化了购买的欲望。

(资料来源：http://www.it8g.com/YeJie/200809/1303p6.htm.)

**思考题**：什么是体验营销?

3）购买的方便性

追求购买的方便快捷是网络消费者个体行为的重要特征之一。随着竞争的加剧和生活节奏的不断加快，在职人员所承受的生活工作压力越来越大，节省时间、便捷购物成为购买行为的主要特征之一。同时，一边上网聊天，一边与网友讨论产品服务信息，并在网上下单购物已为许多网民所青睐。

4）购买的低价性

根据中国互联网络信息中心发布的《2011 年中国网络购物市场研究报告》显示，所有的垂直性市场中，影响消费者购买的最重要的因素是价格低。如图 4.7 所示，价格便宜是网民选择某一网站购买家电的首要因素，其次网上评级、产品丰富程度、网站/卖家的可信度、可以货到付款和配送速度等因素，对网上购物都有重要的影响。

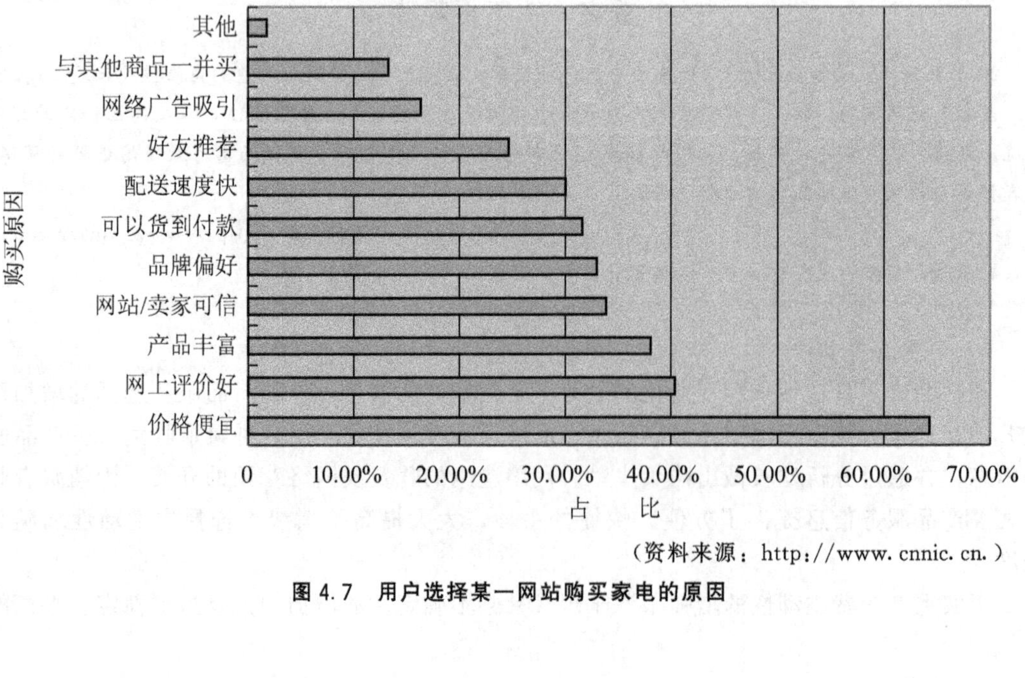


(资料来源：http://www.cnnic.cn.)

**图 4.7 用户选择某一网站购买家电的原因**

5）消费需求的差异性

网络营销的发展使个性化需求和定制得到满足，追求个性需求的满足是许多网上购物者的又一特征。消费需求的差异性是普遍存在的，不同的网络消费者因个人特征和所处的环境不同，会有不同的需求。企业开展网络营销，必须分析和研究消费者需求的差异性及差异产生的原因，从产品的构思、设计、制造到产品的定价、包装、运输、销售，都要根据需求的差异性来设计，并针对不同消费者的需求特点，制定相应的营销策略、营销措施和方法。

6）消费需求的层次性

在传统的商业模式下，人们的消费层次一般从低层次需求开始，逐渐向高层次需求延伸，即先满足个人的生存需求，再追求精神上的需求。网络消费者的消费需求也具有层次性，但网络消费者以知识青年为主，主要是满足其精神需求，如网络娱乐、通信、聊天等。随着网络法律法规的不断健全，网络安全技术的提高和网络营销的发展，网上交易规模不断扩大，交易者数量和交易对象也不断增多，网络消费逐渐由精神消费品的购买转向普通消费品的购买。

7）消费需求的超前性和可诱导性

追求时尚和新颖是许多网络消费者的特征，也是许多青年消费者的主要购买动机。产品及服务的款式、格调和流行趋势往往成为选择的主要依据。网络营销企业必须借助于丰富、及时的网络信息资源，追踪和引导消费流行趋势，适时开发网络消费者所喜欢的时尚产品和服务，以满足网络消费者的需求。

### 4.2.2 影响网络消费者购买的主要因素

随着网络营销的发展，网上购物逐渐为消费者所熟悉和接受。影响网络消费者购买的因素有很多，包括个人收入水平、产品服务价格等经济因素，消费者心理、需求与动机等个人因素，社会文化、职业环境和相关群体等社会文化环境因素。概括起来，影响网络消费者购买的主要因素有以下几个方面。

#### 1. 产品服务的价格

价格是影响消费者消费心理及消费行为的主要因素，也是市场竞争的主要手段。一般来讲，价格与需求量呈反比关系。目前，网上销售的商品多是计算机软硬件、书籍杂志、娱乐产品等，这些产品的标准化程度较高，网上销售减少了流通环节，降低了售价，因而对网络消费者具有较大的吸引力。

#### 2. 交易时间

交易时间包括网上交易合同订立的时间和交易过程耗费的时间。与网下交易不同，网上交易合同可以在任何时间签订。网上交易产品多为标准化产品，网络消费者为交易花费的时间主要是网上信息资料的收集、分析时间，产品服务选择、比较谈判、达成协议的时间和物流时间。一般较网下时间短，且网上交易可以在网络消费者认为的任何合适的时间完成，无须抽出时间、花费精力去逛街购物，使得人们可以边工作或边聊天休闲，边与商家进行网上谈判。

3. 产品的特征

目前，网上交易的产品多为时尚、流行的产品，这些产品往往在价格上占绝对优势，例如书刊、音像、时尚礼品等。随着网络营销的发展和网上品牌形象的建立，网上交易产品也将越来越丰富，一些大件产品、非标准化产品，如服装、饰品等，也可以在网上交易。

4. 安全可靠性

一部分网络消费者有稳定的收入、喜欢的品牌，他们喜欢时尚，也重视品质，对网络购物缺乏信任和安全感，担心没有售后服务或售后服务差。同时，许多网络消费者对目前的网络支付系统也不满意，网络支付系统要么太复杂，使用不方便，要么缺乏安全性。对注册时要提交自己的真实姓名、住址和联系方式等私人信息，又担心会被网站泄露。网上欺诈、网购纠纷频发也严重影响了网上交易的发展。

5. 购物的便捷性

“节省时间”、“操作方便”是网络消费者网上购物的重要动因，也是网上购物的优势所在。在网下交易中，顾客既要与商家谈判，又要掌握商品服务的信息和知识，需耗费大量的时间和精力。现代快节奏的社会生活使白领阶层更愿意将有限的时间和精力用于休闲娱乐，从事一些有益于身心健康的活动，充分享受生活。网络购物能使消费者在轻松上网的同时，方便快捷地完成购物。

6. 其他因素

影响网络消费者在线交易的因素还包括上网的便利性、网速、网上支付方式、送货方式等。

### 4.2.3 网络消费者的购买动机与购买过程

在网络虚拟世界中，争取顾客的忠诚度比推销产品更加重要。只有了解网络消费者的特点，分析网络消费者在网上购物时的行为特征，把握消费者的需求方向，企业才能制定合适的营销策略以满足消费者的需求，从而获取较高的收益。

1. 网络消费者的购买动机

消费者的消费需求是由购买动机引起的。网络消费者的购买动机是指在网络购买活动中，能使网络消费者产生购买行为的某些内在的动力。只有了解消费者的购买动机，才能预测消费者的购买行为，制定相应的营销策略和促销手段。网络消费者的购买动机可以分为两大类：需求动机和心理动机。

1）需求动机

网络消费者的需求动机包括兴趣、聚集和交流。

（1）兴趣。许多网络消费者之所以热衷于网络漫游，是因为对网络活动抱有极大的兴趣。这种兴趣的产生，主要源自于两种内在驱动力：一是探索的内在驱动力，即网民出于好奇的心理，驱动自己沿着网络提供的线索不断地向下查询，希望能够找出符合自己预想的结果，甚至到了不能自拔的境地；二是成功的内在驱动力，即当网民在网络上找到自己所需的资料、软件、游戏，或进入某个重要机关的信息库时，会产生一种成功的满足感。

（2）聚集。网络为具有相似经历或相同兴趣爱好的网民提供了聚集和交流的平台，这个平台不受时间和空间的限制。通过网络平台聚集起来的网民形成了一个极具民主性的群体，在这个群体中，所有成员都是平等的，每个成员都有独立发表自己观点和意见的权利，使得在现实社会中经常处于紧张状态的人们在虚拟社会中得到解脱。

（3）交流。网上交流是网民上网的主要需求之一。随着信息交流频率的增加，网上交流的范围也在不断扩大，促使对某种产品或服务有相同兴趣和需求的网民聚集在一起，形成商品信息交易的网络，即网络商品交易市场。在这个虚拟交易市场中，参与者大多是有目的的，所交流的信息涉及产品质量、价格、库存量、新产品的种类等，这些信息和经验多是他们的亲身体会。

网络营销者参与并收集相关信息，不仅可以了解消费者需求，制定切实可行的营销策略，还可以有效地组织生产，降低生产成本，提高劳动生产率。

2）心理动机

心理动机是基于人们的认识、感情、意志等心理过程而引起的购买动机。网络消费者购买行为的心理动机主要体现在理智动机、感情动机和惠顾动机3个方面。

（1）理智动机。建立在网民对在线商场推销商品的客观认识的基础上。网络消费者多为青年人，具有较强的分析判断能力，其购买决策是在反复比较各在线商场的商品之后做出的，对所要选购商品的特点、性能和使用方法具有较深入的了解，其购买类型为理智型。在理智购买动机驱使下，网络消费者首先关注的是商品的先进性、科学性和质量，其次是商品的经济性。理智购买动机具有客观性、周密性和控制性的特点。

（2）感情动机。是一种基于网民的情绪和感情所引起的购买动机。感情购买动机又可以分为两种形态：一是低级形态的感情购买动机，是基于喜欢、满意、快乐、好奇而引起的，一般具有冲动性和不稳定性特点；二是高级形态的感情购买动机，是基于道德感、美感、群体感所引起的，具有较强的稳定性特点。同时，在线商场为网络消费者提供的异地送货业务，也促进了感情购买动机的形成。

（3）惠顾动机。是一种基于理智经验和感情之上的，对特定的网站、图标广告、商品产生特殊的信任与偏好而重复地、习惯性地深入了解产品服务信息并产生购买意愿的心理动机。具有惠顾动机的网络消费者，一般是某一站点的忠实浏览者。他们不仅自己经常光顾相关站点，而且对周围网民也具有较大的影响力，甚至在企业的产品或服务出现某种瑕疵时，也能予以谅解。

### 2. 网络消费者的购买过程

网络消费者在网上购物前，首先会在网上搜索、浏览相关产品服务信息，为做出购买决策提供依据，然后再进行购买。消费者的购买决策过程实际上是一个信息收集、分析和评价的过程。网络消费者的购买过程一般分为5个阶段：购买动机产生、收集信息、比较选择、做出购买决策和购后评价。

1）购买动机产生

网络购买过程的起点是诱发并唤起需求。对于网络营销者来讲，诱发网络消费者的需求动因局限于视觉和听觉，即吸引网络消费者的注意是成功的基础。为此，网络营销者必须充分了解与自己产品有关的实际需要和潜在需要，把握诱发消费者需求的其他因素，并依此设计相应的促销内容以吸引更多的消费者浏览网页，激发访问者的需求欲望。

2）收集信息

在需求被诱发后，每个消费者都希望自己的需求能得到有效满足。为此，消费者往往会积极地收集相关信息。

一般来说，消费者收集信息的渠道可分为内部渠道和外部渠道。内部渠道是指消费者个人所存储、保留的市场信息，包括购买商品的实际经验、对市场的观察及个人购买活动的记忆等；外部渠道是指消费者从外界收集信息的通道，包括个人渠道、商业渠道和公共渠道等。消费者首先会在自己的记忆中搜寻可能与所需产品相关的知识经验，在内部信息不充分或有缺失时，便会通过外部渠道收集相关信息。

根据消费者收集信息的范围和努力程度的不同，收集信息可分为3种模式。

(1) 广泛问题的解决模式。是指在消费者尚未建立评判特定产品或特定品牌的标准，也不存在品牌偏好倾向的情况下，广泛地收集某种产品或服务信息。当消费者因好奇、消遣或其他原因对某种不熟知的产品产生兴趣时，就会广泛收集相关信息以便进一步了解产品，为做出购买决策提供依据。

(2) 有限问题的解决模式。是指在消费者已建立了对特定产品的评判标准，但还没有特定品牌偏好倾向时，有针对性地收集产品信息。此时收集的信息对消费者购买决策有直接的影响。

(3) 常规问题的解决模式。是指在消费者对将要购买的产品或品牌已有足够的经验和明确的购买倾向的情况下，收集有关产品销售、售后服务等方面的信息，以便于正常或合理使用。此时收集的信息主要是有关产品的使用信息等，对购买决策影响不大。

3）比较选择

消费者需求的满足以其支付意愿和实际支付能力为基础。没有支付能力的购买欲望只是空中楼阁，不会产生实际购买行为。能满足消费者同一需求的产品服务有很多，在比较分析的基础上，消费者根据自己的支付意愿和能力做出购买决策。比较选择是网络消费者购买过程的重要环节。消费者对各渠道汇集而来的资料进行比较、分析和研究，了解各种产品服务的特点和性能，然后才会做出购买决策。

**案例4-3**

### 泡泡网的“产品对比栏”

泡泡网(www.pcpop.com)为用户提供的“产品对比栏”功能，如图4.8所示。用户在选择产品(如耳机)时，只要根据一些筛选条件(品牌、价格等)就可搜索出相关产品，在搜索结果中再通过比较来选择最满意的产品。用户使用“产品对比栏”功能时，只需单击“加入对比”按钮，就在“产品对比栏”中添加了需要进行对比的产品；选择好对比产品后，再单击“进行对比”按钮，此时就会显示选中的几款产品的对比结果，如图4.9所示。

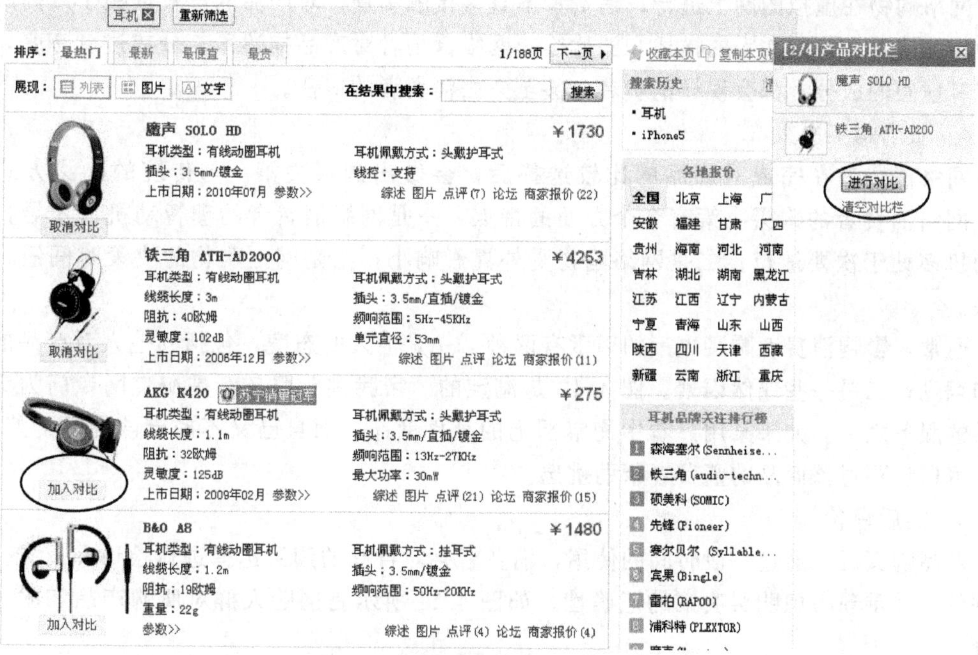


图 4.8 泡泡网的产品对比功能

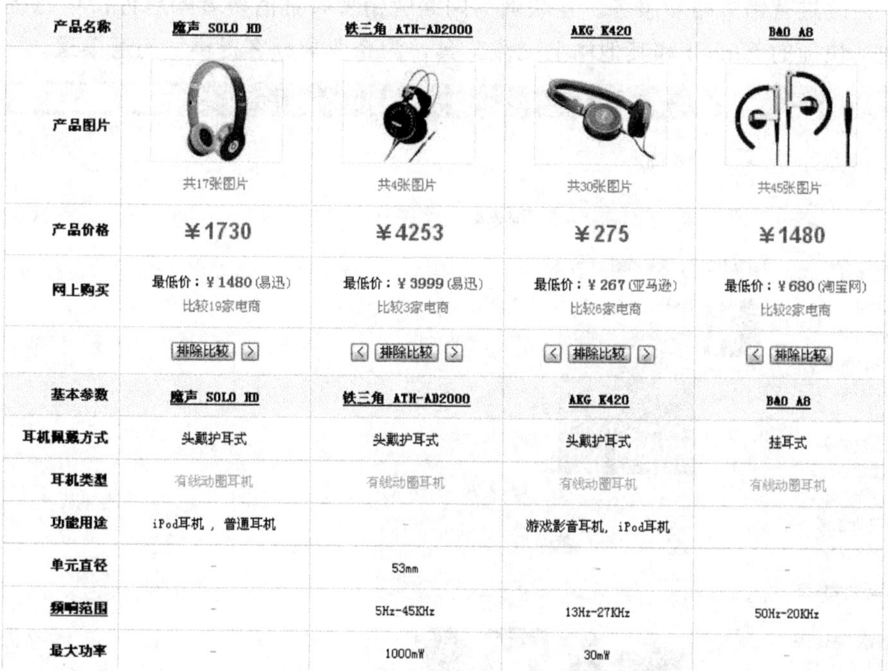

| 产品名称 | 魔声 SOLO HD | 铁三角 ATH-AD2000 | AKG K420 | B&O A8 |
| --- | --- | --- | --- | --- |
| 产品图片 | 共17张图片 | 共4张图片 | 共30张图片 | 共45张图片 |
| 产品价格 | ￥1730 | ￥4253 | ￥275 | ￥1480 |
| 网上购买 | 最低价：￥1480(易迅) 比较19家电商 | 最低价：￥3999(易迅) 比较3家电商 | 最低价：￥267(亚马逊) 比较6家电商 | 最低价：￥680(淘宝网) 比较2家电商 |
| | 排除比较 > | < 排除比较 > | < 排除比较 > | < 排除比较 |
| 基本参数 | 魔声 SOLO HD | 铁三角 ATH-AD2000 | AKG K420 | B&O A8 |
| 耳机佩戴方式 | 头戴护耳式 | 头戴护耳式 | 头戴护耳式 | 挂耳式 |
| 耳机类型 | 有线动圈耳机 | 有线动圈耳机 | 有线动圈耳机 | 有线动圈耳机 |
| 功能用途 | iPod耳机，普通耳机 | - | 游戏影音耳机，iPod耳机 | - |
| 单元直径 | - | 53mm | - | - |
| 频响范围 | - | 5Hz-45KHz | 13Hz-27KHz | 50Hz-20KHz |
| 最大功率 | - | 1000mW | 30mW | - |

图 4.9 泡泡网的产品对比结果

一般来说，消费者的评价因素包括产品的功能、可靠性、性能、样式、价格和售后服务等。

网络购物在虚拟的网上进行，消费者不直接接触实物，对产品的比较依赖于厂商所提供的相关信息，包括文字的描述和图片等。网络营销者对产品描述不充分或过度夸张，甚至带有虚假的成分，都会误导消费者，甚至失去消费者的信任。

4）做出购买决策

网络消费者在完成对商品的比较选择后，会做出购买决策。与传统的购买方式相比，网络消费者的购买决策有3个方面的特点：一是网络消费者的理智动机占主导，感情动机多处于次要地位；二是网络购物受外界影响小；三是网上购物的决策时间短，速度快。

通常，影响消费者购买决策的因素有两种：一是他人的态度，包括其他人对产品的评价和意见；二是一些偶然因素。图4.10是淘宝的“帮我挑”服务，是淘宝网专门为买家提供的服务之一。如果某用户看中淘宝网上的某件商品，而自己又不确定该商品的好坏；那么可以让买过该商品的消费者帮助挑选。

5）购后评价

商品购买后，通过一段时间的使用，消费者会对自己的购买选择进行检讨和反省，做出评价，并重新考虑购买决策的正确性。如图4.11所示是网购人群对所购产品和服务的评价。

为了提高企业的市场竞争力，最大限度地占领市场，企业必须虚心倾听顾客反馈的意见和建议，改进营销策略和服务。互联网为网络营销者收集消费者购后评价信息提供了便利，方便、快捷的E-mail和其他网上交流工具，为企业与顾客提供了沟通渠道。

图4.10 淘宝网的“帮我挑”

图 4.11　淘宝网消费者关于某商品的评价

## 本章小结

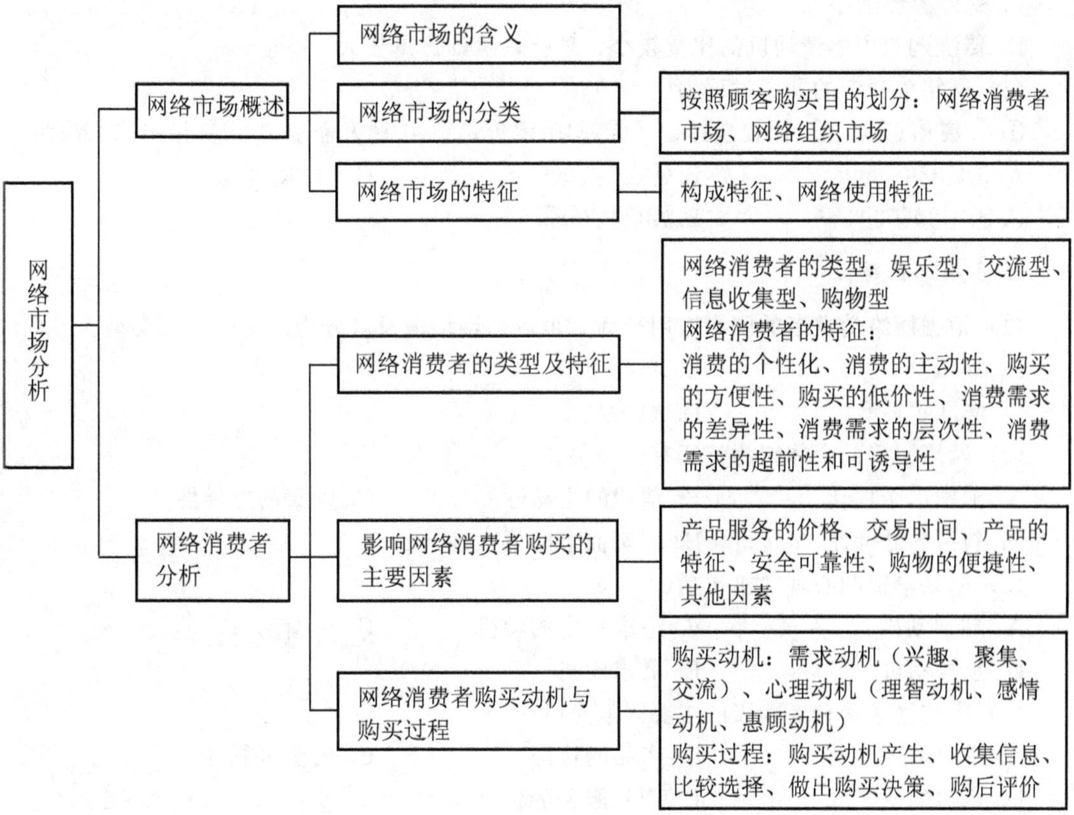

## 思考与练习

1. 单项选择题

(1) 要开展有效的网络营销活动必须深入了解网上用户群体的(　　)。

A. 需求特征、购买行为模式和购买动机

B. 购买行为模式、购买时间和购买动机

C. 需求特征、购买行为模式和购买地点

D. 需求特征、购买行为模式和购买时间

(2) 网络购买过程的起点是(　　)。

A. 诱发需求　　B. 收集信息　　C. 比较选择　　D. 购买决策

(3) 消费者会利用在网上得到的信息对商品进行反复比较，以决定是否购买，这体现出网络消费者个体行为的(　　)特征。

A. 主动性　　B. 超前性　　C. 交叉性　　D. 差异性

(4) 相比网络购买而言，传统购买方式的特点是(　　)。

A. 决策行为较网络购买的决策行为要快得多

B. 传统购买中感情动机的比重较大，理智动机的比重较小

C. 受外界影响小

D. 传统购买中感情动机的比重较小，理智动机的比重较大

(5) 网络消费者的购买过程为(　　)。

① 收集信息；　② 比较选择；　③ 购后评价；　④ 诱发需求；　⑤ 做出购买决策

A. ①②③④⑤　　B. ④①③②⑤　　C. ④①②⑤③

D. ④①②③⑤　　E. ④②①⑤③

2. 多项选择题

(1) 根据网络消费者的网络应用行为，可以把网络消费者分为以下(　　)类型。

A. 娱乐型　　B. 交流型

C. 信息收集型　　D. 购物型

(2) 网络消费的个体行为特征有(　　)。

A. 消费的个性化　　B. 消费的主动性　　C. 购买的方便性

D. 购买的低价性　　E. 消费需求的层次性

(3) 网络消费的心理动机包括(　　)。

A. 理智动机　　B. 追求自由的动机　　C. 感情动机

D. 惠顾动机　　E. 需求动机

(4) 影响网络消费者购买的主要因素是(　　)。

A. 交易时间　　B. 产品的特征　　C. 安全可靠性

D. 购物的便捷性　　E. 产品服务的价格

(5) 在虚拟市场中，网民间联系的目的是满足虚拟环境下的基本需求，即(　　)。

A. 兴趣　　B. 交流　　C. 休闲

D. 聚集　　E. 成功

3. 简答题

(1) 简述网络市场的类型。

(2) 举例说明网络消费者的特征。

(3) 简述网络消费者的购买过程。

(4) 举例说明网络消费者的购买动机。

(5) 根据中国互联网络信息中心网站提供的资料，分析影响网络消费者购买的主要因素。

## 实训与案例

(1) 登录当当网，打开“新手上路”页面，了解它是如何把购物流程演示给新顾客的，并通过搜索引擎查找当当网的相关资料，介绍给其他同学。

(2) 角色扮演。全班分为3组，分别扮演图书、玩具、手机3类商品的购买者。访问卓越网(http://www.joyo.com)，浏览图书、玩具、手机3类商品并尝试购买。然后每组选派组长，调查其他两组同学的购买动机。组长总结，并填写表4-3，最后汇报结果。

表4-3　购买动机记录

| 项　目 | 图　书 | 玩　具 | 手　机 | 说　明 |
| --- | --- | --- | --- | --- |
| 需求动机 | | | | |
| 心理动机 | | | | |
| 其他 | | | | |
| 简评 | | | | |

(3) 在网上购买3种不同类型的商品，根据购买过程填写表4-4，并分析消费者的购买行为特征。

表4-4　购买过程记录

| 项　目 | 商品A | 商品B | 商品C | 说　明 |
| --- | --- | --- | --- | --- |
| 诱发需求 | | | | |
| 收集信息 | | | | |
| 比较选择 | | | | |
| 购买决策 | | | | |
| 购后评价 | | | | |

（4）案例分析。

## 智联招聘的网络招聘

成立于1997年的智联招聘（www.zhaopin.com）是国内最早、最专业的人力资源服务商之一。它的前身是1994年创建的猎头公司智联（Alliance）公司。独特的历史为今天智联招聘的专业品质奠定了基石，并为我们积累了宝贵的人力资源服务经验和优秀的客户。

1. 网上招聘

智联招聘网站的客户主要可以分为两类：一类是个人用户，上网求职；一类是企业用户，招聘员工。针对这两类客户的特点，智联招聘网站非别提供了不同的特色服务。

智联招聘网作为中国领先的人才网站，为个人用户提供网上求职、简历中心、求职指导智联调研等个性化服务；使得求职者可以获得智联招聘提供的专业人才招聘服务。

智联招聘面向大型公司和快速发展的中小企业，提供一站式专业人力资源服务，为企业客户提供以网络招聘为核心的人才解决方案；包括网络招聘、校园招聘、猎头服务、报纸招聘服务、招聘伴侣(RC服务)、企业培训以及人才测评等，并在中国首创了人力资源高端杂志《首席人才官》，是拥有政府颁发的人才服务许可证和劳务派遣许可证的专业服务机构。

2. 智联卓聘

智联招聘作为国内最早、最专业的人力资源服务商之一，整合优势资源，创新产品服务模式，根据多年对高端人才市场的深入分析，注重高端人才库的积累挖掘和对用户行为的跟踪研究，在2013年重磅推出智联卓聘网。

智联卓聘网面向职场高端人才、猎头、有高端人才需求的企业，打破传统网络招聘模式，首创网络招聘电商模式的多维度展示、多渠道评价，以及多形式人岗匹配的专业平台，让企业、求职者和猎头在线互动多元化，让各方形象更立体，让招应聘更真实高效。智联卓聘尤其在IT、金融、房地产、快速消费品等十几个领域拥有丰富的高端人才库和对应的优质企业资源。

（资料来源：http：//special.zhaopin.com/sh/2009/aboutus/production.html.）

**思考题：**智联招聘网站对它的不同的网络消费者都提供了哪些特色服务，这些特色服务能满足消费者的需求么？为什么？

# 第5章

# 网络营销战略计划

## 知识目标

（1）理解网络营销战略的含义与作用；
（2）理解网络营销战略模式；
（3）理解网络营销计划的内容。

## 技能目标

会结合具体企业的特点选择合适的网络营销战略模式。

引　例

## 百度有啊网的倒闭

百度有啊网为什么会倒闭？恐怕今天有很多网络营销人士会问这个问题？

1. 百度有啊的竞争对手

阿里巴巴的淘宝、腾讯的拍拍、卓越、当当、京东都可以算是百度有啊的竞争对手，当然我们可以把淘宝、拍拍、卓越与当当、京东等看似垂直的电子商城分开，但是毋庸置疑的是2007年百度正式宣布推出电子商务平台，进军B2C。那时国内的电子商务市场已经很火热了，不管是对百度"蜘蛛"实施了禁止爬行的淘宝还是对于和百度亦敌亦友的腾讯，对百度这个新来的"小朋友"是真想让他"死"在长大的路上。或许这么说有点不合适，但是有一点可以确定，淘宝、拍拍都不想让百度自己的电子商务平台出现在国内电子商务的平台上，想到将来有可能是三者三分天下，百度的搜索优势是不可小觑的。

2. 百度本身对自己的"新孩子"做的动作

百度除了对百度有啊先进行的一系列模仿淘宝的产品进行了完善，前后完成了有啊店铺、有啊商城、有啊店铺助手、有啊消费者保障服务及相对来说比较重要的百付宝，这些对于熟悉淘宝的人来说再熟悉不过了。同样的，还有拍拍助手、财付通等，这一系列动作对百度有啊的发展有着不可忽略的作用，也是百度电子商务战略平台完善的必经之路。当然百度从搜索上来看，同等条件下，百度对于有啊商品的在搜索结果中给予的权重也是非常大的。对搜索引擎优化(Search Engine Optimization，SEO)爱好者进行的测试，他们认为百度对有啊给予的权重是相当给力的。应该会有不少测试过的用户对这点深有感触，也有不少人利用了这点得到了不少实惠。

3. 百度有啊网发展中遇到的问题

百付宝的推广成为百度有啊发展道路上的一道主要障碍，由于国内知名的淘宝和支付宝的绑定事先已经占据了绝对的领导地位，腾讯的拍拍和财付通也更是紧紧地利用QQ的巨大用户量占据了一席之地，所以百度有啊如果想在电子商务平台上占据一席之地就必须先解决用户对支付产生的一些问题，不可能一直支持支付宝、财付通吧或网上银行。

(1) 百度有啊本身"生不逢时"！国外，电子商务市场基本上是两足鼎立，eBay和亚马逊。一个是C2C，一个是B2C。

百度在2008年开始正式进军C2C电子商务。与2003年成立的淘宝相比，百度显然已经错过了进入C2C的最佳时机。5年时间的领先优势，在没有明显技术和资源优势的情况下，百度打败淘宝，哪怕是打破淘宝垄断地位的概率微乎其微。远有牢牢占据80%以上市场份额的淘宝领跑，近有瓜分剩余10%以上份额的拍拍易趣拦路。百度选择的这条C2C道路，无疑是条凶险之路。

(2) 百度有啊网大量成熟的网购人群。

百度有啊要抓的应该是大量成熟的网购人群，但百度忽略了这一点。基于已经说到百度有啊"生不逢时"，那么其更应该针对自己的优劣势进行优化，因为百度有啊作为一个新平台，很多熟悉网购的人如果都不会轻易地去用，那么谈何对有啊的大战略发展。

(资料来源：http://blog.sina.com.cn/s/blog_4fc875c90100qisw.html.)

**思考题：**百度有啊网倒闭的原因是否属于百度的战略性失误，为什么？

随着互联网络的普及与广泛应用，企业的决策者和管理者必须从战略的高度预见网络经济的发展和趋势，研究网络营销和传统营销的整合，把握网络营销的相关战略，并为企业制定有效的网络营销策略提供战略指导。

## 5.1 网络营销战略分析

市场导向的战略规划是一种管理程序，其任务是发展和保持企业的资源、目标与千变万化的市场机会之间切实可行的适应；战略计划的目标是形成和重新开拓企业的业务和产品，以期获得目标利润和增长。

### 5.1.1 网络营销战略的含义与作用

1. 网络营销战略的含义

1）市场营销战略

市场营销战略是企业在现代市场营销观念的指导下，为实现企业长远的经营目标，从全局的角度，对企业在较长时期内市场营销发展的总体设想进行的设计和规划。

市场营销战略是企业的职能战略，受企业总体战略和经营单位战略思想的制约，不同的经营思想会有不同的市场营销战略。因此，市场营销战略必须与总体经营战略相吻合。

作为企业整体战略的重要组成部分，营销战略决策是事关企业发展的全局性决策，决定了企业未来市场开发、推广和扩张的方向、速度和规模，同时也制约着企业的产品开发、设备更新改造等决策的进程。因此，营销战略是一项“超前”的运筹谋划，需要企业投入较多的资金，付出极大的耐心和韧性。制定有效的长远市场战略规划和营销之道，是许多企业取得成功的重要因素。

**资料链接**

#### 战略与企业战略

在中国，“战略”一词起源于兵法，指将帅的智谋。西方国家的战略概念起源于古代的战术，原指将帅本身，后来指军事指挥中的活动。

战略一词引入到企业经济管理中也只有几十年的时间。在企业经济管理范畴中，企业战略是指企业为实现长远的发展而进行的重要决策、采取的途径，以及为实现战略目标对企业主要资源进行分配的一种模式，决定企业发展的方向、经营的范围。

企业战略分为3个层次：一是企业的总体战略，涉及企业的经营发展方向、各经营单位之间的协调、整个企业的价值观念和文化环境的建立等；二是经营单位战略，企业从组织上把具有共同战略因素的若干事业部或其中某些部分组合成一个经营单位，每个战略经营单位一般都有自己独立的产品和细分市场，经营单位战略在企业总体战略的制约下，指导和管理具体经营单位的计划和行动，为企业整体目标服务；三是职能战略，是经营单位内主要职能部门的较短期的战略，使职能部门管理人员更有效地运用研究开发、市场营销、生产、财务、人力资源等方面的经营职能，保证企业目标的实现。

2）网络营销战略

网络营销战略是企业以市场需求为导向，在网络营销环境分析的基础上，对企业网络营销的任务、目标及实现目标的方案、重点和措施做出的总体和长远的谋划。它是指导企业网络营销活动、合理分配企业网络营销资源的纲领。

网络营销战略是企业市场营销战略的组成部分，企业在分析和确定网络营销战略之前，必须明确市场营销战略，了解本企业市场营销战略的特点与具体要求。

**课堂思考**

根据网络营销战略的含义，总结网络营销战略具有哪些特点？

2. 网络营销战略的作用

1）巩固企业现有竞争优势

网络营销对企业已有经营优势的影响主要取决于企业对电子商务的理解和接受程度、实施网络营销所采取的战略与策略及具体的形式甚至技术等。

在网络营销中，如何利用好互联网这一“中立的工具”成为企业是否能巩固已有经营优势的关键。

**资料链接**

## 中国互联网络发展趋势与特点

根据中国互联网络信息中心发布的《第33次中国互联网络发展状况统计报告》，中国互联网络发展呈现以下趋势与特点。

1. 中国网民规模增长空间有限，手机上网依然是网民规模增长的主要动力

截至2013年12月，中国网民规模达6.18亿，全年共计新增网民5 358万人。互联网普及率为45.8%，较2012年底提升了3.7个百分点，普及率增长幅度与2012年情况基本一致，整体网民规模增速持续放缓。与此同时，手机网民继续保持良好的增长态势，规模达到5亿，年增长率为19.1%，手机继续保持第一大上网终端的地位。而新网民较高的手机上网比例也说明了手机在网民增长中的促进作用。2013年中国新增网民中使用手机上网的比例高达73.3%，远高于其他设备上网的网民比例，手机依然是中国网民增长的主要驱动力。

2. 中国互联网发展正在从“数量”转换到“质量”

2013年12月，中国互联网普及率为45.8%，较2012年年底提升了3.7个百分点，普及率增长幅度延续自2011年来的放缓趋势。总体而言，中国互联网的发展主题已经从“普及率提升”转换到“使用程度加深”，而近几年的政策和环境变化也对使用深度提供有力支持：首先，国家政策支持，2013年国务发布《国务院关于促进信息消费扩大内需的若干意见》，说明了互联网在整体经济社会的地位；其次，互联网与传统经济结合愈加紧密，如购物、物流、支付乃至金融等方面均有良好应用；再次，互联网应用逐步改变人们生活形态，对人们日常生活中的衣食住行均有较大改变。

3. 高流量手机应用的发展较快

2013年，手机端视频、音乐等对流量要求较大的服务增长迅速，其中手机视频用户规模增长明显。截至2013年12月，中国手机端在线收看或下载视频的用户数为2.47亿，与2012年年底相比增

长了1.12亿人，增长率高达83.8%。手机视频跃升至移动互联网第五大应用。手机端高流量应用的使用率增长主要由三方面原因促进，首先是用户上网设备向手机端的转移，整体网民对于电脑的使用率持续走低；其次，使用基础环境的完善，如智能手机和无线网络的发展吸引更多用户使用手机上网；最后是上网成本的下降，如上网资费降低、视频运营商和网络运营商的包月合作等措施降低了手机视频的使用门槛。

4. 以社交为基础的综合平台类应用发展迅速

2013年，微博、社交网站及论坛等互联网应用使用率均下降，而类似即时通信等以社交元素为基础的平台应用发展稳定。从具体数字分析，2013年微博用户规模下降2 783万人，使用率降低9.2个百分点。而整体即时通信用户规模在移动端的推动下提升至5.32亿，较2012年年底增长6 440万，使用率高达86.2%，继续保持第一的地位。移动即时通信发展迅速的原因一方面由于即时通信与手机通信的契合度较大，另一方面是由于在社交关系的基础之上，增加了信息分享、交流沟通、支付、金融等应用，极大限度地提升了用户黏性。

5. 网络游戏用户增长乏力，手机网络游戏迅猛增长

2013年中国网络游戏用户增长明显放缓。网民使用率从2012年的59.5%降至54.7%。网络游戏用户规模为3.38亿，网络游戏用户规模增长仅为234万。与整体网络游戏用户规模趋势不同，手机端网络游戏用户增长迅速。截至2013年12月，中国手机网络游戏用户数为2.15亿，较2012年年底增长了7 594万，年增长率达到54.5%。整体行业用户的增长乏力以及手机端游戏的高速增长意味着游戏行业内用户从电脑端向手机端转换加大，手机网络游戏对于PC端网络游戏的冲击开始显现。

6. 网络购物用户规模持续增长，团购成为增长亮点

商务类应用继续保持较高的发展速度，其中网络购物以及相类似的团购尤为明显。2013年，中国网络购物用户规模达3.02亿人，使用率达到48.9%，相比2012年增长6.0个百分点。团购用户规模达1.41亿人，团购的使用率为22.8%，相比2012年增长8.0个百分点，用户规模年增长68.9%，是增长最快的商务类应用。商务类应用的高速发展与支付、物流的完善以及整体环境的推动有密切关系，而团购出现“逆转”增长，意味着在经历了野蛮增长后的洗牌，团购已经进入理性发展时期。

7. 中小企业互联网基础应用稳步推进，电子商务应用有待进一步提升

总体来看中国企业使用计算机、互联网信息化状况较好，但微型企业需重点加强；东、西部地区企业的互联网基础应用水平差距有所缩小，但中部地区与其他地区间存在的差距较大。中国使用网络营销推广的企业比例仍然不高，利用即时聊天工具、搜索引擎、电子商务平台推广保持在前三位。即时聊天工具庞大的用户基数、较强的用户黏性和丰富的管理工具，已成为企业营销的重要工具；从消费者行为模式来看，搜索行为直接指向购买，电子商务平台正是购买行为的发生场所，并且由于营销推广成本有限，因此中小企业更倾向于选择投入可控、性价比较高的方式。

（资料来源：http://www.cnnic.cn.）

2）为入侵者设置障碍

企业在网上推出新的营销模式或采用新的营销手段，将可能很快为竞争对手仿效，因此，企业在网络营销中必须考虑这种负面影响，并采取相应对策。

资料链接

## 拥有双重生活的玩具

Ganz公司的Webkinz网站令长毛绒动物玩具在网络世界里拥有了自己的个性，面对接踵而至的模仿

者，它还能保持先行者地位吗?

Webkinz已成为玩具世界中最炙手可热的网站，而且已引起众多竞争者的极大关注。那些长毛绒动物玩具都带有一个密码，可以激活虚拟的“WebkinzWorld”中的一个网络版玩具形象。

现在至少有8家公司正试图效仿推出类似的新产品，将现实世界中的玩具与网络进行连接。实际上玩具行业里的每一个重量级选手都已开始行动了。例如，娃娃制造商RussBerrie已经开始在玩具反斗城和其他主要的零售店里销售类似Webkinz的“闪亮的星星”。Mattel公司已经为芭比娃娃创造了一个全新的网上世界。而孩之宝公司的“小小宠物店”也已拥有了VIP(即虚拟互动宠物)系列。Webkinz的所有者Ganz公司是一家私人持有的公司，该公司正试图通过推动小附属品的销售来保持它对竞争对手的优势。除了售价15美元的填充玩具之外，Webkinz的粉丝们还可以购买7.5美元一支的唇彩、9美元一瓶的芒果香味的喷剂，还有各种各样的小饰品、书签和衣饰。和动物玩具一样，每件小附属品都有一个自己的密码，可以为宠物在网上的化身换取奖品。Webkinz产品在各种商店均有销售，包括贺卡店、礼品店及Target这样的一些大型连锁店。Hallmark商店里新增加的小附属品展区几乎和填充玩具的展柜一样大。

LimitedToo是一家能让十几岁的小姑娘互相观摩和展示自我的时尚商场，以往有11%的销售活动与某种Webkinz产品有关。在LimitedToo的所有者——TweenBrands公司负责投资人关系的罗伯特·阿特肯森(Robert Atkinson)说：“整个商店中卖得最火爆的就是为这些动物玩具配备的用粉红色圆点布料制作的头巾。”

Ganz公司一直未披露自己的财务状况，但是它首先必须保持一种微妙的平衡：既能从这种风尚中大赚特赚，又能避免引起父母和孩子们的反感。2007年11月，Webkinz的访问者共在网上浏览的时间超过100万个小时，但网站是免费的。

(资料来源：http://www.chinavalue.net/media/Article.aspx? ArticleId=22573.)

3) 稳定与供应商的关系

全球经济一体化的发展趋势，使企业间的竞争越来越多地转向供应链竞争，依托互联网，建立新型的、高效的、稳定的供应链体系成为信息时代中企业合作的新趋势。

**资料链接**

## 网站联盟

网站联盟，通常指网络联盟营销，也称联属网络营销，1996年起源于亚马逊(www.amazon.com)。亚马逊通过这种新方式，为数以万计的网站提供了额外的收入来源，且成为网络SOHO族的主要生存方式。在中国，联盟营销目前还处于萌芽阶段，虽然有部分个人或企业开始涉足该领域，但规模还不大，一般的网络营销人员和网管人员对联盟营销还比较陌生。

联盟营销包括三要素：广告主、联盟会员和网络联盟营销平台。

广告主按照网络广告的实际效果(如销售额、引导数等)向联盟会员支付合理的广告费用，节约营销开支，提高营销质量。

联盟会员则通过网络联盟营销管理平台，选择合适的广告主并通过播放广告主广告提高收益，同时节约大量的网络广告销售费用，轻松地把网站访问量变成收益。

百度联盟如图5.1所示。

**图 5.1 百度联盟**

网络联盟营销平台为联盟会员提供广告主的商品销售、会员注册等效果广告及值得信赖的第三方的用户访问跟踪、实时报告系统、佣金结算、营销等方面的服务。此外，还包括网络营销的咨询、策划、创意、广告投放、效果监测等广泛的增值服务。

最初的网络联盟营销是伴随某些大型广告主的发展而兴起的，如亚马逊将自身作为广告主来召集联盟会员。联盟会员们通过播放亚马逊的广告创意获取收益。业绩跟踪和结算由广告主负责。

但单个广告主直接进行联盟营销出现了很多负面因素，如在业绩的跟踪、确认、结算等方面的信用问题等。这样就产生了专业的第三方联盟营销公司，为广告主、联盟会员提供一个独立的公开、公正、透明的管理运行平台。同时也大大减少了广告主的人力、物力、技术、结算和管理等的负担。

（资料来源：http://baike.baidu.com/view/38184.htm.）

4）提高新产品开发和服务能力

以较低的成本提供以信息为基础的服务。近年来，信息服务行业相继推出新的服务产品：做管理软件的公司向前延伸，与电子商务融合，形成自己独特的企业信息化服务模式；做电子商务服务的企业向后延伸，继续提供管理软件，如阿里巴巴和阿里软件。

5）加强与顾客的沟通

实施网络营销应以客户需求为导向，通过赢得和保持客户的满意度与忠诚度来获取利润。首先应把网络作为研究消费者的平台，并利用网络实施聚集和维系稳定的客户群体，培养忠诚客户。

**案例 5-1**

## 苏宁的战略转型

2013 年新春伊始，苏宁在南京以“专行、云融、开放、引领”为主题，举行“2013 新模式、新组织、新形象”媒体通报会。通报会上苏宁阐述了“云商”新模式的内涵，并重点介绍春季工作部署会上明确的新一年企业组织架构调整和全新的视觉识别（Visual Identity，VI）系统。这标志着苏宁革命性“云商”零售模式全面落地，也开启了苏宁新一年跨越式发展的征程。苏宁云商模式如图 5.2 所示。

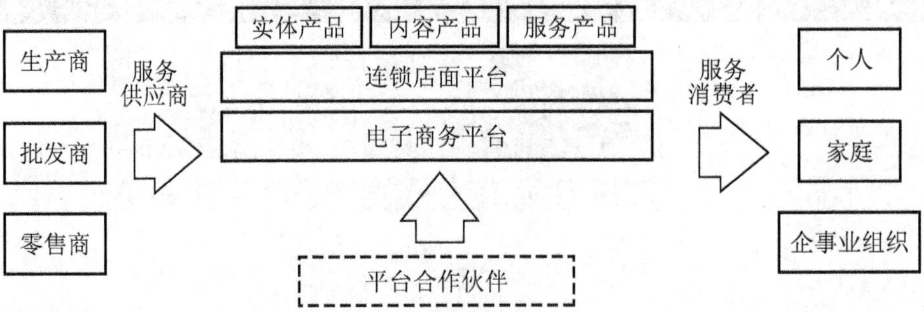


**图 5.2　苏宁云商模式**

苏宁董事长张近东表示，苏宁云商模式可概括为“店商＋电商＋零售服务商”，它的核心是以云技术为基础，整合苏宁前台后台、融合苏宁线上线下，服务全产业、服务全客群。云商模式不仅是苏宁跨越发展的新方向，也必将成为中国零售行业转型发展的新趋势。

放眼互联网时代的全球零售业，近年来正面临深刻的变化：需求个性化、商品多样化；时间碎片化、服务智慧化；空间扁平化、渠道复合化。中国作为全球增速最快和未来世界最大的零售市场，苏宁云商模式具有全球行业示范效应，将引领世界零售业的模式创新。

（资料来源：http://www.cnsuning.com.）

**思考题：**在网络经济下，苏宁云商的竞争优势主要表现在哪些方面？

### 5.1.2　网络营销战略管理过程

为在激烈的市场竞争中生存并不断发展，企业必须重视和做好战略管理。在充分分析企业外部环境和内部条件的基础上，选择和确定能实现企业目标的有效战略，并将战略付诸实施，对战略的实施过程进行控制和评价，以实现企业的网络营销战略目标。

1. 网络营销战略分析

网络营销战略分析是制定网络营销战略的基础，是企业战略管理的起点。当企业的决策者和管理者意识到企业面临着有关生存和发展的机会或威胁时，或在新的时期应有新的目标时，企业便开始或进行新一轮的战略管理。

网络营销战略分析主要是对企业开展网络营销活动的环境进行分析和研究，如图 5.3 所示。企业通过对外部网络营销环境，如政治法律环境、经济环境、科技环境、社会文化环境等进行分析，能发现企业面临的机会和威胁；通过对内部环境，如企业的可控资源、生产经营状况、技术水平、营销能力等进行分析，识别企业自身的优势和劣势。应该综合研究机会和威胁、优势和劣势，并分析其产生和变化的趋势及这些变化对企业发展的影响，为企业制定网络营销战略提供依据。

2. 明确网络营销目标和任务

企业在网络营销战略分析的基础上，明确网络营销活动的目标和任务。网络营销目标选择可以是增加销售、加强与顾客之间的联系、促进公共关系建立、塑造良好企业形象、降低销售费用等，或者是其中几项的结合。例如，八佰拜以缔造全球最大的中文时尚礼品网站为目标，并体现为提供最好的礼品服务、传递最美的人间真情、引领最新的时尚潮流、缔造最大的购物家园的经营理念。

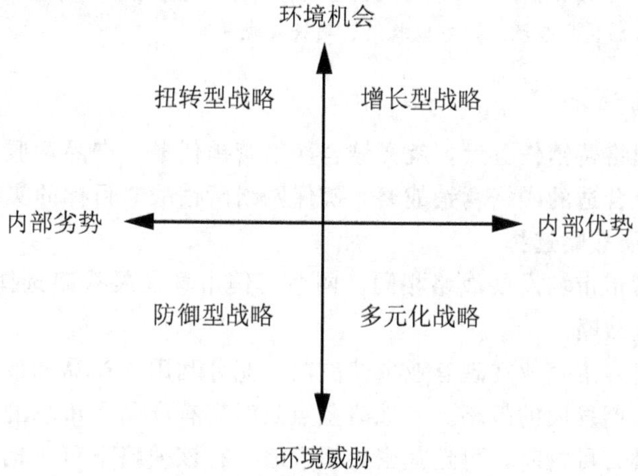


**图 5.3 网络营销战略分析图**

企业的网络营销任务确定以后，还要将这些任务具体化为网络营销各部门、网络营销各环节的目标，最终形成一套完整的目标体系，使网络营销各环节都有自己明确的目标，并担负起实现这些目标的责任。

确定网络营销目标时，应广泛征求多方面的意见，包括股东、员工、顾客、经销商等，同时结合企业发展的历史及现状、决策者或管理者的意图、生产经营环境的发展变化、企业的核心竞争力、企业可控资源的状况等各方面因素，提高目标任务的可行性。

**资料链接**

## 企业常用的营销战略目标

1. 投资收益率

投资收益率是指一定时期内企业所实现的利润总额与企业所有者投入企业的资本总额之间的比率，这是衡量、比较企业利润水平、获利能力大小的一项主要指标。对于上市公司，人们评价其业绩常用每股盈利额或每股亏损额的指标。

2. 市场占有率

市场占有率是反映企业竞争能力的一个指标，可分为绝对市场占有率和相对市场占有率。

绝对市场占有率是指在一定的时空条件下，本企业产品销售量(或销售额)在同一市场上的同类产品销售总量(总额)中所占的比例。

相对市场占有率是指本企业某产品的销售总额与竞争对手的同种产品销售总额之比。

3. 销售增长率

销售增长率是指产品销售增加额与基期产品销售额的比率，是反映企业产品在市场上成长性大小的一个指标。

4. 产品创新、塑造企业及其产品的良好形象

产品创新、塑造企业及其产品的良好形象反映的是企业创新能力和在网络市场上知名度、美誉度的大小。此外，还可选择利润额、销售额、销售费用、产品服务质量、市场占有率的提高水平等作为目标。

当前，企业常用的目标有注册用户数、在线销售额、平均日交易笔数、日访问人数、有效购买率(访问人次中发生购买的人次)、广告收入、每股收益、网民知晓率等。

3. 网络营销战略选择

企业在明确了网络营销任务后，就要结合网络营销任务、产品和服务的特点及目标市场的需求特性，选择合适的网络营销战略，确保网络营销战略目标的实现。

1) 网络营销发展战略选择

与传统的企业营销市场发展战略相同，网络营销市场发展战略选择包括密集型战略、一体化战略和多元化战略。

(1) 密集型战略。指企业在现有业务范围内，充分利用在产品和市场方面的优势，挖掘潜力，实现企业长期发展的战略。其战略重点是对现有产品和市场的开发。当企业现有的产品和市场尚有潜力可挖时，可选择密集型战略。在该战略下可供选择的产品—市场组合有3种：一是市场渗透策略，即进一步挖掘市场潜力，提高现有产品在目标市场中的占有率；二是市场开发策略，即为现有产品开辟新市场，扩大市场覆盖率；三是产品开发，即向现有市场提供新产品或改进的产品，满足目标市场的不同需求，例如，改变产品的外观、造型，赋予产品新的特色、内容，推出不同档次的产品，丰富产品项目等。

(2) 一体化战略。指由若干关联单位组合在一起形成经营联合体，以提高企业的市场竞争力和抗风险能力。一体化战略选择有3种：一是后向一体化，即企业收购或兼并若干原材料供应企业，拥有或控制其供应系统，实行供产一体化；二是前向一体化，即谋求对分销系统甚至用户的控制权，如收购、兼并批发商、零售商，增强企业的销售力量和对渠道的控制能力；三是水平一体化，即争取与同类型其他企业实行各种形式的联合经营，扩大生产规模和经营实力，或取长补短，共同利用市场机会。当企业所在行业有发展前途，在供、产、销方面实行合并更有效时，可以考虑在其市场销售系统的框架中，增加新的业务，采用一体化战略。

(3) 多元化战略。又称多角化战略，是指企业同时经营两种或两种以上基本经济用途不同的产品或服务的战略，即向本行业以外发展，扩大业务范围，跨行业经营。多元化战略选择有3种：一是同心多元化，即以原有技术、特长和经验为基础，有计划地增加新的业务，开发新的市场；二是水平多元化，即针对现有市场，采用不同技术增加新的业务，满足目标市场更多的需求；三是综合多元化，即企业以新的业务进入新的市场，新业务与企业现有的技术、市场及业务毫无关系。当本行业缺乏进一步发展的机会或其他行业更有吸引力时，企业可以采用多元化战略，以实现新的发展。

2) 网络营销竞争战略选择

与传统的企业竞争战略相同，网络营销的竞争战略选择包括4种：一是高质量竞争战略，即企业以质量为竞争手段，致力于树立高质量的企业形象，并力图在竞争中以高质量超越竞争对手；二是低成本战略，即在市场竞争中，企业通过建立完善的网络营销系统，实现企业的组织、管理和生产等方面的协调配合，不断降低成本，保持企业的低成本竞争

优势；三是创新战略，即企业通过不断创新，在信息技术、营销策略、营销方式等方面保持领先地位，降低对价格竞争的依赖性，保持企业的非价格竞争优势；四是集中优势战略，即企业集中精力向个别消费者或某一消费群体提供产品或服务，在局部市场形成明显的竞争优势。

3）网络营销战略模式选择

常见的网络营销战略模式有以下6种。

（1）留住老顾客。现代营销学认为留住一个老顾客相当于争取5个新顾客。企业通过向老顾客提供更多的增值服务，提高服务质量，以更好地满足顾客需求，改善与顾客的关系，提高顾客忠诚度，留住老顾客，达到增加产品销售的目的。即该过程为顾客服务→增强与顾客的关系→留住顾客，提高忠诚度→增加销售。

（2）提供有用信息。企业通过网络向顾客连续提供有用的产品服务信息，包括新产品信息、产品的新用途等，不断更新站点设计和内容，保持网站的新鲜感和吸引力，以新信息刺激顾客的消费欲望，增加产品销售。这种模型主要适用于零售企业。即该过程为有用信息→刺激消费→增加购买。

（3）直复营销。企业简化销售渠道，直接通过网络销售产品，可以降低销售成本，减少管理费用，增加企业利润。即该过程为购买便利→折扣→直接销售→减少管理费用。

**案例5-2**

### 麦当劳的网络营销战略模式

麦当劳(McDonald)是全球最大的连锁快餐企业之一，由麦当劳兄弟和Ray Kroc在20世纪50年代的美国开创的、以出售汉堡为主的连锁经营的快餐店。随着麦当劳在世界范围内的推广，麦当劳餐厅遍布全世界六大洲百余个国家，已经成为全球餐饮业最有价值的品牌。在很多国家，麦当劳代表着一种美国式的生活方式。

**思考题：**浏览麦当劳公司的网站，分析其采用的网络营销战略模式及战略重点。

（4）顾客参与。企业通过不断更换网页内容，促使顾客根据自己的兴趣形成共同话题的“网络社区”并参与进去，同时为顾客提供网络交流机会，提高客户忠诚度，增加重复购买，这种模型主要适应于信息服务业，如电子报纸、杂志出版商等。如图5.4所示是adidas官方网站提供的“动能不停”小游戏，在为顾客提供娱乐性、让顾客参与的基础上，宣传企业品牌。即该过程为新的娱乐→促进顾客参与→重复购买。

（5）宣传推广。企业把网站作为宣传推广的重要工具，通过网页设计来塑造良好的企业品牌形象，提高客户忠诚度。如图5.5所示是adidas开发的一款足球专业运动鞋，adidas与足球明星梅西合作，利用梅西的知名度，起到了很好的宣传效果，也提高了品牌知名度。即该过程为提高品牌知名度→获得忠诚顾客→增加销售和利润。

（6）数据库营销。网络是建立强大的、精确的营销数据库的理想工具。网络的即时性和互动性特点，使企业可以对营销数据库实行动态管理，为企业决策者提供动态的、理性的决策依据。

图 5.4 adidas 官方网站的“动能不停”小游戏

图 5.5 adidas 官方图片——和梅西合作的足球专业运动鞋

**案例 5-3**

## 信用卡的网络推广

传统的信用卡推广是银行通过邮寄邀请函来完成的，这种推广的回应率只有2%。某银行计划争取20万新信用卡用户，就要向1 000万潜在的顾客邮寄邀请函。银行信用卡推广人员通过市场分析，确定利用专业网络数据库资料，采用网上网下相结合的推广策略。首先，利用网络数据库选出潜在顾客，然后对这部分网民进一步分析调查，确定其中20%最有可能成为该银行的信用卡用户，最后向这部分网民直接邮寄邀请函，得到的回应率达到12%，营销效率大大提高。

**思考题**：该银行信用卡推广人员还可以采取哪些推广策略？

4. 网络营销战略的规划与实施

在选择网络营销战略模式后，就要组织制订战略规划和实施。

1）网络营销战略的规划

对许多企业来讲，网络营销是一场营销革命，是对企业传统营销观念、营销策略和营销渠道的突破，涉及企业的组织、文化和管理等各方面。为有效实施网络营销战略，企业的网络营销战略规划应包括以下几个方面的内容。

(1) 目标规划。在企业确定网络营销战略的同时，应选择与之相适应的营销目标、营销策略及策略组合。目标规划包括短期目标规划和中长期目标规划。

(2) 技术规划。网络营销的实施离不开技术和技术人员的支持，技术规划就是要根据企业网络营销战略的需要，制定相应的技术开发、技术引进和人才培养计划，满足企业网络营销发展的需要。

(3) 组织规划。开展网络营销要求企业建立数据库，实行信息化管理。组织规划就是要求企业根据营销战略，对企业的组织结构和形式进行必要的调整和改革，确保网络营销战略的实现。例如，建立技术支持部门、数据采集处理部门、网络营销服务部门，对传统的生产、技术、售后服务和营销部门进行有效整合。

(4) 管理规划。为满足网络营销的需要，企业必须根据组织的变化调整企业的管理，制定相应的管理规划。例如，将生产、客户服务、咨询、市场调查和技术支持有效整合为一体，加强对综合型管理人才的培养和引进。

随着网络经济的发展和技术进步，企业的网络营销规划也应根据市场的变化和实施情况进行调整，以适应发展的需要。

2）网络营销战略的实施

企业网络营销战略的实施要求企业将规划目标分解为网络营销各个部门和各个环节的目标，形成一套完整的目标和执行体系，并制订网络营销计划。

网络营销战略的实施是系统工程，首先要求网络营销计划具有可行性；其次在计划的执行中，能及时了解计划执行的情况，判定是否充分发挥了企业的竞争优势；再次能识别计划执行时出现的问题，找出原因并及时改进；最后能评估企业所采用的网络信息技术的发展情况。计算机和通信技术的迅速发展，使新技术的应用影响到企业的竞争优势和网络营销的时效性，要求企业必须根据网络通信技术的发展和网络营销的需要对技术进行不断地升级改造或更新。

## 5.2 网络营销计划

网络营销战略为企业在未来急剧变化的环境中求得生存和发展而描绘了一张蓝图，指明了企业前进的方向和目标。网络营销战略的实施还需要企业根据营销战略，制定切实可行的网络营销计划。网络营销计划是在网络营销战略的指导下，对网络营销活动的实施进行较为全面而有序的安排，明确网络营销活动的目标和责任。

### 5.2.1 网络营销活动过程

明确网络营销活动的过程是制定网络营销计划的基础和依据。网络营销活动的过程一般包括以下几个阶段：分析网络营销环境、确定营销目标、确定营销预算、分配营销任务、规划营销活动的内容、设计有效的界面和信息丰富的网页、与互联网连接、网上营销的测试与网页改进、网站的维护，如图 5.6 所示。

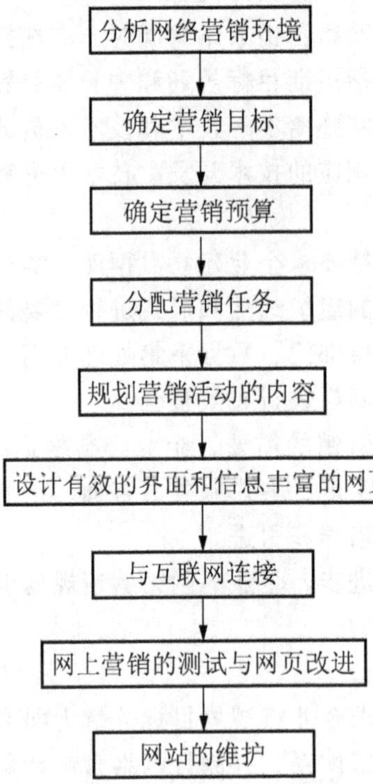


图 5.6　网络营销活动的过程

### 5.2.2 网络营销计划的内容

根据网络营销活动的一般过程，编制网络营销计划。

1. 确定网络营销的目标

网络营销目标是企业实施网络营销所希望达到的结果和目的，是制定网络营销计划的核心。只有明确网络营销目标，才能编制营销计划，并将计划付诸实践，评价网络营销的实施结果。

**资料链接**

## 网络营销战略目标

网络营销战略目标，就是确定开展网络营销后达到的预期目的，以及制订相应的步骤，组织有关部门和人员参与。一般网络营销目标应考虑以下几种类型。

1. 销售型网络营销目标

销售型网络营销目标是指企业为拓宽网络销售，借助网上的交互性、直接性、实时性和全球性为顾客提供方便快捷的网上销售点。目前许多传统的零售店都在网上设立销售点，如北京图书大厦的网上销售站点。

2. 服务型网络营销目标

服务型网络营销目标主要为顾客提供网上联机服务，顾客通过网上服务人员可以远距离进行咨询和售后服务。目前大部分信息技术型公司都建立了此类站点。

3. 品牌型网络营销目标

品牌型网络营销目标主要是在网上建立自己的品牌形象，加强与顾客的直接联系和沟通，建立顾客的品牌忠诚度，为企业的后续发展打下基础并配合企业现行营销目标的实现。目前大部分站点属于此类型。

4. 提升型网络营销目标

提升型网络营销目标主要通过网络营销替代传统营销手段，全面降低营销费用，改进营销效率，改善营销管理和提高企业竞争力。目前的Dell、亚马逊、海尔等站点属于此类型。

另外，混合型网络营销目标想同时达到上面几种目标，如亚马逊公司通过设立网上书店作为其主要销售业务站点，同时创立世界著名的网站名牌，并利用新型的营销方式提升企业竞争力，既是销售型，又是品牌型，同时还属于提升型。

不同的企业有不同的网络营销战略和企业特征，面对不同的市场环境和市场竞争结构，网络营销目标选择也不同。影响企业确定网络营销目标的因素主要有以下几个方面。

1）企业内部因素

企业内部因素包括企业的信息化程度、劳动生产率、成本控制能力和水平；企业的管理水平和员工的整体素质；企业当前的经营业绩和变化趋势；进入网络市场的意愿和能力，企业的资金、技术和人才条件；与网络营销相配套的物流系统、网上支付系统的运行状况。

2）目标市场因素

目标市场因素包括目标市场是否经常上网，并浏览有关产品或服务信息；目标市场对网上订购的态度和意愿，企业是否能够影响消费者的态度和意愿；消费者的个性化需求特征和要求；与消费者沟通的效果，顾客满意度；向目标市场传递产品信息，了解目标市场需求等。

3）市场竞争因素

市场竞争因素包括现有的市场竞争状况和手段；企业开展网络营销是否有利于市场竞争力和经营业绩的提高，对竞争对手的影响及市场反应等。

4）市场调查因素

市场调查因素包括网络营销是否有利于企业全面了解行业发展趋势，了解市场变化；网络营销是否有利于消费者更多地了解企业，吸引潜在顾客的关注；企业开展网上调查的可行性。

5）市场拓展因素

市场拓展因素包括企业开展网络营销是否有利于扩大市场覆盖面，提高服务效率和质量，刺激顾客的购买欲望。

6) 产品销售因素

产品销售因素包括产品是否适合在网上销售，是向新市场销售新产品还是向新市场销售老产品；开展网络营销能否向新的国际市场销售老产品或在传统渠道销售不畅的产品；开展网络营销能否进行产品和价格测试、产品展示、辅助产品促销等。

7) 公共关系因素

企业开展网络营销的一个重要目的是建立良好的公共关系，包括利用企业站点与媒体建立友好的关系，及时向媒体传递企业信息；向员工、股东和分销商发布企业和产品信息；进行双向沟通，帮助消费者解决问题，消除误会或避免消费者的误解；应对危机，向社会公众和媒体传达企业应对危机事件的态度、处理意见和方法。

8) 广告宣传因素

广告宣传因素包括网上广告测试，检测网上广告的效果；结合其他媒体(如直邮、明信片、电视和印刷品广告)进行宣传，传达企业理念，树立企业形象。

9) 产品费用因素

产品费用因素包括开展网络营销是否能够降低产品销售费用；是否有利于精简机构和人员，提高效率；能否通过网络支持，降低服务费用。

2. 广泛征求各部门的意见

网络营销计划关系到整个企业的生产、管理和销售，广泛征求各部门的意见和建议，让全体员工充分理解计划的内容和要求，是计划实施的重要因素。

3. 确定营销预算

网络营销的实施需要资金的支持，需根据网络营销目标编制营销预算，合理安排资金，提高资金的使用效率。

营销预算应包括预算指标、预算项目和费用控制指标等内容。

4. 网上营销测试与网页改进

企业实施网络营销首先要设计相应的网页，包括页面格式和内容。随着网络营销的开展和消费者需求的变化，企业需要及时更新网站内容，更好地展示商品的特点、性能、规格、技术指标信息，传递产品、服务信息和质量承诺，促进产品销售。同时，改进网页内容和形式，也有利于建立企业与消费者之间的信任关系，树立良好的企业形象，实现无障碍信息交流和感情沟通。

5. 网站的维护

网站维护是网络营销顺利实施的关键。作为网络营销计划的一部分，网站维护包括企业网上形象的维护和更新，访问者的信息处理和反馈，常见疑问内容更新和信息查询，网上服务论坛和E-mail自动转发等。

6. 网络师的职能

网络师(Web Master，WM)的工作权限类似于杂志编辑。根据要实现的目标和网页内容，网络师的职责范围可大可小，既可以是一个企业新经营思想的缔造者，也可以是一个注重细节的技术人员。

一般来说，网络师应具备的基本素质包括：同时处理多项任务/品牌/创新的能力；财务预算管理和规划的能力；对 HTML 有深刻的理解和运用能力，并能与企业的整个管理信息系统相协调；较强的设计能力和沟通能力；良好的人际关系和语言表达能力。

7. 网络资源管理部门的设置

网络资源管理部门主要负责企业内电子商务信息的交流与协调。设置企业统一的网络资源管理部门有利于制定整个企业的电子商务计划，协调各部门的矛盾和冲突；提高企业网络资源管理效率和电子商务信息处理能力；统一企业电子商务信息。

8. 网络服务商的选择

企业选择网络服务商，首先要听取当前其他客户的意见，进行初步筛选；根据初步筛选的结果亲自了解网络服务商的经营管理情况、品牌知名度，获取公司工作质量和能力的第一手材料；最后对被选网络服务商进行评估，做出选择决策。

评估和比较网络服务商应考虑的因素包括网络服务商提供的服务、站点特性、费用、设备及性能、公司的业务背景等。

**资料链接**

## 网络服务商选择的标准

企业在上网前必须选择一家互联网服务供应商。互联网服务供应商一方面为企业提供互联网的接入服务，是企业进入互联网世界的驿站和桥梁；另一方面也为企业提供各种互联网信息服务，也就是我们常听到的网络服务提供商。

目前，随着互联网的不断升温，有大量网络服务提供商诞生，国内互联网服务供应商已超过百家，这些网络服务提供商对中国互联网的发展和普及起到了重要的作用。中国网络服务提供商分为两类：第一类是官方性质的网络服务提供商服务，如中国公用信息网(CHINANET)和国家教育与科研网络(CERNET，只对学校科研机构及其下属单位提供服务)；第二类则是新兴商业机构，它们能为用户提供全方位的服务，对较大区域的联网提供专线、拨号上网及用户培训等服务，如东方网景、上海热线、万网、吉通、瀛海威等。这类网络服务提供商拥有自己的特色信息源，建设投资大，覆盖面广，是未来互联网建设的主要力量。

网络服务提供商的选择对于企业创建网络营销环境，开展电子商务尤为重要。例如，如果网络服务提供商提供的接入速率很慢，访问者在访问企业网站时，下载时间会很长，这将使他们没有耐心等待网页的全部打开。又如，如果网络服务提供商的服务可靠性差，往往会使访问者根本访问不到企业的网站页面，也会影响到顾客对企业的信心和企业开展网络营销的效果。因此，当企业打算连接互联网时，务必要选择一家令人满意的互联网服务供应商。在选择互联网供应商时，需要考虑下列问题。

1. 必须能提供完善且系统的售前、售后服务及培训

一个好的网络服务提供商公司，应当为用户提供高质量的服务和全面的培训。在上网过程中遇到各种问题是否有技术支持热线电话；是否提供全面最新的网络知识培训等都是衡量一个网络服务提供商优劣的标准。

2. 能够提供稳定安全的电信服务功能

无论是通过何种方式接入互联网，互联网服务提供商必须都可以帮助企业网站，并为企业解决借助

电信资源、获取稳定的高速接入。

3. 能够提供高效率的域名服务

企业选择的互联网服务提供商必须是具备权威资质的域名代理机构，能够在网上 24 小时为企业注册网上商标——域名，并形成多年的延续性服务，确保企业品牌、形象的长期传播，提高企业的竞争力。

4. 能够为企业创建量身打造的网上公司

根据企业需求，互联网服务提供商能够为企业提供虚拟主机服务，并提供性能价格比合理的网站空间、网站电子信箱服务、域名自动指向等一站式购买、一体化服务。

5. 具有强大的技术支持能力

接入互联网的企业都希望通过网络来发布和获取信息，开展企业网络营销，因此企业选择的互联网服务提供商的技术支持能力也是一个十分重要的问题。互联网服务提供商提供信息的能力及其实力是必须考虑的问题。企业应深入了解互联网服务提供商的设备情况，包括硬件、软件、线路的稳定性和可靠性等，从而保证信息传输的速度、可靠性和安全性。

6. 为企业提供有效而超值的网上宣传服务

这项服务包括互联网服务提供商自身的门户级网站主页信息发布、数百家搜索引擎链接宣传，以及提供在百万级企业广告互换平台上进行宣传的解决方案，并且性能价格比高、服务到位，具备真正的实用传播价值，从而解决企业上网面对的每天只有几十个人访问，商业信息乏人问津的尴尬局面。

9. 其他问题

除上述内容外，网络营销计划还应包括如网络营销与传统营销和企业传统形象的一致性，网络营销信息支持资料，网络营销的互动性实施，消费者网上购物选择分析，网络营销服务、管理人员的构成及职责，网络营销计划与企业整个营销计划的关系等。

## 本章小结

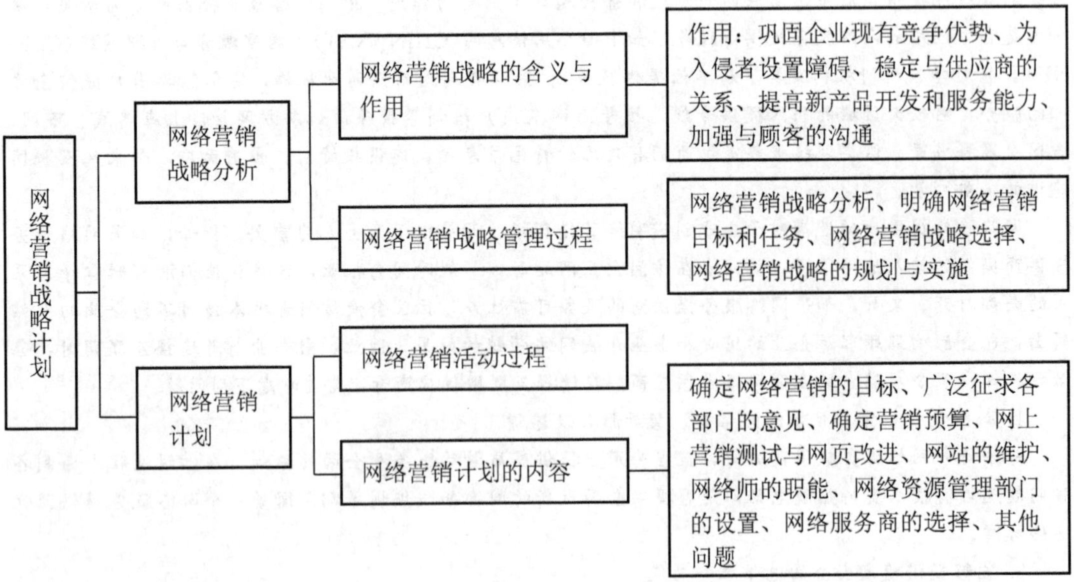

## 思考与练习

1. 单项选择题

(1) 网络营销战略属于企业的(　　)。

A. 职能战略　　B. 经营单位战略　　C. 企业的总体战略　D. 管理战略

(2) 网络营销战略管理过程是(　　)。

① 明确网络营销目标和任务；② 网络营销战略分析；③ 网络营销战略规划；④ 网络营销战略选择；⑤ 网络营销战略实施

A. ①②③④⑤　　B. ①②④③⑤　　C. ②①③④⑤　　D. ②①④③⑤

(3) (　　)的战略模式是企业通过向老顾客提供更多的增值服务，提高服务质量，以改善与顾客的关系，提高顾客忠诚度，来达到增加产品销售的目的。

A. 提供有用信息　B. 直复营销　　C. 留住老顾客　　D. 顾客参与

(4) (　　)是指企业在现有业务范围内，充分利用在产品和市场方面的优势，挖掘潜力，实现企业的长期发展的战略。其战略重点是对现有产品和市场的开发。

A. 密集型战略　　B. 一体化战略　　C. 多元化战略　　D. 网络营销战略

(5) 企业将不同产品推向新市场的发展战略属于(　　)。

A. 市场渗透　　B. 市场开发　　C. 产品开发　　D. 多元化

2. 多项选择题

(1) 下列说法中，正确的是(　　)。

A. 网络营销战略受企业总体战略和经营单位战略的制约

B. 网络营销战略属于职能战略

C. 不同的经营思想会有不同的网络营销战略

D. 网络营销战略先于企业总体战略制定

E. 网络营销战略必须与企业总体战略和经营单位战略相吻合

(2) 下列说法中，正确的是(　　)。

A. 网络营销战略分析是对企业开展网络营销活动的环境分析和研究

B. 网络营销战略分析的目的是发现企业面临的机会和威胁

C. 网络营销战略分析的目的是识别企业自身的优势和劣势

D. 应该综合研究机会和威胁、优势和劣势及其产生和变化趋势

E. 网络营销战略分析为企业制定网络营销战略提供了依据

(3) 确定网络营销目标时，应(　　)。

A. 广泛征求多方面意见

B. 不需考虑企业的发展历史

C. 关注经营环境的发展变化

D. 结合企业核心竞争力

E. 不需考虑决策者的偏好

(4) 密集型战略可供选择的产品—市场组合有(　　)。

A. 市场开发　　B. 产品开发　　C. 前向一体化

D. 市场渗透　　E. 后向一体化

(5) 一体化战略选择有(　　)。

A. 市场开发　　B. 水平一体化　　C. 前向一体化

D. 市场渗透　　E. 后向一体化

3. 简答题

(1) 什么是网络营销战略?

(2) 简述网络营销战略管理的过程。

(3) 可供选择的网络营销发展战略有哪些?

(4) 举例说明几种网络营销战略模式。

(5) 网络营销战略规划包括哪些内容?

(6) 网络营销计划需从哪几个方面进行编制?

## 实训与案例

(1) 登录E国网上商城(www.eguo.com),了解E国网上商城商品交易程序、商品搜索、配送及售后服务、合作招商、特殊功能等栏目的具体内容,分析该网站网络营销战略规划,并撰写分析报告。

(2) 登录肯德基(www.kfc.com.cn)、麦当劳(www.mcdonalds.com.cn)、可口可乐(www.coca-cola.com.cn)、亨氏(www.heinz.com.cn与www.heinzbaby.com.cn)、海尔(www.haier.com)、立顿(www.lipton.com.tw)、百事可乐(www.pepsi-cola.com.cn)等公司的网站,浏览网站并在网上查找公司的相关信息,分析这几个公司的网络营销战略模式。

(3) 案例分析。

### 苏宁第三次战略转型——开启"云商"新模式

2013年2月21日,"苏宁电器"正式宣布集团名称更改为"苏宁云商",苏宁第三次战略转型全面启动。

"从2009年企业营销的创新到科技转型,叫模式的定型阶段;目前提出的云商模式则是叫模式的放大量阶段,这个过程则是经过4~5年的时间逐步成形的。"苏宁云商集团副董事长孙为民解释,苏宁所提出的"云商"模式,主要还是基于董事长张近东去年提出的"沃尔玛+亚马逊"模式,而云商模式的提出,实则始于半年之前。

在张近东看来,经过三年的创新转型探索,2013苏宁零售事业的发展将全力进入转型提速、跨越裂变的快车道,而互联网时代的全球零售业,已经发生了深刻的变化。他将现有的电商模式定义为"传统电商",并坦言目前中国的零售业正处在历史的危急关头:行业成本增速抵消消费增幅,网购渠道分流线下,物流配送低质量高速度发展,实体零售企业大面积效益下滑,电商企业普遍性亏损,线上线下数以千万计的大小商家搏杀于红海、失血于无序的竞争环境中。

张近东认为，中国未来肯定会成为世界最大的零售市场，苏宁提出的云商模式将引领零售的模式创新。苏宁“云商”模式可概括为“店商＋电商＋零售服务商”，其核心是以云技术为基础，整合苏宁前台后台、融合苏宁线上线下，服务全产业、服务全客群。云商苏宁既要做线上，也要做线下；既要做店商，也要做电商，还要做零售服务商。

从发展趋势来看，云商模式符合全球零售业发展趋势。首先是云商模式把互联网和物联网的技术进行了一个有机的结合，是在云服务、云技术应用的后台框架下，来实现零售转型；其次，则是苏宁线上线下进行融合发展，正是把两种平台、两种渠道的优势进行叠加，而线下实体店中所谓的租金、水电、人工等成本，实际在一个高效的门店面里所占的实际运营成本占比例非常低，但并不是所有线下零售都会有这种运营的效果。

围绕“云商”模式，苏宁对组织架构进行了全面调整。此次苏宁组织调整的最大的变化是从原有的矩阵式组织转变为事业群组织。其中在总部管理层面设立了连锁开发、市场营销、服务物流、财务信息、行政人事五大管理总部，负责战略规划、标准制定、计划管控，协调各经营事业群工作。

同时，伴随组织架构调整，苏宁的高管层也有所调整，苏宁的企业视觉识别系统(VI)也正式推出。

在总部经营层面，打造线上电子商务、线下连锁平台和商品经营三大经营总部，涵盖了实体产品、内容产品、服务产品三大类28个事业部，形成“平台共享＋垂直协同”的经营组合，支撑线上线下融合发展和全品类拓展。

而在大区层面，扁平化垂直管理、本地化自主经营是苏宁新组织的最大特点。2013年苏宁把大区—子公司—营运部三级缩减为大区—城市终端两级管理。其中，苏宁海内外大区数量从44个增至60个，城市终端由100多个增加至200多个。按照孙为民的说法，苏宁今年把整个大区的建制和未来2020年总体的物流体系建设是结合在一起的，即，要保证在每个大区都要有自己区域共享的平台。事实上这次苏宁最大的投入增长便是在物流投入方面，其预计在2015年建设完成60个大区。

在苏宁推出云商模式之后，其面临的问题还有很多，如何落实线上业务和线下门店的融合，以及如何对目前扩大的组织架构进行更好的管理等问题都将摆在苏宁面前，这显然还是一个长跑的开端。

（资料来源：http：//www.eeo.com.cn/2013/0224/240359.shtml.）

**思考题**：苏宁为什么要进行战略转型？苏宁云商模式将会面临哪些挑战？

# 第6章 网络营销组合策略

## 知识目标

（1）掌握网络营销产品的概念；
（2）理解网络品牌的概念和营销策略；
（3）掌握网络营销定价目标和定价策略的选择；
（4）掌握网络促销的特点和形式。

## 技能目标

（1）会针对具体产品规划整体产品各层次所包含的内容；
（2）会结合产品及服务特点选择适当的网络定价方法和定价策略；
（3）会结合产品及服务特点选择合适的网络渠道和促销策略。

引 例

## 当当网的网络营销策略

当当网是全球知名的综合性网上购物商城。从1999年11月当当网正式开通至今，当当已从早期的网上卖书拓展到网上卖各品类百货，包括图书音像、美妆、家居、母婴、服装和3C数码等几十个大类，注册用户遍及全国32个省、市、自治区和直辖市，每天要发出20多万个包裹。

1. 产品策略

随着公司的发展，当当网已从网上百货发展成网上购物中心。经营产品包括图书、母婴、美妆、服装、家居家纺五大目标品类，其中当当婴童已经是中国最大线上商店，美妆则是中国排名前五的线上店。同时，当当还大力发展自有品牌当当优品。

在不断丰富产品的同时，当当积极开放平台，推出招商模式，加速品类扩展；加强横向和纵向合作。目前当当网平台商店数量已超过1.4万家；在腾讯、天猫等平台开设旗舰店；与银行网上支付服务、邮政、速递等服务行业合作。

2. 渠道策略

为提高服务质量，当当网耗时11年修建的“水泥支持”——庞大的物流体系。2009年11月提供货到付款的城市超过750个，成为服务范围最广泛的网上商城，并为联营商户开通COD服务。2010年9月当当网位于北京、上海、广州、成都、武汉、郑州的10个物流中心总面积达18万平方米，成为国内库房面积最大的电子商务企业。

目前，当当在全国11个城市设有21个仓库，共37万多平方米，并在21个城市提供当日达服务，在158个城市提供次日达服务，在11个城市提供夜间递服务。

3. 服务策略

为提高服务质量和客户满意度，当当网承诺全部商品均为正品；2006年7月当当网与中国银联建立起全面战略合作伙伴关系，并联合推出“线上消费、线下刷卡”创新固网支付服务，目前在全国超过800个城市可实现“货到付款”。

2008年6月，当当网开始实施会员积分计划，培养客户忠诚度。2009年9月，对手机当当网全面升级，并推出手机购买功能；2009年12月，开通当当网论坛上线，加强与客户的沟通交流。

4. 价格策略

当当建立了自动智能比价系统，保证所售商品价格物超所值。

5. 倡导绿色环保

2009年8月，当当网正式获颁12315绿色通道牌照，并开通12315用户投诉专线，成为国内第一家获此殊荣的B2C电子商务企业。

6. 重视发展公共关系

当当多次获得机械工业、中信、中国青年、中国财政经济、上海声像等著名图书出版、音像发行机构最佳经销商荣誉称号，得到人民日报、光明日报、中国青年报、各地都市报纸等国内媒体广泛的报道，树立了良好的公司形象。

（资料来源：http://www.dangdang.com.）

网络营销活动要求企业将可控因素——产品、价格、渠道、促销有机地组合起来，形成一套完整的营销方案，并建立与之相适应的营销策略，以满足顾客需求，实现企业的营销目标。

# 6.1 网络营销产品策略

产品是市场营销活动的轴心，也是市场营销组合中的首要因素。企业的营销活动是以产品为基础展开的。网络营销作为现代市场营销体系的有机组成部分，离开产品也就无从谈起。

## 6.1.1 网络营销产品概述

1. 网络营销产品的概念

市场营销研究的产品是一个整体的概念，由核心产品、形式产品、延伸产品 3 个层次构成，是传统市场营销的产品概念在互联网环境下的延伸。网络营销的整体产品层次如图 6.1 所示。

1）核心产品

核心产品是指整体产品提供给顾客的实际利益和效用，是满足顾客需求的基本所在。顾客购买产品的目的是为满足其未被满足的需求，通过产品或服务的消费获得实际利益和效用。显然，顾客购买的并不是产品的本身，而是产品所带来的利益和效用，产品只是传递核心利益的载体。例如，顾客购买照相机的目的不是对照相机本身的拥有，而是通过照相机来记录美好的过去。

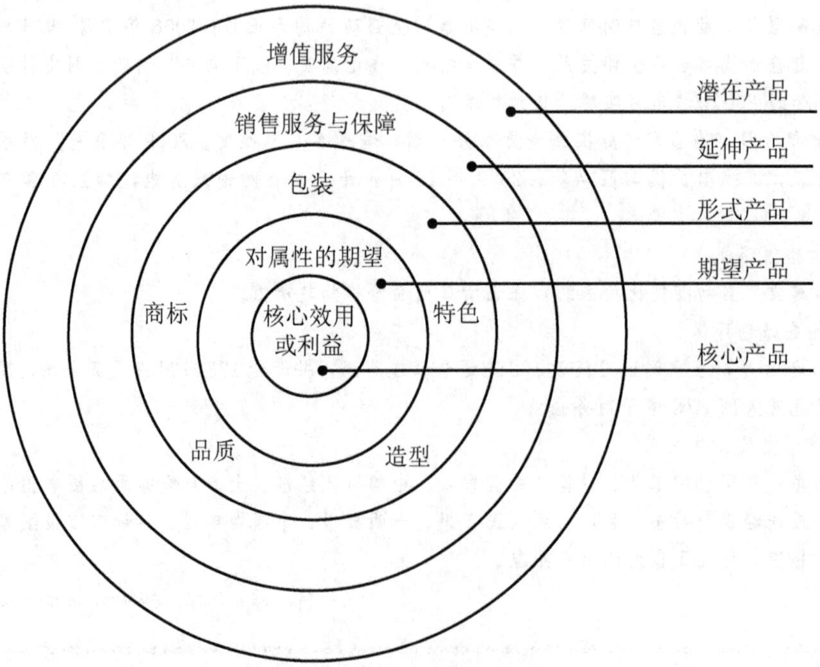


图 6.1 网络营销的整体产品层次

**课堂思考**

海尔电视的核心利益是什么?

2）期望产品

期望产品是指在网络目标市场上，消费者希望得到的、除核心利益之外的、能满足自己个性化需求的利益总称。顾客在购买产品之前，对所购产品的质量、款式、功能等已经有所预期，从而形成顾客的期望产品。不同消费者对同种产品所期望的核心效用或利益一般是相同的，对产品所期望的其他效用则表现出很大的差异性。在网络营销中，营销主体应借助网络信息系统，根据顾客对产品的不同需求，设计出满足顾客个性化需求的产品或服务，从而满足甚至超越顾客对产品的期望。

3）形式产品

形式产品是指产品在市场上出现时所呈现的实体外形，包括产品的造型、包装、品质、特色、品牌商标等。形式产品是核心产品的表现形式，核心产品需借助于形式产品展现给顾客。随着社会经济的发展，顾客对形式产品的需求也在不断变化。包装精美、造型时尚的产品越来越受到顾客的欢迎。

4）延伸产品

延伸产品是指提供给顾客的、与产品消费有关的一系列附加利益，包括产品的储运、安装、维修服务和保证等。延伸产品虽然不会增加产品的核心利益，却有助于产品核心利益的实现，促进产品的销售。延伸产品是网络营销产品的重要组成部分，为顾客提供满意的售后服务和保证是提高营销效果的重要手段。

**课堂思考**

图6.2中哪些属于海尔电视的形式产品和延伸产品?

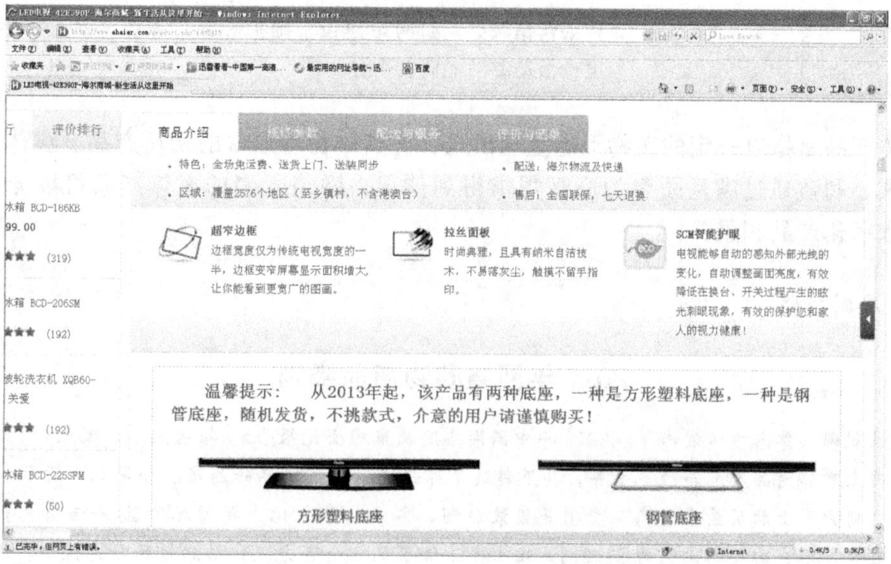


图6.2　网络营销的整体产品层次

5）潜在产品

潜在产品是指由企业提供的、延伸产品之外的、能满足顾客潜在需求的产品层次，主要指产品的超值利益。与延伸产品不同，潜在产品的存在与否并不影响产品的核心利益和效用的实现。目前，许多产品的潜在利益和需求还没有被顾客认识和发现，需要企业的积极引导和支持。

随着中国社会经济的发展和消费水平的不断提高，顾客对产品的需求逐渐由核心产品转向整体产品，这就要求企业必须为顾客提供整体产品解决方案，并不断完善整体产品。

**课堂思考**

从整体产品概念分析网上视听产品(如电影)各个产品层次所包含的内容。

2. 网络营销产品的分类

在网络营销中，按照产品所呈现的形态不同，网络营销产品可以分为两大类，即实体产品和虚体产品，如表 6－1 所示。

**表 6－1　网络营销产品类型**

| 产品形态 | 产品种类 | 产品品种 |
| --- | --- | --- |
| 实体产品 | 普通产品 | 一般为有形产品，如计算机、服装、家电等 |
| 虚体产品 | 数字化产品 | 系统软件、应用软件、电子游戏、视听产品、电子书籍、新闻信息 |
| | 服务 | 普通服务，如远程医疗、法律救助、航空订票、入场券预订、饭店旅游服务预约、网络交友等 |
| | | 信息咨询服务，如市场调查、投资咨询、法律咨询、医药咨询、金融咨询、资料库检索等 |
| | | 网络营销服务，如网站建设、维护和推广服务、网上搜索引擎、电子信箱和网上商店平台 |

实体产品是指以一定的实物形态呈现出来、有具体物理形状的物质产品。虚体产品的功效和核心利益通过满足顾客的心理需求得到体现。网络营销的虚体产品可以分为两大类，即数字化产品和服务。

**资料链接**

## 2012 年网络购物商品类别

中国互联网络信息中心发布了《2012 年中国网络购物市场研究报告》。报告显示，截至 2012 年 12 月底，中国网上零售商品类别与线下平齐，甚至超过了部分地区线下商品的品类。如图 6.3 所示，2012 年数据显示，用户网上购买最多的商品类型是服装鞋帽，占 81.8%，比上年增加了 13 个百分点；第二位的是日用百货，用户购买的比例为 31.6%，比上年下降了 7.7 个百分点；第三位的是充值卡、游戏卡等虚拟卡，用户购买的比例为 29.6%，比上年下降了 8 个百分点。

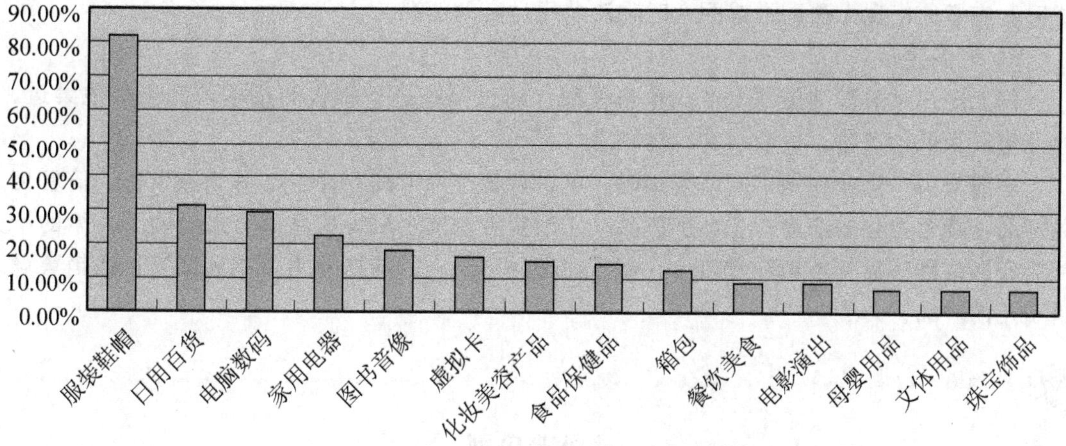


**图 6.3 2012 年网购各类商品的网民比例**

（资料来源：http://www.cnnic.cn.）

3. 影响网络营销产品选择的因素

由于网络的虚拟性，顾客在网上无法直接接触和感受产品，限制了产品的网上营销。影响网络营销产品选择的因素主要包括以下几方面。

1）产品形式

通过互联网可以销售各种形式的产品，但最适合网络营销的产品大多属于易于数字化、信息化的产品，如音像制品和计算机软件等。这类产品可以直接通过网络进行传输，采用试用等方式吸引消费者，在试用后决定是否购买。

2）产品式样

产品式样是影响消费者选择的重要因素。适合网络营销的产品式样应能够根据顾客的需求特点进行个性化设计，满足顾客的个性化需求。例如，信息是许多网络服务公司的核心产品，这些公司将客户指定的、具有不同属性和特色的信息设计到他们提供的产品中，客户可以决定需要哪些信息及如何收到这些信息。

3）产品品牌

网络营销产品的品牌不仅包括生产商的产品品牌，还包括网络经营商的品牌。网上购物活动中的实体产品销售不能支持购物体验，网络消费者只能通过认牌购物来降低购买风险。

4）产品质量

一般在购买前消费者就可以确定或评价其质量的产品更适合在网上销售。这类产品的标准化程度很高，如书籍、计算机、数码产品等，顾客通过在网上收集信息就能确定和评价产品的质量，但衣服、首饰则需要反复试穿、试用才能决定购买。

5）目标市场

企业根据用户特点和自身情况选择目标市场。尽管互联网可以覆盖全球，但企业应谨慎利用网络营销全球性的特点，不要忽视企业自身营销的区域范围，当有远距离消费者订货时，应避免出现无法配送或配送时物流费用过高的情况。

6）产品定价

网上用户一般都期望网上产品价格低廉。通过网络进行销售的成本若低于其他渠道，企业应采用低价策略，以吸引和稳定顾客。

一般来讲，企业在从事网络营销时，可以首先选择下列产品：①易于数字化、信息化的产品；②个性化的产品；③名牌产品；④消费者从网上取得信息即可做出购买决策的产品；⑤网络群体目标市场容量较大、便于配送的产品；⑥网络营销费用远低于其他销售渠道费用的产品。

**案例 6-1**

## 易居购房网

易居购房网作为房地产交易可信赖的开放性专业平台，首创房地产线下到线上电子商务模式，拥有“月月拍”、“团团赚”和“E金券”等强势产品，拥有竞拍、团购、品牌和易居加盟4大专业版块。在为房地产行业提供线上及线下互动交易、房产营销解决方案等服务的同时，全面满足中国互联网用户的购房需求。

1. 四大专业版块

(1) 竞拍馆。易居购房网竞拍馆，主打“月月拍”活动，每月一次，贯穿全年。每次活动均有数十家知名开发商，百余套精品房源参与竞卖。

(2) 团购馆。易居购房网团购馆，全年陆续推荐国内各地优质实惠的精品楼盘，达到团购人数即可获得指定的购房优惠，参与团购用户越多，可享实惠即越多。

(3) 品牌馆。易居购房网品牌馆，汇集SOHO中国、万科、保利、绿城等近千家国内外知名房地产开发商的品牌项目。馆内全面展示了各大知名房产品牌的企业文化和特色项目，网购者可点击链接进入各品牌房企位于易居购房网的网络旗舰店，更深入地了解项目详情。

(4) 易居网盟。易居网盟是由领先的房地产线上、线下全面解决方案供应商易居中国发起的，建立在互联网基础上的开放式的房产经纪人及经纪公司平台。

2. 典型案例

(1) 绿城集团——房产电商品牌旗舰店。2011年12月，“绿城集团品牌旗舰店”(http://chinagreentown.eju.com/)入驻易居平台，将旗下27个城市79个项目在网上进行展示，并在后期实现销售。在这个旗舰店里，每一件“商品”(即项目楼盘)都会有一个单独的展示页面，购房者可以在展示页面上浏览每个楼盘的价格、户型图、区位图、配套等信息。除此之外，“旗舰店”在互动性上也有了人性化的创新，除了可以直接通过页面预约看房外，每一个项目都开通在线客服，与购房者直接沟通。

(2) SOHO中国——房产电商第一拍。2011年4月23日，SOHO中国有限公司董事长潘石屹打破行业常规，首次同易居平台进行网上拍卖合作，成功售出5套房源。此后一发不可收拾，连续进行了8次网上竞买活动，共计成交43 436万元。同时，潘石屹还不遗余力宣传网上卖房，同易居购房网联合成立“房产电商竞价联盟”，呼吁开发商将房源放到网上拍卖，还市场和消费者定价权。

（资料来源：http://www.eju.com/.）

**思考题**：房屋适合在网上销售吗？你会选择网上购房吗？为什么？

### 6.1.2 网络域名品牌策略

绝大多数企业都为自己的产品和服务赋予了品牌(Brand)。品牌是一种名称、属性、标记、符号或设计，或是它们的组合运用，其目的是借以辨认企业的产品或服务，并使其与竞争对手的产品和服务区别开来。

品牌是整体产品的重要组成部分。在网络营销中，品牌及品牌价值在企业营销中的地位和作用非常重要，并成为企业竞争的重要手段。网络品牌是消费者选择产品和服务的重要依据。

1. 网络品牌的概念

企业开展网络营销活动，首先要为企业的网站设计域名，以便消费者访问和浏览，然后在知名门户网站进行注册，以便用户查找，这便构成了企业网络品牌的主要内容。概括来讲，网络品牌包括企业域名(中英文)、域名标志、网站名称、图案等。

与品牌一样，网络品牌在市场竞争中也具有识别、宣传、质量承诺、维护权益和充当竞争工具的作用。受网站访问者数量和群体特征的影响，网上优势品牌具有较强的局限性。在某一群体中具有较高知名度的网络品牌，在其他群体中知名度可能较差，甚至不为人所知。

传统品牌与网络品牌之间存在一定的联系，但相关性较低。企业开展网络营销必须抛开对原有品牌优势的依赖，根据网络营销的特点和目标市场的选择，重新规划、设计和塑造网络营销优势品牌。

2. 企业域名品牌

域名是网络品牌的重要组成部分。域名作为企业标志的“虚拟商标”的作用日趋明显。有效发掘域名的商业价值，在网络虚拟市场环境下进行品牌的管理与建设，是提高企业市场竞争力的重要手段。

1）域名的概念

域名是由个人、企业或组织申请的，独占使用的互联网网上标志。域名为互联网的使用者提供了一种易于记忆的方法。例如，网易的域名是 www.163.com，其中“www”是万维网，“163”是域名的识别部分，“.com”是顶级域名。

**资料链接**

## 域名的分类

按国家或行政区分类的顶级域名(部分)如表6-2所示，按机构类别分类的顶级域名(部分)如表6-3所示。

表6-2 按国家或行政区分类的顶级域名(部分)

| 域　名 | 国家或行政区 | 域　名 | 国家或行政区 | 域　名 | 国家或行政区 |
|---|---|---|---|---|---|
| .cn | 中国 | .ca | 加拿大 | .uk | 英国 |
| .au | 澳大利亚 | .hk | 中国香港 | .sg | 新加坡 |
| .tw | 中国台湾 | .jp | 日本 | .mo | 中国澳门 |
| .ru | 俄罗斯 | .de | 德国 | .fr | 法国 |

表 6-3 按机构类别分类的顶级域名(部分)

| 域名 | 类别 | 域名 | 类别 | 域名 | 类别 |
|---|---|---|---|---|---|
| .com | 商业组织 | .edu | 教育机构 | .gov | 政府机构 |
| .mil | 军事组织 | .net | 网络相关机构 | .coop | 合作组织 |
| .int | 国际组织 | .org | 非营利性组织 | .info | 信息相关机构 |

域名是网络品牌的重要组成部分，不仅具有商标的一般功能，还为访问者提供了网上进行信息交换和交易的虚拟地址。

域名与商标属性方面的不同导致域名与商标不完全一致，具体表现在以下 4 个方面。

首先，域名具有唯一性，即绝对专有性。这一属性使网上不可能有两个完全相同的域名出现；而商标则不同，它完全可以因为产品类型的不同而为不同的主体所拥有。

其次，域名具有全球性，而商标只有地域性。全球性使得本来合理共存的同一商标所有人在域名领域不能共存，导致某些商标权人不能将自己拥有的商标注册为域名。

再次，域名注册的民间性、注册程序的简单化和注册的“先申请，先注册”原则，导致大量知名商标以域名形式被抢注。

最后，域名命名方式的规定性和技术的局限性，使域名暂时还不可能和商标拥有相同的构成形式。

2）域名的商业价值

随着互联网的发展，域名的商业价值越来越受到企业的重视。域名的商业价值首先取决于它所传递的信息及带来商机的能力，其次取决于域名的广告价值。

在网络营销还未成为企业产品和服务主要营销方式的情况下，很多企业没有认识到域名的商业价值。但随着网络营销活动的开展，越来越多的企业开始关注域名，一些企业不惜花重金从域名抢注者手中购回被抢注的域名。

资料链接

## 域名的价值

目前，互联网上最著名的域名交易商 Great domains 采用 3 个 C 来估计域名的价值，这 3 个 C 分别为 Characters(域名长度)、Commerce(商业价值)和 .com(所在的顶级域名)。每个 C 都是一个很重要的因素，3 个 C 综合起来决定了域名的价值。

3. 域名品牌策略

1）企业域名品牌的命名策略

(1) 优秀的域名品牌有赖于域名识别部分的精心设计。对只从事网络营销的企业来讲，域名品牌设计显得更加重要。

(2) 域名要有一定的内涵和寓意。域名要能够反映企业所提供产品或服务的特性，如“拍卖”网的 paimai.com、“招聘”网的 zhaopin.com 等，让人一看便知其经营活动和范围。同时，域名还要能够反映企业的经营理念，寓意应当深远。

资料链接

## 八佰拜的域名品牌命名策略

八佰拜时尚礼品网成立于1999年9月，2000年初开始运营。

八佰拜源于800buy音译，其内涵是，800即8个百分百，产品质量百分百、客户服务百分百、工作效率百分百、引领时尚百分百、技术保障百分百、信守承诺百分百、创新进取百分百、以人为本百分百。buy＝Belief＋Unity＋Youth＝自信＋团结＋活力，即：因为引领时尚，所以无比自信；因为共同理想，所以团结协作；因为创新进取，所以充满活力。800buy的定位策略是为客户提供最好的礼品服务。

（资料来源：http://www.800buy.com/new800/about/index_01.htm.）

（3）域名应该简明易记、便于输入。一个好的域名应当简短而顺口，便于记忆，最好让人看一眼就能记住，而且读起来发音清晰，不会导致拼写错误，如qq.com、163.com、8848.com，amazon.com等。再如，四通集团的域名是stone-group.com，在向别人推荐自己的网址时总要解释在“stone”和“group”之间有一个连字符，这就显得有点麻烦。域名是否简明易记、便于输入，是判断域名好坏的最重要的因素。

（4）域名要与企业名称、商标或产品名称相关。从塑造企业网上与网下统一形象和网站推广的角度来讲，域名与企业名称、商标或产品名称相关，既有利于顾客在网上网下不同的营销环境中准确识别企业及其产品与服务，也有利于网络营销与传统营销的整合，使网下宣传与网上推广相互促进。

目前，大多数企业在注册域名时，都考虑与企业名称、商标的相关性，通常采用以下几种方式：①以企业名称的汉语拼音作为域名，如新飞电器的域名是xinfei.com；②以企业的英文名称作为域名，如中国移动的域名是chinamobile.com；③以企业名称的缩写作为域名，一种是汉语拼音的缩写，另一种是英文缩写，如泸州老窖集团的域名是lzlj.com.cn；④用中英文结合或数字与字符结合的形式注册域名，如中国人网的域名是chinaren.com，前程无忧网的域名是数字加英文51job.com。一般来讲，域名命名应有特色，并与网站的服务内容相一致，从而对网站推广起到极大的促进作用。

（5）域名要尽量避免文化冲突。2000年，知名中文网站新浪网的域名“sina.com.cn”受到质疑，甚至被要求改名，其原因在于“sina”在日语中和“支那”的发音相同，而“支那”是日本右翼对中国的蔑称，新浪网的域名引起了一些在日本的华人的不满，引起很大争议。在选择域名时，应尽量避免可能引起的文化冲突。

资料链接

## 选择注册域名的具体要求

在选择国际域名时，26个英文字母、10个阿拉伯数字及中横杠“—”可以用作域名，但域名不能以中横杠“—”开头或结尾；字母的大小写没有区别；一个域名最长可以包含67个字符(包括后缀)，但每个层次最长不能超过26个字母。

国际域名注册不需要任何条件，任何单位或个人均可申请；国内域名曾经要求只有单位才能注册，但由于不再需要提交任何书面证明材料(政府机构域名除外)，实际上也相当于为个人注册域名提供了便利条件。

对于国内域名注册，除了字符和字符数量符合基本要求之外，对于存在含有下列内容的，不予注册。

(1) 反对宪法所确定的基本原则的。

(2) 危害国家安全，泄露国家秘密，颠覆国家政权，破坏国家统一的。

(3) 损害国家荣誉和利益的。

(4) 煽动民族仇恨、民族歧视，破坏民族团结的。

(5) 破坏国家宗教政策，宣扬邪教和封建迷信的。

(6) 散布谣言，扰乱社会秩序，破坏社会稳定的。

(7) 散布淫秽、色情、赌博、暴力、凶杀、恐怖或者教唆犯罪的。

(8) 侮辱或者诽谤他人，侵害他人合法权益的。

(9) 含有法律、行政法规禁止的其他内容的。

同时，未经国家有关管理部门正式批准，不得使用含有“China”、“Chinese”、“cn”和“national”等字样的域名；不得使用公众知晓的其他国家或地区的名称、外国地名、国际组织名称等；未经地方政府批准，不得使用县级以上(含县级)行政区划名称的全称或者缩写，不得使用对国家、社会或者公共利益有损害的名称。

2) 企业域名品牌的保护策略

(1) 域名要及时注册。根据现行法律法规，域名与企业名称、产品名称及商标名称并不一定必须一致。一个域名只能由一家企业注册，该企业也并不一定要拥有与该域名相同或相似的企业、商标或产品名称。实际上，顾客常常根据自己知晓的企业及其产品或商标名称搜索其网站，如果企业及其产品或商标的名称被他人抢先注册，企业的合法权益就可能受到侵犯，企业积累的无形资产会就因此而流失。

(2) 域名注册遵循“先申请，先拥有”的原则，企业设计好域名后，应立即申请注册，以防止被别人抢注，保护自身的利益。

**案例 6－2**

## pplive 以 180 万元购得域名 pptv. com

pplive 以 180 万元人民币的高价收购域名 pptv. com。该域名的原拥有者是以 3 800 美金拍得此域名，如今一转手，价格翻了近 70 倍。

据悉，pplive 一直在使用的域名为 pp. tv 及 pplive. com，然而此次收购 pptv. com 绝非偶然，pplive 即使启用了 pplive. com 这样非常不错的域名，也仍然一直在寻找更适合自己发展的域名。

之所以 pplive 如此高额收购 pptv. com 域名，是因为 pplive 还有一个重要的对手，那就是 ppstream。两家公司为了此域名，真可谓是争得头破血流，而域名的价格当然也就水涨船高。两家公司的域名大战已有先例。早前，ppstream 在更换域名 pps. tv 之后，pplive 也随即更换了 pp. tv，从此两家公司就拉开了域名争夺战，在双方都更换了短域名的同时，还在争夺 pptv. com 域名。

pptv. com 的价格也从之前的几十万元，慢慢地增长到了 180 万元，最终还是由 pplive 获得。这不仅仅只是一个域名的胜利，同时，ppstream 若要买回已经建站的域名 pps. com，难度不小；而 pp. com 则肯定价格不菲，相信会是比 pptv. com 更高的天价。

(资料来源：http://www. alixixi. com/zz/a/2009102658761. shtml.)

**思考题：** pplive 为何要花高价买回域名 pptv. com？企业如何保护自己的域名？

(3) 申请注册网站名称。网站名称是企业为自己的网站所起的名字，如搜狐、网易、一搜等，网站名称一般作为网站徽标的一部分，放置在网页最显著的位置。网站名称应及时到当地工商管理部门注册登记，以免自己的合法权益受到侵害。例如，网站名称都为“中国商品网”的网站却是域名为 www. cscst. com 和 www. goods-china. com 的两个不同的网站。

（4）多域名策略。域名后缀为“. com”或者“. net”的域名分属不同所有人所有时，很容易造成混淆。多域名可以避免竞争者因为域名拼写错误等原因而获得利益。例如，搜狗搜索引擎网站（www. sogou. com）和搜狗网（www. sougou. com）域名就容易混淆。

**案例 6－3**

## 变体域名

企业没有域名就像房子没有门牌号码，在互联网中没有人可以找到你，也就难以建立起良好的企业形象。在如今科技信息时代的浪潮中注册企业自己的域名，可以保护企业的无形资产、树立良好的企业形象。

域名一般是采取谁先注册谁拥有其相关权利，但有很多企业没有重视域名的商业价值。注册域名后，很多公司以为万事大吉，可以高枕无忧了，这是许多企业容易犯的一个潜在错误。出现了很多这样的域名保护不利的案例。2005 年 Google 来中国发展时购买 Google. cn 域名，麦当劳不惜花费 800 万美元赎回被别人抢注的域名，太阳微电子和苹果电子公司利用法律手段极力保护自己的商标权和域名权，这些都说明域名的重要的商业价值。尽管亚马逊公司已注册了多达 35 种之多与 amazon. com 相关的变体域名，但与 amazon 有关的另外一些变体仍被其他公司注册。amazon. net 就被一家书商注册；amazon. com. cn 被深圳的一家家具公司注册；亚马逊公司的希腊域名 amazon. com. gr 被希腊一家书商注册；变体域名 amazom. com 被一家在线销售图书、鲜花和其他物品的公司注册，因为 amazom 与 amazon 只差一个字母，且两字母在键盘上相邻，稍不留意，极易出现错误，从而张冠李戴，这充分说明了变体域名注册的艰巨性。

在当前网络逐步全面普及的网络经济时代，网络营销已经成为企业整体营销不可或缺的一部分，域名的商业价值尤为重要。企业应从战略角度考虑，成立专门组织，专人负责，划拨专款，尽量注册公司的每一个变体域名。即使现在用不上，公司也可以在为将来可能的项目或产品保留可用域名的同时，防止竞争对手利用变体域名做出不利于公司的事情。

（资料来源：http://blog. sina. com. cn/s/blog_4366bf5f0100ilpk. html.）

**思考题**：企业将要拥有数量众多的域名，这是正常的多域名策略，还是无可奈何？

**课堂思考**

一家名为“ABC”的中国公司，应如何实施多域名策略？

3）域名品牌管理策略

域名品牌管理主要是针对域名所对应的站点的管理。消费者访问网站的目的是为获取网站的相关信息和服务，站点的页面内容才是域名品牌的真正内涵。企业为吸引访问者，就必须加强站点管理，不断丰富和更新页面信息和内容。具体管理策略有以下几种。

（1）一致性策略。域名作为企业网络品牌资源的重要组成部分，应与企业的传统品牌和形象保持一致，页面内容应与企业经营和服务相一致，在为访问者提供相关信息和知识的同时，强化企业的品牌定位和企业形象。

(2) 网站内容丰富性策略。企业开展网络营销的目的是通过向访问者传播企业文化和形象定位，促进访问者对企业的了解和认识，推广企业的产品和服务。企业的信息、产品和服务是网站的核心内容，但不应是全部内容。为吸引访问者、延长访问者的浏览时间，企业应当丰富网站内容，让访问者能够通过企业网站了解其他相关信息和行业知识，提高访问频率。

(3) 时效性策略。社会经济的快速发展和各类信息的日新月异，使消费者越来越关心环境、健康和发展等社会热点问题，关心企业在新产品开发或服务方面的动向。这就要求企业必须及时更新网站内容，确保信息的新颖性和时效性，吸引访问者经常访问企业的网站。

(4) 知识性和趣味性策略。网络的互动性使消费者有条件参与企业产品开发和各类游戏活动，学习一些相关知识，了解有关的法律法规等。网页内容的知识性与趣味性的有机结合，无疑对访问者具有很强的吸引力，能延长访问者的停留时间，提高访问频率。

(5) 国际化策略。互联网的迅速发展消除了各个国家和地区间的时空距离，而社会经济的国际化趋势促进了产品和服务的国际化标准的形成和推广。国际化浪潮已经席卷全球，并在社会经济的各个方面产生巨大影响。网站国际化策略就是要适应国际化趋势，满足不同国家和地区的顾客需求。

**课堂思考**

为了便于记忆和传播，为自己的个人网站拟定一个域名，并加以说明。

# 6.2 网络营销服务策略

在网络营销环境下，企业间的竞争已从实物产品延伸至服务，传统产品策略已转化为实物产品策略、服务策略和信息策略三位一体的网络营销产品策略。互联网与其他媒体的截然不同之处在于网络的互动性，最能发挥这种特性的是服务。而通过实施交互式的网络营销服务策略，提供满意的顾客服务正是许多企业网络营销成功的关键所在。

## 6.2.1 网络营销服务的内容和特点

### 1. 网络营销服务的含义

网络营销服务是指通过使用各种网络工具与顾客建立一对一的关系，并为其提供个性化的服务。服务是指除了所提供或销售的产品之外的、所有能促进企业与顾客关系的交流与互动。

只有更好地满足顾客需求，才能在激烈的市场竞争中立于不败之地。网络营销服务借助互联网，可以加强企业与消费者在各方面的沟通，并随时收集、整理、分析消费者反馈的信息，以更好地满足顾客的个性化需求，提高顾客的满意度和忠诚度。

2. 网络营销服务的内容

在传统营销中，企业向消费者提供的服务主要集中在产品销售过程中的服务和售后服务，例如，营销人员现场为消费者介绍产品特点、使用方法，为消费者包装产品，免费送货，上门安装、上门维修等。在网络营销中，由于消费者的选购活动是在网络虚拟环境中进行的，消费者无法通过眼看、手摸、耳闻等来感受商品，因此，企业必须向消费者提供更为周到细致的服务，包括售前、售中、售后服务及消费者要求的其他网上个性化服务。

1）售前服务

售前服务是在产品销售前，企业利用互联网为顾客提供的信息服务。售前信息服务的方式有两种：一种是企业利用自己的网站宣传和介绍产品，这要求企业的网站具有一定的知名度；另一种方式是利用网上专业商城或网上虚拟市场向顾客提供产品信息。在网上虚拟市场中，企业可以免费发布产品信息，提供产品样品，介绍产品订购的信息。

售前服务提供的信息要充分、可靠，让顾客充分了解产品，并依据这些信息做出购买决策。同时，在条件允许的情况下，网上售前服务还应包括接受顾客自行设计的产品，让顾客直接参与营销过程，提高顾客的满意度。

2）售中服务

售中服务主要是指买卖关系已确定，在产品送达指定地点的过程中的服务，包括查询、支付银行款项、了解订单执行情况和产品运输状况等。让顾客充分了解销售的执行情况是售中服务的重要内容。

在网络交易市场中，市场的虚拟性使部分顾客会对销售的执行情况产生不信任感。为此，企业必须在提供网上订货服务的同时，提供订单执行情况的在线查询，方便顾客随时随地了解销售的最新执行情况，提高顾客对购买的安全感。同时，企业也可以利用网络平台，为非网上订货的顾客提供订单执行情况的在线查询，在节约企业的销售成本的同时，提高服务质量。例如，美国的联邦快递公司(www.FedEx.com)通过其高效的邮件快递系统将邮件在递送过程中的信息输入到数据库中，顾客可以直接通过互联网查询邮件的最新动态。

3）售后服务

售后服务是企业利用互联网直接沟通的优势，满足顾客对产品的使用帮助、技术支持及产品维护等方面的需求。网上售后服务主要有两类，即基本的网上产品支持和技术服务、增值服务。

(1) 网上产品支持和技术服务。在产品构造和生产日益复杂和精确的今天，提供产品支持和技术服务变得越来越重要。借助网络平台，企业可以使顾客得到最直接、最快捷、最方便的服务，减少了传统服务方式中的大量中间环节，提高了服务效率。网上服务是24小时不间断的，用户可以随时随地上网寻求帮助；同时，网上服务的自助化和开放性，降低了企业在服务上的开支。例如，美国的波音公司通过网站公布其零件供应商的联系方式，并发布有关技术资料，方便各地的飞机维修人员及时索取最新资料和寻求技术帮助。

(2) 增值服务。增值服务是企业为满足顾客的附加需求而提供的服务。例如，软件供应商为其用户提供软件网上免费升级或免费补丁服务。定期给顾客发送邮件，主动询问顾客使用情况，发送最新产品信息，与顾客保持密切联系，这有利于减少顾客对网上服务的陌生感和不信任感。

4）网上个性化服务

个性化服务建立在客户资料数据库化的基础上。网上个性化服务要求企业必须把每个顾客视作独立的单一个体，随时整理、更新顾客自愿提供的个人信息、订单记录、历史交易等资料，同时，要使顾客感到受尊重、安全、愉快和方便。

企业通过对客户资料的收集、统计、分析和追踪，可以发现客户个性化需求的统计特征，通过了解顾客偏好和专业化的经营管理，使顾客获得高度个性化的服务。企业在开展个性化服务时，要特别注意保护顾客的隐私。

3. 网络营销服务的特点

1）便捷性

网络营销服务突破了时空限制，用户可以随时随地上网寻求支持和帮助。同时，互联网技术和计算机技术相结合，提高了网上服务的自助化程度，顾客通过辅助系统可以自行寻求服务，避免了时空分离所带来的不便。

2）灵活性

网上的服务综合了许多技术人员的知识、经验和以前顾客出现问题的解决办法，顾客可以根据自己的需要从网上灵活寻求相应的帮助，了解其他人的解决办法。

3）自助性

网络营销服务从某种意义上说是自助式服务，顾客自己搜寻有关信息，自己解决问题，企业只需提供相应的服务工具，或安排少量的技术人员进行在线解答，指导顾客。

4）经济性

网络营销服务的自助化和开放性，使得企业可以减少技术支持人员的数量和大量重复的服务活动，大大减少了不必要的管理费用和服务费用。

**案例 6-4**

## “1号店”网上超市

2008年7月11日，“1号店”(www.yihaodian.com)正式上线，开创了中国电子商务行业“网上超市”的先河。“1号店”自上线以来已拥有上千个供应商，数百个品牌合作商。目前，其网上超市线上销售商品涉及食品饮料、美容护理、厨卫清洁、母婴玩具、电器、家居、营养保健、礼品卡等十大类，共计10万多种商品。志在为顾客提供生活用品的一站式网上购物服务。“1号店”网上超市的服务理念是“选择1号店，超市到您家!”，为顾客提供优质售前售后服务。

在供应商筛选、商品质量管理和商品入库等环节上，“1号店”网上超市的专业队伍严格把关，保障所有商品都为正品真货，并严格遵照国家三包法规，让顾客能放心购买。

“全力满足顾客需求，追求最完美的顾客体验”一直是“1号店”网上超市的核心经营理念。为顾客提供了直观清晰的商品展示，最大程度模拟真实超市的购物体验，充分体现“逛”的乐趣。在帮助中心设置“常见问题”栏目，帮助消费者解决购物中遇到的难题。

“1号店”网上超市还为顾客提供消费查询、包裹跟踪等多种线上服务，为用户提供预约送货、货到付款、移动POS刷卡、正规发票等服务，并针对不同商品更提供了不同期限的无条件退货等保障服务，最大限度地解决消费者的后顾之忧，保护消费者权益，树立行业标杆。

“1号店”网上超市的理念和服务得到顾客的广泛认可，上线以来实现了30余倍的飞速增长，被业界誉为中国成长最快的电子商务公司。

（资料来源：http:// www.yihaodian.com.）

**思考题**：“1号店”网上超市为顾客提供了哪些服务？

### 6.2.2 网络营销服务的形式

良好的网络营销服务能够提高顾客的满意度。目前，网络营销服务的主要形式有常见问题解答、E-mail及在线表单、网络社区、消费者自我设计区、即时信息服务和跟踪服务系统等。

1. 常见问题解答

常见问题解答(Frequently Asked Questions，FAQ)旨在引发那些随意浏览者的兴趣，帮助有目的的顾客迅速找到他们所需要的信息，获得常见问题的现成答案。通过FAQ，一方面可使消费者就遇到的问题直接在网上得到解答，无须专门写信或发E-mail咨询；另一方面可以帮助企业节省大量的人力和物力。

网站的FAQ内容一般分为两部分：一是在网站正式发布前已准备好的内容，通常是用户常遇到的问题的解答，这要求企业站在用户的角度，对用户在不同的场合中可能遇到的问题给出解答；二是在网站运营过程中用户不断提出的问题。网站发布前FAQ设计得越完善，运营过程中遇到的问题就越少。优秀的网站都非常重视前期FAQ的设计。

FAQ设计的主要工作有两个方面，即列出常见的问题和做好FAQ页面的设计。

1）列出常见的问题

列出常见的问题对客户服务部门的人员来说是比较容易的。客户服务部门只需把客户服务人员集中起来，集思广益，常见问题列表很快就能列出来。

为提高服务效率，FAQ通常设置两套方案：一是面向新顾客和潜在顾客的，主要提供关于公司及产品的基本信息，旨在使浏览者对公司及其产品有初步的了解和认识：二是面向老顾客的，主要提供一些更深层次的详细的技术细节、技术改进等方面的信息。

2）FAQ页面的设计

优秀的FAQ页面设计不仅能为顾客提供方便的服务，节省顾客的搜索时间，同时还能为公司节省大量的咨询电话费用。网站设计必须使顾客能在网站首页上很容易地找到FAQ页面，页面上的内容应清晰易读、易于浏览，企业为此应做好以下几个方面的工作。

(1) 确认FAQ的效用。为方便顾客查找答案，提高服务质量，FAQ的内容不能太短，应包括所有可能遇到的问题，问题应依据顾客提问频率的高低排列，以节省顾客的搜索时间。FAQ的设计，应保证有一定的信息量、一定的广度和深度，问题的回答也应尽可能地提供足够的信息，以做到至少对80%的顾客有实际性的帮助。同时，应避免因为企业客户服务人员自认为某些常见的问题不重要而未列出或不回答，影响FAQ的效用。

(2) FAQ要易于导航。顾客在寻找问题的解决答案时一般都比较急，如果经过多次查找还没有找到答案就会失去耐心，对企业的服务产生不满。为方便客户使用，首先，FAQ按频率或常见性列出问题，并提供搜索功能，客户只要输入关键词就可以直接找到有关问题的答案；其次，在问题较多时，可以采用按主题将问题分类的分层目录式结构来组织 FAQ，目录层次不能太多，最好不超过 4 层；最后，对一些复杂问题，可以在问题之间加上链接，便于在了解一个问题的同时，方便找到其他相关问题的答案。

(3) 信息披露要适度。FAQ 为顾客提供了与企业有关的重要信息，但企业不必把所有关于产品、服务及企业的情况都公布出去，特别是对顾客没有太多用途的信息，反而可能给竞争对手窥探企业机密提供机会。所以，信息披露要适度，这个“度”应以对顾客产生价值又不让对手了解企业的内情为准。

2. E-mail 及在线表单

E-mail 和在线表单都是在线联系工具。利用 E-mail 和在线表单，顾客可将咨询的信息发送给企业相关人员。两者发送信息的方式不同，其效果也存在一定的差异。

1) E-mail

E-mail 具有在线顾客服务功能，作为一种主要的在线交流工具，不仅表现在一对一的顾客咨询，更多情况下是作为长期维持顾客关系来使用的。随着顾客对服务的要求越来越高，回复顾客 E-mail 咨询的时间已经成为衡量一个企业整体顾客服务水平的标准。对顾客发给企业的 E-mail，企业应该尽快回复，帮助顾客及时解决问题，从而提高服务质量和顾客满意度。

企业利用 E-mail 为顾客提供服务有很强的主动性，主要表现在以下几个方面：首先，企业主动向顾客提供企业的最新信息，包括企业新闻、产品促销信息、产品升级信息等，加强顾客对企业的了解；其次，当企业获得顾客的需求信息时，可以主动将其整合到企业的设计、生产、销售等系统中，以更好地满足顾客需求；最后，企业在设计产品时，可以通过 E-mail 直接向顾客询问设计要求，以便设计生产出适销对路的产品。

2) 在线表单

在线表单的作用与 E-mail 类似，但使用上存在区别。顾客通过浏览器界面上的表单填写咨询内容，提交到网站，再由相应的客户服务人员处理。在线表单事先设定一些格式化的内容，如顾客姓名、单位、地址、问题类别等。通过在线表单提交的信息比一般的 E-mail 更容易处理，许多网站采用这种方式了解顾客需求。

在线表单的格式化限制了用户的个性化要求，使一些顾客信息无法正常表达；当表单提交成功之后，信息提交到什么地方、多长时间能得到回复，顾客也无从知晓；无副本保留，也不便于日后查询。这些因素在一定程度上影响了在线表单的使用。为提高在线表单的使用价值和服务质量，在应用在线表单时，企业应真正站在用户的角度来设计表格项目，注意对一些细节问题的处理，增进客户关系。例如，在联系信息的表单页面时同时给出其他联系方式，如 E-mail 地址、电话号码；对顾客做出服务承诺，给出回复用户问题的时间；提醒用户对有关咨询的问题自行用其他方式保留副本等。

3. 网络社区

网络社区与现实的社区类似，是随着网络和人们网络社会行为的扩展而出现的人类社会活动的新型空间。网络社区在商业活动中不但是一种前所未有的顾客服务工具，也是一种有效的公共关系手段。网络社区的主要形式有在线论坛和新闻组两种。

1）在线论坛

通过在线论坛，顾客可以发表自己的观点和意见，网站服务人员和其他顾客可以通过论坛对问题进行回答。可以利用在线论坛开展网络营销服务，作为对FAQ的一种有效补充，将论坛上的常见问题及解答补充到FAQ中，以更好地满足顾客对营销服务的要求，或者通过邮件列表向所有注册用户发送，让更多的顾客了解有关信息。

2）新闻组

在建立新闻组时，最好预先设计好议题，顾客在反馈意见和评论时可按不同的议题归类；同时要保证每个议题有足够大的空间让顾客发表意见。对于企业的新闻组，必须安排专门的人员负责管理，对问题进行分类、派送及处理紧急情况。

4. 消费者自我设计区

网络良好的开放性和互动性，使消费者与企业间直接对话成为现实。借助互联网沟通平台，企业把消费者当做伙伴，利用网络经常与消费者沟通，让消费者参与产品的设计和改进，为消费者提供符合其要求的、个性化的产品和服务。

5. 即时信息服务

以聊天工具(如QQ、MSN等)为代表的即时信息服务已经成为继E-mail和FAQ之后常用的网络营销服务工具。与E-mail和FAQ相比，聊天工具的使用受到一定的制约。首先，对服务人员要求高，占用人工较多；其次，主要为个人之间的沟通，且只有顾客与在线服务人员同时使用相同的聊天软件时，才能相互交流信息。

随着网络技术的发展，即时信息工具的互联互通已经取得了一定的进展，例如，Google talker用户可以与Yahoo通用户直接交流，但所有的即时信息都实现互通还有待时日。

6. 跟踪服务系统

消费者所下订单确认后，应有一套允许消费者查询订单处理过程的软件系统，使消费者可以跟踪并监督订单的执行情况；对于某些仓促做出决定的消费者，应当允许他们在一段时间内修改订单；当产品发运之后，要经常与消费者保持联系，直到客户收到产品并已开始使用。

此外，电子书和博客也常被用做网络服务工具。企业可以将有关产品和服务信息、使用说明、常见问题、产品购买常识等内容制作在一本电子书中，供用户下载或查询；同样，博客作为顾客发表意见和建议的重要形式，在一定程度上也具有在线服务的作用。

尽管网络营销服务的形式多种多样，即时性很强，但并不能满足所有顾客的需求。显然，企业不应忽视传统服务如电话和普通邮件等，增进网下顾客关系、满足网下顾客服务要求方面的重要作用。正如网络营销和传统营销密不可分一样，选择为顾客服务的手段最重要的不是区分网上还是网下，而是服务效率和顾客满意度，最好是根据顾客需求的特点，采取网上与网下服务手段相结合的方式。

**案例 6－5**

## 京东商城的客户服务

京东商城自 2004 年年初正式涉足电子商务领域以来，一直保持高速成长，连续 7 年增长率均超过 200%。京东商城始终坚持以纯电子商务模式运营，缩减中间环节，为消费者在第一时间提供优质的产品及满意的服务。

在京东商城网站首页的右上角设置有“客户服务”菜单导航条，单击进入后，可以看到京东商城为消费者设置了“帮助中心”、“售后服务”、“在线客服”、“投诉中心”、“客服邮箱”等栏目，如图 6.4 所示。“消费者帮助中心”页面设置清晰，内容分为“自助服务、新手教学和人工服务”三大块，其中：自助服务内容包括查询订单、取消订单和修改密码等十二项服务项目；新手教学主要教新手学习网上购物流程，包括免费注册、搜索商品、购买流程、在线服务和评价晒单等项目；人工服务则根据客户需要，设计了在线客服、邮件客服、投诉建议、电话服务和贵宾专线五种沟通渠道。在购物消费时，如果消费者有什么不满意的地方，还可以进入“投诉中心”来申诉遇到的问题。

图 6.4　京东商城帮助中心页面

2010 年，京东商城在全国实现“售后 100 分”服务承诺，随后又推出“全国上门取件”、“先行赔付”、7×24 小时客服电话等专业服务。2011 年年初，京东商城推出“包裹可视化跟踪系统”。

（资料来源：http://www.jd.com/index.html.）

**思考题：**访问京东商城网站，查看京东商城还提供哪些特色服务？

# 6.3　网络营销定价策略

定价策略是营销策略的重要组成部分，为自己的产品或服务确定一个合理的价格是每个营销主体的重要工作。在市场经济中，产品或服务的价格是由市场供求关系来决定的，供求关系的变化导致价格的变化。同时，价格又是一个重要的经济杠杆，价格的变化反过来又影响市场供求。

### 6.3.1 网络营销定价的特点

网络营销定价是指企业为网上销售的产品或服务制定一个合理的价格。在工业经济时代，产品或服务供求双方沟通的障碍导致信息不对称，企业从自身的需要来考虑制定价格，消费者只能是价格的接受者。而网络经济的发展在很大程度上解决了产品开发和销售中存在的信息不对称问题，使企业能够利用互联网充分了解目标市场的需求信息和为获得产品所愿支付的成本，提高了产品定价的有效性和企业的市场竞争力。

网络营销定价呈现出以下几个特点。

#### 1. 全球性

在网络经济时代，网络营销企业面对的不再是传统的、受地域限制的消费者，而是无国界的全球市场，任何国家和地区的用户都可以直接通过网络订购企业的产品或服务。而各地区消费者生活的社会经济环境和对整体产品需求的差异，使企业产品定价变得更加困难，定价时考虑的因素也更多。

市场全球化并不等于定价全球化。面对差异性极大的全球性网络营销市场，企业必须采用全球化和本地化相结合的策略，根据各市场的差异进行差异化营销和定价。

#### 2. 顾客主导定价

顾客主导定价就是在决定产品价格时，顾客处于主导地位。企业借助网络能够充分了解目标市场的需求和支付能力，并据此提供相应的产品，确定消费者愿意接受的价格。具体方法有提供同类产品或相关产品的不同厂商的价格目录，使消费者了解行情及市场总体水平，为其做出理性判断提供必要的信息；开发自动调价系统，能够根据季节、市场供求、促销状况等调整价格；开发智能议价系统，给消费者创造在网上直接协商价格的环境，以满足其心理需要；设立价格讨论区，对企业新上市的产品，可以通过该讨论区了解消费者普遍接受的价格，为制定和调整价格策略提供参考。

顾客主导定价并不意味着低价或无利润销售，它只是消除了企业攫取超额垄断利润和进行价格欺诈的主观意愿。相反，在顾客主导定价的驱使下，企业通过不断创新，不仅能够满足顾客需求，也能够取得相应的利润。

不是所有的产品都适合顾客主导定价，顾客主导定价的产品一般应满足以下几个条件：一是产品属于个性化需求产品，企业必须为客户定制；二是企业充分掌握目标市场需求信息和支付能力信息；三是产品成本低于顾客愿意支付的成本，企业能够取得一定利润；四是企业具有较强的创新能力，能满足顾客不断变化的需求。

#### 3. 低价位定价

低价位定价是网络营销定价的显著特点之一。网络经济的发展是通过提供免费信息实现的。目前，很多企业的网络营销活动仍处在发展的初期阶段，免费或低价仍是网络营销定价的主流，企业需要通过免费提供信息、服务或低价产品来吸引客户浏览，直接或间接地取得经济利益。从成本费用的角度来看，借助于快速高效的网络信息系统，无论是网络信息服务还是网上产品销售，都具有低价位定价的条件；从网络营销发展的角度来看，低价位定价也是企业促进产品网上销售、扩大市场规模的重要手段。

### 6.3.2 网络营销定价的目标

企业定价目标是指企业希望通过产品定价所要达到的目的或结果。定价目标是企业营销战略在产品定价方面的具体化，是产品定价方法的选择和最终定价的依据。不同企业有不同的定价目标，同一企业在不同的发展阶段定价目标也不同。同时，企业定价目标往往不是单一的，而是多元化的。网络营销定价目标主要有以下几种。

#### 1. 生存目标

生存是发展的基础，没有生存就谈不上发展。生存目标是指企业以生存作为产品或服务定价的首选目标，暂时不考虑企业赢利和发展。在产品定价时，企业首先考虑在弥补产品成本费用的基础上选择低价策略，以维持企业生存。

#### 2. 利润最大化目标

利润最大化目标是指企业根据当前市场需求和供给状况，结合企业的产品优势和市场竞争优势，选择以利润最大化作为定价日标。

并不是每个企业都能够以利润最大化作为产品定价目标，只有那些产品品牌知名度较高、顾客愿意为获得产品而支付较高价格的企业或垄断性企业才有可能选择利润最大化目标。

#### 3. 市场占有率最大化目标

占领市场是企业的重要目标。市场占有率最大化目标是指企业以扩大市场占有率为目标，产品定价以能否增加市场份额为考虑因素。

产品销量一般与价格成反比，价格越低，销售量就可能越大，市场占有率就越高。因此，以市场占有率最大化为目标的企业一般采用低价策略，以期在最短的时间内占领市场。许多具有一定竞争优势的企业在市场成长期往往选择此定价目标。

#### 4. 销售额增长率最大化目标

销售额增长率最大化定价目标是指企业在产品定价时，以产品定价能否增加销售额为考虑因素。销售额的增长有赖于销量的增加和价格的提高，而产品的销量往往与价格成反比，降低价格能否导致销售额的增加取决于产品需求的价格弹性。因此，以销售额增长率为目标必须考虑产品需求的价格弹性，并根据产品需求的价格弹性来决定是采用高价策略还是低价策略。

#### 5. 产品质量最优目标

产品质量最优定价目标是指企业的产品定价以产品质量为基础，它有利于提高产品质量。产品质量与价格一般成正比。

产品质量不仅包括性能质量，还包括服务质量。网络营销服务的低成本特点，使企业有条件为顾客提供高质量的服务，提高顾客满意度。同时，产品的性能质量是由顾客界定的，它以顾客的需求和支付成本为基础。因此，严格意义上的最优质量是不存在的。

6. 应对和防止竞争目标

在激烈的市场竞争中，大多数企业对竞争者的价格十分敏感，在分析企业的产品竞争能力和市场竞争地位后，常常以应对和防止竞争者作为定价目标。

当企业具有较强的实力，在行业中居于价格领导地位时，其定价目标主要是应对竞争者或阻止竞争对手，常常首先变动价格；具有一定竞争实力，居于市场竞争挑战者位置时，其定价目标是攻击竞争对手，侵蚀竞争对手的市场份额，价格相对较低；而市场竞争力较弱的中小企业，在竞争中为防止竞争对手的报复一般不首先变动价格，在制定价格时主要跟随市场领导者的价格。

网络营销定价目标的选择可以不同，但有些因素是定价时必须考虑的，如企业的战略目标、目标市场的选择、产品的市场定位和特性、相关产品的生产成本和服务费用、产品所处的生命周期阶段、市场竞争状况等。

**案例 6-6**

## “AOL 高速”服务提价

从 2006 年 3 月 9 日开始，AOL 时代华纳公司的包月拨号连接服务——“AOL 高速”服务的价格由 23.9 美元提高至 25.9 美元。如果使用“AOL 高速”服务，用户需要每月支付 25.9 美元；如果使用新的宽带连接服务，用户则需要每月支付 29.9 美元。“AOL 高速”服务的价格比 AOL 新的宽带连接服务的价格只低 4 美元，但宽带连接将使他们有更好的网络体验，尤其是在访问多媒体内容方面。

**思考题**：AOL 时代华纳公司如此定价，目的是什么？

### 6.3.3 网络营销的主要定价策略

网络营销定价策略是指网络营销企业在产品定价时所采用的基本策略，是企业营销策略的重要组成部分。网络营销定价的策略主要有以下几种。

1. 免费价格策略

免费销售是网络营销的基本特征之一。在网络营销中，免费价格策略是一种非常有效的定价策略。

免费价格的形式有 4 种：一是产品和服务完全免费，即产品或服务从购买开始到使用和售后服务的所有环节都是免费的；二是产品和服务限制免费，即规定产品或服务免费使用的期限或次数，超过一定期限或者使用次数后，若想继续使用就要付费购买，例如，金山公司的金山杀毒软件，用户只要通过注册就可以免费使用 37 天，37 天后则需要付费购买才能继续使用；三是产品和服务部分免费，例如，一些销售视听产品的公司，把一部电影的最精彩的部分让用户免费观看，以引发用户观看全部影片内容的欲望，此时，用户若想获取影片的全部内容就必须付款购买；四是产品和服务捆绑式免费，即购买某产品或者服务时赠送其他产品和服务。

**课堂思考**

图 6.5 中显示，在瑞丽试用中心，提交个人真实信息并填写试用申请即可获得免费使用谜尚水清颜蜗牛修护霜的机会，商家通过在瑞丽试用中心进行免费试用产品活动能获得什么收益？

图 6.5 瑞丽试用中心免费使用产品信息页面

产品或服务实行免费策略受到一定条件的制约，并不是所有的产品或服务都适合于免费策略。一般来说，采用免费策略的大多是一些易于数字化的虚体产品，如软件、信息、电子图书等。虚体产品可以直接通过互联网进行传输，实现零成本的配送，并且对这些虚体产品，企业只需要投入研制费用，开发成功后，通过简单复制就可以实现无限制的生产，生产成本几乎为零。此外，免费产品必须能够吸引客户，有利于企业占领市场，为未来市场发展打下坚实基础，帮助企业通过其他渠道获取间接收益。

2. 低价定价策略

低价定价是企业常见的属于薄利多销的一种定价策略。网上商品天生就有低价的优势，试想如果卖得比超市价格还高，谁还会来买？低价，可以让企业的产品很容易被消费者接受，优先在市场取得领先地位。低价定价主要包括直接低价定价、折扣定价和促销定价 3 种方法。直接低价定价策略在定价时采用成本加一定利润，甚至是零利润的方式，因此价格比同类产品低；折扣定价是在原价基础上进行折扣来定价的，这种定价可以让顾客直接了解产品的降价幅度以促进顾客的购买；促销定价除了折扣策略外，还包括有奖销售和附带赠品销售。

实施低价定价策略时要注意以下 3 个问题：一是企业不宜销售那些顾客对价格敏感而企业又难以降价的产品；二是对不同的消费对象(消费者、零售商、批发商)提供不同的价格信息发布渠道；三是网上发布价格时要注意比较同类站点公布的价格。

**课堂思考**

为什么网上销售价格一般低于线下销售价格？

3. 特殊品价格策略

特殊品价格策略是指企业在提供满足一些顾客特殊需求的产品时所采用的定价策略。特殊品包括创意独特的新产品、纪念品及有特殊收藏价值的产品等。特殊品具有其他产品无法替代的核心利益和效用，市场竞争者较少，一般采用高价销售。

4. 差别定价策略

差别定价策略包括按顾客身份差别定价，如凡客诚品网站(www.vancl.com)把注册登录的用户按照购买金额分为一般会员、VIP会员和SVIP会员，购物时给予不同会员不同的价格优惠；按产品的形式差别定价，如给简装版和精装版的书籍制订不同的价格；按产品的销售时间差别定价，如预订机票。

5. 产品组合定价策略

绝大多数企业向消费者提供的产品并不是单一的产品，而是很多种产品。产品组合是指经营的全部商品的大结构或是大类别，每一类商品就是一个品类群。例如，销售女装的企业可能有裙子、衬衫、外套和袜子等几个品类群。而这些产品的成本差异及顾客对这些产品的不同评价和竞争者的产品价格等一系列因数，就涉及产品组合定价的问题，对其细化可分为以下几个方面。

1）产品线定价

产品线是指由不同等级的同种产品构成的产品组合。对产品线定价时，可根据产品大类中各个相互关联的产品之间的成本差异、顾客对这些产品不同外观的评价，以及竞争者的产品价格，来决定各个相关产品之间的“价格阶梯”。“价格阶梯”的差额大小直接影响着产品线中各个相关产品的销量。如果产品大类中两个相关产品之间的价格差额小，消费者就会购买更先进的产品。

2）互补产品定价

互补产品又叫连带产品。对这类产品定价时，要有意识地降低互补产品中购买次数少、消费者对降价比较敏感的产品价格。另一方面，又要有意识地提高互补产品中消耗最大、需要多次重复购买、消费者对其价格的提高反应又不太敏感的产品价格。

3）系列产品定价

一些企业为促进产品销售，把一些关联产品组合起来销售。例如，上衣和裤子搭配销售，组合起来销售的产品价格低于各独立产品价格之和，其目的是使顾客在获得所需要的产品的同时，能得到额外的利益和满足，对企业来讲也增加产品销售，节省流通费用，这样流通速度和资金周转大大加快。

**课堂思考**

分析图6.6中当当网采用了哪些定价策略？

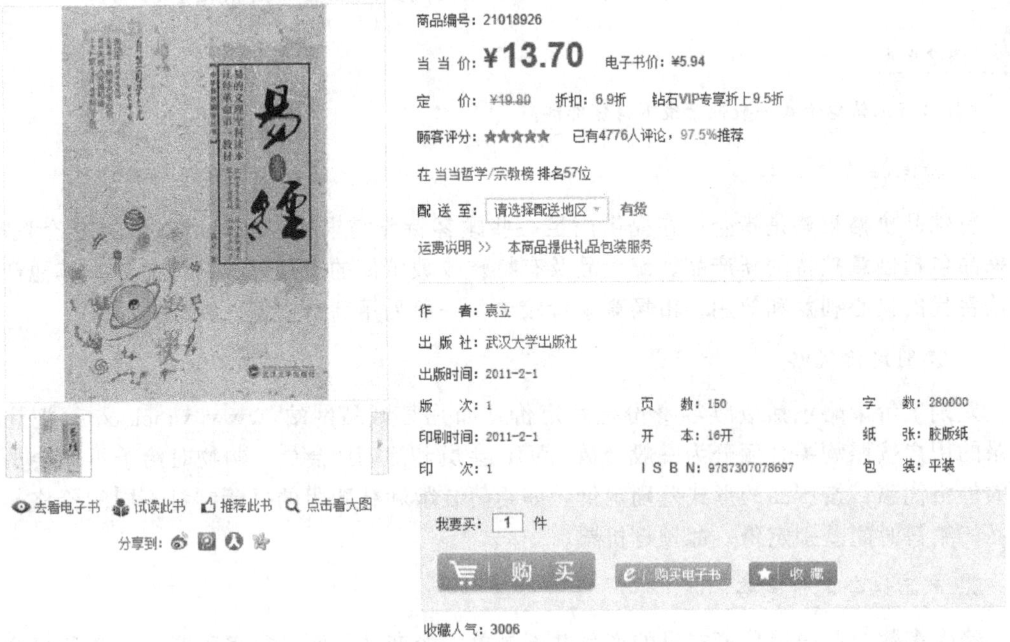


**图 6.6 当当网的定价策略**

6. 同价定价策略

企业可以把销售的所有产品按照价格不同分区销售。例如，设立 10 元专区、50 元专区、赠品专区等分类。我们生活中常见的一元店，采用的就是这种同价定价法。因此，企业把一些价格类似的产品定为同样的价格销售。这种方法干脆简单，对一些货真价实、需求弹性不大的必需品非常有用。

7. 定制生产定价策略

定制生产定价策略是指企业在具备定制生产条件的基础上，利用网络技术和辅助设计软件，帮助消费者选择配置或者自行设计能满足自己需求的个性化产品，同时承担自己愿意支付的成本。例如，Dell 计算机就是采用这种做法，常见的产品价格说明如再加 300 元便可扩充到 80GB 硬盘，再加 500 元便可升级拥有 15 寸液晶显示器。在 Dell 公司的网站，用户可以根据自己的要求选择去配置计算机，例如，可以选择不同的价位部件，选择不同的邮费，最终形成价格。这种定价方法比较适合那些组装品，像汽车、计算机类。因为顾客有很强的参与感，并能根据自己的偏好和实际购买力去选择产品。消费者定制产品的过程是在企业的服务程序的引导下完成的，并不需要专门的营销服务人员陪同，因此，营销成本也比较低。

8. 使用定价策略

网络消费者的需求变化比较快，产品更新换代的速度也越来越快，产品被消费者购买使用几次后就可能被新产品所替代，消费者若想使用新产品还需重新购买，这势必增加消费者的开支；同时，有些产品购买后只是偶尔使用，消费者不愿为此支付整个产品的购买费用。为满足这些消费者的需求，企业可采用使用定价策略来刺激消费者的购买行为。

使用定价策略，是指顾客通过互联网进行必要的注册后，无需完全购买就可以直接使用企业的产品或服务，企业则按照顾客使用产品的数量或接受服务的次数进行计费。采用使用定价的产品要适合互联网传输和远程调用，目前，以软件、音乐、电影等产品为主。

**课堂思考**

列举实例说明哪些产品适用定制生产定价，哪些产品适用使用定价策略？

9. 拍卖竞价策略

网上拍卖是目前发展比较快的网络营销业务。网上拍卖竞价方式有以下几种。

1）竞价拍卖

竞价拍卖由卖方引导买方进行竞价的购买过程，消费者通过互联网轮流公开竞价。

2）竞价拍买

竞价拍买是竞价拍卖的反向过程，消费者提出一个价格范围，求购某一商品，由商家出价；出价可以是公开的也可以是隐蔽的，消费者将与出价最低或最接近的商家交易。

3）集体议价

集体议价是一种由消费者群体(具有某一需求的群体)集体议价、以较多的数量换取较低价格的交易方式。例如，在酷必得网站(www. coolbid. com)上，随着每一个新竞标者的加入，原定价格就会下跌一格，买的人越多，价格就越便宜。

**资料链接**

## 拍卖方式

拍卖方式有英格兰式拍卖、荷兰式拍卖、英格兰式与荷兰式相结合的拍卖方式。

英格兰式拍卖也称“增价拍卖”或“低估价拍卖”，是指在拍卖的过程中，拍卖人宣布拍卖标的起叫价及最低增幅，竞买人以起叫价为起点，由低至高竞相应价，最后以最高竞价者在3次报价无人应价后，响槌成交。成交价不低于保留价(在委托书上标明的最低出售价格)。

荷兰式拍卖也称“降价拍卖”或“高估价拍卖”，是指在拍卖的过程中，拍卖人宣布拍卖标的起叫价及降幅，第一位应价人报价后响槌成交。成交价不低于保留价。

英格兰式与荷兰式相结合的拍卖方式，是指在拍卖的过程中，拍卖人宣布起拍价及最低增幅后，由竞买人竞相应价，拍卖人依次升高叫价，以最高应价者竞得；若无人应价，则转为拍卖人依次降低叫价及降幅，并依次叫价，以第一位应价者竞得。成交价不低于保留价。

**案例6-7**

## 吉林网友33万秒杀宝马车

2012年7月10日，浙江省高级法院与淘宝网合作开通的“司法拍卖平台”完成“首拍”。起拍价199 900元的宝马730被一位吉林商人以33.09万元拍走，这位最后关头冒出的神秘买家，在最后10秒给出全场最高价“秒杀”成功。而另一辆三菱欧蓝德也以6.7万元被浙江买家收入囊中，该车此前的评估价仅为5.86万元，约有30万网友围观了此次拍卖。

36小时网友出价53次“抢拍”宝马。

2012年6月26日，在浙江省高院的指导下，宁波市北仑区法院和鄞州区法院以卖家身份在淘宝网首次亮相，分别拍卖一辆黑色宝马7系轿车和一辆三菱欧蓝德轿车，起拍价格分别为19.99万元和5万元，评估价则分别为250 800元和58 650元。公示期结束正式开拍时间是7月9日上午10点。

根据淘宝网方面透露的资料，此次司法拍卖从7月9日上午10点开始，整个竞价过程规定是36小时。当天10点刚过10秒，代号“R8618”的竞买人第一个报价20.9万元。不到1个小时，宝马车被出价46次，一路攀升到32.39万元。

之后的20多个小时内都没有竞买人再加价，直到7月10日上午10点11分，来自吉林的代号“L1007”的竞买人加价1 000元。这个价格一直坚挺到最后一小时，此后又引来5次密集出价。最终，吉林买家在拍卖结束前10秒钟出价成功，成交价锁定在33.09万元。

相比宝马，三菱车的竞拍没那么激烈，整个竞拍过程共有15次出价。最激烈的竞争同样出现在最后10秒，来自浙江的竞买人“C0520”首次亮相开始出价，3秒后又有竞买人跟进，随后“C0520”继续加价，系统显示，他的出价时间是21点59分59秒，最终6.7万元获得三菱欧蓝德。

根据淘宝网提供的后台数据，先后共有45人报名参与竞拍——其中宝马车开拍前有35人报名，开拍后还有1人缴纳保证金参与竞价；而欧蓝德轿车，在开拍前有7人报名，开拍后还有两人加入竞价。

据淘宝网工作人员透露，从可以调取的报名者资料来看，这45位竞买人来自全国各地，有山东枣庄的，也有福建厦门的。根据淘宝网提供的后台数据，自6月26日两件拍品正式上线公告，到7月10日22时拍卖结束，网络的围观人数已超过了30万。

据浙江省高院的布置，全省19家基层法院作为试点法院。这一次拍卖成功后，未来还会推出更多。不过考虑网络拍卖的特性，接下来推出的是以动产为主。对于土地和房产，牵涉到权属问题比较复杂，现在推出还有一定的难度。

中国社科院法学所副研究员李洪雷对网上司法拍卖持乐观态度，认为可以增大拍卖透明新机制，能加强公众舆论监督，做到公平公正，同时让公众有更多参与竞拍的机会。网上竞拍没有地域限制，能将竞拍结果最大化，维护当事人的正当合法权益。

(资料来源：http://informationtimes.dayoo.com/html/2012-07/13/content_1776719.htm.)

**思考题：**什么是司法拍卖？从第一次网拍的成功可以看到网上拍卖的优势有哪些？

定价策略有很多，企业在定价时必须充分考虑影响产品定价的各种因素，包括企业内部因素和外部环境因素，根据企业的营销目标和定价目标，选择合适的定价策略。在网络竞争日益激烈的环境下，企业为求得生存和发展，还必须根据影响价格变化的各种因素的变化，对价格进行适时调整，以适应市场竞争的需要。

## 6.4 网络营销渠道策略

网络营销渠道是企业借助互联网将产品从生产者转移到顾客手中的过程。网络营销要求企业一方面了解顾客需求，向顾客介绍企业产品信息，提供样品或进行产品展示；另一方面为顾客提供网上订购便利，实现货款结算和产品实体的转移。因此，网络营销渠道不仅包括网络信息传播和信息沟通系统，还包括网上订货系统、货款结算系统和物流系统。

### 6.4.1 网络营销渠道的特点

与传统营销渠道相比，网络营销渠道有以下几个方面的特点。

1. 直接性

在传统营销渠道中，企业的产品销售大多借助中间商来完成。中间商在企业产品信息传递、购销、储运、货款支付等方面具有不可替代的作用，是企业完成产品销售的重要合作伙伴。而在网络营销中，商品所有权流程、信息流程都可以由企业自己借助互联网来完成，资金流程可借助银行的网上结算系统或邮政系统来完成，商品实体流程可以利用第三方物流体系或建立自己的物流体系来完成。也就是说，企业只要建立网站或租用虚拟社区，就能实现产品的直接销售。

2. 便捷性

网络营销的基础是互联网。顾客可以借助互联网直接获得产品信息，通过网上谈判达成交易协议；借助银行的网上支付系统或企业网站，完成货款支付；利用企业或公共物流配送体系完成商品实体的转移；企业可以通过网站上的FAQ，解决顾客在产品使用中存在的问题。因此，与传统营销渠道相比，网络营销渠道更为便捷，顾客足不出户就能实现商品采购。

3. 高效性

在传统营销活动中，由于存在多个中间环节，高效的产品销售往往以高额的营销费用和高效的合作伙伴为基础；传统直接销售尽管没有中间环节的影响，但营销费用较高，市场拓展困难，营销的高效性也难以实现。网络营销借助互联网的高效信息沟通系统，直接向目标市场传递产品信息，利用公共资源实现产品实体的转移和货款结算，有效降低了营销成本，提高了营销效率。

对于网络直接销售来讲，企业可以根据顾客的订单按需生产，实现零库存，减少推销人员，最大限度地节省营销费用。对于网络间接销售来讲，通过信息化的网络营销中间商，企业可以进一步扩大规模，提高专业化水平；通过与生产者的网络连接和顾客进行信息沟通，可以控制企业库存，提高物流运转效率，降低物流成本。

4. 专业化

网络间接销售渠道的中间商是传统营销渠道中间商的发展，它不仅具有传统中间商的一般功能，而且又融入了网络信息技术。中间商的交易效率和专业化程度较高，规模效益的发挥也不再受经营场地的限制。

**案例 6－8**

## 新鲜蔬菜网上卖

优菜网(见图6.7)是国内第一家提供生鲜果蔬在线订购及配送的网上超市，也是中国最大的平价蔬菜电子商务服务公司，集蔬菜采购、包装加工、配送、网络订购于一体。与传统蔬菜销售相比，优菜网具有以下几个方面的优势。

(1) 高品质。选用安全绿色无公害的蔬菜，保证果蔬新鲜品质。

(2) 低价位。让90%的中国人都能用得到，买得起优菜网的产品。系列产品满足高中低消费市场的需求，集中采购降低进货成本，让利于消费者，不断提升的价格优势。

(3) 大覆盖。上千款产品，各类蔬菜、水果、粮油、肉蛋奶、调味品、包装食品、饮料、日用品、美容保健品等；产品多元化、涵盖了我们生活的方方面面。

(4) 政府支持。优菜网是北京市海淀区 96156 社区服务平台指定加盟商，参与政府蔬菜进社区便民项目、居家养老服务项目。

(5) 专业化服务。优菜网拥有专业客服团队为客户提供售前、售中、售后的服务，拥有专业配送团队负责社区到户的及时配送。

图 6.7 优菜网

（资料来源：http://www.yoocai.com.）

**思考题**：你认为优菜网的优势能够达成吗？

### 6.4.2 网络直销

同传统营销渠道一样，网络营销渠道也分为直接销售渠道和间接销售渠道两种类型。

1. 网络直销概述

网络直销是指网络营销企业直接通过互联网与顾客达成交易协议，没有传统意义上的中间商参与。在网络直销中，网络营销服务中介机构发挥着重要作用，例如，提供货物运输配送服务的专业配送公司、提供货款网上结算服务的网上银行、提供产品信息发布和网站建设的互联网服务提供商和电子商务服务商等。

网络直销一般有两种形式，一是生产企业利用自己的网站或网页推介并销售产品，由企业网络管理员专门处理有关产品的销售事务；二是企业委托信息服务商在其网站上发布产品信息，企业利用有关信息与顾客联系，直接销售产品。虽然在第二种直销形式中有信息服务商参加，但主要销售活动仍然是在企业与顾客之间完成的，因此也属于网络直销。

**案例 6-9**

## Dell 公司的网络直销

Dell 公司开创了网络直销的先河，其网站(www.dell.com)具有在线直接销售功能，允许顾客自己设计和组装计算机。顾客通过单击“自行配置”按钮就可进入系统配置器，在这里，顾客可以在线定制或升级组件，添加电子产品、附件和软件，添加服务和延长保修期等，每个项目都明确标示了相对差价。顾客可先确定自己能够接受的价格标准，参照这个标准再自行选择合适的配置，每当顾客更改了配置或选择项目后，系统将自动更新产品的总价格，并方便随时查询。在顾客确认配置无误后，可将订单存入购物车，公司接到顾客提交的订单后，便将计算机部件组装成整机。

真正按顾客需求定制生产，并在极短的时间内完成，速度和精度是考验 Dell 的两大难题。在 Dell 的直销网站上，提供了一个跟踪和查询顾客订货状况的接口，供顾客查询已订购的产品从发出订单到送到顾客手中全过程的情况。

**思考题**：Dell 公司网络直销成功的原因是什么？

2. 网络直销的优势和不足

1）网络直销的优势

（1）提高沟通效率。借助互联网，网络直销实现了企业与顾客的直接沟通，提高了沟通效率，使企业能够更好地满足目标市场的需求。

（2）降低价格。网络直销减少了营销人员的数量，降低了企业的营销成本和费用，使产品能以较低的价格销售。

（3）提高营销效率和促销的针对性。营销人员利用网络工具，如 E-mail、网络社区等，可以随时了解并满足顾客需要，有针对性地开展促销活动，提高产品的市场占有率。

（4）提高服务质量。企业通过网络可以及时了解用户对产品的意见和建议，并针对这些意见和建议提供技术支持和服务，迅速解决顾客在使用中遇到的问题，提高服务质量。同时，通过交互式沟通，企业可以与顾客建立良好的互信关系，满足顾客的心理需求。

（5）有利于企业的价格控制。与分销模式相比，网络直销使企业有能力有效运用价格的差异性和一致性，控制产品价格，规范市场运作，避免中间商对产品价格的影响。

2）网络直销的不足

网络直销产品的信息沟通、所有权转移、货款支付和实体流转等是相分离的，任何一个环节的失误都将直接影响产品销售。与发达国家相比，中国的市场经济还不成熟，市场化运作机制还不够完善，社会信用体系还没有完全建立，特别是与网络直销密切相关的电子支付系统和物流系统还有待进一步发展。国外的一些企业，如 Dell 公司的网络直销的成功，在很大程度上得益于完善和发达的市场体系。

**课堂思考**

简单地把线下产品搬到线上销售，如果两者的价格体系保持一致，那么线上的产品相对于线上其他同类产品就缺乏价格竞争力，对消费者缺乏吸引力；如果线上、线下的产品价格体系不一致(线上比线下便宜)，毫无疑问又将影响线下的销售，或者引发网络的渠道窜货。怎么解决这一难题呢？

### 6.4.3 网络间接销售

网络间接销售渠道是指网络营销者借助网络营销中间商的专业网上销售平台发布产品信息，与顾客达成交易协议。网络营销中间商是融入互联网技术后的中间商，具有较强的专业性，能够根据顾客需求为销售商提供多种销售服务，并收取相应费用。目前，高技术、专业化、单一中间环节的电子中间商大大提高了网上交易效率，并对传统中间商产生了冲击。

1. 电子中间商与传统中间商的比较

在网络营销中，电子中间商发挥着连接产品销售者和顾客的桥梁作用。一方面，帮助顾客选购产品并提供相应的服务，满足顾客需求；另一方面，帮助销售者及时掌握产品销售情况，完成商品交易，降低交易成本。与传统的中间商相比，两者主要有以下几个方面的区别。

1）存在前提不同

传统中间商的存在前提是生产商为降低产品销售成本，实现产品在更大范围内的销售或进行普遍分销；而电子中间商是中间商职能和功效在新的领域的发展和延伸。

2）交易主体不同

传统中间商通过产品购销与生产商和顾客进行产品交易，是连接产品生产与消费的中间环节，兼有物流、信息沟通、所有权转移和支付等功能；而电子中间商作为独立主体存在，不直接与生产商和顾客进行商品交易，只为交易双方提供交易信息、交易媒体和交易场所等服务，其功能是促进商品交易的实现。

3）交易内容不同

传统中间商直接参与商品交易活动，并提供产品实体、产品供求信息和交易资金等；而电子中间商作为网络营销的一种交易媒体，主要提供信息交换场所和虚拟交易平台，不参与具体的商品实体、资金交换等交易活动，商品交易由买卖双方直接达成。

4）交易方式不同

传统中间商通过产品购销参与商品交易活动，通过购销差价获得收益；而电子中间商主要是进行信息交换，提供虚拟交易平台，不参与商品实体交易，通过提供信息服务和虚拟社区租赁取得收益。

5）交易效率不同

通过传统中间商实现商品交换至少需要两次交易活动，一次是中间商与生产商的交易活动，中间商获得商品所有权；另一次是中间商与顾客间的交易活动，中间商销售商品，取得收入，中间商的信誉、实力和交易效率直接影响产品的销售。而电子中间商是以独立主体存在的，不参与商品交易，只利用自己的信息平台为交易双方提供交易信息和服务，帮助消除生产商和顾客之间的信息不对称，促进商品交易，提高交易效率。

**资料链接**

## 马云和王健林亿元对赌：10年后电商市占能否过半

新浪科技讯 12月12日晚间消息，2012年度“CCTV中国经济年度人物”获奖者阿里巴巴董事会主席马云和万达董事长王健林，在颁奖现场就“电商会否取代传统的店铺经营”这一话题展开辩论，并为10年后电商在零售市场份额能否过半设下亿元赌局。

马云认为，电商不可能完全取代零售行业，但会“基本取代”。今天电子商务不是想取代谁，不是想消灭谁，而是想建设更加新颖的、透明的、开放、公正、公平的商业环境，去支持更多的年轻人成长发展。

王健林则并不认为电商出来后，传统零售渠道就一定会消失。其观点有三：一是电商份额目前仍然很小，二是零售渠道有独特的存在价值，三是零售商会采取措施积极应对。此外王健林透露，他和马云还有一个对赌：10年后，如果电商在中国零售市场份额占比为50%，王健林付给马云1亿元；如果没到，马云付给王健林1亿元。

（资料来源：http://tech.sina.com.cn/i/ec/2012-12-12/23137880687.shtml.）

2. 电子中间商的类型

电子中间商在搜索产品、提供产品信息服务和虚拟社区等电子服务方面具有明显优势，但在产品实体分销方面却难以胜任。目前，电子中间商主要提供信息服务和虚拟社区中介功能，其类型有以下几种。

1）目录服务

目录服务是指利用互联网上的目录化的Web站点提供菜单驱动进行搜索。目前，这种服务是免费的，将来可能收取一定的费用。

2）搜索服务

与目录服务不同，搜索站点为用户提供了基于关键词的检索服务，站点利用大型数据库分类存储各种站点介绍和页面内容。搜索站点不允许用户直接浏览数据库，但允许用户向数据库添加条目。

3）虚拟商业街

虚拟商业街是指在一个站点内连接两个及以上的商业站点。虚拟商业街与目录服务的区别是，虚拟商业街定位于某一地理位置和某一特定类型的生产商和零售商，在虚拟商业街销售各种商品、提供不同服务，站点的主要收入来源于其他商业站点对其的租用。

4）网上出版

网络信息传输的及时性和交互性特点，使网络出版Web站点能够向顾客提供大量有趣或有用的信息，满足顾客的需求。目前出现的联机报纸、联机杂志均属此类型。

丰富的信息内容和免费服务，使大量网民访问网上出版站点，为出版商带来了大量互联网广告收入或提供产品目录收入，促进了该类网站的发展。

5）虚拟零售店(网上商店)

与虚拟商业街不同，虚拟零售店拥有自己的货物清单，直接向顾客销售产品。通常的虚拟零售店是专业性的，类似于专营店，它们直接从生产商进货，通过网络再直接销售给顾客，如亚马逊网上书店、易趣网上的虚拟商店等。

目前，网上商店主要有电子零售型(E-Tailers)、电子拍卖型(E-Auction)和电子直销型(E-Sale)3种。

6）站点评估

站点评估是指一些网站或网络评估机构根据各网站的经营情况和顾客对网站的评价或投诉情况，按照一定的标准或指标，进行等级评定。

从事网络营销的企业越来越多，企业间的资信状况参差不齐，通过站点评估不仅可以帮助顾客选择站点，降低交易风险，而且也能够促进企业信用和服务质量的不断提高，改善社会信用环境。

通常一些目录和搜索站点也提供站点评估服务。

7) 电子支付

电子支付系统是实现网上交易的重要组成部分。电子支付工具从其基本形态上看是电子数据，它以金融电子化网络为基础，通过计算机网络系统以传输电子信息的方式实现支付功能。电子支付工具包括电子信用卡系统、数字化电子现金系统、电子资金传输/电子支票系统。

电子支付服务商通过提供支付服务收取佣金。

8) 虚拟市场

网上交易市场是虚拟的，是一些网站为符合条件的产品提供网上展示和销售的场所，顾客可以根据产品信息进行选购。虚拟市场的提供者一般不销售商品，只提供空间租赁和网站管理。

9) 智能代理

智能代理是指在智能代理软件的帮助下，根据顾客偏好和要求预先为用户自动进行初次搜索，并依据用户自己的喜好和他人的搜索经验自动学习优化搜索标准。用户可以根据自己的需要选择合适的智能代理站点为自己提供服务，同时支付一定的费用。

**课堂思考**

传统分销渠道的中间商会消失吗?

### 6.4.4 双道法

在网络营销活动中，无论是网络直销还是网络间接销售，都存在一定的局限性。企业为扩大产品覆盖面，促进产品销售，通常采用双道法。所谓双道法，是指企业同时采用网络直接销售渠道和网络间接销售渠道，以实现产品最大限度的销售。

网络直销的销售业绩受网站知名度和访问量的限制。一些知名度较低、访问量小的企业，要想在短期内通过网络直销扩大产品销售几乎是不可能的。借助知名度较高的电子中间商的网站，通过开辟网上零售店等间接销售渠道，可以扩大产品销售，提高产品知名度。从长期发展来看，企业有必要建立自己的网站进行网络直销，建立双通道营销渠道是许多企业的最佳选择。

**案例 6-10**

#### 李宁公司的网络营销渠道建设

运动品牌李宁是运动服装市场上的巨头。李宁产品主要是以运动产品为主。而运动装、鞋类恰恰是非常适合在网上销售的。从李宁产品的渠道选择的过程来看，李宁公司在网络营销渠道选择上，一开始是网络商城的模式，接着又是网络直销的模式。

2008 年初，李宁公司在涉水电子商务之前做的一项调研结果显示，淘宝网上的李宁牌产品的网店已达700余家，而2007年李宁产品在淘宝上的销售流水已达5 000万。在此环境下，李宁公司开始于2008年4月在淘宝商城开设了自己的直营店铺，接着通过直营和授权的形式开设了多家网络店铺。李宁官方直营店铺有李宁官方商城、李宁淘宝官方网店、李宁淘宝官方折扣店、李宁官方拍拍店。李宁官方授权店有李宁淘宝五洲商城、李宁淘宝古星专卖店、李宁淘宝古星折扣店、李宁易趣古星专卖店、逛街网李宁专卖店、新浪李宁专卖店等授权店。

随着中国服装行业网络直销的兴起，在网络经济环境下，网络消费者对服装的个性化需求快速提升。李宁公司于2008年6月推出了官方商城(www.e-lining.com)。

李宁公司是一家以传统渠道为主的企业，有自己的品牌，在进行网络营销渠道建设的时候，网络上已经有一些自发形成的网上商城渠道，李宁公司采取的策略主要是整合现有的渠道资源，通过授权的形式收编现有的网络渠道资源，同时也在各大平台上开设自己的网络直营店铺，这可以看成是李宁公司对网络营销渠道的试水。紧接着，李宁公司以自建平台的形式开通了自己的官方商城。在渠道协调上，李宁公司主要采取的策略是区分出线上和线下产品销售的种类及统一产品的价格。

(资料来源：http://blog.sina.com.cn/s/blog_508010fa0100dsax.html.)

**思考题**：李宁公司采取的渠道策略是什么？如何协调网络营销渠道和传统渠道之间的关系？

# 6.5 网络营销促销策略

促销的本质是信息沟通，企业为了有效地与消费者沟通，提高促销活动中的信息传播效果，需了解信息沟通的过程。

## 6.5.1 网络营销促销的概念及特点

1. 网络营销促销的概念

网络营销促销简称网络促销，是指企业利用现代化的网络技术向虚拟市场传递有关产品和服务的信息，以激发需求、引起消费者的购买欲望和购买行为的各种活动。

网络促销策略是网络营销策略的重要组成部分，是产品策略、服务策略、价格策略和渠道策略的重要补充。

2. 网络促销的特点

网络促销与传统促销的目的都是通过产品展示和介绍，引起顾客的兴趣和注意力，激发顾客的购买欲望，促进产品销售。但两种促销模式所借助的信息传播方式和顾客参与程度不同，存在着较大的区别，如表6-4所示。

**表6-4 传统促销与网络促销的比较**

| 要素 / 形式 | 传统促销 | 网络促销 |
|---|---|---|
| 时空观念 | 受时间和空间的限制 | 突破了时空限制 |
| 信息沟通方式 | 单向传播信息 | 双向互动实时沟通 |
| 促销目的 | 实现产品销售的增加 | 注重沟通 |
| 消费群体和消费行为 | 大面积，目标群体多 | 网民，追求个性化 |

与传统营销的促销相比，网络促销具有以下特点。

(1) 网络促销是通过互联网来传递产品和服务信息的，包括新产品上市、产品性能、功效、价格调整等。网络促销以现代信息技术为基础，并且随着网络信息技术的进步而不断改进。

(2) 网络促销是在虚拟市场上进行的。网络促销以互联网为传播媒介，突破了时空限制，信息传播面广、速度快、效率高。

(3) 网络促销是在高度透明的市场中进行的。互联网虚拟市场的产生，为所有的企业提供了一个公平竞争的平台。顾客有条件收集相关产品信息并加以比较，选择满意的商品，任何虚假和欺诈都会为顾客所识破。

(4) 网络促销注重沟通。媒体信息处理技术为网络促销提供了双向的、快捷的、互动式的信息传播和沟通平台，使买卖双方有条件充分表达各自的意愿，有效地促进了商品交易协议的达成。

### 6.5.2 网络促销的实施程序

根据国内外网络促销的实践经验，网络促销的实施程序分为以下 7 个阶段。

(1) 确定网络促销对象。网络促销对象选择的依据是目标市场选择，主要对象包括产品的使用者、产品购买的决策者、产品购买的影响者。

(2) 确定促销目标。网络促销的最终目标是实现产品销售。

(3) 设计网络促销内容。为刺激目标市场的需求和购买欲望，设计内容新颖、具有吸引力的促销内容是促销成功的关键。

(4) 确定网络促销组合方式。网络促销的形式主要有 4 种：网络广告、销售促进、站点推广和关系营销。促销组合是各种促销形式的有机结合。

不同企业和产品，有不同的网络促销对象，确定有效的网络促销组合方案是提高促销效果的重要手段。

(5) 制订网络促销预算方案。任何促销方式都需要企业支付一定的费用，付出一定的代价。编制促销预算是控制促销费用、提高资金使用效率的重要手段。

编制促销预算必须首先解决 3 个问题，即确定网络促销的目标，明确促销对象，建立促销组合。

(6) 评价网络促销效果。评价促销效果是检查促销绩效、评价促销组合有效性的重要手段，是改进促销方案的依据。

(7) 促销方案改进。为提高促销绩效，企业应根据市场的变化不断改进促销方案，建立更为有效的促销组合。

### 6.5.3 网络促销的形式

#### 1. 网络营销站点推广

站点推广是指企业通过对网络营销站点的宣传推广来吸引顾客访问，树立企业网上品牌形象，促进产品销售。站点推广是一项系统性的工作，需要企业制订推广计划，并遵守效益/成本原则、稳妥慎重原则和综合性实施原则。

目前，站点推广主要采取搜索引擎注册、建立链接、发送 E-mail、发布新闻、提供免费服务、发布网络广告等方式。根据网站的特性，采取不同的方法能提高站点的访问率。

2. 网络广告

网络广告是指广告主以付费的方式运用网络媒体传播企业或产品信息，宣传企业形象。作为广告，网络广告也具有广告的五大要素，即广告主、广告费用、广告媒体、广告受众和广告信息。网络广告的类型很多，根据形式的不同可以分为旗帜广告、E-mail 广告、文字链接广告等。

3. 网上销售促进

销售促进是一种短期的宣传行为。网上销售促进与传统促销方式比较类似，是指企业利用有效的销售促进工具来刺激顾客增加产品购买和使用的欲望。网上销售促进主要有以下几种形式。

1）有奖促销

有奖促销是指企业对在约定时间内购买商品的顾客给予奖励。有奖促销的关键是奖项对目标市场增加购买具有吸引力。同时，有奖促销能帮助企业了解参与促销活动的群体的特征、消费习惯和对产品的评价。

2）打折促销

打折促销是指在网络促销活动中，为显示网络销售低价优势以激励网上购物，或为调动本网站购物的积极性、烘托网站的购物气氛以促进整体销售而采取的对所销售全部或部分产品同时标出原价、折扣率或折扣后价格的促销策略。

3）返券促销

返券促销就是网上商店在商品销售过程中推出的“购×元送×元购物券”的促销方式。购物返券的实质是商家让利于消费者的变相降价，返券促销的目的是鼓励顾客在同一商场重复购物。例如，京东商城 2012 年圣诞节购买 LG 电器的促销活动，如图 6.8 所示。

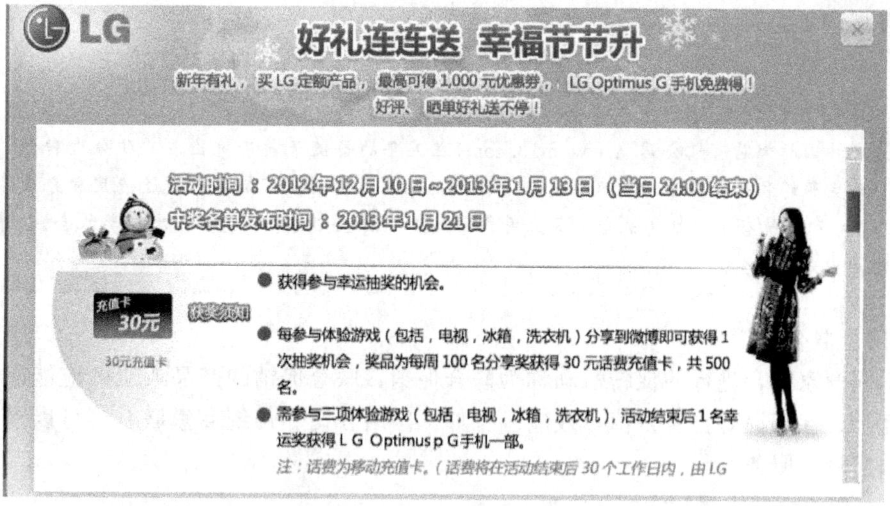


图 6.8 打折的电子优惠券

4）电子优惠券促销

当某些商品在网上直接销售有一定的困难时，便结合传统营销方式，从网上下载、打印电子优惠券或直接填写优惠表单，到指定地点购买商品时可享受一定优惠，或以所选择打印的电子优惠券上约定的优惠价格购买优惠券所指定的商品。如图 6.9 所示是麦当劳网站提供的电子优惠券。

图 6.9　麦当劳网站的电子优惠券

5）赠品促销

赠品促销在网络促销中的应用不多。在新产品上市推广、产品更新、应对竞争、开辟新市场等活动中，利用赠品促销可以达到较好的促销效果。

6）积分促销

积分促销是指企业在网站上预先制定积分制度，根据网站会员在网上的购物次数、购物金额或参加活动的次数来增加积分，激发其参与活动的兴趣。企业通过积分促销，能够与客户建立长期的关系。

**案例 6－11**

### 麦考林网的圣诞积分抽奖活动

上海麦考林国际邮购有限公司(www.m18.com)在某年的圣诞节前后推出以“积分大转盘，幸运礼券天天赢”为主题的积分抽奖活动，只要是麦考林网网站的注册用户，都可以通过使用积分来参与此次活动。每 1 000 积分就有 1 次抽奖机会，每位用户每天最多抽 10 次(每日最多 1 次中奖机会)。赢得的礼券可以在购物中充抵现金。

7）网上联合促销

由不同商家联合进行的促销活动称为联合促销，联合促销的产品或服务应能起到一定的优势互补、互相提升自身价值等效应。例如，网络公司和传统商家联合，可以提供在网络上无法实现的服务。

案例 6-12

## 中国联通携手支付宝开展网上充值促销活动

2009年中国联通和支付宝合作面向全国用户推出“购卡充值有礼，支付嘉年华”的网上促销活动。用户登录中国联通网上营业厅(www.10010.com)，通过支付宝余额形式购买充值卡及为手机、固话、宽带和小灵通直充，除享受9.85折优惠外，还能参加“红包疯狂抢”、“1 000万大奖天天抢”，以及“豪华大抽奖”三个主题促销活动。

三大活动主题中，“红包疯狂抢”活动主要是在每天2个固定时间段向购卡或直充交易成功的前500名用户赠送2元红包。每天抽取18名幸运用户，赠送50元红包。抽取1名幸运用户，赠送500元红包。在活动结束后，还将抽取一名终极大奖，赠送3 600元红包。

“1 000万大奖天天抢”，凡是在联通网上营业厅成功交易的用户，可以领取2元彩票充值券一张。“豪华大抽奖”指在联通网上营业厅通过支付宝购卡或直充的方式大于10元的交易即可抽奖，多次支付多次抽奖。

（资料来源：http://www.chinaunicom.com.cn/news/jtxw/file315.html.）

**思考题：**在选择商家开展联合促销活动时，需要注意哪些问题?

4. 网络公共关系

公共关系是指企业通过与利益相关者，包括供应商、顾客、雇员、股东、社会团体、政府等，建立良好的合作关系，为企业的经营和发展营造良好的社会环境。网络公共关系是指企业以互联网作为媒体和沟通渠道，与企业利害关系人建立良好的公共关系。

案例 6-13

## “封杀”王老吉

2008年5月18日晚，在中央电视台“爱的奉献”大型赈灾晚会上，加多宝集团副总经理代表该公司向四川灾区捐款1亿元。第二天，中国最大的网络论坛——天涯社区上便出现了一个题为《让王老吉从中国的货架上消失！封杀它!》的帖子：“王老吉，你够狠！捐一个亿！为了整治这个嚣张的企业，买光超市的王老吉！上一罐买一罐!”

帖子非常简短，但却引来许多支持者。截至6月2日，该帖的浏览量已经超过52万，回帖多达5 000多条。帖子也被网民们转载到越来越多的论坛上，如奇虎、百度贴吧等。而“王老吉”也再次受到公众的关注，一些人甚至在MSN签名档上号召喝罐装王老吉。

（资料来源：http：//www.baoen.cn/news/gyzx/20080609124327135.html.）

**思考题：**网络公共关系对企业的经营有何作用和影响?

1）网络公共关系的形式

公关人员需寻找甚至创造一些有益的宣传信息，并选择合适的信息载体进行信息传播。网络公共关系活动的形式主要有以下几种。

(1) 站点宣传。一些网站并没有直接做产品广告与促销，而是通过一种细致的关心和精心的服务，赢得网络公众的认可与接受。例如，宝洁公司的佳洁士产品网站，并不标价卖产品，而只提供保护牙齿的相关知识。

(2) 网络新闻的发布。公关人员利用网络，以较低的费用，快速将新闻传播出去。企业可以利用自己的站点、新闻组或邮件列表等方式发布新闻。

(3) 站点栏目的赞助。企业的赞助对象一般有会议、公共信息、政府或非营利性的活动等。企业通过对这些活动的栏目提供赞助，可使访问者通过赞助页面直接链接到企业所指定的页面，提高企业的知名度。

(4) 网络论坛的参与或主持。网络服务商的网络论坛经常举办一些专题讨论会，吸引公众的参加。参加与企业有关的专题论坛并积极发表意见或帮助参与者解决问题，可以提升企业的形象和知名度。

(5) 安排事件。企业可以通过安排一些特殊的事件来吸引公众对企业及其产品的注意，这些事件包括举办新闻发布会、讨论会、展览会、竞赛、周年庆祝活动等。

**案例 6-14**

## 汰渍人气微电影《小幸感》唤醒千万人幸福体会

汰渍洁净熏香于2012年11月推出的主题微电影《小幸感》在各大网络平台持续热映。上映短短1个多月，即创造了4 000多万的收视。电影中所诠释的善于享受生活中点滴幸福的“小幸感”生活方式，更是引爆了超过30万的网络热议。

“小幸感”生活方式，是指从日常微小的感触中获得幸福感。“随着生活压力的加大，大家的生活幸福感正在不断下降，”宝洁公司织物与家居护理品类市场总经理汪轶表示，“汰渍熏香系列倡导消费者通过洗涤这个意想不到的生活细节，感受到全身心回归自然的舒缓愉悦，同时体会到‘小幸感’的生活方式，以及‘芬享让幸福触手可及’的生活态度。”为了更好地诠释“小幸感”生活方式，汰渍洁净熏香品牌邀请了两位明星拍摄这部主题系列微电影，通过唯美动人的剧情，引起受众对“小幸感”生活态度的共鸣。

《小幸感》的上线热映引发广大消费者的讨论，品牌也借此在各网络平台进一步传播“小幸感”的生活方式。品牌官方微博@Tide小幸感作为传播主体，一方面向消费者深入诠释“小幸感”的生活方式，另一方面则鼓励消费者主动分享她们的“幸感”体会；同时，逐步推出一系列交互APP应用程序，让消费者切身感受到“小幸感”的生活，进一步引起大家对“芬享让幸福触手可及”主题的共鸣。

(资料来源：http://www.pg.com.cn/News/Detail.aspx? Id=2271.)

**思考题：**宝洁公司开展网络公共关系的方式是什么？需要注意哪些问题？

2) 网络公共关系的目标

网络公共关系的目标包括与网上新闻媒体建立良好的合作关系、宣传和推广产品、建立良好的沟通渠道等。

(1) 与网上新闻媒体建立良好的合作关系。网络新闻媒体有两类，一类是传统媒体利用互联网发布媒体信息，主要是将在传统媒体上播放的节目进行数字化，转换成能在网上下载和浏览的格式，供上网者浏览；另一类是新兴的网络媒体，不以传统媒体为依托。借助互联网的信息交互特点，企业应加强与网络新闻媒体的有效沟通，建立良好的媒体关系，为企业发展营造良好的媒体环境。

（2）宣传和推广产品。借助互动式沟通渠道，企业通过在网站建立类似社区性质的新闻组、公告栏和社区论坛等，让顾客参与产品的设计和开发，与顾客一起讨论热点问题，达到传播企业理念、树立企业形象、促进产品销售的目的。

**案例 6-15**

## Motorola V8 手机的传播

Motorola 为了宣传推广其 V8 手机，在国内一些网站社区中推出题为“最新版手机的八大 BT 用法”的帖子，以相当另类的思维展示新款的 Motorola V8 手机，标新立异地演示了 V8 的许多稀奇的用法。例如，把 Motorola V8 当做随看随夹的书签、桌面摆设的便条夹、专挑软的切的屠笼刀、活血增淤刮痧匙等，热闹且创意十足。此帖子在各个论坛中迅速传播开来，同时也成为公司同事之间互发轻松邮件时的流行附件。

**思考题：**在选择网站社区发帖时需要考虑哪些因素？

（3）建立良好的沟通渠道。网络营销站点的一个重要功能是为企业与企业相关者建立沟通渠道。通过网站的交互功能，企业可以直接与目标顾客进行沟通，了解顾客对产品的评价和没有被满足的需求，提高顾客对企业的认识和了解，培养忠诚的顾客。

**案例 6-16**

## 华普徐刚回帖是炒作还是公关

天涯社区曾经产生过“上海华普汽车董事长徐刚和一名天涯网友的对辩”这样一个热点。事件源于一名 ID 为“四海一家 99”的网友针对华普汽车在经营及市场策略、车型上的质疑，公开在天涯经济论坛发帖《给上海华普汽车总裁徐刚的一封信》。此帖一经发表，在天涯经济论坛立即引起不小的反响，单击量一路走高。一周后，华普汽车董事长徐刚以“华普徐刚”的 ID 郑重出面回应，帖子题为《给“四海一家 99”网友的回信》。两个帖子一先一后在天涯成为热点达半月之久，经过天涯版主的推荐，更是处在天涯头条的位置，一时间吸引了大量网民的关注。

“四海一家 99”的原帖在天涯上创造了 4 万的单击量，“华普徐刚”的回帖单击量为 4.4 万多。以天涯社区的网民当时的注册量 20 多万进行计算，大致可以估算出有 1/5 的网民关注过华普事件，这一数量还不包括两个帖子之外引出的其他副帖。同时，华普董事长徐刚的博客单击量也飞升，在百度上搜索“华普 天涯”，竟然会有 48 万多条的信息。将这些数据加在一起，足见两个帖子所创造出来的巨大价值。

上海华普汽车，这个远远没有吉利、奇瑞知名的民族汽车品牌，经过短短半个月的一个网络事件，俨然已经被更多的人知道并认可。尽管很多人认为这是华普徐刚自导自演的一次炒作，但也有人坚信徐刚是在诚挚地面对一个普通消费者的质疑，却意外得到收获。

在网络上，经常充斥着消费者最为真实的抱怨，若处理不好，往往会对企业的品牌造成损害。当网络上太多的意见共同指向一个企业或者品牌时，如果应对不及或处理不好，随时可能爆发前所未有的危机。华普的成功之处就在于选对了媒体，重视公众的反应和意见，以危机为突破进行公关。

（资料来源：http://www.pcauto.com.cn/）

**思考题：**互联网时代危机公关的特点是什么？

# 本章小结

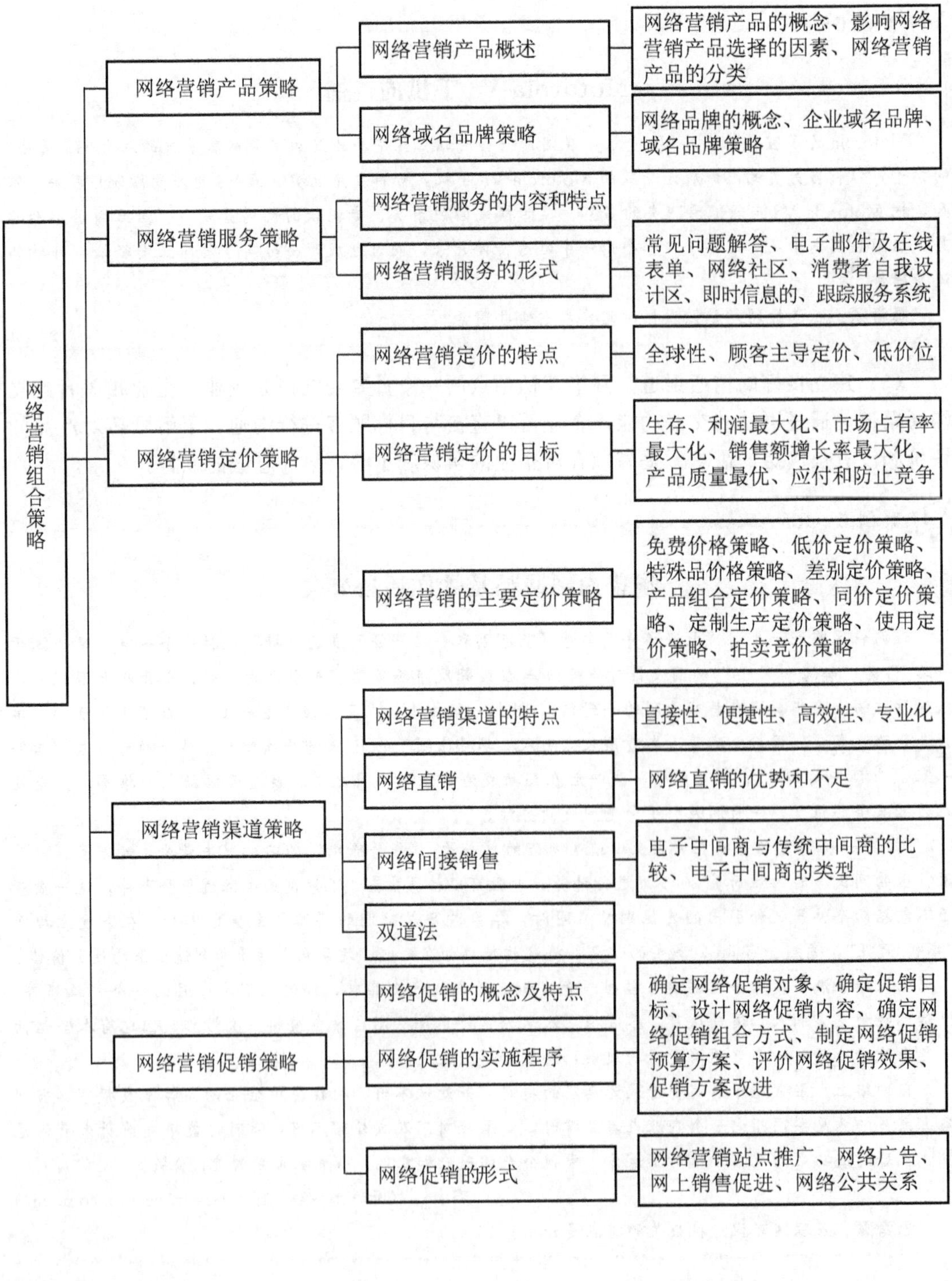
网络营销组合策略
网络营销产品策略
网络营销产品概述
网络营销产品的概念、影响网络营销产品选择的因素、网络营销产品的分类
网络域名品牌策略
网络品牌的概念、企业域名品牌、域名品牌策略
网络营销服务策略
网络营销服务的内容和特点
网络营销服务的形式
常见问题解答、电子邮件及在线表单、网络社区、消费者自我设计区、即时信息的、跟踪服务系统
网络营销定价策略
网络营销定价的特点
全球性、顾客主导定价、低价位
网络营销定价的目标
生存、利润最大化、市场占有率最大化、销售额增长率最大化、产品质量最优、应付和防止竞争
网络营销的主要定价策略
免费价格策略、低价定价策略、特殊品价格策略、差别定价策略、产品组合定价策略、同价定价策略、定制生产定价策略、使用定价策略、拍卖竞价策略
网络营销渠道策略
网络营销渠道的特点
直接性、便捷性、高效性、专业化
网络直销
网络直销的优势和不足
网络间接销售
电子中间商与传统中间商的比较、电子中间商的类型
双道法
网络营销促销策略
网络促销的概念及特点
网络促销的实施程序
确定网络促销对象、确定促销目标、设计网络促销内容、确定网络促销组合方式、制定网络促销预算方案、评价网络促销效果、促销方案改进
网络促销的形式
网络营销站点推广、网络广告、网上销售促进、网络公共关系

## 思考与练习

1. 单项选择题

(1) 下面关于域名的表述错误的是(　　)。

A. 域名是企业在网络上的地址体现

B. 域名相当于网上的一种企业商标

C. 原则上域名的选择可随意

D. 网络上可能存在两个相同的域名

(2) 百度域名为 www. baidu. com，但域名 www. baidu. net 却是某地百度密封材料有限公司的域名。这反映了百度在实施(　　)策略方面意识不强。

A. 域名保护　　B. 统一域名　　C. 独立域名　　D. 单一域名

(3) 企业给客户提供的满意的售后服务、送货和质量保证是属于产品整体概念的(　　)。

A. 核心利益层次　　B. 形式产品层次

C. 期望产品层次　　D. 延伸产品层次

(4) 定制生产定价策略的实质是企业根据(　　)进行定价的方式。

A. 顾客使用某些产品的时间和数量

B. 顾客自己提出的接受产品的最高价格

C. 企业在保证最低收益的情况下的成本加成

D. 顾客按照自己的意愿配置出产品后所愿意承受的价格

(5) 某网站采用会员制度，将会员分成不同等级，会员购买产品时根据等级支付不同的价格，这种定价策略是(　　)。

A. 心理定价　　B. 使用定价　　C. 差别定价　　D. 折扣定价

2. 多项选择题

(1) 在网络营销的免费价格策略中，一般说来，免费产品具有的特性有(　　)。

A. 不易数字化　　B. 易于数字化　　C. 无形化

D. 零制造成本　　E. 间接收益

(2) 网络直销的特点是(　　)。

A. 提高沟通效率　　B. 利于价格控制　　C. 良好的服务

D. 信誉好　　E. 产品质量好

(3) 网络营销定价的目标有(　　)。

A. 维持生存　　B. 追求利润最大化　　C. 追求市场份额

D. 应付和防止竞争　　E. 产品质量最优

(4) 产品整体概念的层次包括(　　)。

A. 核心利益层次　　B. 形式产品层次　　C. 期望产品层次

D. 延伸产品层次　　E. 潜在产品层次

(5)(　　)是企业开展网络公共关系活动经常采用的几种形式。

A. 网络新闻的发布　　B. 站点栏目的赞助

C. 网络论坛的参与或主持　　D. 举办周年庆祝活动

E. 举办展览会

3. 简答题

(1) 整体产品的概念是什么?

(2) 说明网络营销产品的特点和分类。

(3) 网络品牌的概念和策略的内涵是什么?

(4) 网络营销服务的形式有哪些?

(5) 简述网络营销定价目标的选择。

(6) 简述网络直销的概念、优势与不足。

(7) 简述电子中间商的类型。

(8) 举例说明网络促销的主要形式。

## 实训与案例

(1) 登录当当、京东商城(www.jd.com)、淘宝等网站,分析各网站在售商品的构成差异和在商品售卖页面设计、商品分类、报价方式等方面的相同点、不同点、优点与缺点。

(2) 登录亚马逊网站(www.amazon.cn),了解其所采用的定价策略;搜索某一品牌与规格的产品,了解其价格后,登录其他购物网站,如网购在线(www.wg365.com),搜索同一品牌与规格型号的产品,查看能否找到同一产品,比较各网上商店定价的高低。

(3) 案例分析。

### 海尔的网络营销策略

海尔的网络营销最突出的就是海尔的网络商城,面对竞争日趋激烈的网络市场,海尔的网络商城除了拥有巨大的品牌优势和良好的信誉外,还通过一系列不同的方式来吸引顾客,占领市场。

另外,海尔的网络商城拥有丰富多样的商品种类,并且采取了非常人性化的全程导购,按照特色商品、特色用户、功能特性和价格区间分别进行了细致的归类,让消费者可以根据不同需求轻松地找到自己满意的商品。海尔侧重于对顾客的个性化需求,真正做到让顾客去设计产品,并在服务上让顾客感到贴心、放心满意。

在传统购物中,服务态度的好坏对消费者有很大的影响,网络商城的购物模式虽然与传统模式有比较大的区别,但同样也要十分注重服务。对此,海尔网络商城郑重承诺:商城内所有商品享受7天包退、15天包换、全国联保的优质售后服务。这一举措大大提升了顾客对海尔网络商城的信赖。

在网络消费中,支付方式也非常重要,只有高效、可靠的支付方式才能使消费者放心购物。海尔网络商城除了通过网上银行转账的支付方式外,更依托海尔营销模式自身庞大的销售网络,推出了部分城市货到付款的支付方式,这样的支付方式无疑更让人放心。

在吸引顾客后就该考虑如何才能留住顾客了，优惠不失为一个好的方法。海尔网络商城推出了一系列优惠活动，海尔手机、电视、计算机都有不同的特惠产品参与活动，这样一来，海尔的网络商城牢牢抓住了顾客的心。

海尔通过网络商城这个电子商务交易平台，每月接到6 000多个销售订单，定制产品品种达7 000多个，采购的原材料品种达15万种。海尔的网络营销优势体现在海尔的品牌知名度和顾客对海尔的忠诚度，此外海尔的网络营销体系中的网络商城也具有销售和支付的优势，海尔遍布全球的销售网络、配送网络、服务网络，以及与银行之间的支付网络，解决了网络营销中的诸多难题。

海尔的网络营销开辟了新的营销渠道，扩大了海尔的市场，降低了海尔的成本，通过对资源的整合，降低费用，提高了经济效益，保证了资金流转顺畅。

同时，海尔的网络营销也存在弊端。进入海尔的官网，大量的动画介绍占用了资源，在海尔的网站上海尔商城的份量不够显著。另外，海尔的客服也不是很专业，常不能及时解答顾客疑问，这些都是海尔存在的缺陷。

（资料来源：http://www.docin.com/p-409231058.html.）

**思考题**：海尔采取了哪些网络营销策略？海尔的网络营销有哪些优劣势？今后应如何改进？

# 第7章 网络营销站点推广策略

## 知识目标

（1）掌握搜索引擎营销的常见方式；

（2）掌握 E-mail 营销的基本形式和过程；

（3）掌握交换链接的方法。

## 技能目标

（1）会使用搜索引擎推广站点；

（2）会使用常见的 E-mail 群发软件，会结合具体情况使用邮件列表开展营销活动；

（3）会使用微博发布推广信息；

（4）会分析交换链接的对象并进行交换链接。

引 例

### 凡客诚品的推广方法

2007年10月，凡客选择自有服装品牌网上销售的商业模式，发布了凡客诚品。目前，凡客诚品已是根植中国互联网，遥遥领先的服装品牌，并利用多种推广方法向消费者传递产品信息。

1. 网络广告投放

在网络广告投放方面，凡客的投放规模和力度非常大，网民在各大门户网站上都可以看到凡客诚品的广告，还有一些大的专业网站也有其大量的广告投放。凡客在网站上投放的广告主要以CPS广告为主。CPS广告主要是以返利为主的广告模式，通过广告宣传吸引用户点击并产生购买行为。

2. 免费网络推广的搜索引擎优化

搜索引擎优化是通过了解各类搜索引擎如何抓取互联网页面、如何进行索引及如何确定其对某一特定关键词的搜索结果排名等技术，来对网页进行相关的优化，使其提高搜索引擎排名，从而提高网站访问量，最终提升网站的销售能力或宣传能力。通过对凡客网站首页的相关的代码分析，可以看出，其关键词设置的有点多，可见凡客在对免费搜索引擎优化方面还不够重视。

3. 搜索引擎广营销

早期凡客主要以商品罗列关键词搜索，现在主打品牌“凡客”，并结合网络广告，有自己的搜索引擎营销(Search Engine Marketing，SEM)策略，在百度和Google上都做了竞价排名。

4. 凡客产品E-mail营销

凡客通过电子邮件给用户发送一些促销的信息，让老客户回访网站。

5. 凡客博客营销

博客是免费的资源，也是效果非常好的营销方式。凡客的博客营销，主要是以产品为话题，让多位博客写用户体验文章的，以用户角度对产品进行体验式营销。

6. 品牌知名度媒体推广

现在搜索引擎和几个媒体门户网站是所有行业梦寐以求的网络推广资源，可推广费用也非常高，所以凡客利用网络媒体的报道来提高品牌的影响力，增加对产品和网站的信任度。

(资料来源：http://wenku.baidu.com/view/8bc665cda1c7aa00b52acbb9.html.)

网站推广的目的在于让尽可能多的潜在用户了解并访问网站，从而利用网站实现向用户传递营销信息的目的，用户通过网站获得有关产品和企业的信息，为最终形成购买提供支持。网站推广是网络营销的基本职能之一，是网络营销工作的基础。尤其对于中小型企业网站，用户了解企业的渠道比较少，网站推广的效果在很大程度上也就决定了网络营销的最终效果，因此网站在网络营销中的重要性尤为显著。

## 7.1 搜索引擎营销

搜索引擎是最重要的网络信息获取渠道和最有效的网站推广工具。

### 7.1.1 搜索引擎的含义及分类

1. 搜索引擎的含义

搜索引擎是指根据一定的策略，运用特定的计算机程序收集互联网上的信息，在对信息进行组织和处理后，为用户提供检索服务的系统。搜索引擎的实质是使用特有的程序把互联网上的所有信息进行归类，帮助网民在信息海洋中搜寻到自己所需要的信息。

2. 搜索引擎的分类

搜索引擎按工作方式主要可分为3类，即全文搜索引擎、目录索引类搜索引擎和元搜索引擎。

1）全文搜索引擎

全文搜索引擎是指从互联网上提取各个网站的信息(以网页文字为主)而建立的数据库中，检索与用户查询条件相匹配的相关记录，然后按一定的排列顺序将结果返回给用户。全文搜索引擎是真正意义上的搜索引擎。

全文搜索引擎按搜索结果又可细分为两种，一种是拥有自己的检索程序(俗称为"蜘蛛"程序)，并建立有网页数据库，如百度、Google等；另一种是租用其他搜索引擎数据库，并按照自定的格式排列搜索结果，如Lycos引擎。

2）目录索引类搜索引擎

目录索引类搜索引擎就是按照目录分类的网站链接列表。用户可以不用关键字进行查询，仅靠分类目录就可找到需要的信息。

目录索引的搜索功能是建立在目录分类基础上的，不属于严格意义上的搜索引擎，具有代表性的如Yahoo、新浪等。

3）元搜索引擎

元搜索引擎是指在接受用户查询请求时，同时在其他多个引擎上进行搜索，并将结果返回给用户，如InfoSpace、Dogpile、Vivisimo等。在搜索结果排列方面，有的直接按来源排列搜索结果，如Dogpile，有的则按自定的规则将结果重新排列组合，如Vivisimo。

除以上3种外，还有集合式搜索引擎、门户搜索引擎和免费链接列表。

集合式搜索引擎类似元搜索引擎，区别在于它并非同时调用多个搜索引擎进行搜索，而是由用户从提供的若干搜索引擎中选择一个。

门户搜索引擎，如AOL Search、MSN Search，它们提供搜索服务，但自身没有分类目录，也没有网页数据库，其搜索结果完全来自其他搜索引擎。

免费链接列表(Free For All Links，FFA)类似于目录索引，它提供简单的滚动链接条目，少部分有简单的分类目录，但其规模要比目录索引小很多。

### 7.1.2 搜索引擎营销的含义

搜索引擎营销是指根据用户使用搜索引擎的方式，利用用户检索信息的机会尽可能地将营销信息传递给目标用户。搜索引擎营销目标是高性价比，即以最小的投入，最大限度地获得来自搜索引擎的访问量和商业价值。搜索引擎营销的主要工作是扩大搜索引擎在营销业务中的比重，通过对网站进行搜索优化，挖掘潜在客户，帮助企业实现更高的销售转化率。

资料链接

## 中国搜索引擎市场

1. 市场规模

截至2013年12月底，中国搜索引擎用户规模为4.90亿，与2012年底相比增长了3 856万人，同比增长8.5%。

整体来看，百度、搜搜、谷歌、搜狗搜索、360搜索相互之间的用户重合度都在30%以上，其中百度和360搜索的用户重合度高达42.6%，竞争最为激烈。

2. 网民搜索决策行为

当前很难有一个搜索引擎满足用户的所有需求，用户仅使用一个搜索引擎的比例只有26.9%，而使用两个及以上搜索引擎的用户比例高达73.1%。但几乎每个用户都有自己的首选搜索引擎，一旦形成了忠诚度，要让用户主动更换就很困难。

之所以把某搜索网站列为首选，使用习惯、搜索体验、其他应用导流是主要原因。其中，“用习惯了，懒得换”是首要原因，选择比例为69.8%，此外46.5%的人选择了“搜索结果匹配度较高”，42.8%的人选择了“搜索速度比较快”，40.7%的人选择了“搜索操作体验较好”，41.0%的人选择了“常使用的浏览器提供”。

用户更换常用搜索引擎的频率较低，过去半年用户更换常用搜索引擎的比例仅为2.6%。用户更换常用搜索网站的原因中，最主要的原因是导入搜索引擎的应用（浏览器/导航网站等）发生了改变。

3. 网民搜索使用行为

用户使用搜索引擎的渠道中，直接进入网站进行搜索是最常用的选择，网民使用比例达到74.7%；其次为在浏览器地址栏里输入关键词搜索，比例为53.8%；其他方面，使用过浏览器上的搜索框进行搜索的比例为44.0%，使用过网址导航提供的搜索框比例为37.0%，使用过网站提供的搜索框为33.5%，使用聊天工具提供的搜索框和使用输入法提供的搜索框比例分别为24.3%、9.7%。

搜索广告的信誉度还有待提高。仅有3.6%的搜索用户认为搜索广告完全可信，38.5%的搜索用户认为搜索广告“有些可信”，还有33.6%的搜索用户对待搜索广告持中立态度。

4. 用户特征

(1) 性别结构：搜索用户中，男性网民占56.7%，高出整体网民1.1个百分点。女性网民占43.3%，稍低于整体网民女性比例。

(2) 年龄结构：搜索用户呈现年轻化的态势，30岁以下的用户比例高出整体网民同龄段4.1个百分点；搜索用户主要集中在10～39岁，占比达82.7%，比整体网民同龄段高出3.9个百分点。

(3) 学历结构：相比整体网民，搜索用户受教育程度更高，高中及以上各阶段学历的比例都要高于整体网民，高中及以上学历高于整体网民3.6个百分点。

(4) 职业结构：与整体网民相比，搜索网民中“学生群体”“党政机关事业单位员工”“企业/公司员工”“专业技术人员”的比例高于整体网民，这些群体中，网民受教育程度较高，多数从事脑力劳动，在工作和生活中对信息的需求较其他群体要强，因此搜索引擎的使用比例也较高。

(5) 收入结构：搜索用户收入主要集中在“2 001～3 000元”和“3 001～5 000元”“500元以下”三个区间，收入结构与整体网民相似。

当前移动搜索产业还不完善，搜索模式和盈利模式都有待未来发展过程中逐渐明晰。可以预见的是，未来搜索引擎企业将在操作系统、应用商店/市场、浏览器、输入端、手机助手/管家等入口上进行激烈争夺，因为谁控制了这些一二级入口，就能在搜索引擎市场竞争中处于有利的地位。

（资料来源：http://www.cnnic.cn.）

### 7.1.3 搜索引擎营销的实现

搜索引擎是常用的互联网服务项目和最基本的网络营销手段，搜索引擎服务市场的竞争也随着搜索引擎广告价值的不断提高而日趋激烈，搜索引擎营销受到越来越多企业的青睐。

1. 搜索引擎营销的基本过程

搜索引擎营销的基本过程有5个阶段，即企业将信息发布在网站上，成为以网页形式存在的信息源；搜索引擎将网站/网页信息收录到索引数据库中；用户利用关键词进行检索(对于分类目录则进行逐级目录查询)；检索结果列出相关的索引信息及其链接URL；根据用户对检索结果的判断，选择有兴趣的信息，并通过单击URL进入信息源所在网页。

2. 搜索引擎营销的目标层次

搜索引擎营销的目标包括被主要的搜索引擎/分类目录收录，在被搜索引擎收录的基础上获得好的排名，提高用户对检索结果的点击率，将浏览者转化为真正的顾客，实现销售收入的增加。从下到上，搜索引擎营销的目标依次提高，如图7.1所示。

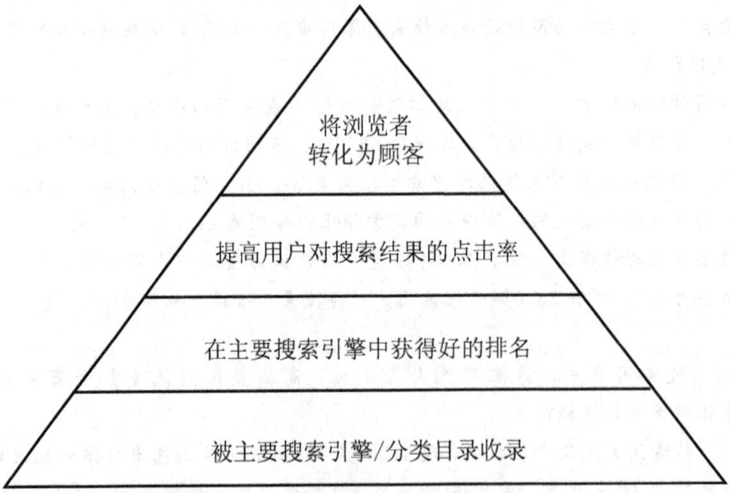


图7.1 搜索引擎营销的目标层次结构

3. 实现搜索引擎营销目标的要素和任务

根据搜索引擎营销的基本原理，实现搜索引擎营销的最高层次目标需要有5个基本要素和5项基本任务。

1) 实现搜索引擎营销目标的5个基本要素

根据搜索引擎营销的基本原理，实现搜索引擎营销目标需要5个基本要素，即信息源(网页)、搜索引擎信息索引数据库、用户的检索行为和检索结果、用户对检索结果的分析判断、对选中检索结果的单击。

研究搜索引擎营销和营销信息传递过程、提高营销信息传递的效果分别是搜索引擎营销的基本任务和内容。

2）实现搜索引擎营销目标的5项基本任务

（1）构造适合于搜索引擎检索的信息源。信息源被搜索引擎收录是搜索引擎营销的基础，也是网站建设之所以成为网络营销基础的原因，企业网站中的各种信息是搜索引擎检索的基础。为获得更多有价值的信息，用户在检索后还会进入信息源所在的网页或网站。为吸引访问者，信息源的构建不仅要站在搜索引擎友好的角度，还应站在网民的角度考虑，包含用户友好内容，特别是建立以网络营销为导向的企业网站。

（2）创造网站/网页被搜索引擎收录的机会。完成网站建设并在互联网上发布，并不意味着搜索引擎营销目的的实现。网站如果不能被搜索引擎收录，网民便无法通过搜索引擎检索网站中的信息，网络营销信息也难以广泛传播。因此，让尽可能多的网页被搜索引擎收录是网络营销的基本任务之一，也是搜索引擎营销的基本步骤。

（3）提升网站信息在搜索结果中的排名。提升企业信息在搜索结果中的排名可以获得更多检索者的关注，提高营销效果。当网民输入某个关键词进行检索时，搜索引擎会反馈大量的检索结果，如果企业信息出现的位置靠后，被网民关注的机会将大大降低，搜索引擎营销的效果也就无法保证。调查显示，60％～65％的人会单击名列搜索结果前10位的网站，20％～25％的人会考虑单击名列第11～20位的网站，3％～4％的人会单击在搜索结果中列第21～30名的网站。

（4）以搜索结果中有限的信息获得用户关注。通过对搜索引擎检索结果的研究发现，并非所有的检索结果都含有丰富的信息，网民通常并不单击浏览检索结果中的所有信息，而是通过对搜索结果的分析，单击一些与检索要求相关性最强或最能引起其关注的信息。这就要求营销人员研究每个搜索引擎收集信息的方式及其针对性，选择合适的关键词和描述语言。

（5）为用户获取信息提供方便。网民通过单击搜索结果进入相关网站/网页，是搜索引擎营销效果的基本表现形式，而网民的进一步行为决定了搜索引擎营销是否能够最终获得收益。在网站上，网民可能为了解某个产品服务信息而成为注册用户，因此，搜索引擎营销应与网站信息发布、顾客服务、网站流量统计分析、在线销售等其他网络营销工作密切联系，在为网民获取信息提供方便的同时，与网民建立密切的关系，力争使其成为企业的客户或潜在客户。

4. 搜索引擎营销的常见方式

1）免费登录分类目录

免费登录分类目录是最早的网站推广手段。目前，部分重要的搜索引擎都已开始收费，免费搜索引擎登录的方式正在逐步退出网络营销舞台。调查统计显示，网站访问量主要集中于少数重要的搜索引擎，质量低、访问量小的搜索引擎对开展网络营销意义不大，即便它们是免费的。

2）收费登录分类目录

收费登录分类目录与免费登录不同，只有缴纳费用的网站才被收录。一些搜索引擎提供的固定排名服务，一般也是在收费登录的基础上开展的。这类搜索引擎营销与网站设计本身没有直接关系，排名次序取决于所缴费用的多少。

随着搜索引擎收录网站和网页数量的增加，网民通过分类目录检索信息的难度也在不断加大；同时，由于大量的信息没有被搜索引擎收录，也使得一些有价值的信息无法被检索到，从而影响分类目录搜索引擎的营销效果。

3）关键词广告

关键词广告也称为“关键词检索”，是在搜索引擎的搜索结果中发布广告的一种方式。与一般网络广告不同，关键词广告出现的位置不是固定在某些页面上，只有当网民检索到企业所购买的关键词时，广告才会出现在搜索结果页面的显著位置。

不同的搜索引擎有不同的关键词广告显示方式，有的搜索引擎将付费关键词检索结果列在搜索结果列表的最前面，有些则列在搜索结果页面的专用位置。

关键词广告作为网络广告的一种特殊形式，关键在于其定位准确。网站提供的即时单击链接和随时修改关键词等相关信息服务，进一步提高了关键词广告的吸引力和营销效果，促使其逐渐成为搜索引擎营销的常用形式。

**案例 7-1**

### 百度的竞价排名

竞价排名是百度的一种按效果付费的网络推广方式。企业在百度注册与产品相关的关键词后，当网民搜索这些关键词信息时，企业的推广信息就会展现在网民面前，供网民查阅。企业一般按照网民单击的效果付费，企业以竞价方式获得搜索引擎的排位。

**思考题：**在用搜索引擎推广时，如何选择关键词？

**资料链接**

### 选择最佳关键词的技巧

关键词的研究和选择是搜索引擎营销活动中至关重要的一步。众所周知，多数人在网上寻找信息都是从搜索引擎开始的。我们都是通过输入关键字段来寻找想要的信息。目前，多数人搜索时使用平均2～5个关键词。因此，选择恰当的关键词对于优化网页内容变得越来越重要。因为搜索引擎主要提供与关键词有关的内容，比起那些没有用适当的关键词来描述其产品或服务的网站，网页上如果有相关的关键词，该网站的排名会更靠前。

关键词的选取也是根据要销售的产品或者服务来确定，由大的产品名称一直到小的产品细节都可以设置为关键词。

简单地说，关键词选择的技巧包括：有符合推广产品特色或者与行业相关或服务相关；关键词的选择要多站在用户的角度去考虑，尽量符合大众用户的搜索习惯；分析竞争对手关键词和关键词的竞争程度；随时观察关键词的指数、竞争程度，及时调整出价；将关键词扩展成一系列短语；进行多重排列组合等。

（资料来源：http://bbs.28tui.com/thread-213204-1-1.html.）

4）自然排名

自然排名是指通过搜索引擎优化，提高网站设计质量，使关键词获得较高的自然排位。相对于竞价排名来说，自然排名稳定持久，无须按单击次数付费，长期开展的费用低于竞价排名费用。与竞价排名相比，自然排名易获得网民的信任，点击率更高。

资料链接

### 搜索引擎优化

搜索引擎优化简称搜索优化，是指针对搜索引擎对网页的检索特点，通过了解各类搜索引擎抓取互联网页面、索引和确定其对某一特定关键词的搜索结果排名等技术，对网页内容进行相关的优化，以适合搜索引擎的检索原则，从而使搜索引擎收录尽可能多的网页，并在搜索引擎自然检索结果中排名靠前，达到网站推广的目的。

随着搜索引擎检索原则、排名规则的不断变化，检索结果的排名也在变化，搜索引擎优化已成为搜索引擎营销中越来越复杂的工作。

5）网页内容定位广告

基于网页内容定位的网络广告(Content-Targeted Advertising)是搜索引擎营销模式的进一步延伸，广告载体不仅包括搜索引擎的搜索结果网页，还包括提供这种服务的合作伙伴的网页。

搜索引擎在网络营销中的重要地位受到越来越多企业的认可。随着搜索引擎营销方式的不断演变，企业应根据环境的变化选择合适的方式，实施搜索引擎营销推广。

## 7.2 E-mail营销

快捷、廉价的E-mail是站点推广的有效工具。网站被搜索引擎收录后，只能被动地等待用户检索并单击链接进入网站。与搜索引擎相比，E-mail营销具有主动向网民推广网站的优势，且推广方式灵活，包括新闻邮件、电子刊物等。

### 7.2.1 E-mail营销的含义和分类

随着网民数量的不断增加，E-mail正在成为大众传播信息的工具，其营销价值也正在被挖掘。

1. E-mail营销的含义

E-mail营销是在网民事先许可的条件下，通过E-mail的方式向目标顾客传递有价值信息的一种网络营销手段。E-mail营销包括3个必不可少的基本因素，即网民许可、E-mail传递信息、信息的价值。

资料链接

### E-mail列表

E-mail列表(Electronic Mailing List)的起源可以追溯到1975年，是互联网上最早的社区形式之一，也是大量发布E-mail、传递信息的有效工具，用于各种群体之间的信息交流和信息发布。常见形式包括电子刊物、新闻邮件、网站更新通知等。

E-mail列表是一种建立在普通E-mail基础之上的服务。使用普通E-mail服务时，给一个客户发送信息，就在E-mail编辑窗口中指定一个用户的地址；若同时向很多客户发送信息，就必须在E-mail编辑窗口的收信人地址中指定多个E-mail地址。使用E-mail列表服务，可以把收信人地址组织起来，并设定一个公共地址，所有发向这个公共地址的E-mail都会自动转发给加入这个E-mail列表的收信人。

E-mail列表的类型分为公开、封闭、管制3种。公开的E-mail列表是指任何人可以在列表中发送信件，如公开的论坛；封闭的E-mail列表是指只有E-mail列表中的成员才能发送信件，如同学通讯、技术讨论；管制的E-mail列表是指只有经过E-mail列表管理者批准的信件才能发送，如产品信息发布、电子杂志等。

E-mail列表对企业的网络营销有多方面的作用。首先，企业可以通过E-mail列表发布新产品信息，为客户提供产品的技术支持，与客户沟通，收集反馈信息；其次，可以为企业主页发布更新通知；再次，可以发送或订阅电子杂志；最后，可用于产品的邮购跟踪、产品目录的发放与索取、与广告商沟通等活动。

### 2. E-mail营销的特点

与传统的直邮广告、电话营销等直复营销方式相比，E-mail营销的优势显著，主要表现在以下几个方面。

1）成本低

成本低是E-mail营销的重要特点。无论是用户许可的E-mail，还是垃圾邮件(Spam)，其成本都比传统的直邮或电话营销成本低；而与手机短信息服务(Short Messaging Service，SMS)营销相比，E-mail营销信息承载量大。

2）促进顾客关系

E-mail营销对于顾客关系的促进效果比较明显。例如，向用户提供电子刊物，电子刊物和用户之间不仅是单向的信息传递，同时也在网站和用户之间建立起一个互相交流的渠道，使用户和网站之间保持长期的关系。

3）点击率高

E-mail营销可以为用户提供个性化的服务信息，用户拥有主动的选择权，可以根据自己的兴趣预先选择有用的信息，因而对接收到的信息关注程度高、点击率高。

4）反应迅速、缩短营销周期

根据发送邮件数量的多少，用几秒钟到几个小时就可以完成数以万计的E-mail发送，一个营销周期可以在几天内全部完成。

5）相对保密性

与媒体广告、公关等其他市场活动相比，E-mail营销并不需要大张旗鼓地制造声势，信息直接发送到用户的电子邮箱中，不容易引起竞争对手的注意，除非竞争者的E-mail地址也在E-mail列表中。

6）针对性强

E-mail营销可以有针对性地向潜在用户发送E-mail，与在其他媒体上不加定位地投放广告相比，营销费用大大降低。

### 3. E-mail营销的分类

E-mail营销按照不同的标准有不同的分类。

1）按照是否经过网民许可分类

按照发送信息是否事先经过网民许可来划分，可以将E-mail营销分为许可E-mail营销（Permission E-mail Marketing，PEM）和未经许可的E-mail营销（Unsolicited Commercial E-mail，UCE）。未经许可的E-mail营销也就是通常所说的垃圾邮件。正常的E-mail营销都应获得网民的许可。

资料链接

## 垃圾邮件

中国互联网协会在《中国互联网协会反垃圾邮件规范》中所称的垃圾邮件，包括下述属性的E-mail：①收件人事先没有提出要求或者同意接收的广告、电子刊物、各种形式的宣传品等宣传性的E-mail；②收件人无法拒收的E-mail；③隐藏发件人身份、地址、标题等信息的E-mail；④含有虚假的信息源、发件人、路由等信息的E-mail。

垃圾邮件又可分为良性的和恶性的。良性垃圾邮件是指各种宣传广告等对收件人影响不大的E-mail。恶性垃圾邮件是指具有破坏性的E-mail，如占用网络带宽，造成邮件服务器拥塞，进而降低整个网络的运行效率；侵犯收件人的隐私权，侵占收件人信箱空间，耗费收件人的时间、精力和金钱。有的垃圾邮件还盗用他人的E-mail地址作为发信地址，严重损害了他人的信誉；被黑客利用成为实施网络犯罪的工具等。

2）按照E-mail地址的所有权分类

潜在顾客的E-mail地址是企业重要的网络营销资源。按照网民E-mail地址资源的所有权归属，可将E-mail营销分为内部E-mail（内部列表）营销和外部E-mail（外部列表）营销。内部列表是一个企业/网站利用网民自愿注册的资料而获得的E-mail地址；外部列表是指企业从专业服务商或提供专业服务的机构那里获得的E-mail地址资源列表。

3）按照营销计划分类

按照企业的营销计划，可将E-mail营销分为临时性的E-mail营销和长期E-mail营销。临时性的E-mail营销包括不定期的产品促销、市场调查、节假日问候、新产品上市推广等；长期的E-mail营销通常以企业内部注册会员资料为基础，主要表现为新闻邮件、电子杂志、顾客服务等各种形式的邮件列表。

长期E-mail营销比临时性的E-mail营销更持久，更注重建立良好的顾客关系，提高服务质量，塑造和维护企业品牌形象。

在实际营销活动中，为提高E-mail营销效果，企业往往会同时使用多种E-mail营销形式，即复合类型的E-mail营销。例如，在使用自己的内部列表的同时，采用专业服务商提供的外部列表。

### 7.2.2 E-mail营销的基本形式

内部列表和外部列表是E-mail营销的两种基本形式。

内部列表和外部列表各有优势，重视网络营销的企业通常都建立有自己的内部列表。内部列表包括企业自己拥有的各类网民的注册资料，如免费服务用户、电子刊物用户等。内部列表是企业开展网络营销的长期资源，也是E-mail营销的重要内容。外部列表包括各种可以利用的E-mail营销资源，主要是由专业服务商提供的E-mail资源，例如，专业E-mail营销服务商、免费邮件服务商和专业网站的会员资料等。

由于内部列表和外部列表各自在拥有网民资源方面的特点不同，在开展 E-mail 营销的内容和方法上也有很大差别，如表 7－1 所示。

表 7－1　内部列表和外部列表 E-mail 营销的比较

| 比较项目 | 内部列表 E-mail 营销 | 外部列表 E-mail 营销 |
| --- | --- | --- |
| 主要功能 | 顾客服务、顾客关系、品牌形象、产品推广、在线调查、资源合作 | 品牌形象、产品推广、在线调查 |
| 投入费用 | 相对固定，取决于日常经营和维护费用，与 E-mail 发送数量无关，用户数量越多，平均费用越低 | 没有日常维护费用，营销费用由 E-mail 发送数量等因素决定，发送数量越多费用越高 |
| 网民信任程度 | 网民主动加入，对 E-mail 内容信任程度高 | E-mail 为第三方发送，网民对 E-mail 的信任程度取决于服务商的信用、企业自身的品牌、E-mail 内容等因素 |
| 列表网民与目标市场的一致性 | 高 | 取决于服务商 E-mail 列表的质量 |
| 获得新用户的能力 | 用户相对固定，获得新用户的效果不显著 | 可针对新领域的网民进行推广，吸引新用户能力强 |
| 用户资源规模 | 一般内部列表用户数量比较少，需要逐步积累 | 用户资源规模大，在预算许可的情况下，可同时向大量用户发送 E-mail |
| E-mail 列表的维护和内容设计 | 需要专业人员操作，无法获得专业人士的建议 | 由服务商专业人员负责，可对 E-mail 发送、内容设计等提出建议 |
| E-mail 营销效果分析 | 属长期活动，较难在短时间内正确评价每次 E-mail 发送的效果，需要长期跟踪分析 | 服务商提供专业分析报告，可快速了解每次活动的效果 |

除了以上两种基本形式之外，一些企业还会利用合作伙伴的内部列表信息来开展 E-mail 营销。合作伙伴的 E-mail 列表资源可以看做内部列表的延伸，一般是通过联合注册的形式实现的，又称为联合注册列表(简称联合列表)。例如，网民在注册新浪网的免费邮箱服务时，有一项“享受新浪会员特惠服务”，其包括多项可选的合作伙伴注册信息，注册网民若选中该项内容，将获得合作伙伴提供的服务。对于网民来讲，注册一次就可以获得若干个(参与联合注册的)网站提供的信息，不需要在不同的网站上分别注册；但网民在获得所注册网站提供的某种服务时，网民的注册信息也被这些网络服务商所共享。

### 7.2.3　E-mail 营销的过程

#### 1. 开展 E-mail 营销的基础条件

开展 E-mail 营销需要解决 3 个基本问题：向哪些网民发送 E-mail，发送什么内容的 E-mail，如何发送这些 E-mail。解决这 3 个问题所采用的技术和手段构成了 E-mail 营销的三大基础条件，即技术基础、网民地址资源和邮件内容。

1）E-mail 营销的技术基础

E-mail 营销的技术基础是指企业采用一定的技术，确保网民加入或退出 E-mail 列表的自由和便利，有效进行网民资料的管理，实现 E-mail 发送和效果跟踪等功能。

2）E-mail 营销的网民地址资源

在网民自愿加入 E-mail 列表的前提下，获得足够多的有效 E-mail 地址资源，是确保 E-mail 营销绩效的必要条件。

3）E-mail 营销的 E-mail 内容

营销信息是通过 E-mail 向网民发送的，E-mail 的内容对网民有价值才能引起网民的关注和兴趣，激发他们进一步了解相关信息的欲望，最终实现产品和服务的销售。因此，有效的内容设计是 E-mail 营销发挥作用的基本前提。

满足 E-mail 营销条件是开展真正意义上的 E-mail 营销的前提和基础，是实现 E-mail 营销目标的保障。

2. E-mail 营销的一般过程

开展 E-mail 营销的一般过程包括 5 个步骤，第一步，企业应制订 E-mail 营销计划；第二步，根据有效计划分析所拥有的 E-mail 营销资源，包括内部列表和可利用的外部列表，选择合适的外部列表服务商；第三步，针对内部和外部 E-mail 列表，分别设计相应的 E-mail 内容；第四步，根据计划向潜在用户发送 E-mail 信息；第五步，对 E-mail 营销活动的效果进行分析和总结，如图 7.2 所示。

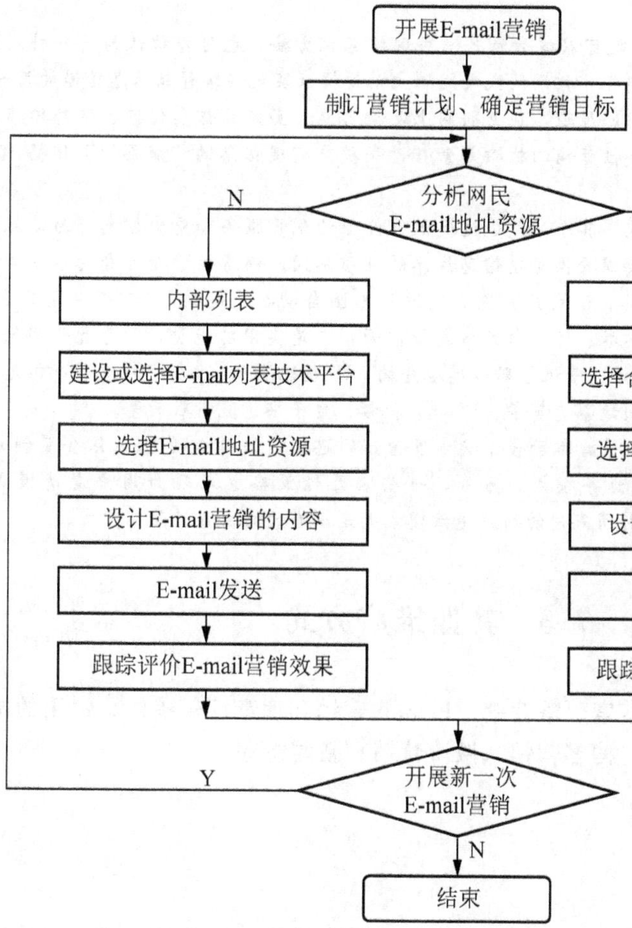


图 7.2　开展 E-mail 营销的一般过程

**案例 7-2**

## 某公司的 E-mail 营销方案

A 公司是一家旅游公司，为在“黄金周”前进行公司旅游项目促销，公司决定采用 E-mail 营销。

由于公司内部营销资源不足，公司决定借助专业服务商发送 E-mail 广告。通过对服务商的 E-mail 列表定位程度、报价和提供的服务等方面的比较分析，公司最终选择新浪上海站，并利用该网站的一份订户数量超过 30 万、关于上海市白领生活的电子周刊作为本次 E-mail 营销的主要信息传递载体。公司计划连续四周投放 E-mail 营销信息，发送时间定为每周三；前两次以企业形象宣传为主，后两次针对公司新增旅游路线进行推广，并且每周的内容都有所不同。

E-mail 营销活动结束后，公司网站的日平均访问量比上个月增加了 3 倍多，尤其是在发送 E-mail 的次日和第三日，网站访问量增加了 5 倍。

**思考题：** A 公司 E-mail 营销成功的关键是什么？

**资料链接**

## 病毒性营销

病毒性营销(Viral Marketing)既可以被看做是一种网络营销方法，也可以被认为是一种网络营销思想，即通过提供有价值的信息和服务，利用网民之间的主动传播来实现网络营销信息传递的目的。

病毒性营销利用用户口碑传播的原理，在互联网上实现自愿、高效的信息传播。这种传播是用户之间自发的，几乎不需要费用。病毒性营销的核心是营销，手段是实现信息的“病毒性”传播，其实质与病毒没有任何关系。

病毒性营销并没有固定的模式，其本质是通过提供有价值的免费服务和免费信息，通过互联网实现服务信息在网民间的自动传播。按病毒性营销信息载体的性质不同，病毒性营销可分为以下 4 类：一是通信服务类，即提供免费通信工具，形成用户圈，通过用户圈自动扩大规模，如 QQ、免费 E-mail 等；二是优惠服务类，即转发在线优惠券、转发商品信息短信等；三是实用功能类，即免费使用软件、免费在线查询(域名查询、邮政编码查询、手机号码归属地查询、IP 属地查询)、在线评价等；四是免费信息类，即提供适合转发和下载的幽默故事、贺卡、Flash、视频、电子书、流行歌曲等。

除以上 4 类外，还有很多营销策略都融合了病毒性营销的思想，如网络联盟(网络会员制营销)、网上拍卖、网上商店等常见的电子商务模式。另外，一些病毒性策略也表现为用户邀请模式，例如，Google 在推出 Gmail 邮箱客户端时所采用的用户邀请模式也是很有效的病毒性营销方案。

# 7.3 其他推广方式

在站点推广中，除采用搜索引擎营销、E-mail 营销和病毒性营销外，常用的推广方式还包括交换链接、网络社区、博客营销、微博营销和新闻组等。

### 7.3.1 交换链接

1. 交换链接的定义

网站之间的合作是互相推广的一种重要方法，其中最简单的合作方式为交换链接。交换链接，也称为友情链接、互惠链接、互换链接等，是具有一定互补优势的网站之间的简单合作形式，即分别在自己的网站上放置对方网站的 LOGO 或网站名称，并设置对方网站的超级链接，使网民从合作网站中找到所需的网站，达到互相推广的目的。

2. 交换链接的作用

交换链接作为一项常用的网站推广手段，主要作用有两点：一是通过和其他站点的交换链接，吸引更多的网民单击访问；二是搜索引擎会根据交换链接的数量及交换链接网站的质量等，对一个网站做出综合评价。

一个网站被其他网站链接的机会越多，越有利于推广自己的网站。对于大多数中小网站来说，利用交换链接不仅可以提高网站推广效率，而且还可以降低推广费用。

3. 建立交换链接的一般过程

建立交换链接的一般过程可以分为 3 个阶段，即寻找合作对象、与合作对象联系和协商、交换链接的实施和管理。

1）寻找合作对象

建立交换链接的首要任务是寻找比较“理想”的合作对象。在网站拥有一定访问量的前提条件下，相关性或互补性越强的网站之间的链接，越容易吸引访问者的注意，交换链接的效果也就越明显。

寻找合作对象的简单方法是先选择几个与自己实力、规模、经营领域最接近的网站，分析它们的交换链接对象，选择访问者可能对自己的网站感兴趣的网站作为备选对象；同时，分析自己网站的访问者对备选网站的兴趣，以双方的访问者可能互相有兴趣的网站作为首选目标。

**资料链接**

## 建立交换链接的注意事项

在进行友情链接交换的时候，一般最基本的要求是网站快照、网站 PR、网站反向链接数等。

1. 网站快照

网站快照一般会要求 3 天或者 7 天以内，如果一个网站平时快照很少更新，刚好在前一天更新了，那么看到的其快照当然是正常的。分析对方快照时，更应该分析对方网站近段时间的收录量。

可以使用爱站网（www.aizhan.com）提供的友情链接检查功能，分析对方网站近段时间的收录量。如图 7.3 所示是美团网的分析结果。

在查询网站快照的同时，应该分析对方网站近日以来的收录情况，这样才能够更详细地了解对方网站的更新频率，了解对方网站“蜘蛛”的到访频率。

2. 网站 PR

网站的 PR 值一直都是站长交换友情链接的一个重要依据，但是网站站长大部分优化对象是百度；而 PR 却是 Google 提供的一项标准，并不一定适应于百度。因此交换友情链接时除了 PR，还有其他类似于 PR 的参考依据可供参考。如图 7.4 所示是利用爱站网提供的“综合查询”工具对美团网站的分析结果。爱站网此工具实际上是通过查询对方网站在百度关键词的排名情况并预估出给其网站带去的流量，从而判断对方网站的百度权重值，从图 7.4 可以看出，美团网的百度权重为 7。当只靠查看 PR 给不了足够说服力的时候，百度权重就可作为一个参考依据。

图 7.3　美团网网站收录量

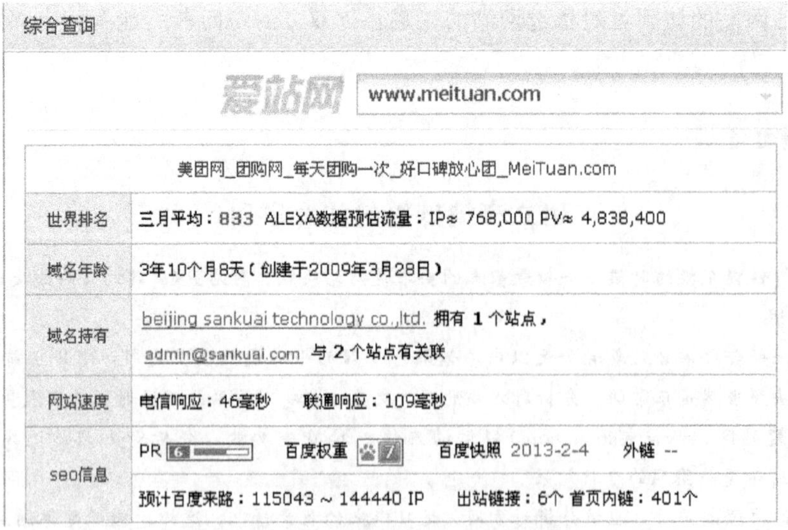


图 7.4　美团网网站综合分析结果

3. 反向链接数量

反向链接不仅包括站外指向本站页面的链接，也包括站内页面之间的链接。如图 7.5 所示，是利用爱站网提供“反链查询”工具对美团网站的分析结果。通过查询对方网站的入站链接数量及出站数量，得到大概导入本网站的一个权重。

图 7.5　美团网反向链接分析结果

2）与合作对象联系和协商

找到备选合作网站后，向对方提出交换链接建议，在得到建立交换链接意向后，与对方协商有关事宜。

3）交换链接的实施和管理

在与合作伙伴达成建立交换链接协议后，应尽快为对方做好链接，并告知对方，相互邀请对方检查链接是否正确，位置是否合理。

交换链接的实质是向链接网站推广自己的网站。建立交换链接不仅有利于营造网站间的良好关系，也是在同行间确立自己地位的有效方法。

交换链接建立后，随着新网站的不断出现，企业应完善链接队伍，并剔除那些被关闭或效果不佳的交换链接网站。

### 7.3.2　网络社区

网络社交人员在即时通信、博客、论坛/BBS、交友网站等社区类网络应用上的渗透率明显高于其他群体。

1. 网络社区的含义

网络社区(Network Community)又称虚拟社区或网上俱乐部(Club)，其实质是在网上建立一个虚拟的社交空间，为具有相同兴趣和爱好的网民提供聚集、沟通、联络感情和网上交易的平台，其效果与咖啡厅或沙龙相似。

与一般的上网浏览不同，网络社区充分利用互联网的交互功能，能够实现双向或多向的沟通和交流。在网络社区中，网民通过聊天室、留言板、群组讨论、社区通信、社区会员列表、在线聊天、网页设计等网上交流工具建立联系，社区成员通过建立网页、交换意见等方式自发地组成网上群体，并逐渐形成一个相对稳定、兴趣相近的网上居民群体，进而吸引更多有相近志趣的网民的加入。

从网站经营者的角度来看，成功的网络社区不仅可以带来稳定的流量，增加广告收入，而且也使注册会员能借此拥有独立的资讯存放于讨论空间，为社区营销创造良好的平台。

网络社区是虚拟的、自由的和全开放的，社区成员可以自由进出。社区成员越多，人气越旺，营销效果就越好。

2. 网络社区营销

网络社区营销是网络营销的重要手段之一。网络社区营销是指将具有共同兴趣和爱好的访问者吸引到一个虚拟空间，通过成员间的相互沟通，实现营销目标。

一般来讲，一个优秀的网络社区的功能包括论坛、E-mail、聊天室、讨论组、回复即时通知和博客。企业可以利用网络社区的功能开展营销活动。利用网络社区的论坛邀请访问者或会员参与在线调查，了解顾客对产品或服务的意见，通过与社区成员交流促使其成为企业的顾客；利用BBS或聊天室等在线解答顾客的问题，提高服务质量和顾客忠诚度；利用论坛的广告免费发布区，发布产品和服务信息，促进产品销售；利用博客介绍产品和服务的功能、特点和利益，通过与参与者讨论或解答问题，达到间接推广产品的目的。

企业开展网络社区营销可以利用自己网站的社区，也可以利用其他网站的社区。由于网络社区在满足网民们交流需要的同时，可以为企业带来利益，潜藏着的巨大的商机，所以，许多企业都在自己的站点上开办网络社区，并与同类的社区建立交换链接，为网络营销提供营销渠道和手段。

**案例7-3**

## 安琪酵母的网络论坛营销

安琪酵母股份有限公司，是国内最大的酵母生产企业。酵母，在人们的常识中是蒸馒头和做面包用的必需品，很少直接食用。而安琪酵母公司却开发出酵母的很多保健功能，并生产出可以直接食用的酵母粉。

要推广酵母粉这种人们完全陌生的食品，安琪公司首选论坛进行推广。于是，它们开始在新浪、搜狐、TOM等有影响力的社区论坛中制造话题。

之所以这样做，是因为在论坛中，单纯的广告帖永远是版主的“眼中钉”，也会招来网友的反感，制造话题比较让人能够接受。

当时有很多关于婆媳关系的影视剧正在热播，婆媳关系的关注度也很高。因此，公司策划了《一个馒头引发的婆媳大战》事件。

事件以第一人称讲述了南方的媳妇和北方的婆婆关于馒头发生争执的故事。

我是一个南方女孩，在这个饮食文化大融合的时代，我做菜的手艺真是没得说：酸菜鱼、红烧肉、辣子鸡丁……老公的心和胃都被我紧紧拴着。但唯一的遗憾就是我一直不会蒸馒头。

作为地道的北方人，老公爱吃馒头的习惯一直保留着，每次在外面看到店铺刚出锅的热馒头，总忍不住上前买两个，吃完了总会说，他妈妈蒸的馒头味道远远不止于此，比这香甜的多。

婆婆要来北京看他儿子了，这可是我们结婚后第一次检阅啊，想到天涯上传说的婆媳大战，我的心情不是一般的紧张。最后思考一番决定实施馒头攻略，我要让婆婆知道，即使她不在，老公也能吃到香喷喷的家蒸馒头！

婆婆周日中午到北京，我一大早便买来面粉、泡打粉，按照从网上查来的方法，做得有模有样。万万没有想到的是这次蒸的馒头，引发了一场“婆媳大战”！

那天的馒头真是不争气，皮硬硬的，颜色发黄，口感也远不如在外面买的。中午，老公把婆婆接进家门，我硬着头皮把馒头端上了饭桌，我明显看见婆婆的脸长长地拉了下来。饭桌上，婆婆一直给老公夹菜，漫不经心地问我“这馒头是拿什么发酵的?”，听到我说泡打粉后，婆婆腾地站起来，端起一盘子馒头都倒在了垃圾桶，还说泡打粉是含铝的，做这样的馒头是想害人呢？

那顿饭我是含着眼泪吃完的，心想，自己的妈妈绝对不会这样。后来的一段日子我都不愿跟婆婆多说话，每天都在冷战中度过，直到婆婆临走的前两天，我看着她做了一次馒头。

婆婆手脚麻利地和面、揉剂、定型，每一步都是那么娴熟自如，我嘴上不说什么，心里却十分佩服。婆婆那天对我格外亲切，一边忙碌，一边温柔地跟我说起她的“馒头经”。让我印象深刻的是婆婆拿出一个小袋，告诉我做好馒头的秘诀是这小小的“酵母”。

于是，我打开百度搜索“酵母”，查看这不起眼的酵母到底有什么神奇。搜索结果是，这小小的酵母还真蕴藏着大大的神奇……

后来婆婆放心地走了，一场馒头引发的婆媳战争，源于我也蒸出了同样可口的馒头而平息……

此帖一出，引发了不少网友的讨论，其中就涉及了酵母的应用。这时，由专业人士把话题的方向引入到酵母的其他功能上去，让人们知道了酵母不仅能蒸馒头，还可以直接食用，并有很多的保健美容功能，如减肥。

由于当时正值6月，正是减肥旺季，而减肥又是女人永远的关注点。于是，论坛上的讨论，让这些关注婆媳关系的主妇们同时也记住了酵母的一个重要功效——减肥。

为了让帖子引起更多的关注，公司选择有权威的网站，利用它们的公信力把帖子推到更好的位置。

当时，选择了新浪女性频道中关注度比较高的美容频道，把相关的帖子细化到减肥沙龙板块等。果然，有了好的论坛和好的位置，马上引发了更多普通网民的关注。

由于论坛的帖子和博客引来很多跟帖，其中也有不同的声音。对于这种帖子，在容忍不同看法的同时，让一些技术人员或者懂行的人进行适当的引导。例如，对那些攻击性的帖子，公司没有找网站删帖，而是找到发言的这个人，问清楚他的理由。如果是消费者，他的不满就反馈到企业去；而如果他是竞争对手的恶意攻击，就在网络上揭露出来。

除了论坛营销，安琪酵母又在新浪、新华网等主要网站发新闻，而这些新闻又被网民转到论坛里作为谈资。这样，产品的可信度就大大提高了。

在接下来的两个月时间里，安琪酵母公司的电话量陡增。消费者在百度上输入了“安琪酵母”这个关键词，页面的相关搜索中就会显示出“安琪即食酵母粉”、“安琪酵母粉”等十个相关搜索，安琪酵母获得了较高的品牌知名度和关注度。

（资料来源：http://wenku.baidu.com/view/aff2c07d1711cc7931b716ed.html.）

**思考题**：利用论坛进行营销时，需注意哪些问题？

### 7.3.3 博客营销

1. 博客营销的含义

博客就是在网络上发布和阅读的流水记录，通常称为“网络日志”(简称网志)。

博客营销就是利用博客开展营销活动，即企业或个人利用博客这种网络交互性平台，发布企业或个人的相关信息，及时回复网民的疑问或提供咨询，并通过功能多样的博客平台帮助企业以较低的成本获得搜索引擎的较前排名，实现营销目标。

企业博客是由企业为了达到一定目的而开设的博客。作为营销工具的企业博客，包括企业外部博客和企业内部博客。企业外部博客可以被互联网上的任何人搜索到，而内部博客只对企业员工开放。

博客营销的实质是通过网络信息的传递实现营销目标。开展博客营销要求营销者掌握相关领域的基本知识，并能有效利用博客平台。

2. 博客营销的价值

博客营销的价值主要体现在以下几个方面。

1）带来潜在用户

有价值的博客内容会吸引大量的潜在用户浏览，从而达到向潜在用户传递营销信息的目的。传播营销信息是博客营销的基本形式，也是博客营销价值最直接的表现。

2）降低网站推广费用

在博客内容中适当地加入企业网站的信息(如热销产品链接、在线优惠券下载网址链接等)，能达到低成本推广网站的目的。

3）为网民获得信息提供机会

让尽可能多的博客网页被主要搜索引擎收录，使网民可以比较方便地通过搜索引擎浏览企业博客内容，从而增加网民通过搜索引擎发现企业信息的机会。

4）增加企业网站的链接

获得其他相关网站的链接是一种常用的网站推广方式。当网站知名度不高且访问量较低时，很难获得有价值的网站链接，此时可通过博客文章为本企业的网站做链接。

5）收集网民资料和顾客反馈信息

当博客内容受到欢迎时，博客网站也成为企业与网民和顾客交流的场所。在博客文章中添加产品服务信息，让读者发表评论或意见，可以了解读者对博客文章内容的观点。在博客文章中设置在线调查表的链接，吸引有兴趣的读者参与调查，不仅可以扩大在线调查表的投放范围，还可以直接就调查中的问题与读者进行交流，实现在线调查的交互性，提高在线调查的可靠性，降低调查费用。

6）建立权威网站品牌效应

博客中的信息资源包括各种有价值的文章、网站链接、实用工具等。这些信息资源可以为博客带来可观的访问量，为进一步撰文、研究提供资料和帮助，实现博客的良性循环。企业博客文章通过对某一领域的深度研究，可以加强与顾客多层面的交流，帮助企业获得顾客对品牌的认可，提高顾客忠诚度。

7）自主发布信息

在传统的营销模式下，企业需要通过广告媒体发布相关信息，信息发布局限大，费用相对较高。利用企业博客，营销人员可以随时发布有价值的信息，只要这些信息不违反国家法律。

博客的产生，对营销人员的营销观念和营销方式影响重大，每个企业或个人都可利用博客自由地发布信息。博客营销的效果取决于企业营销人员的知识背景和对博客营销的应用能力等因素。

**案例 7-4**

## 低成本博客营销的经典——Stormhoek 葡萄酒

Stormhoek 是英国一家小葡萄酒厂家，因为资金不多，老板波尔一直在思考不用花很多钱就可以迅速提高产品知名度的方法，最终决定尝试用博客作为媒介进行宣传。

波尔首先在网上发布了一个标题为“Stormhoek，Microsoft 真正的竞争对手”的帖子，这个标题很快就吸引了大量网民的注意，网民们都急于知道这是一家什么样的公司，竟与 Microsoft 挑战，于是打开此帖进行浏览。网民很快就被里面的内容所吸引：如果你有 100 美元，是愿意买一个 Microsoft 公司推出的新款游戏机还是愿意买一箱 Stormhoek 葡萄酒？如果想免费喝到 Stormhoek 葡萄酒，那么只需满足 3 个条件：第一，住在英国、法国或者爱尔兰；第二，一直坚持写个人博客，读者多少不限，可以少到 3 个，只要是真正的博客；第三，已到法定饮酒年龄。满足了以上 3 个条件，就可以把博客网址发给 Stormhoek，附上联系方式，便可以获得 Stormhoek 免费的葡萄酒了。

这样的好事对于喜爱喝葡萄酒的人来说当然是不容错过的。很快，一周之内，Stormhoek 便送出了 100 多瓶葡萄酒，同时声称“收到葡萄酒并不意味着有写博客的义务——可以写，也可以不写，可以说好话，也可以说坏话”。结果大部分博主都在各自的博客上写了喝葡萄酒的感受。

3 个月后，在 Google 上以“Stormhoek”为关键词进行检索，搜索结果从原来的 500 条增至 20 000 条，估计有 30 万人通过博客知道了这家公司。在不到一年的时间里，Stormhoek 葡萄酒销量翻倍，达到了“成千上万箱”的规模。

Stormhoek 公司在其网站上也有博客，发布一些产品信息和最新的市场活动信息。当 Stormhoek 决定改变酒瓶上的商标时，就把此消息发布到博客上，公司还通过博客举行评酒会。在 Stormhoek 登陆美国时，也举行了一系列针对美国博客作者的活动，希望能通过这种形式激起美国人的消费热情。

（资料来源：http://www.haoyingxiao.com/Html/?306.html.）

**思考题**：利用博客进行营销时需注意哪些问题？

### 7.3.4 微博营销

1. 微博

微博，即微博客(Microblog)的简称，是一个基于用户关系的信息分享、传播及获取平台，用户可以通过 Web、Wap 及各种客户端组建个人社区，以 140 字左右的文字更新信息，并实现即时分享。最早也是最著名的微博是美国的推特(Twitter)。2009 年 8 月，中国最大的门户网站新浪网推出“新浪微博”内测版，成为门户网站中第一家提供微博服务的网站，微博正式进入中文上网主流人群的视野。

**资料链接**

## 2013 年微博用户情况

随着互联网的普及，微博作为重要的社交网络平台，用户数量达 3.31 亿(截至 2013 年 6 月底)，占网民总数 5.91 亿的 56%，微博正在为国内用户提供沟通渠道的同时，蕴含着巨大商机。

2013 年，微博的特征主要表现在以下几个方面。

(1) 性别结构：在微博整体用户当中，男女用户比例大体均等。

(2) 年龄结构：整体年龄层偏年轻化。90 后已经逐渐成为微博用户主力，占总用户量的 53%；80

后用户占总用户的37%；70后与70前用户占比相对较小。

(3) 学历结构：微博用户依然以高学历人群为主，其中大专及以上学历的用户占70.8%；高中及以下用户占比不到30%。

(4) 职业结构：微博用户的行业分布中，居民服务、学校(学生)、房地产等行业的用户占比较高，而商业服务，交通运输，酒店等方面用户行业占略低。

(5) 登录情况：每日使用微博服务的用户中，客户端用户占据大多数，客户端每日登录用户占总用户的76%，传统页面端使用占29%。

(6) 登录时间：每日早8点之后用户使用量开始攀升，12～13点、16～17点，以及22～23点在线人数均会呈现高峰，晚间高峰是一日中最高点。

(7) 电商环境：随着B2C商城的逐渐进驻，微博已经成为电商商家必争的用户阵地，"促销"、"团购"、"打折"三个词在销售推广中使用频率最高。

(8) 企业类账：40.4万户规模，覆盖IT/互联网、电子、汽车等多个行业，共覆盖4.84亿微博用户。

在关注企业微博的用户中，参与企业活动是用户与企业微博间使用量较高的应用，获取有价值信息、互动/客服，以及购买前了解也是用户关注企业微博后的主要应用。

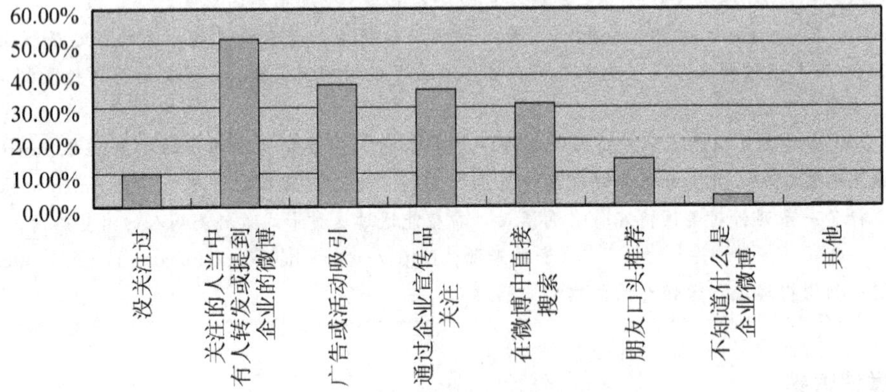


**图7.6 微博用户关注微博的途径**

(资料来源：2013年微博用户发展报告(http://data.weibo.com/report/detail))

国内微博网站主要有新浪微博、网易微博、腾讯微博、搜狐微博等，是目前国内最大最受欢迎的微博平台，无论是在用户量还是关注度都在行业中名列前茅。微博作为Web 2.0下一新兴传播媒介，其传播特性为广告的投放提供了更加精准化的媒体互动平台。

(1) 微博的互动性强，有利于品牌的推广和沟通。企业可以通过软性的话题植入，在用户与用户、用户与企业之间多向沟通和传播后，不知不觉间加深用户对企业品牌的认知。例如，2010年东方航空公司举办的"凌燕带你游世博"活动，在"东航凌燕"新浪微博的粉丝中选取10名常旅客幸运会员参加由"凌燕"乘务员提供一对一导游服务的世博活动，并能获得免费往返机票、免费世博门票、免费食宿机会。活动通过在新浪微博抢票的形式展开，与此同时，东航"凌燕"高品质服务的相关信息被大量植入在微博中，通过口碑营销的方式，在服务品牌的提升上取得了很好的效果，并实现了40万人次的网络关注度。

(2) 微博的时效性高，有利于及时性广告的投放。对于电子商务企业，广告投放的时效性要求非常高，例如，2013年11月11日(简称双11)，天猫商城以350亿的成交额成为业界翘首，当日天猫发博以捷报为主，并获得466万微博用户关注，天猫微博账号频频传出的捷报也被微博网友广为扩散，其短链分享量为10月日均的200%以上。

(3) 微博的定位准确，有利于提高广告投放的效率。新浪微博的“微数据”应用，为广告主开通了一条精准分析目标客户的免费服务，其可分析出企业主粉丝的兴趣点、关注点、男女比例、地域分布及原创帖子热门程度，还有该账户的综合影响力和人际关系图。广告主还可以通过相关“标签”、“话题”、“关键字”的搜索及相关“微群”，找出目标客户，然后有针对性的“@”给这些目标客户，或者在“微群”中发布相关信息，通过用户与用户之间的关注和转发使得广告信息广泛传播。由于微博用户年轻化、喜好新奇、敏锐度高、持久关注度短等特性，促使在微博上投放广告的内容有较高的要求。

2. 微博推广

微博推广是时下比较流行的一种推广方法，许多企业利用微博达到了不错的推广效果。微博推广一般采取以下几个步骤。

1) 选择微博平台

目前，新浪、网易、搜狐、腾讯等各大门户网站都是比较知名的微博平台。不同的微博平台的粉丝性质存在一些差别，如新浪的微博用户以80后居多，学历较高；腾讯的微博用户以90后为主，数量大；搜狐微博类似于新浪，而网易微博与腾讯微博类似。所以企业在选择平台时可以根据面向的用户来做出适当的选择，并不是越多越好。

2) 建设微博粉丝团

粉丝是推广的基础，利用微博进行推广离不开粉丝的支持，有效的活跃粉丝越多，推广的效果越好。因此，如何快速地增加粉丝的数量是企业要思考的问题。企业可以通过策划一些有奖活动、增加微博的活跃度来吸引粉丝。

3) 建设微博内容

在内容建设前，首先对微博做一个定位，再根据这个定位来进行内容的编辑。一是保证微博信息的真实与透明，微博的宣传内容要与企业网站内容保持一致，发布虚假信息会使用户产生严重反感，对企业品牌建设的影响是十分恶劣的。二是在内容的主题上，要能吸引眼球，关注时下热门的新闻，对热门事件进行评论可以引来大量的关注。三是在内容的编辑上要花一定的心思，虽然只有短短的140字，但编辑好这140个字并不是一件容易的事，新颖的开头、简洁有序的内容与完美的结尾才能构成一条好微博，在内容中适当地加入一些图片可以提高用户体验。四是在内容的编辑中巧妙地加入自己的推广信息。

**资料链接**

## 微博营销优化技巧

1. 优化选取热门关键词

做微博关键词优化时，微博内容要尽可能以关键字或者关键词组来开头，并且加上“#话题#”。尽量利用热门的关键词和容易被搜索引擎搜索到的词条，增加搜索引擎的抓取速率，但这些内容也是要和推广的内容相关，考虑到你的听众，如果一味地为了优化而优化，那就得不偿失了。

2. 关键词选取要适当

对搜索引擎优化来说微博的信息是非常重要的，搜索引擎会把微博的信息纳入到搜索结果中来，它们的索引算法也会根据微博的内容，选取信息作为标题。而此时这些内容的关键词选择上也就重要了，你要知道要做的是那些关键词，只有找到了关键词，才能更好地做好微博的搜索引擎优化。

3. 名称选取简单易记

选择微博名和选择网站名一样，简单，容易记忆，要让微博网名成为你的代言，让其他人看到微博名时，就能很快地记住。所选择的微博名要代表所推广的站点，例如，要推广富营销，那么名称也只能是这个，不可能选择其他的和推广内容无关的名词。

4. URL 地址要简洁明了

有了微博名后，微博的 URL 地址就变得尤为重要了，这是为什么？因为要通过 URL 地址才能访问到微博，而这个 URL 会影响搜索引擎的搜索结果。

5. 个人资料要填关键词

微博中都有个人资料的介绍及选项的说明，这些个人资料也会被搜索引擎所索引的，在简短的个人资料中，介绍自己的同时，也选择适当的时机，填入要优化的关键词，提升搜索引擎抓取的概率。个人资料的内容与微博保持好的相关性，不仅能提升搜索引擎的抓取，而且也不会让听众感到厌烦。

6. 个人标签填写关键词

微博中个人资料中个人标签的填写，可以填入要优化的关键词，提升搜索引擎抓取概率。同时，也能增加和你有共同标签或共同兴趣的粉丝加以关注。

7. 微博主线设定

中麒推广通过总结实践发现，但凡主线明朗的微博都有成功的效果，目标粉丝增长速度快，同时也能让人一眼明确你的微博思路，有利于微博传递层数的增加。

### 7.3.5 新闻组

1. 新闻组的作用

利用新闻组开展网络营销的主要方法是将含有企业信息的文章张贴在新闻组相关主题下，通过新闻组传播信息，培育市场。例如，在相关的新闻组主题下发布企业网站的相关信息，包括网站升级通知、企业网站增加新的文章和服务内容等，并建立链接，邀请感兴趣的网民访问企业网站，并提出意见。经常在适当的新闻组主题下张贴或回复一些文章时，可以在文章中加入一些产品或服务的相关信息，如新产品的用途、功能、利益等。当网民看到这些文章时，不仅了解企业的产品或服务，还从中得到了新的知识，从而对企业的产品或服务产生信任。

2. 新闻组的命名规则

国际新闻组在命名、分类上有其约定俗成的规则。新闻组由许多特定的集中区域构成，组与组之间成树状结构，这些集中区域被称为类别。目前，新闻组主要的几种类别及其含义如表 7－2 所示。

表 7－2　新闻组的命名规则

| 顶级类别 | 中文含义 | 顶级类别 | 中文含义 |
|---|---|---|---|
| comp | 计算机类 | talk | 辩论类 |
| sci | 科学研究类 | news | 网络新闻类 |
| soc | 社会科学类 | rec | 休闲娱乐类 |
| biz | 商业类 | misc | 杂类 |

资料链接

## 国内外著名新闻组

新闻组与WWW服务不同，WWW服务是免费的，任何能够上网的用户都能浏览网页；而大多数的新闻组则是一种内部服务，即一个公司、一个学校的局域网内有一个服务器，根据本地情况设置讨论区，并且只对内部用户开放，外界无法登录。国内外对外开放的新闻组较少，但用途极大。国内外较活跃的新闻组如表7-3所示。

表7-3 国内外较活跃的新闻组

| 新闻组 | 服务器地址 | 新闻组 | 服务器地址 |
|---|---|---|---|
| 济南万千 | news. webking. com. cn | 新凡 | news. newsfan. net |
| 奔腾 | news. cn99. com | 宁波 | news. cnnb. net |
| 前线 | freenews. netfront. net | Microsoft | msnews. microsoft. com |

案例7-5

## 路虎"极光之城"网络推广

路虎揽胜充分利用了微博、社会性网络服务(Social Networking Services，SNS)网站等平台，就《极光之城》展开了一场全社交网络营销活动。

(1) 极光之城官方网站。路虎揽胜为极光打造了与微电影同名的品牌社区：极光之城。在这个网站中，网友可以参与极光的所有线上沟通渠道。

(2) 极光之城的新浪微博营销。路虎揽胜的微博营销具有鲜明的目的性。路虎揽胜企业版微博用于播放微电影，并在新的剧集播出前后开展各种话题的知识问答、对剧情投票猜想。此外，还有剧情找茬小游戏等，为微电影拉拢人气。而另一个则是专为推广"极光之城"新浪微博活动的ID，以微博活动营销为主。通过发起"看连载式动漫微电影，点亮8张激光拼图，夺苹果新一代macbook air"，"提交城市宣言，制作属于您的个性极光海报，分享并转发3个好友，就有奖品"激励用户多讨论沟通，引导出线下的活动细则。

(3)"极光之城"的土豆体验观影创新。在土豆网，路虎揽胜开创了体验营销的新模式，将观影与驾车联系起来。整个观影页面被设置成路虎揽胜极光的内部。从车内前排位置的视角景观设计视频播放窗口，把前风窗玻璃作为播放窗口，而转向盘、节气门等则成为操控播出的选择键。这给用户耳目一新的体验，充分发挥了产品植入和体验营销的优势。

(4) 路虎豆瓣小站的价值沟通。与其他平台传播方向不同的是，路虎的豆瓣小站从揽胜极光的城市化定位出发，发起了摄影照片征集活动"绽放你的城市之光"，以城市的发展变化、多样性之美作为核心诉求点，区别于其他平台以影片为主的传播方向，更符合豆瓣这一平台的交流方式。

(资料来源：http://www. medianet. cn/BrandMarketing/.)

**思考题**：一个新品推广怎样能使各大平台都达到宣传效果呢？

# 本章小结

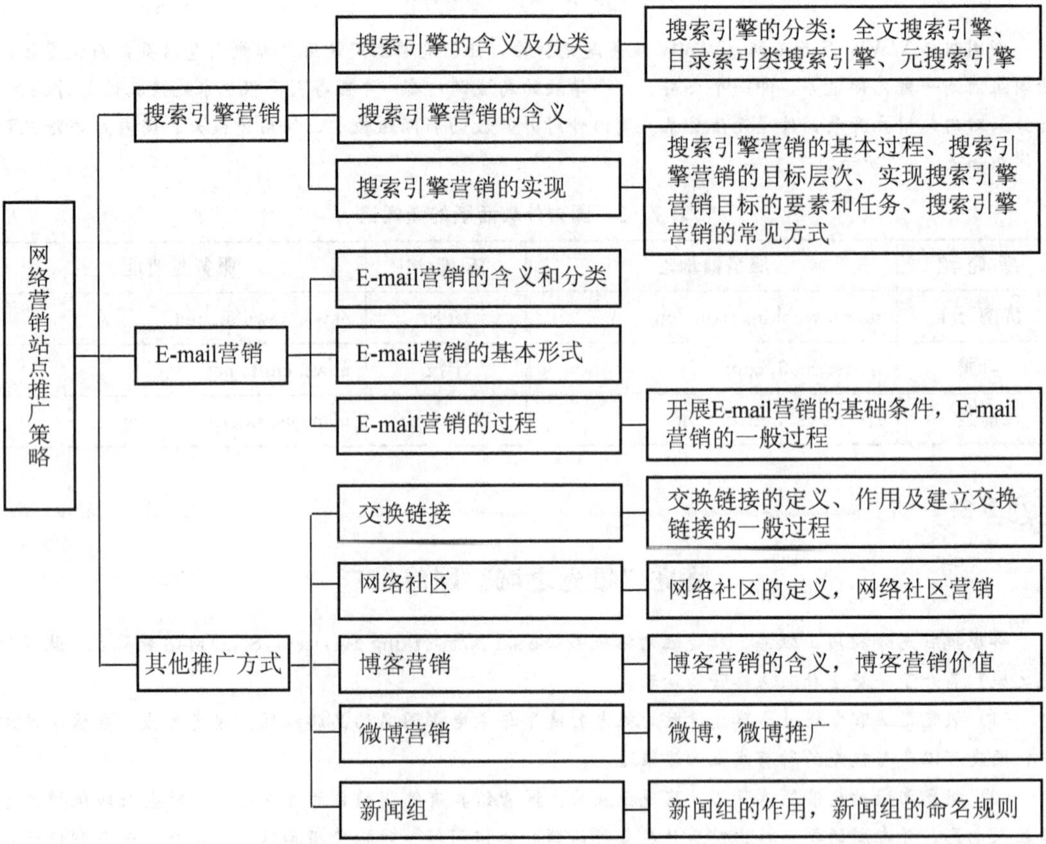


# 思考与练习

1. 单项选择题

(1)(　　)是指根据一定的策略、运用特定的计算机程序收集互联网上的信息，在对信息进行组织和处理后，为用户提供检索服务的系统。

A. 搜索引擎　　B. 网站　　C. RSS　　D. 博客

(2) SEM 指的是(　　)。

A. E-mail 营销　　B. 搜索引擎优化　　C. 搜索引擎营销　　D. 博客营销

(3)(　　)和正文内容是 E-mail 营销的核心。

A. 发件人　　B. E-mail 主题　　C. 附加信息　　D. E-mail 形式

(4) 交换链接有图片和(　　)两种主要方式，通常采用网站的 LOGO 作为图片链接。

A. 视频链接　　B. 动画链接　　C. 文字链接　　D. 域名链接

(5) 建立有网页数据库的搜索引擎是(　　)。

A. 全文搜索引擎　　B. 元搜索引擎

C. 集合式搜索引擎　　D. 目录索引类搜索引擎

2. 多项选择题

(1) 搜索引擎的类型包括(　　)。

A. 全文搜索引擎　　B. 目录索引类搜索引擎　　C. 元搜索引擎

D. 集合式搜索引擎　　E. 门户搜索引擎

(2) 搜索引擎营销的常见方式有(　　)。

A. 免费登录分类目录　　B. 收费登录分类目录　　C. 关键词广告

D. 自然排名　　E. 企业内容广告定位

(3) 根据E-mail地址的所有权，可将E-mail营销分为(　　)。

A. 内部E-mail营销　　B. 外部E-mail营销　　C. 许可E-mail营销

D. 未经许可E-mail营销　　E. 临时E-mail营销

(4) 建立交换链接包括(　　)等工作。

A. 寻找合作对象　　B. 与合作对象联系　　C. 交换链接的实施

D. 交换链接的管理　　E. 与合作对象协商

(5) 博客的营销价值主要体现在(　　)。

A. 带来潜在用户　　B. 降低网站推广费用

C. 增加企业网站的链接　　D. 建立权威网站品牌效应

E. 收集网民资料和顾客反馈信息

3. 简答题

(1) 什么是搜索引擎营销?

(2) 简述搜索引擎营销的几种常见方式。

(3) E-mail营销的3个基本要素是什么?

(4) 比较内部列表和外部列表E-mail营销。

(5) 简述开展E-mail营销的一般过程。

(6) 简述建立交换链接的一般过程。

## 实训与案例

(1) 申请和建立一个E-mail列表，以管理员的身份进行管理和维护，并利用它进行E-mail群发，注意不要产生垃圾邮件。

(2) 案例分析。

### 海口J旅行社网站推广策略

海口J旅行社有限公司(以下简称“J旅社”)自1994年创办以来，已在全国40座城市建立了11家全资公司及36家驻外机构，是第一个获得AAA信用等级资质的海南省旅游企业。J旅社的网站建有9个一级目录，下设 21 个二级子目录，内容涉及公司简介、品牌产品、旅游资讯、服务支持、销售网络、新闻中心、导游风采、活动社区和产品商城。网站的首页第一屏除了一级导航条和一个在线客服的可移动按钮广告外，还有一个巨幅广告(无法强制关闭，并伴有背景音乐)；首页第二屏设有新闻资讯、产品中心、旅游目的地介绍、社区热帖及友情链接等。但是，社区里的帖子数量及查看、回复的人数寥寥无几，“旅游知识”、“天气预报”和“旅游动态”3 个栏目是死链接；友情链接中也存在链接无效的情况；“机票查询”所做的搜索引擎检索能力不够强，相同条件下查询到的机票信息少，价格又比航空公司的官方网站昂贵。因此，J 旅社急需加强网站的建设，选择并实践有效的网站推广策略。

(资料来源：李小玲．海口 J 旅行社网站推广策略研究[J]. 科技资讯，2011，11.)

**思考题**：通过借鉴国内一些知名的旅游类网站建设和推广经验，为 J 旅社网站制订可行的网站推广策略。

# 第8章

# 网 络 广 告

## 知识目标

(1) 掌握网络广告的概念和特点；
(2) 理解网络广告的形式；
(3) 掌握网络广告的计费模式；
(4) 掌握网络广告的制作和发布方法；
(5) 掌握网络广告效果测评的方法。

## 技能目标

(1) 会结合产品或企业特点选择适当的网络广告制作方法和策略；
(2) 会结合产品特点选择合适的网络广告发布方式。

**引 例**

## Gif动画 抓准目标受众心理

广告主：前程无忧。

投放形式：Gif动画。

广告语：周六不息、年假不批、3年不加薪、迟到扣500块……别逼我上51job

推广位置、尺寸：凤凰网常规新闻通发页方窗、335像素×280像素。

动画时长：10秒。

内容描述：将上班族压抑在心中的一些消极情绪通过漫画的方式表现出来，愤怒情绪的递增最终激发其重新找工作的欲望，最后给出解决的方法——上前程无忧。画面内容简洁，有针对性地对受众进行传播。

背景分析：受网络发展和普及程度的影响，相比一些西方发达国家，国内的网络招聘还处于起步阶段。上网求职的比例全国最高的是北京，其次是上海，再次是深圳和广州；而在更多的内陆地区，网络求职的比例更低，更多的人还是认可平面媒体发布的招聘广告。然而，机遇与挑战并存，网络的高速度与巨大的信息量赋予了网络招聘得天独厚的优势。据悉，现今国内大陆网络招聘市场被前程无忧、中华英才网及智联招聘三分天下，还有其他国内知名招聘网站及众多区域性招聘网站紧随其后，竞争日益激烈。

受众心理：对于上班族来说，工作中多少会有压力、不满，而这些压力与不满需要一个渠道进行发泄，特别是近年来随着SNS社交网络的飞速发展，他们会通过微博、博客等方式发泄这些情绪，求的是一个安慰或者是一个“同病相怜”。前程无忧的动画广告就是利用了大部分求职者的心理共性，让他们在广告中找到“共鸣”，并自然带出前程无忧这个网络招聘的广告信息。

创意分析：广告中利用了“情绪叠加”的效果，通过5种情绪状态逐步吸引受众的关注，动画形象生动，夸张的表现手法吸引人的眼球。

（资料来源：http://wenku.baidu.com/view/3073970fbb68a98271fefa90.html.）

互联网作为一个全新的广告媒体，传播速度快、效果佳、针对性强，已成为增长最快的广告媒体。网络广告(Internet Advertising)是常用的网络营销方法之一，主要价值表现在树立品牌形象、促销产品等方面。

# 8.1 网络广告概述

随着网络信息技术的高速发展，以互联网为传播媒介的网络广告已成为现代社会中最热门的广告形式，无论广告公司还是营销企业都面临着改变营销传播方式及选取媒体的压力和机遇。与传统的四大媒体(报纸、杂志、电视、广播)广告和户外广告相比，网络广告具有得天独厚的优势，是实施现代营销战略的重要手段之一。

### 8.1.1 网络广告的概念、特点及不足

1. 网络广告的概念

广告是通过一定的传播媒介向目标受众传达特定信息的活动。与电视广告、报纸广告

一样，网络广告只是广告的一种形式，它与其他广告形式的区别是传播媒介的不同。所以，网络广告是基于网络媒体的一种电子广告形式。

网络广告又称在线广告、互联网广告等，是指以网络作为广告媒体，采用相关的多媒体技术设计制作，并通过网络传播的广告形式。网络广告的传播内容是通过数字技术进行艺术加工和处理的信息，广告主通过互联网传播广告信息，使广告受众对其产品、服务或观念等认同和接受，并诱导受众的兴趣和行为，以达到推销产品、服务和观念的目的。

网络广告起源于美国。1994 年 10 月 14 日，美国著名的 *Wired* 杂志推出了网络版 Hotwired，在其主页上刊载了 AT&T 等 14 个客户的旗帜广告。中国第一个商业性网络广告出现在 1997 年 3 月，传播网站是 Chinabyte，广告表现形式为 468 像素×60 像素的动画旗帜广告；Intel 和 IBM 是国内最早在互联网上投放广告的广告主。

资料链接

## 网络广告的要素

广告的五大要素包括广告主、广告信息、广告媒介、广告受众和广告效果。网络广告同样具备了这五大要素。

1. 广告主

广告主即广告信息的传播者，网络广告的广告主就是通过网络发布自己的广告内容的企业、机构或个人。

2. 广告信息

广告信息即广告主所要传达的广告内容。如何设计制作有效的广告信息，直接影响广告效果。网络广告的信息是通过互联网发布的，其内容形式包括文字、图形图像、动画及声音。

网络广告信息的传播特点在于内容更新快、容量大，可附带易于检索的超链接功能。

3. 广告媒介

广告媒介即传递广告信息的载体。网络广告的媒介是互联网，具体来讲，网上的 Web 页面就是网络广告的载体。

4. 广告受众

广告受众即广告传播所针对的目标对象，通常为广告信息的接收者。商业广告的受众应是广告主的目标市场。网络广告的受众是网民或其中的一部分。

5. 广告效果

广告效果即一个特定时期内的广告所取得的结果，以及其与预先目标的距离。广告的最终效果是评估广告成功与否的关键。

2. 网络广告的特点及不足

1) 网络广告与传统广告的比较

从时间、空间、反馈效果等方面对网络广告与平面广告(如报纸)、电视广告等传统广告形式进行的比较如表 8-1 所示。

表 8－1 网络广告与传统广告的比较

| 比较因素＼广告形式 | 平面广告 | 电视广告 | 网络广告 |
| --- | --- | --- | --- |
| 时间 | 制作周期长，播报时间限制大 | 制作周期长、播报时间限制大 | 制作周期短，24 小时无间断地接纳读者，突破时间限制 |
| 空间 | 受版面限制 | 受画面、播出时间限制 | 突破空间限制，自由度大 |
| 反馈效果 | 及时反应能力弱 | 及时反应能力弱 | 交互式服务，反馈手段便利及时，可提供细致的追踪报告 |
| 检索能力 | 差 | 无 | 独特的检索手段，保证资源多次利用 |
| 宣传形式 | 文字、图像 | 图像、声音、文字 | 多媒体技术，文字、画面、声音相结合，实现动态、有趣的宣传 |
| 读者群素质 | 特定群体 | 一般公众 | 中专以上学历占 66%以上 |
| 读者投入度 | 一般 | 一般 | 高度集中 |
| 可统计性 | 不强 | 不强 | 强，统计结果及时、准确 |
| 价格 | 中 | 高 | 低 |

2）网络广告的特点

与其他广告形式相比，网络广告的特点主要表现在以下几方面。

(1) 互动性和纵深性。网络广告信息传播是互动的，网民可以主动获取他们认为有用的信息，填写并提交在线表单信息；广告主也可以随时得到用户的反馈信息，并与网民进行在线交流。同时，网民根据需要，通过链接能获取更深入详细的有关产品服务的信息。

(2) 实时性和快速性。互联网快速的信息传播功能使以互联网为媒体的网络广告具备较强的实时性和快速性。在刊播网络广告时，广告主可以根据需要及时更改广告信息；网络广告制作周期比较短，形式简单的网络广告能在极短的时间内完成制作与发布。

(3) 准确跟踪并衡量广告效果。借助互联网，网络广告商通过监视广告的浏览量、点击率等指标，能够精确地统计广告的传播情况，判断大致效果，使广告主有条件及时跟踪和了解广告受众的反应，分析用户和潜在用户的需求。

(4) 传播范围广。网络广告信息的传播不受时间和空间的限制，网民在任何时间、任何地点，只要登录相关页面，就能浏览广告信息，并与广告主进行有效沟通。

(5) 可检索性。网络广告可以供用户主动检索。借助于搜索引擎，网民可以在网上检索自己需要的任何信息。

(6) 针对性强。广告主一般选择特定的网站发布网络广告，而每一个网站一般都有特定的访问者。广告主在投放网络广告时，能够针对目标受众做到有的放矢，并根据广告目标受众的特点、兴趣和品味设计广告信息、广告形式和广告表现。

(7) 灵活多样的投放形式。多媒体是网络广告的一大特点，网络广告可以将文字、图像、声音、三维空间、虚拟视觉等有机地组合在一起，实现多形式灵活投放，以提高广告的传播效果。

3）网络广告的不足

互联网作为现代信息传播的主要媒介，尽管具有信息量大、时效性和交互性强等特点，但仍难以取代传统媒体。以互联网为媒体的网络广告也存在以下不足。

（1）网络广告相互干扰性强。在一个网页中同时显示多种形式的网络广告，广告信息之间的干扰性强。网络广告的非强迫性和受众的主动性选择是它的一大优势。但从另一方面看，网络广告是被动传播的，而不是主动展现在用户面前的，并且互联网上广告信息繁杂，只有通过网民积极主动地筛选查找，才能找到需要的广告，才能体现出网络广告的价值。

（2）广告的重复性差。与传统媒体通过不断重复广告信息，引起受众注意的广告发布方式相比，网络广告难以通过重复来提高传播效果。尽管弹出式广告能引起受众的注意，但也极易引起网民的反感，在浏览网页时，网民很少会单击弹出式广告，而是会习惯性地关闭弹出式广告。

（3）网络广告的可信度低。与报纸、电视、广播等传统媒体相比，网络的虚拟性大大降低了其作为媒体的可信度，也使网络广告成为可信度低的广告形式。

（4）网络技术对网络广告的过滤。网民为了减小网络广告产生的干扰，可通过技术手段过滤网页中的广告。目前，一些主流的互联网浏览器都有这种功能，用户通过相关设置即可达到过滤弹出式广告、浮动广告等的目的。

**资料链接**

### 2013年中国网络广告市场规模突破1 000亿元

根据艾瑞最新发布的2013年度中国互联网广告核心数据，本年度中国网络广告市场规模达到1 100亿，较去年增长46.1%，增长速度与2012年持平，网络广告市场进入成熟阶段，增速相对放缓。

网络广告市场与实体经济趋势息息相关，同比增长保持稳定。未来几年，随着经济结构调整和经济增速放缓，网络广告增速将会降低。从互联网整体环境来看，PC端用户增长进入平台阶段，移动端流量迅速增长但营销模式还有待完善。

未来网络广告增长力主要体现在：核心企业不断扩大自身势力，布局各类终端及服务，提高影响力，创新营收模式；广告技术不断革新，RTB产业链逐渐完善，ADX与DSP平台的涌现；注重用户数据挖掘与内容创意的原生广告等新兴网络营销形式将进一步挖掘网络媒体的营销价值。这些都为未来网络广告市场发展带来动力。

艾瑞分析认为，从长期来看，网络广告规模增长率放缓主要由于：其一，网络广告经历十余年的高速增长，从媒体形式、广告形式等方面来看，都已经发展到较为成熟的阶段；其二，核心企业广告业务相对成熟，未来主要增长点来源于核心企业的变革与创新，而移动领域处于发展早期，其变现困局短期不会打破；其三，宏观经济疲软、网民人口红利不断消退都对网络广告市场发展造成一定影响。

2013年，垂直搜索广告增长明显，占比达28.9%，超越搜索关键字广告，成为占比最大的网络广告形式；视频贴片广告占比进一步上升，占比达7.1%。品牌图形广告与搜索关键字广告作为传统网络广告形式，占比相对受到挤压。

以电商媒体为主的垂直搜索广告发展态势良好，占比不断上升，预计在2017年将达到34.7%的市场份额。电子商务行业高速发展，网络购物交易规模再创新高，在线旅游市场也保持较为迅速的增长，电商广告主依赖网络营销进行曝光与导流，是垂直搜索广告增长的源动力；淘宝、京东、去哪儿等广告平台不断演进，为入驻平台商家提供了更多营销机会，推动了垂直搜索广告市场规模。

视频贴片广告也成为新的增长亮点，网络视频服务在整体网民中渗透率超过90%，是网民最常使用的网络服务之一，网络视频营销价值潜力巨大。以快消、交通为代表的大品牌广告主青睐视频贴片广告，以此作为电视广告的有益补充，广告主有持续营销的需求，且有线上投入加强的意向。此外，视频网站在内容和产品方面不断加大投入：内容层面，加大优质内容的独家购买力度，纷纷开始自制节目以加强品牌特性；产品层面，视频行业并购频发，增强自身实力，在PC端和移动端均有重要布局。以上均推动了视频贴片广告的份额不断上升。

2013年互联网巨头纷纷布局RTB市场，陆续上线ADX与DSP产品和平台，RTB产业链逐步完善。广告主在营销诉求方面更加重视效果营销，也在一定程度上促进了DSP的市场化。在经过了初期的市场教育阶段，DSP企业逐渐被广告主认可，他们在并购、融资层面也动作不断，处于活跃上升时期，这将给展示广告带来新的增长动力。

媒体更加重视内容，欲打造核心竞争力：网络营销经过高速增长的发展初期之后，逐渐进入到成熟发展阶段。主要核心媒体重新审视内容的重要性，纷纷落脚到媒体的品牌与影响力。门户网站更加着力于时政、体育等深度和热点内容等报道，加强自身影响力；社交媒体不断整合平台上的优质内容，挖掘更大的营销价值；视频网站也在内容采买和自制上加大投入。网络媒体返璞归真，重视内容，渲染自身特色，将不断强化核心竞争力。

巨头跨屏布局，移动营销将成为新的爆发点：移动互联网方兴未艾，将成为下一个网络营销的重要阵地。在移动营销领域，终端特性与技术手段大大扩展了移动营销的想象空间。移动营销将在展现形式与互动方式上有更多潜力，带动网络营销的创新发展。

（资料来源：http:// a. iresearch. cn/others/20140109/224661. shtml.）

### 8.1.2 网络广告的形式

最初的网络广告就是网页本身。随着网络信息技术的发展，网络广告的形式也越来越多。常见的网络广告形式有以下几种。

1. 旗帜广告

旗帜(Banner)广告是以GIF、JPG等格式建立的图像文件，可以定位在网页中的不同位置，大多用来表现广告内容，如图8.1所示。

图8.1 网页中的旗帜广告

旗帜广告有多种表现形式和规格，其中最早出现且最常用的是468像素×60像素的标准旗帜广告。根据旗帜广告的规格不同，可分为横幅广告、条幅广告、按钮广告、摩天大楼广告等。

美国互联网公告署在1997年1月和2001年2月，先后两次公布了网络广告规格标准；中国广告协会互动网络委员会2008年12月第一次出台了《中国互联网广告推荐使用标准(试行)》，并于2009年1月1日起试行。该标准选出各网站经常使用的广告标准199种，形成了试行的推荐标准。

**案例 8-1**

## QQ中的旗帜广告

旗帜广告除了可以定位在网页中的不同位置外，还可以定位在互联网的应用软件上，如即时通信应用软件QQ。

使用QQ软件聊天时，在聊天的终端窗口会出现一个广告条，而且它会自动轮换播放，如图8.2所示。

QQ是中国网民除了IE之外最常用的网络软件。这样一个拥有大量用户的软件是一个极好的广告媒体。QQ广告具有普通网络广告所具备的所有特点。

软件与广告的结合，被视为将来软件发行的一个重要渠道。软件作者通过加入网络广告来获得收入，而用户通过浏览广告节省了购买软件的费用。随着在线软件广告的发展，人们越来越意识到它的优越性。

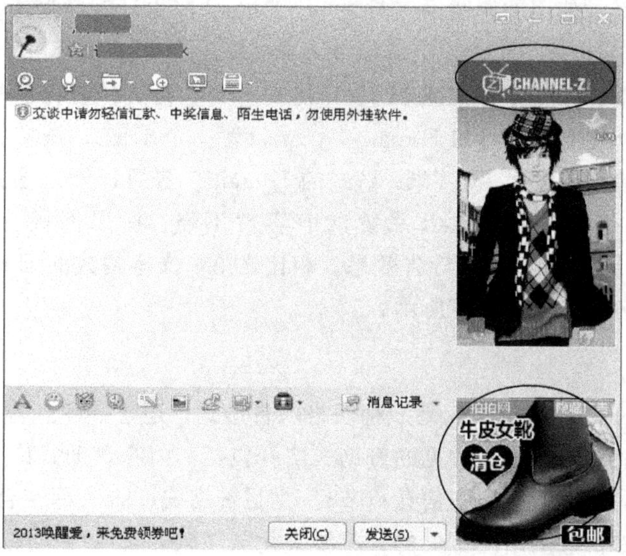


图8.2　QQ聊天终端窗口中的广告

### 2. 文本链接广告

文本链接广告是一种对浏览者干扰较少、效果较好的网络广告形式。文本链接广告位置的安排非常灵活，可以出现在页面的任何位置，可以竖排也可以横排，每一行就是一个广告，单击每一行都可以进入相应的广告页面。如图 8.3 所示，在新浪网首页中的文本链接广告随处可见。

图 8.3　新浪文本链接广告

3. E-mail 广告

E-mail 是网民经常使用的互联网工具之一。E-mail 广告针对性强、费用低、广告内容不受限制。

E-mail 广告一般采用文本格式或 HTML 格式。文本格式广告，通常是把一段文字广告信息放置在新闻邮件或经许可的 E-mail 中，或设置一个 URL，链接到广告主公司主页或提供产品和服务的特定页面；HTML 格式的 E-mail 广告可以插入图片，和网页上的旗帜广告基本相同。由于许多 E-mail 系统的兼容性不强，所以网民有时看不到完整的 HTML 格式的 E-mail 广告，影响广告效果。相比之下，文本格式的 E-mail 广告因兼容性好，广告效果也比较好，如图 8.4 所示。

4. 赞助式广告

赞助式(Sponsorship)广告不仅是一种网络广告形式，还是一种广告传播方式，它可以是旗帜广告形式中的任何一种。常见的赞助式广告包括：内容赞助式广告，即通过广告与网页内容相结合，向网民传播广告信息；节目/栏目赞助式广告，即结合特定专栏/节目发布相关广告信息，如一些网站上常见的“旅游文化”、“软件天地”、“奥运专题”等；节日赞助广告，即结合特定节日刊播的广告，如“3·15”宣传等。

5. 插播式广告和弹出式广告

插播式(Interstitial)广告是在两个网页内容显示切换的中间间隙显示的广告，也称过渡页广告。插播式广告有各种尺寸，有全屏的也有小窗口的，有静态的也有动态的，互动的程度也不同。浏览者可以通过关闭窗口不显示广告，但广告的出现却没有任何征兆。

图 8.4 E-mail 广告

弹出式(Pop-up)广告是在已经显示内容的网页上出现的、具有独立广告内容的窗口，一般在网页内容下载完成后弹出广告窗口，直接影响访问者浏览网页内容，因而会引起受众的注意，如图 8.5 所示。

弹出式广告的另一种形式是隐藏式弹出(Pop-under)广告，即广告信息是隐藏在网页内容下面的，网页刚打开时不会立即弹出，当关闭网页窗口或对窗口进行操作(如移动、改变窗口大小、最小化)时，广告窗口才会弹出。

插播式广告和弹出式广告共同的缺点是可能引起浏览者的反感。为此，许多网站都限制了弹出窗口式广告的规格(一般只有 1/8 屏幕的大小)，以免影响访问者的正常浏览。

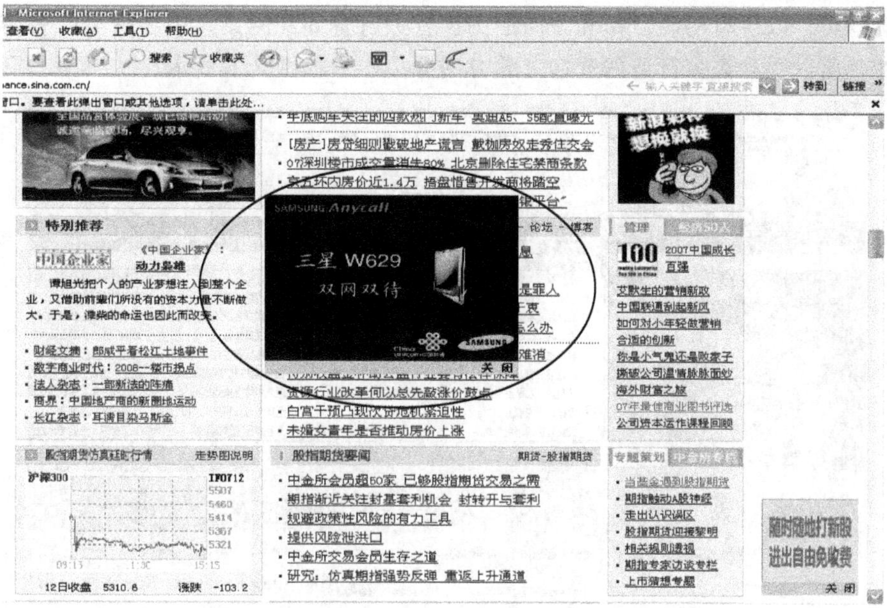


图 8.5 SAMSUNG 手机在页面中的弹出式广告

6. 在线互动游戏广告

在线互动游戏(Interactive Games)广告是一种新型的网络广告形式，它被预先设计在网上的互动游戏中。在一段页面游戏开始、中间、结束时，广告可能随时出现，广告商还可以根据广告主的要求，定制与广告主产品相关的互动游戏广告。

随着家庭计算机上网的普及，在线计算机游戏作为一种新型的娱乐休闲方式受到越来越多网民的欢迎。娱乐性强的计算机游戏对于许多网民有很大的吸引力，因此，网上游戏广告极具市场前景。

**案例 8-2**

## “天降好酒”游戏广告

在某网站上的“天降好酒”游戏广告通过设计与创意实现了附加功能与广告内容的完美结合。进入游戏，通过鼠标操作控制“爱喝酒的老头”去接天上掉下的各色酒瓶，绿、白、蓝、黄等。各色酒瓶代表着不同分值，其中以黄瓶分值最高。黄色正是该产品的外包装，这正是在无意识地强化访客对水井坊外包装的认知。更精彩的是，在接酒瓶的过程中，为了控制游戏时间，各种关于该产品的选择题，如“该产品的包装共有几项专利”、“该产品有哪几种度数”等会作为“关卡”出现，答对增时、答错减时，这些平时并不惹人喜欢的“问答题”一下变成了游戏中惊险、刺激的“亮点”，访客们不仅争相点击，还会主动记忆。

（资料来源：http://www.doc88.com/p-956282483633.html.）

**思考题**：在网络游戏中设置广告有哪些方式？

7. 分类广告

分类(Classified)广告是指广告商按照不同的内容划分标准，将广告信息以详细目录的形式进行分类，以供有明确目标和方向的浏览者进行查询和阅读。由于分类广告带有明确的目的性，所以受到许多行业的欢迎。北方网分类广告如图 8.6 所示。

图 8.6 北方网分类广告主页

8. 搜索引擎广告

搜索引擎广告是指通过向搜索引擎服务提供商支付费用，在用户进行相关主题词搜索时，在结果页面的显著位置上显示广告内容(一般为网站简介及网站的链接)的一种广告方式，具体形式包括搜索引擎排名、搜索引擎赞助、内容关联广告等。搜索引擎广告借助搜索引擎的强大流量来实现广告信息的传播，如图 8.7 所示。

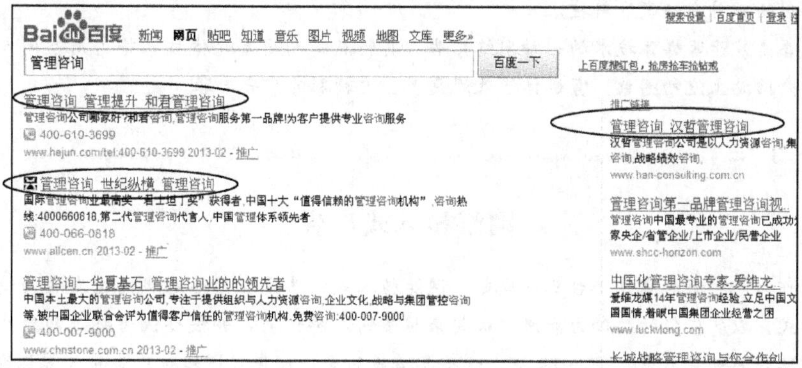


图 8.7 搜索引擎广告

9. 撕页广告

撕页(Tear Page)广告是指在访问者打开浏览页面的同时，广告自动伸展成大尺寸，经过 2～3 秒表现后自动还原至小尺寸图标，并缩至页面左上角或右上角，访问者通过单击可以反复浏览广告信息。撕页广告内容丰富，视觉冲击力强，如图 8.8 所示。

图 8.8 撕页广告

资料链接

## 富　媒　体

富媒体(Rich Media)是指具有动画、声音、视频或交互性的信息传播等多媒体组合的媒介形式，包括HTML、Java Scripts、Interstitial间隙窗口、Flash等。富媒体不是一种具体的媒体形式，是目前在网络上被广泛应用的一种高频宽资料技术。

富媒体广告是基于富媒体技术的一种网络广告，其特点是利用富媒体技术将占用空间大的广告文件在流量大的门户网站上流畅播放。富媒体能表现更多、更精彩的广告内容。

案例8-3

## 网游植入式广告

网络游戏作为一种新的媒体平台正在崛起，网游植入式广告是在网络游戏高速发展的情况下孕育出的全新广告模式，以其极强的生命力和潜力被越来越多的人群认同，并被公认为将是网络广告发展的重要趋势。网络游戏的玩家集中在15～29岁，这个年龄段的受众消费习惯和对广告的欣赏标准等存在很多的相通性。所以广告主在设计和投放广告时就有很强的针对性，针对年轻人追求时尚、好奇心强等特点进行广告传播。例如，在“街头篮球”的游戏中，Nike的运动鞋成为玩家进行装扮和完成游戏必需的道具。而这个游戏的玩家正好是Nike产品的主要消费群体，游戏中玩家拥有了酷炫的Nike虚拟球鞋，就会产生在现实中也得到这个产品的欲望，所以广告的促进购买效果明显。

（资料来源：http://www.doc88.com/p-956282483633.html.）

**思考题：**网游植入式广告应该注意哪些问题?

10. 微电影广告

微电影广告是为了宣传某个特定的产品或品牌而拍摄的有情节的，时长一般在5～30分的，以电影为表现手法的广告。它的本质依旧是广告，具有商业性或目的性。“电影”“广告”和“微”是这个概念构成的3个关键要素。首先，微电影必须具备完整的电影叙事结构；其次，微电影生产的终极目的是实现对产品或服务的宣传、对企业与品牌形象的塑造；最后，微电影的播放时间短，它可以在计算机、手机和其他一切兼容无线移动功能的视频设备上播放，满足受众在移动状态和短时休闲状态的传播需求。

与电影植入广告相比，微电影改变了广告在电影这个内容平台中只能隐性植入的从属地位，将二者置于重合的界限关系，电影就是广告，广告就是电影。在微电影中，情节构思、叙述方式、人物关系、场景与演员造型、音乐等元素皆围绕着品牌要实现的广告目标而展开，广告是本体，电影是载体。

案例8-4

## 路虎揽胜《极光之城》微电影广告

《极光之城》系列微电影与揽胜极光的市场定位高度吻合，准确把握了目标受众的消费心理。揽胜极光面对的是都市中的年轻高收入人群。路虎揽胜对其极光车型特质的诠释是勇敢而优雅、轻盈且富有力量。这就暗含着其目标消费者的性格特征：智慧果断，自信激情，热衷创新。

从《极光之城》的叙事来看，故事背景为大型建筑集团天启建筑，这符合揽胜极光的城市化定位。该微电影的故事情节为男主人公秦傲(驾驶揽胜极光汽车)在集团的创始人、自己的恩师段丞离奇失踪后，由于其不愿加入公司 CEO 陈锋出卖集团的阴谋，遭到陈锋的仇视。此时，一个神秘女杀手乔楚出现，她带着特殊任务而来，先是打晕秦傲，毁掉了他的设计图，之后却在陈锋迫害秦傲之时屡次出手相救，而秦傲身边得力的助手温蒂，实为陈锋安插的眼线……在陈锋的阴谋将要得逞之际，创始人段丞突然现身扭转局势，并解开了一切谜底。男主人公秦傲在 8 集的故事中表现出了鲜明的性格：智慧果断，坚持信念，才华横溢。女主人公乔楚类似邦女郎，勇敢独立、优雅而富有力量，她的神秘身份更为其平添几分魅力。这与目标消费者的性格特征及揽胜极光的产品定位高度契合。

从视觉风格来看，《极光之城》是国内首部采用漫画与影像交替演绎的剧场版悬疑微电影，漫画极具线条感的现代艺术风格，很好地体现了揽胜极光动感时尚、硬朗霸气的外观设计。影像采取高光亮调，由新锐女星朱珠及法籍男模 Philippe Truong 分任女主角和男主角。二人都具有强烈的时尚气息。虚实结合的影像风格、酷感十足的场景及人物设计从视觉上突出了揽胜极光这一时尚车型的个性，也表现了品牌的精神文化，体现出了企业视觉识别的理念。

(资料来源：何晓静．从《极光之城》的成功看微电影营销之道[J]．现代经济信息，2011，21.)

**思考题：**微电影广告和电影植入广告有哪些不同之处？微电影广告的制作关键是什么？

### 8.1.3 网络广告的计费模式

一个网络媒体(网站)包含数十个甚至成千上万个页面。确定网络广告所投放的位置和价格的首要因素是特定的页面及浏览的人数，就像平面媒体(如报纸)的“版位”、“发行量”，或通信媒体(如电视)的“时段”、“收视率”。网络广告的计费模式主要有以下几种。

1. CPM

网上广告收费最科学的方法是按照有多少人看到广告来收费。按访问人次收费已经成为网络广告的惯例。CPM(Cost Per Mille，或者 Cost Per Thousand；Cost Per Impressions)每千人成本指的是广告投放过程中，听到或者看到某广告的每一千人均分担到多少广告成本。传统媒介多采用这种计价方式。在网上广告，CPM 取决于“印象”尺度，通常理解为一个人的眼睛在一段固定的时间内注视一个广告的次数。例如，一个广告横幅的单价是 1 元/CPM，意味着每一千个人次看到此旗帜就收 1 元，如此类推，10 000 人次访问的主页就是 10 元。至于每 CPM 的收费究竟是多少，要根据以主页的热门程度(即浏览人数)划分价格等级，采取固定费率。国际惯例是每 CPM 收费从 5～200 美元不等。

2. CPC

CPC(Cost Per Click；Cost Per Thousand Click-Through)每点击成本以每点击一次计费。这种方法加上点击率限制可以加强作弊的难度，而且是宣传网站站点的最优方式。但是，此类方法就会有不少经营广告的网站觉得不公平，例如，虽然浏览者没有点击，但是他已经看到了广告，对于这些看到广告却没有点击的流量来说，网站就没有收益。有很多网站不愿意做这样的广告，原因是传统媒体从来都没有这样干过。

3. CPA

CPA(Cost Per Action)每行动成本计价方式是指按广告投放实际效果，即按回应的有效问卷或订单来计费，而不限广告投放量。CPA 的计价方式对于网站而言有一定的风险，但若广告投放成功，其收益也比 CPM 的计价方式要大得多。广告主为了规避广告费用风险，只有当网络用户点击旗帜广告，链接广告主网页后，才按点击次数付给广告站点费用。

4. CPR

CPR(Cost Per Response)每回应成本以浏览者的每一个回应计费。这种广告计费充分体现了网络广告"及时反应、直接互动、准确记录"的特点，但是，这个显然是属于辅助销售的广告模式，对于那些实际只要亮出名字就已经有一半满足的品牌广告要求，大概所有的网站都会给予拒绝，因为得到广告费的机会比 CPC 还要渺茫。

5. CPP

广告主为规避广告费用风险，只有在网络用户点击旗帜广告并进行在线交易后，才按销售笔数付给广告站点费用。无论是 CPA 还是 CPP(Cost Per Purchase)，广告主都要求发生目标消费者的"点击"，甚至进一步形成购买，才予以付费：CPM 则只要求发生"目击"(或称"展露"、"印象")，就产生广告付费。

6. 包月方式

很多国内的网站是按照"一个月多少钱"这种固定收费模式来收费的，这对客户和网站都不公平，无法保障广告客户的利益。

**课堂思考**

分析上述几种网络广告计费模式的利弊。

## 8.2 网络广告实施

好的网络广告需要精心设计、制作，之后还需制定广告策划以指导网络广告的发布、评价等。

### 8.2.1 网络广告设计

1. 网络广告的创意

创意就是综合运用各种天赋能力和专业技术，在现有的资源中求得新概念、新方法、新样式的过程。广告创意是指在广告中有创造性地表现有关品牌、产品或服务信息，以迎合或满足消费者心理需求，刺激消费者需求，促使其产生购买行为的活动。广告创意是一种能充分发挥作者想象力和激发灵感的工作。一个好的广告创意不仅能够创造商业价值，也能够给受众带来艺术上的享受。事实上，大多数广告创意都是对旧的元素进行重新组合。创意人的头脑、创意策略、创意理念和点子是广告创意思想形成过程中的4个重要元素。

1）创意人的头脑

设计人员需要具有对图像、色彩、空间观念的组合能力，文案人员需要具有对文字、语言的组织能力，创意人员则需要具有丰富的想象力和创造力。想象力是创造力的催化剂，它将头脑中存在的感化能力、专业技能和生活经验，调配成精彩的想法，创造出新的意念。

2）创意策略

创意策略是实现广告创意的手段和方法。了解创意策略是实施广告创意的关键。

资料链接

## 有关创意策略的基本问题

无论是传统广告还是网络广告，其创意策略都要明确最基本的8个问题：①本次广告希望达到什么目的和效果？②目标对象是谁？他们的人文特征及心理特征是什么？③我们希望目标对象看了广告后产生何种想法？采取什么样的行动？④产品的定位、特点和发展历史是什么？⑤广告定位的支持点及任何有助于发展创意的信息是什么？⑥承诺是广告的灵魂，广告要给消费者什么样的承诺？⑦广告要表现什么样的格调？⑧预算限制、媒体发布的特点及频度如何？

3）创意理念

理念实际上就是人们对某种事物的观点、看法和信念，创意理念是广告创意人员对广告创意的观点和看法，是指导广告创意活动的思想。例如，麦氏咖啡的创意理念为“无论何时何地，用随身泡的咖啡激励或安慰自己重新开始”，根据这一创意理念，创意人员可以想出一些场景，如伤心过后冲一包咖啡抚平情绪，紧张的时候冲一包咖啡让自己放松，等等。

4）点子

点子是经过思维产生的解决问题的主意和办法。广告创意点子是指实施广告创意策略、激发受众欲望的具体办法。

一个称得上是广告创意的点子最好能吸引消费者的注意力及兴趣。图像和文字的表现是制造广告效果及影响消费者的重要因素。图像或者文字提供的主要广告信息要清楚明了，要符合品牌形象和商品个性。

案例8-5

## 2011中国网络广告单项奖创意类金奖——新意互动

新意互动广告有限公司成为了2011中国网络广告单项奖创意类金奖的得主。

2011新福特蒙迪欧致胜于2011年3月17日上市，新意互动作为代理公司，将其产品网站的创意围绕着一个传送带的概念进行表现，寓意着携全新动力节油科技的2011新福特蒙迪欧致胜在行驶中犹如车子开在向前转动的传送带上，动力更进一步，油耗更少一点，全力向消费者传达新产品“更强动力，更低油耗”的这一核心利益点。产品路跑穿梭于商业气息非常浓重的CBD核心地带，是在强调产品中高级轿车的品牌定位。整个网站以3D动画为主要表现手段，风格简明、极具视觉冲击力。将产品的核心优势“巅峰动力，超凡节油，全面安全，领先科技，尊荣空间”的五大卖点通过视频动画的形式演绎得淋漓尽致，使消费者有耳目一新的感觉。

而新意互动为长安马自达旗下新品——Mazda 3 星骋做品牌宣传时，抓住了许多人不愿活在世俗定义的完美中的心声，以及希望展示自己独特的自我的愿望，选定了特立独行的黄立行作为品牌代言人，旨在向中庸、平庸“说不”，并将这一心声最终凝练为“向完美说不”，成为了 Mazda 3 星骋的产品主张，使得创意深入消费者的洞察中，凝聚了社会生活的深层体验、民族文化的博大精深、创造生活化的审美和审美化的生活，带给大家耳目一新的感觉，使得广告目标的实现成为可能。

（资料来源：http://tech.hexun.com/2011－12－23/136626181.html.）

**思考题**：广告不只需要创意，还需要什么？

2. 网络广告的制作

网络广告的制作应充分发挥计算机显示技术中色彩、动画、声音等视听优势，提高网络广告的视听效果和吸引力。在网络广告制作上，应注意把握以下几个要点。

1）定位准确，具有内涵

广告是企业展示自我形象、实现营销策略和营销目标的重要手段。定位准确、内涵丰富的广告对提升广告对受众的影响力及培养忠诚的顾客具有重要作用。

2）结构合理，前后呼应

广告的结构是广告主题的具体体现，其合理性尤为重要。一个优秀的广告结构设计，既要引领主题、步步深化，又要前后呼应，体现出合理的链接和交互。

3）画面生动，语言简洁

在立意与整体结构设想确定后，就是广告制作的细节问题。细节制作的总体原则是，画面醒目，有强烈的视觉冲动力；言词“一语中的”，能够将受众的视线吸引到广告上。

4）内容变化，保持新鲜

广告的图像内容长久不变会导致点击率下降。为提高点击率和吸引受众的注意，应定期更新广告内容，保持广告的新鲜度。

此外，网络广告的制作还要兼顾网络的传输速率。网络接入方式不同，其带宽、网速也不同，网络广告内容多、文件占用存储空间大将影响用户打开网页的速度。

**案例 8-6**

## 凡 客 体

2010 年 7 月凡客诚品邀请了青年作家韩寒和青年偶像王珞丹出任形象代言人，一系列的广告也铺天盖地地出现在公众的眼帘。该广告系列意在戏谑主流文化，彰显该品牌的自我路线和个性形象。

无背景的纯白底色，干净单纯的人物形象，加上颜色鲜明的文案字体，其措辞形式大略为“我爱**，我不爱**，我是**，我不是**，我和你们一样，我是***”。简单易模仿的句式，便构成了一时间热遍网间的凡客体。短促有力的排比、对比，朗朗上口，通俗易记，有足够的长度，可以列举兴趣特征，也有强烈的全称判断，给人下断语定位。堪称点睛之笔的，无疑是句尾“我是**，我只代表我自己”。短短几个字，背后流露出的是一种自我肯定、身份认同，以及青春的张扬，如图 8.9 所示。

“凡客体”实际上从文案本身来看，文字上并没有任何出挑华丽之处，直截了当的自我剖白式宣言，甚至显得不够婉转，带着几分执着的任性，极富个性化的语言，这其实恰恰契合了凡客诚品的品牌理念：简单的生活方式，高品质的精致生活。

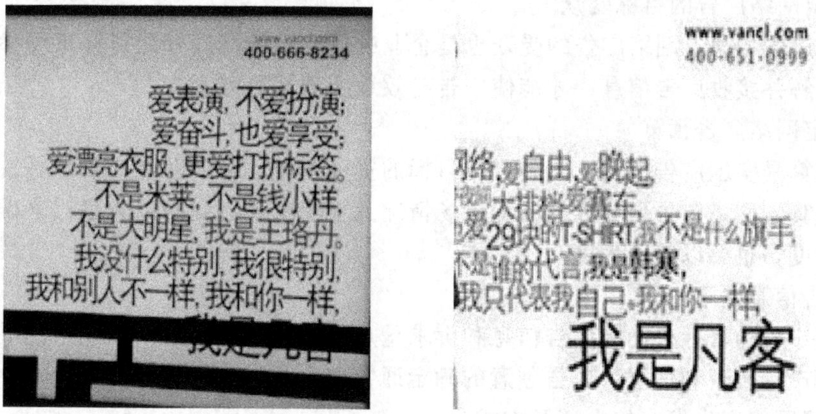


(a) (b)

**图 8.9 凡客体**

（资料来源：王泽．“凡客诚品”网络广告的视觉文化探究[D]．杭州：浙江师范大学，2011.）

**思考题：**“凡客体”折射的社会现象是什么？

---

**资料链接**

## 影响受众阅读广告的主要因素

为提高广告效果，广告设计人员在设计网络广告时最好能获得营销专家或咨询人员的帮助。影响受众阅读广告的因素主要有以下 5 个方面。

(1) 页面载入速度。图片和表格应简单明了，并与标准显示器相配；缩略图对于缩短页面下载时间具有很大帮助。

(2) 广告内容。文字应简明扼要；鼓动性的标题很有吸引力，注册时询问的信息越少越好。

(3) 导航的效率。表述准确而有意义的链接必不可少。

(4) 安全和隐私。网站能拒绝 Cookies 的使用。

(5) 营销以顾客为中心。广告必须清楚地列出购买条款，包括交货信息和退货条款等，购买完成后需要有确认页面。

### 8.2.2 网络广告运作

1. 网络广告的策划

网络广告策划是根据互联网特征和网民的特点，对实施网络广告的运筹和规划，是广告策划的一种。网络广告的策划过程具体包括以下几个步骤。

1) 确定网络广告的目标

广告目标的作用是通过信息沟通使消费者产生对品牌的认识、情感、态度和行为的变化，从而实现企业的营销目标。在产品服务的不同生命周期阶段，企业的营销目标不同，广告目标也不同。例如，在产品的成长期，企业的营销目标是把市场做大，广告目标是提高顾客对产品和服务的认识和了解，广告内容则以产品信息为主。

2）确定网络广告的目标受众

与传统广告相同，网络广告的受众也是企业的目标市场。只有让目标市场参与广告信息活动，了解并接收广告信息，才能使广告有效地实现其目标。

3）确定网络广告预算

广告预算是实施广告活动、达到广告目标的资金保障。确定网络广告预算首先要确定整体促销预算。网络广告预算根据目标市场情况及企业所要达到的广告目标来确定，既要有足够的力度，也要以够用为度。

4）广告信息决策

应根据广告的目标来确定广告信息和诉求重点，设计制作网络广告。不同的广告创意需要不同的广告表现和信息。广告创意的确定通常由企业和广告代理公司共同参与完成。

5）选择网络广告发布的渠道及方式

选择网络广告发布的渠道及方式直接影响广告效果。网络广告发布的渠道和形式很多，企业应根据自身情况及网络广告的目标来选择。

6）网络广告效果检测和评价

实现预期的广告效果是广告主的希望，也是广告主支付广告费用的动力。网络广告效果检测和评价不仅是对前一阶段广告投放效果的总结，也是对下一阶段广告策略调整和改进的重要依据。

利用网络技术和信息技术，网络广告效果的检测和统计可以更加准确。常用的检测和统计指标包括广告的浏览数、点击率和回应率等。

2. 网络广告的发布

网络广告的发布方式主要有以下几种。广告主可以根据自身的需求，选择其中的一种或几种。

1）企业主页

对于许多企业来说，建立自己的主页是一种必然的趋势。企业主页不仅是企业形象的展示，也是宣传产品的良好工具。实际上，在网络上做广告，企业最终都要建立并宣传自己的主页。网络广告的其他形式，像黄页、企业名录、免费的网络服务广告等，都只是提供了一种快速链接至企业主页的方式，

主页是企业在网络上进行广告宣传的主要形式。

2）免费的网络服务

网络内容服务商，如新浪、搜狐、网易等，为网民提供了大量感兴趣并需要的免费信息服务，包括新闻、评论、生活、财经等，因而受到网民的普遍关注和浏览。这些网络服务商的网站已成为网络广告发布的主要阵地，网络广告形式以旗帜广告为主。

3）黄页形式(在线目录)

在互联网上，有一些专门提供查询检索服务的网络服务商的站点，如Yahoo、Infoseek、Excite等。这些站点就像电话黄页一样，按类别划分信息，以方便网民检索和查询，在其页面上，都会留出一定的位置发布广告。与其他网络广告相比，黄页广告针对性强，针对特定网民提供相关的广告信息；广告醒目，容易受到正在查询相关问题的网民的关注。

4）企业名录

为获得大量的访问者，一些网络服务提供商或中介机构将一些企业信息融入它们的主页中，广告主可以以文字链接的形式在这些网站上建立链接，起到广告宣传作用。例如，香港商业发展委员会的主页给出的网址中就包括汽车代理商、汽车配件商的名录，访问者可以直接通过链接，进入相应行业的代理商或者配件商的主页。

5）电子报纸或期刊

随着互联网应用的普及，一些报纸和杂志，如美国的《华尔街日报》、《商业周刊》，国内的《人民日报》、《文汇报》、《中国日报》等，纷纷建立自己的网站，发行电子报纸或期刊，并同纸质报纸或期刊一样，也为广告主提供广告发布服务。

6）新闻组

新闻组的成员可以阅读新闻组的公告，也可以发表自己的意见或建议。一些企业通过在与企业产品服务相关的新闻组上发表自己的公告，来有效传播广告信息，并引起成员关注，获得成员的意见和建议。

7）友情链接

与企业目录链接不同，友情链接本着平等、互利的原则，实现双方交互链接。建立友情链接应考虑的内容包括：网站的访问量，在搜索引擎中的排名位置，相互之间信息的互补程度，链接的位置和具体形式等。

8）E-mail 和 E-mail 列表

与传统广告中的邮寄广告一样，E-mail 广告已成为网络广告发布的重要形式之一。E-mail 广告是指广告主将广告信息以 E-mail 的方式发送给有关的网上用户。

选择网络广告发布的渠道和方式，应根据企业诉求对象的特点和广告的目标，以及网上用户的情况来决定。

**案例 8-7**

## 在线网络社区广告

在线网络社区是一种基本的网络工具，包括 BBS、博客、校友录、个人空间等。开心网是近几年很流行的一个在线交友社区，它主要通过在各种组件的植入游戏选项中进行广告传播。最典型的例子就是买房子组件。网友可以虚拟钱币购买各城市的住房，而网站提供给网友购买的住房和现实中城市的楼盘相同。地产商可以通过将自己开发的楼盘加入游戏来进行宣传。广告的到达效果和认知效果都很好。

一个新的饮料品牌悦活看中了开心网这个平台，为自己量身打造了悦活开心网种植大赛进行品牌推广。网友通过种植悦活种子收获果实可获得积分。积分多者有机会得到旅游基金、环保灯罐、悦活果汁和虚拟奖品等。悦活选择了开心网做品牌推广，遵循了市场细分的原则，目标受众的选择很正确。举行的各种线上、线下的活动也激发了网友的兴趣，加强了品牌记忆，提高了知晓率，这些广告的特点都是互动参与性很强，没有强制性，网友乐于接受，而且受众定位很准确，传播效果好。

（资料来源：http://www.doc88.com/p-956282483633.html.）

**思考题：** 在网络社区发布广告可以有哪些形式？

资料链接

### 网络广告发布的误区

网络广告发布的误区主要表现在以下几个方面。

(1) 只考虑购买网站的首页。

由于各网站一般都将网站首页的广告价格定得较高，往往使广告主认为网站首页的广告效果比其他页面好。一般来讲，网站首页的访问量比较高，能产生大量的页面阅读次数。但访问网站首页的网民多有主题不明确、目的性不强的特点，从而在客观上造成广告缺乏针对性，导致广告的成本效益不理想，甚至使广告主对网络广告失去信心，放弃网络广告的投放。

一般来说，首页广告的点击率是最低的，选择内容与自己业务密切相关的分类页面投放广告，则能够过滤掉那些对企业来说缺乏商业价值的访问者，提高广告的成本效益。

(2) 在站点选择上，以网站访问量为主要衡量标准。

目前，中国知名的门户网站有新浪、网易、搜狐等，它们的区别不仅表现在内容上，还表现在所吸引的用户人数、用户类别和用户特征上。广告主在选择网站时，应首先考虑网站的特点和网站的访问者是否与企业的目标市场一致，其次才是网站的访问量。

(3) 广告投放量越大，广告效果就越好。

与传统媒体相比，网络广告的平均费用较低。在广告投放上，广告主相信在某个页面上投放的量越大，收到的广告效果就越好。事实上，目前，中国的网络广告主要按照CPM来计算价格，广告效果随着广告投放量的增加而上升，但两者并不成线性关系，符合边际效益递减规律。控制广告投放量不仅可以降低广告开支，还能有效提高广告投入的成本效益。

## 8.2.3 网络广告效果测评

1. 网络广告效果测评的内容及指标

网络广告效果是指网络广告作品通过网络媒体发布后所产生的作用和影响，即目标受众对广告宣传的反应。与传统广告效果一样，网络广告效果也具有复合性，即是传播效果、经济效果、社会效果的统一，并具有一定的滞后性。

网络广告效果的测评就是利用一定的评价指标、评价方法和评价技术，对网络广告效果进行综合衡量和评定的活动。

1) 网络广告传播效果测评的内容及指标

广告的最终目的是促进产品的销售，但在广告的实施中，因情况不同，具体的目标又有所不同。“AIDA”是潜在消费者从接触广告开始，一直到完成某种消费行为的几个动作。广告主依据不同的广告目标，用“AIDA”来检验网络广告的效果。“AIDA”的每一个阶段都可以作为网络广告传播效果测评的内容，如表8-2所示。

(1) 广告曝光次数。广告曝光次数是指网络广告所在的网页被访问的次数，通常用计数器(Counter)来进行统计。在运用广告曝光次数评价网络广告效果时，应注意以下问题。

表 8-2 "AIDA"的各个阶段

| 网络广告 AIDA | 网络广告传播效果的测评指标(测评对象) |
|---|---|
| Attention(注意) | Advertising Impression，即广告曝光次数(媒体网站) |
| Interest(兴趣) | Click 与 Click Through Rate(CTR)，即点击次数与点击率(媒体网站) |
| Desire(欲望) | Page View，即网页阅读次数(广告主网站) |
| Action(行动) | Conversion 与 Conversion Rate，即转化次数与转化率(广告主网站) |

① 广告曝光次数并不等于实际浏览的次数。在广告发布期间，同一个网民可能几次浏览刊登同一则网络广告的网站或页面，或网民为浏览其他信息而打开该网站或网页，这就导致广告曝光次数与实际阅读次数不符。

② 在同一网站或网页上，广告发布位置的不同，则其曝光次数所产生的实际价值也不同。通常情况下，首页广告比内页广告曝光次数多，但首页每个曝光次数所产生的广告价值却可能低于内页广告。

③ 通常情况下，一个网页中可能分布多则广告，访问者可能为了解其他广告信息而浏览该网页。此时的广告曝光次数并不会产生实际的广告价值。

总的来讲，得到一个广告曝光次数，并不等于得到一次广告受众的注意。

(2) 点击次数与点击率。

① 网民单击网络广告的次数称为点击次数，点击次数可以客观准确地反映广告效果。而点击次数除以广告曝光次数，就可得到点击率，这是衡量广告吸引力的指标。

② 点击率是网络广告最基本、最直接、最有说服力的评价指标。一般来讲，浏览者点击某一网络广告，说明他已经对广告中的产品服务产生兴趣，并在进一步了解中。随着人们对网络广告的深入了解，点击率越来越低。因此，单纯的点击率已经不能充分反映网络广告的真实效果。

(3) 网页阅读次数。浏览者在对广告中的产品服务信息产生兴趣后，就会进入广告主的网站，详细了解产品服务信息，甚至产生购买的欲望。浏览者对广告页面或广告主的网站的一次浏览阅读，称为一次网页阅读。在一定时间内，所有浏览者对广告页面或广告主网页的总的阅读次数就称为网页阅读次数。

事实上，广告主网页的阅读次数与网络广告的点击次数是存在差异的，这种差异源于浏览者只点击了网络广告而没有进一步浏览该广告所打开的网页。目前，受网络技术和统计技术的限制，很难精确统计网页的阅读次数，通常用点击次数来估算网页的阅读次数。

(4) 转化次数与转化率。"转化"是指受网络广告影响而形成的购买、注册或者信息需求。转化次数(Conversion)是网民受网络广告影响所产生的购买、注册或者信息需求行为的次数；转化次数除以广告曝光次数，即为转化率(Conversion Rate)。网络广告的最终目的是促进产品的销售，而点击次数与点击率指标并不能真正反映网络广告对产品销售情况的影响。转化次数与转化率指标能更有效地衡量网络广告的实际效果。

网络广告的转化次数包括两部分，一部分是浏览并且点击网络广告所产生的转化行为的次数，另一部分是仅浏览而没有点击网络广告所产生的转化行为的次数。相对而言，转化次数与转化率可以较为准确地反映那些只浏览而没有点击广告所产生的效果。在广告实际测评中，估算转化次数与转化率存在一定的难度，通常将受网络广告的影响所产生的购买行为的次数作为转化次数。

2）网络广告经济效果测评的内容及指标

网络广告的最终目的是促进产品销售。网络广告的经济效果是网络广告给广告主带来的净收益，即广告收入与广告成本的差额。因此，网络广告经济效果测评的内容及指标包括网络广告收入和网络广告成本。

网络广告收入是网络广告受众受广告影响产生购买而给广告主带来的销售收入。在实践中，消费者的购买往往受多种因素的影响，准确区别各种因素对购买行为的影响是十分困难的。因此，常用广告刊载期销售收入的增加来作为广告收入。

网络广告成本是广告主投放网络广告的费用，以 CPM、CPC、CPA 等计费模式来计算。

3）网络广告社会效果的测评内容

网络广告的社会效果主要是指广告活动在社会文化、教育等方面所产生的影响和作用。无论是广告构思、广告语言，还是广告表现，都要受到社会伦理道德和法律的约束。测评网络广告的社会效果，要在一定的社会意识形态下的政治观点、法律规范、伦理道德及文化艺术标准的约束下进行。

网络广告的社会影响涉及整个社会的政治、法律、艺术、道德伦理等上层建筑和社会意识形态，因此，很难用评价指标进行测评，而需用法律规范标准、伦理道德标准和文化艺术标准来综合衡量。

**课堂思考**

影响网络广告投放效果的因素大致可以分为 3 大类：第一类是关于网络广告的受众因素，包括年龄、受教育水平、收入水平等因素，这部分对网络的投放效果影响较大；第二类是网络广告本身的因素，包括广告的类型、位置、创意、互动等；第三类就是网络广告投放的网站可信度及企业的知名度。请大家分析，我们可以从哪些方面来提高网络广告的投放效果，为企业制定有效的网络广告投放策略提供一定的参考？

2. 网络广告效果测评的方法

1）单一指标测评法

单一指标测评法是指在广告主明确广告目标后，选择单个指标来对网络广告效果进行测评的方法。当网络广告目标是提升和强化品牌形象时，可选择广告曝光次数、广告点击次数与点击率、网页阅读次数等指标来衡量广告效果；当广告目标是促进销售时，可选择转化次数与转化率、广告收入、广告净收入等相关指标进行测评。

2）综合指标测评法

综合指标测评法是指在对广告效果进行测评时，选择多个指标从不同的角度对网络广告效果进行综合评价的方法。常用的综合指标测评方法有两种，即传播效能测评法和耦合转化贡献率测评法。

(1) 传播效能测评法。随着网络广告刊登时间的延续，广告信息对广告主的品牌形象和产品销售的长期影响也在不断加强。传播效能测评法是指在网络广告刊登后的一段时间内，对网络广告所产生的效果从不同层面赋予权重，以评价不同广告所产生效果的差异。传播效能测评法实际上是对不同广告形式、不同投放媒体和不同发布周期等情况下的广告效果的比较和评价，不仅仅反映某次广告刊登所产生的效果。

（2）耦合转化贡献率测评法。该方法是指广告主根据经验估算购买次数与点击次数之间的比例数值，并依此比例估算广告在网站发布时，一定的点击次数可产生的购买转化次数的预期值。而在网络广告发布后所产生的实际转化次数相对于预期转化次数的变化率，称为该网络广告与该网站的耦合转化贡献率。

**案例 8-8**

## 广告测评

某通信设备制造商在A、B两家网站上刊登了某通信产品广告，刊登周期为1个月。广告刊登结束后，A、B两家网站向该制造商提供了网络广告点击次数，分别为5 102和3 051；通过跟踪调查，得到受网络广告影响而产生的购买次数分别为102和124。根据过去的网络广告经验，每100次点击可形成2次实际购买。

1. 传播效能测评法

根据过去的经验，每100次点击可以形成2次购买，将实际购买的权重设为1.00，每次点击的权重设为0.02。

网络广告在A网站上所产生的传播效能为102×1.00＋5 102×0.02＝204.04。

网络广告在B网站上所产生的传播效能为124×1.00＋3 051×0.02＝185.02。

2. 耦合转化贡献率测评法

根据过去的经验，每100次点击可形成2次实际购买。据此估算，该网络广告在A网站产生5 102次点击，应有102次的购买，实际的购买是102次；网络广告在B网站产生3 051次的点击，应有61次的购买，而实际的购买是124次。

网络广告与A网站的耦合转化贡献率为102/(5 102×0.02)≈1.00。

网络广告与B网站的耦合转化贡献率为124/(3 051×0.02)≈2.03。

由此可见，该通信设备制造商的广告在A网站刊登获得的实际转化远远低于在B网站刊登所取得的实际转化，较高的点击次数有助于提高广告的传播效能，对品牌形象的提升和长期的销售促进都有重要的意义。而网络广告在B网站刊登，其耦合转化贡献率较高，在短期内销售效果明显，但对其品牌形象的提升和长远销售的影响力有限。显然，该通信设备制造商网络广告的目标如果是侧重于提升其品牌形象和促进长期销售，应选择在A网站刊登广告；如果广告目标是促进产品的销售，提高实际收入，则适宜在B网站刊登广告。

（资料来源：http://blog.163.com/jinnqiang46@126/blog/static/117367792007112982859965/.）

3. 网络广告效果测评数据的收集

网络广告效果测评的基础工作是收集相关的统计数据。常用的数据收集方法有以下两种。

1）通过使用访问统计软件获得测评数据

使用一些专门的软件网络服务提供商或网络内容提供商可随时获得网民对网络广告的反映情况，并通过进一步分析生成相应报表。目前，权威的网络广告测评公司 Double

Click 和 Netgraphy 就使用统计软件来获得广告曝光、点击次数及网民的个人信息等资料。Cookies 技术为测评数据的获得提供了实现的可能。Cookies 技术可以区别不同地址甚至同一地址不同网民的信息资料，为广告主提供不同类型的统计报表。

2）委托第三方收集资料并进行测评

为保证广告效果测评的公正性，广告主可以委托第三方收集广告相关信息资料，并独立进行测评。由独立于网络服务提供商或网络内容提供商之外的第三方测评，可以减少作弊的可能性，增强统计数据和测评结果的可信度。

## 本章小结

- 网络广告
  - 网络广告概述
    - 网络广告的概念和特点
    - 网络广告的形式
      - 旗帜广告、文本链接广告、E-mail广告、赞助式广告、插播式广告和弹出式广告、在线互动游戏广告、分类广告、搜索引擎广告、撕页广告、微电影广告
    - 网络广告的计费模式
      - 每千人成本、每点击成本、每行动成本、每回应成本、每购买成本、包月方式
  - 网络广告实施
    - 网络广告设计
      - 网络广告的创意
      - 网络广告的制作
    - 网络广告运作
      - 网络广告的策划：确定网络广告的目标、确定网络广告的目标受众、确定网络广告预算、广告信息决策、选择网络广告发布的渠道及方式、网络广告效果检测和评价
      - 网络广告的发布：企业主页、免费的网络服务、黄页形式、企业名录、电子报纸或期刊、新闻组、友情链接、E-mail和E-mail列表
    - 网络广告效果测评
      - 网络广告效果测评的内容及指标
      - 网络广告效果测评的方法：单一指标测评法、综合指标测评法
      - 网络广告效果测评数据的收集

## 思考与练习

1. 单项选择题

(1) 网络广告起源于(　　)。

A. 美国　　B. 法国　　C. 英国　　D. 中国

(2) 以下不是网络广告的优点的是(　　)。

A. 不可检索性　　B. 实时性

C. 传播范围广　　D. 互动性和纵深性

(3) 以下代表每千人成本的是(　　)。

A. CPM　　B. CPC　　C. CPA　　D. CPD

(4) CTR 指的是(　　)。

A. 点击率　　B. 广告收益　　C. 点击次数　　D. 转换率

(5) (　　)是广告信息的传播者。

A. 广告主　　B. 广告　　C. 广告媒介　　D. 广告受众

2. 多项选择题

(1) 以下属于网络广告要素的有(　　)。

A. 广告主　　B. 广告信息　　C. 广告媒介

D. 广告受众　　E. 广告效果

(2) 以下属于网络广告的是(　　)。

A. 旗帜广告　　B. 按钮广告　　C. E-mail 广告

D. 互动游戏式广告　　E. 赞助式广告

(3) 以下属于发布网络广告的手段的是(　　)。

A. 企业主页　　B. 新闻组　　C. 免费的互联网服务

D. 黄页形式　　E. 企业名录

(4) 网络广告传播效果测评的指标有(　　)。

A. 广告曝光次数　　B. 点击次数与点击率　　C. 网页阅读次数

D. 转化次数与转化率　　E. 网络广告收入

(5) 网络广告效果测评的方法有(　　)。

A. 传播效能测评　　B. 点击率　　C. 网络广告净收入

D. 广告曝光次数　　E. 耦合转化贡献率测评

3. 简答题

(1) 什么是网络广告?

(2) 简述网络广告的特点。

(3) 网络广告有哪些不足?

(4) 网络广告的计费模式有哪些?

(5) 简述网络广告的常用发布方式。

(6) 网络广告传播效果测评的指标有哪些?

## 实训与案例

(1) 上网查找赞助式广告的具体形式。

(2) 尝试制作一份网络广告策划书。

(3) 登录搜狐(www. sohu. com)、新浪(www. sina. com. cn)网，查看这两个网站首页上都有哪些形式的网络广告。试着利用相关制作工具创作一则旗帜广告。

(4) 案例分析。

一汽大众网络广告如图 8.10 所示。

图 8.10 一汽大众网络广告

1. 广告表现形式

弹出式广告。因为载体(腾讯 QQ 资讯面板)环境色彩信息较为丰富，受众很难在那么多信息中注意到广告信息；而一汽大众选择了弹出式广告的新颖表现形式，能够使一汽大众的广告信息在凌乱复杂的资讯信息中凸现出来，进而吸引网络浏览者的眼球。单从弹出式广告这种网络广告形式上看，我们还可以看到弹出式广告的优点：感官性强(视觉冲击力大)、受众范围广、实时、灵活、成本低、制作成本低、速度快、更改灵活、不受时空限制等。

2. 广告设计

一汽大众平面广告鲜明的黑、银、灰相结合的颜色与弹出式广告形式特点相结合更能凸显出一汽大众品牌全新迈腾 V6 旗舰版的视觉形象，网络浏览者在繁杂的信息中一眼就看到了一汽大众的广告画面。画面中霸气的汽车图片大幅提升了全新迈腾的豪华感，所体现出的低调奢华气质与全新迈腾所要展现的理念更是浑然天成，凸显了其全新璀璨上市的亮点，使得“智臻成就 辉映人生”的广告语对网络浏览者的视觉冲击与心理冲击更大。

3. 媒体选择

在媒体选择上，选择了腾讯 QQ 自弹式资讯面板这一载体，点击率高、受众广泛，媒体选择可以说非常到位。

4. 广告效果评价

一汽大众的弹出式广告，以其“弹”的运动形式，吸引了受众的眼球，在吸引网民关注度方面要远远高于其他静态的图像广告和文字广告。但是弹出式广告，因为是自动弹出，所以带有强制性植入的性质，很多网民对这种弹出式广告的霸道形式感到很厌烦，所以受众的抵触情绪也会高于普通广告。

(资料来源：http://wenku. baidu. com/view/cf0740b9960590c69ec3762a. html.)

**思考题**：分析一汽大众网络广告成功的原因，并结合案例探讨网络媒体广告与传统电视广告的区别。

# 第9章

# 网络营销实施与管理控制

## 知识目标

(1) 了解网络营销实施的时机决策应注意的问题；
(2) 了解网络营销的组织结构及其特点；
(3) 了解网络营销的成本管理和效果评价指标体系；
(4) 掌握网络营销风险控制的措施。

## 技能目标

会根据实际情况对网络营销效益进行评估。

引 例

**联网时代(北京)科技有限公司对网络营销的重要作用**

近几年，随着互联网的快速发展，越来越多的传统中小企业开始涉足网络营销。作为网站管理者，不仅需要对自已网站的访问来源及客户需求了解得更详细，同时作为网络广告投放主更需要清楚地知道每一则广告投放后的点击效果。近日，联网时代(北京)科技有限公司(CNZZ)推出的免费“站长统计”就解决了这个问题。据悉，CNZZ注重微观的数据统计和分析，这不仅是网站管理者最需要的数据，同时也代表了网络统计行业向微观发展的方向。

借助CNZZ的“站长统计”，网站经营者可以清晰地了解自身网站流量变化，随时知道网站被访问情况，每天多少人看了哪些网页，哪个搜索引擎带来的流量最多等非常有价值的信息数据。这些数据的获得可以帮助网站管理者决定如何调整页面内容，如何进行有效推广营销的决策。事实上，CNZZ“站长统计”工具不仅适用于企业网站，同样也适用于博主。在博客商业化浪潮并未褪去之际，关注自身博客影响力的博主们及那些有意向博客投放广告的企业也可以尝试。

在市场经济时代，越来越多的企业开始在互联网上做广告。然而，互联网广告这一新的广告方式，目前的发展并不是很充分，而且广告费用的支出一般都不菲，如何选择投放渠道和评估广告效果，是很多企业面临的难题。此前CNZZ推出的“广告统计”工具可以为广告主提供非常有价值的数据，帮助用户进入一个广告效果量化时代。

据悉，CNZZ的“广告统计”工具不仅可以防止企业盲目进行广告投放，全面地帮助广告主及时把握广告效果，同时还可以在企业品牌及产品投放媒体的选择上，帮助用户对现有投放方案做出理性分析与调整，并指导用户制定科学客观的推广投放方案，实现推广效益最大化。如此看来，CNZZ推出的“站长统计”和“广告统计”是帮助网站管理者更加了解自身产品的受众人群，同时选择真正适合自身产品及品牌的网络推广渠道的“双保险”。

(资料来源：http://www.baike.com/wiki/CNZZ.)

通过CNZZ为企业提供的解决问题的方案可以看出，企业在决定实施网络营销后，还要对实施的效果进行测定，在实施过程中进行控制，才能确定网络营销实施达到目标的成效，从而及时发现实施方案与手段是否有效，分析产生偏差的原因，提出有针对性的解决措施。

## 9.1 网络营销实施

网络营销的实施是一项系统工程，不仅涉及技术方面的问题，也涉及企业的管理、组织、战略决策和业务流程等多方面的问题，需要企业建立专门的组织机构负责组织和管理。

### 9.1.1 网络营销实施分析

企业开展网络营销必须全面分析企业的经营状况和市场竞争环境，包括可行性分析、必要性分析、重要性分析和风险分析。

1. 可行性分析

可行性分析包括外部市场环境可行性分析和内部资源可行性分析。

外部市场环境可行性分析主要分析企业所面对的市场环境是否成熟；目标市场是否具备接受网络营销的条件和能力，是否接受企业所提供的网络营销方式，对网上采购的意愿和要求是否强烈；网络营销市场的竞争状况等。

内部资源可行性分析主要分析企业是否具备信息化基础；是否有相应的资金、技术和人才以满足开展网络营销的需要。

2. 必要性分析

必要性分析主要分析在目前的市场环境和竞争状况下，企业实施网络营销的必要性和紧迫性；不实施网络营销对企业经营、发展的现实和潜在威胁。

3. 重要性分析

重要性分析主要分析在当前市场环境和竞争状况下，实施网络营销是否能够有效提高企业市场竞争力，抑制竞争对手，确保企业的稳定发展。

4. 风险分析

企业实施网络营销所面临的主要风险包括：市场观念风险，即目标市场对网上购物的观点、态度及认识与接受程度；技术风险，即企业实施网络营销所面临的新技术支持和面临的技术风险；执行风险，即企业现有的组织结构和管理水平能否满足网络营销的需要，对网络营销的实施会产生多大的影响；经济风险，即实施网络营销对企业经济效益的影响；政策风险，即国家法律和政策对实施网络营销的影响。

### 9.1.2 网络营销决策分析

1. 实施网络营销的时机决策

通过网络营销实施分析，综合考虑影响企业实施网络营销的各种因素，选择适当的时机开展网络营销是营销决策的重要方面。实施网络营销要求企业必须具备必要的内部资源条件、相应的组织结构和管理水平，以及相对成熟的网络营销市场环境；或当企业面临重大的市场竞争威胁，不实施网络营销就可能直接影响企业的经营和发展时，企业可以根据具体情况，做好开展网络营销的准备工作，择机实施网络营销。

目前，对许多小企业来讲，开展网络营销的条件和时机已经成熟。为择机实施网络营销，企业应考虑先在互联网上注册域名，以免合适的企业域名被抢注；然后投入资金建立企业网站，一方面可以开展网络营销，另一方面可以宣传企业品牌形象，开展网上调查活动等。

2. 实施网络营销的投资决策

企业要借助互联网开展营销活动，需要搭建网络营销平台，即建设网络营销系统，这是网络营销实施的重点。在建设网络营销系统时，企业需重视网络及其配套信息设备与技术的投资，因为网络营销成本具有潜在增长性。根据国外研究，当企业决定投资 100 万美元用于新的网络开发时，该企业必须做好在未来的5年里至少再投入300万美元巨资的准备。一般而言，在软件开发上每产生1美元的花费，意味着今后每年将造成0.2美元的运营成本，以及0.4美元的维修成本，因此，100万美元的初始投入将造成每年60万美元的额外开销。由此可见，网络营销的实施是一项投资巨大、周期较长的风险性投资活动。因此，企业实施网络营销时必须进行投资决策，分析网络营销带来的经济效益。

在进行经济效益分析时，常采用费用效益分析的方法，即对费用(或成本)及效益分别进行估计，然后将两者进行比较。

系统费用是网络营销系统在建设和实施过程中的费用总和，包括购置软件和设备费用、人力费、外部费用等，成本是不难识别和估算的。

收益的估计涉及范围较广，很难用数字精确表示，对不同系统其表现也不一样，收益值通常难以定量化，但掌握了收益的基本成分，就可以使其定量化过程相对容易。

第一类收益的标准就是由于社会劳动生产率的提高，从而使单位产品或服务生产的活劳动和物化劳动消耗不断降低。一般情况下，当企业规模扩大时，由于系统的运行不需要按常规增加人员，从而避免了某些成本的发生。

第二类收益是经营管理费用的节省，它的产生是由于网络营销的实施减少了经营成本。例如，网络营销的实施加强了企业内部物料的控制管理，使原材料和产品的库存减少了一定的百分比。任一阶段的经营管理费用的节省等于库存金额的减少乘以和库存成本有关的流动资金的利率。由于开展网络营销而节省的经营管理费用还包括运输费、出差费、能源费和因提高了利用率而减少的设备支出等。

第三类收益来自经营收入的增加，这类收益最难准确量化。例如，由于实施了网络营销，能有效地分析和综合市场与客户的信息，合理地制订生产计划、销售计划，有效地控制坏账的发生，使企业扩大了销售量，增加了销售收入和现金流入。凡是由于该系统的运行而使企业增加的收入都属于这类经营收益。

以上几种类型的收益是直接收益。除此之外，还应考虑在直接收益中加上无形的或非定量的收益。

第四类收益是管理效益。管理效益通常也称为间接经济效益或社会效益，是在评价网络营销实施结果时不可忽视的重要因素。有时，对整个网络营销的经济评价可能是很难进行的，但网络营销实施后的作用还是可以全面、细致地进行分析的。实施网络营销的管理评价的目的是针对系统的一般状况，检验其工作的好坏程度和对管理工作在效率及效果方面的影响。管理效益在实际工作中往往难以定量测算，只能进行定性的分析。在评价实施网络营销的经济效果时，不仅应考虑经济问题本身，还应考虑因网络营销的实施所引起的社会效益，例如，人们工作习惯的改变、劳动强度的减轻、工作时间的缩短、经济体制和组织机构的改革、科学文化水平的提高及普及等。

一般来说，网络营销实施对管理效益的影响主要表现在以下几个方面：促进管理层观念的转变和素质的提高；提高管理工作的效率和质量；促进企业管理体制和组织机构的改革；改善企业内外部环境；重视信息导向的作用，增强信息意识，注重从信息的价值中获取效益；增强企业的决策和应变能力及竞争实力，企业可以结合自己的具体情况进行定性分析。

### 9.1.3 网络营销组织结构及其特点

网络营销的实施对企业营销组织的影响是深远的，它改变了企业营销组织的形式和结构。

#### 1. 网络营销的组织结构

网络营销实施后，企业各部门之间要相互协调，紧密配合，使企业能够为顾客提供满意的商品或服务，为顾客提供整体解决方案，满足顾客需求。

企业组织结构的运作如图 9.1 所示。

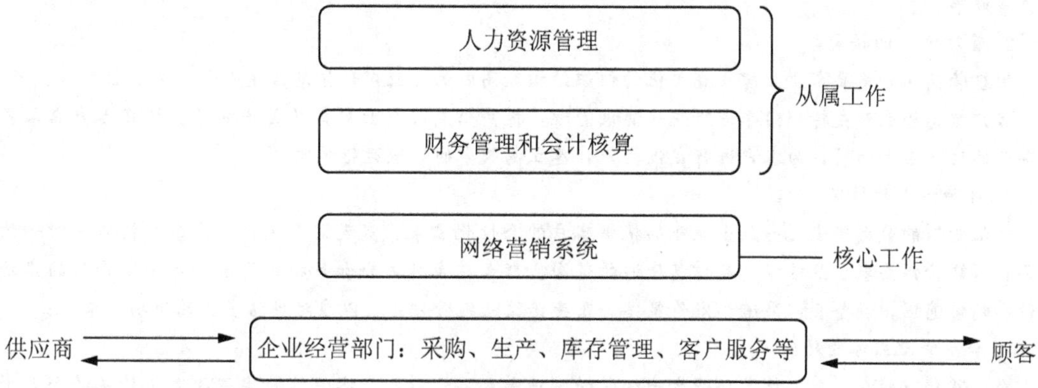


**图 9.1 基于网络营销的企业组织结构**

企业开展网络营销后，传统的条块分割的部门重组为统一的、为顾客服务的组织机构，企业与供应商联系更加密切，渠道更加畅通；网络营销系统成为企业的核心，这个系统不仅包括传统的营销部门，还包括与之相协调的供应、生产、网络信息技术和系统维护等业务部门，其他的如人力资源管理、财务管理及后勤保障等部门属于支持部门。组织运转的动力来源于顾客需求及其变化。客户服务由服务部门统一对外提供，并通过企业内部的业务价值链向下传递，直至最后满足顾客的需求。

#### 2. 网络营销组织结构的特点

企业实施网络营销后，组织机构的特点体现在以下几方面。

(1) 统一顾客服务部门。通过简化和统一顾客服务程序，为顾客提供满意的网上订购和技术支持与维修服务。

(2) 扁平化的组织结构。网络营销要求企业为顾客提供及时、高效的服务，对顾客需求的变化和市场竞争做出迅速反应。这就要求企业改变传统的“金字塔”型的组织结构，建立反应迅速的扁平化组织结构，同时，网络营销的实施也为扁平化组织结构提供了必要的技术支持基础。

(3) 横向信息沟通。为顾客提供统一的服务需要不同职能部门的协作配合，扁平化的组织结构为部门之间的横向沟通提供了渠道和基础，提高了信息沟通效率。

资料链接

## 网络营销的实施对高层管理人员提出的挑战

对许多企业来讲，网络营销不仅是新的营销模式和竞争手段，更是一场营销革命。网络营销的实施对企业管理人员提出了新的挑战和任务。

1. 决策方式的转变

网络营销的实施提高了信息传递速度和效率，而市场透明度的增强使企业的每一个营销决策和每一项创新都可能被迅速模仿。这就要求企业决策者充分关注市场变化和市场竞争状况，调整决策方式，提高决策效率。

2. 管理方式的转变

网络营销的实施要求企业建立扁平化的组织结构和高效的企业内部信息传递平台，将企业的供、产、销、客户信息和生产支持部门等进行统一协调管理，提高信息在企业内部的传递效率；根据客户需求调整企业的生产经营活动，为客户进行定制生产，建立高效率的管理运行机制。

3. 经营方式的转变

网络营销的最大优点之一是企业能够根据客户的个性化需求，实现订单生产，为客户提供一对一的服务。网络营销要求企业根据产品信息传递的范围重新考虑市场细分和目标市场选择，确定产品的市场定位和销售范围，调整营销渠道和定价策略，改变传统的经营方式，以应对灵活多变的市场需求。

4. 资源管理内容的转变

企业所拥有的人、财、物是企业生产经营的基础和重要资源，网络营销的实施改变了传统的企业资源管理模式，资源管理的重点不再是可以通过市场融通的资金和技术，而是企业内具有创新能力的人才和企业赖以生存的客户资源。企业价值评价的标准不再是企业的有形资产价值，而是企业忠诚的客户资源、品牌价值和创新思想。

5. 服务方式的转变

网络的互动性特点使企业能够通过网络为客户提供信息咨询服务和技术支持，让顾客直接参与产品的设计、生产和维修服务过程，提高产品维修效率，降低服务费用；同时，通过全天候的服务，提高客户满意度。

## 9.2 网络营销管理控制

控制与组织和计划是密不可分的。实施网络营销后，要达到网络营销的目标，企业必须加强协调和控制。网络营销管理控制主要包括成本管理、效益评估和风险管理三方面的内容。

### 9.2.1 网络营销成本管理

1. 网络营销成本的基本构成

了解网络营销的成本构成是成本管理的关键。从网络营销系统的整体来看，网络营销成本主要包括两部分。

1）供应者成本

企业中的信息技术部门和服务部门管理企业所有的信息资料和网络设施，为网络营销的实施提供系统开发、信息管理和服务，对网络系统进行维护和管理，保证网络营销系统的安全、可靠和正常运行。因此，这些部门的运作成本应属网络营销成本。

2）使用者成本

使用者成本是网络营销业务部门发生的费用，由信息技术部门支出。用于网络营销系统建设的网络硬件设备和软件购置，也应纳入业务部门的费用核算中，作为使用者成本。

在营销系统建立后，网站建设、网页设计和更新、网站宣传和推广等业务费用，不论在哪个部门支出，都应纳入营销部门的网络使用费用，计入使用者成本。

此外，网络营销部门和技术服务部门为提高员工工作能力和素质所发生的培训教育费用，尽管没有直接对网络营销业绩产生影响，但作为间接费用，也应考虑记入网络营销成本。

2. 网络营销的成本管理

成本管理的核心是编制成本预算，进行成本控制。

网络营销的基础是计算机和网络信息技术，技术进步和产品更新换代越来越快。在编制预算时，必须考虑技术进步的速度和设备的技术寿命期；随着网络的使用，网站的维护费用也在不断提高，维护费用预算也应相应调整；互联网的发展和网站内容多样性的要求，使得企业网站租用的空间不断扩大，租用费也要相应增加。因此，网络营销成本预算的编制应有一定的弹性。

成本控制以预算为基础，应根据市场的变化进行适当的调整。对供应者成本应采用项目控制，并结合使用者使用情况加以考核；对使用者成本，在项目控制的基础上应进行总额弹性控制；对技术部门与业务部门之间因业务拓展而产生的成本增加，应比照市场价格进行成本控制。

### 9.2.2 网络营销效益评估

实施网络营销需要企业制定营销目标，而营销目标的实现程度要求对网络营销实施效果进行评价，找出差距，发现问题，以调整营销策略和目标。

1. 网络营销效果评价方式

根据网络营销目标，网络营销效果的评价方式分为两种。

1）网络营销效益评价

网络营销目标如果是定量目标，如销售指标、市场占有率或经济效益等，对应的评价方式也应是定量指标。通过将网络营销实施的结果与营销目标进行对比，给出评价结论。

2）网络营销有效性评价

在网络营销中，许多企业的营销目标不是具体的数量指标，而是有效性指标，如企业品牌知名度、企业形象展示、产品展示、客户沟通等，对这些营销目标的评价一般较为困难，需要进行定性分析和定量考察。

2. 网络营销效果评价指标

根据网络营销的目标选择，建立相应的评价指标体系，是有效评价网络营销效果的重要依据。

1）经济指标

网络营销评价的经济指标主要包括以下5个。

(1) 网上销售收入(增长率)：通过网络实现的产品销售总额。

(2) 网上销售费用(增长率)：进行网上销售所花费的代价，包括营销人员的工资和福利、网络运行费、网站建设费用分摊、企业支付的物流费用等。

(3) 销售利润(率)/(增长率)：销售收入与销售成本和费用的比值。

(4) 库存费用变动：网络营销对企业库存费用的影响。

(5) 整个企业成本费用变动：网络营销对整个企业成本费用的影响。

2）市场业绩指标

市场业绩指标包括以下5个。

(1) 市场覆盖率(变动)：企业产品的市场覆盖指标。

(2) 市场占有率(变动)：企业产品在市场中占有的比率。

(3) 新市场拓展：通过网络营销活动，拓展新的销售市场的情况。

(4) 网上销售比率：网络营销在全部产品销售中的比率。

(5) 顾客回头率：老顾客通过网络订购产品的情况。

3）技术评价指标

网络营销技术评价指标主要是对网络营销平台——网站和网页建设进行的，主要包括以下几个方面。

(1) 网站和网页设计评价。网站是网络营销的基本工具。企业网站和网页设计评价的基本指标包括网站的功能是否具备，内容是否完备，设计风格是否符合目标市场的审美观，视觉效果如何，是否具有吸引力等方面。此外，还要考虑主页下载时间、有无私链、对不同浏览器的适应性等。为保证评价的公正性，可以考虑引入第三方评价。

**资料链接**

## CNZZ产品统计

1. 站长统计

目前国内站长使用最多的网站流量系统，为个人站长提供安全、可靠、公正的第三方网站访问免费统计，是站长们每日必看的流量统计分析工具。通过CNZZ站长统计，站长可以随时知道自己网站的被访问情况，每天多少人看了哪些网页，新访客的来源是哪里，网站的用户分布在什么地区等非常有价值的信息数据。站长们根据CNZZ站长统计，可以一目了然地及时掌控自己的网站的访问情况，及时调整页面内容、推广方式，以及对网站的调整做出客观公正的评测。同时，CNZZ站长统计已经被业内公认为是一个可信赖的第三方评判标准，发生网站访问流量方面的疑问时，大家都愿以CNZZ站长统计来作为第三方的公正评判依据。

2. 全景统计

全景统计为商业站点，是大型公司网站量身定做的流量统计分析系统。CNZZ全景统计系统为高端客户提供高效、稳定、安全的商业统计服务。通过CNZZ全景统计服务，网站的管理员可以及时掌握站点流量的变化情况，遇到突发流量变化可以第一时间接到各种渠道的报警通知。CNZZ全景统计还提供多角度的数据统计、对比，生成报表，便于网站管理员评估，以及深入二次挖掘数据价值。使用CNZZ

全景统计可以多角度掌握站点流量变化情况，从多角度验证公司业务发展情况，为公司发展提供辅助决策信息，对当前网站的访问情况做出准确、客观的评估。

3. 广告统计

广告统计为互联网广告主专门制作的广告效果统计系统。为在互联网上投放内容展示广告，搜索引擎关键字广告、E-mail 广告、互联网品牌推广等用户提供精确有效的广告效果统计数据和广告活动效果分析。让广告主能够及时把握广告的效果及广告收益，广告投入与效果比较等非常有价值的深度数据，成为互联网广告投放决策的依据。为广告主节省成本，将广告费用花在最有价值的地方。

4. 数据中心

CNZZ 数据调研中心依托 CNZZ 强大的统计服务、领先的数据采集技术，深度挖掘互联网用户行为数据，秉承科学、严谨、客观的态度，专注于各行业数据深度研究，为各行业提供优质的数据产品和调研服务，全方位、系统化地解决客户在多种状况下遇到的问题。CNZZ 数据调研中心可以真实地反映中国网民的网络行为应用，支持网络媒体、广告公司、投资集团的战略制定、市场合作及行业竞争分析；针对不同行业整体运营情况进行分析，帮助客户准确了解市场形势及自身行业竞争力，并根据客户的具体需求，提供最具价值的研究数据报告、个性化的解决方案，帮助改善客户的商业服务。

（资料来源：http://www.baike.com/wiki/CNZZ.）

CNZZ 提供的网站访问量的图示说明和详细说明如图 9.2 和图 9.3 所示。

（2）网站推广评价。网站推广是提高网络营销效果的重要手段。评价网站推广主要考察 3 个方面的情况：一是搜索引擎的登录情况，包括门户引擎、专业搜索引擎和地方搜索引擎的登录网站数量及名次；二是与其他网站的链接情况，包括行业内其他网站的链接和友情链接等；三是用户数量，包括会员登录和非会员访问数量。这些评价都可以量化，以便进行比较和判断。

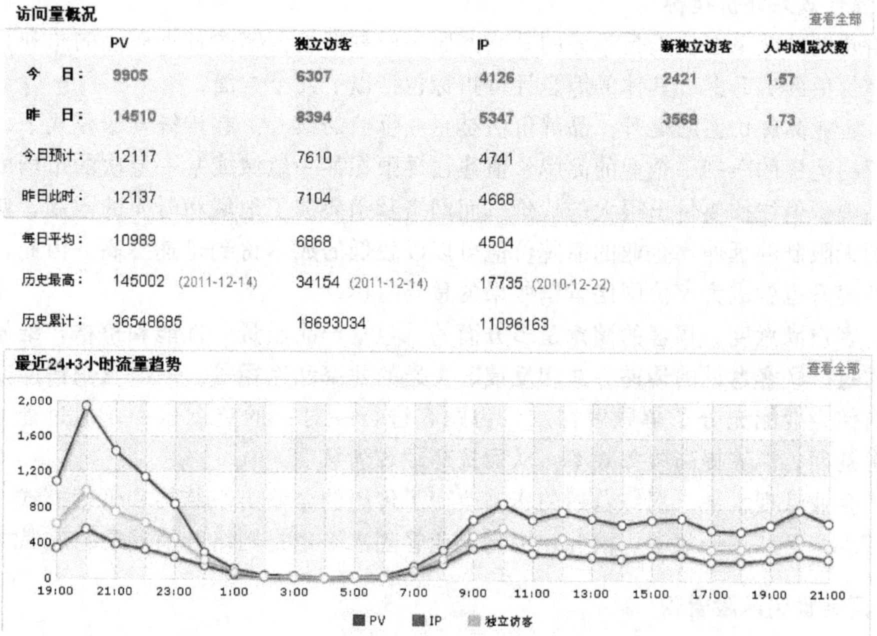


图 9.2 CNZZ 提供的网站访问量的图示说明

综合统计

蓝色为：页面总访问量（PV），同一访客的每次访问均被记录
紫红色为：网站独立IP访问量（IP），24小时内相同IP地址只被计算1次　　详细说明 >>

| | | | |
|---|---|---|---|
| 网站名称 | 51YES功能演示页面 | | |
| 网站地址 | http://demo.51yes.com | | |
| 注册日期 | 2005年03月26日 | | |
| 今日新客户量 | 575 | 今日老客户量 | 89 |
| 同时在线人数 | 1（注：本数据1分钟刷新一次） | | |
| 5分钟同时在线 | 7（注：本数据5分钟刷新一次） | | |
| 15分钟同时在线 | 15（注：本数据15分钟刷新一次） | | |
| 预测今日访问量 | 4,032（1,212） | | |
| 今日访问量 | 2,181（664） | 昨日访问量 | 3,086（1,114） |
| 本周访问量 | 16,619（5,840） | 上周访问量 | 26,566（7,513） |
| 本月访问量 | 8,767（3,163） | 上月访问量 | 159,152（37,217） |
| 平均日访问量 | 15,278.07（1,805.00） | | |
| 平均周访问量 | 106,207.24（12,547.63） | | |
| 平均月访问量 | 438,989.93（51,863.53） | | |
| 本年访问量 | 971,778（208,694） | | |
| 总访问量 | 13,169,698（1,555,906） | | |
| 最大日访问量 | 54,200（3,077）2005年06月06日（注：本数据以页面总访问量（PV）为准） | | |
| 最大周访问量 | 257,647（21,461）2005年08月22日 ～ 2005年08月28日（注：本数据以页面总访问量（PV）为准） | | |
| 最大月访问量 | 978,234（86,138）2005年08月（注：本数据以页面总访问量（PV）为准） | | |

图 9.3　CNZZ 提供的网站访问量的详细说明

(3) 网站流量评价。网站流量包括独立访问者数量，页面浏览情况和每个用户在网上停留的时间。一般来讲，网站访问者数量越大，页面浏览频率越高，访问者停留时间越长，网站对访问者吸引力就越强，网站建设和推广效果就越好。

4) 综合效果评价指标

网络营销的效果往往不是具体的某一方面，而是网络营销的各种职能的总和，体现在企业整体价值的提升上。具体的综合评价指标包括以下几个方面。

(1) 企业品牌价值的提升。品牌价值是企业价值的核心。在传统营销模式下，受企业资源和营销范围的限制，企业的品牌价值往往局限在某一地域或某一层次的市场中，提高企业的品牌价值往往要付出很大的代价。而网络营销突破了地域和时间的限制，使企业的品牌得到无限制的延伸，企业的品牌价值可以以较低的成本得到迅速提高。因此，企业品牌价值的提升也就成为评价网络营销效果的重要指标。

(2) 客户满意度。顾客的满意是多方面的，包括产品质量、性能和价格，维修服务的效率和质量，顾客意见的传递方式和反馈、沟通的效率和途径等。网络营销借助互动式网络沟通，使企业能充分了解顾客需求，为顾客进行一对一的定制服务；通过建立 FAQ，解答顾客疑问，能够提高服务效率，从而提高顾客满意度。

(3) 企业管理水平。网络营销的实施改变了传统的企业组织结构和管理模式，影响着企业的管理水平和工作效率。因此，提高企业管理水平也是网络营销效果的表现之一。

### 9.2.3　网络营销风险管理

#### 1. 网络营销的风险来源

网络投资的风险来源有两大类：一类是经营性风险，包括网络营销实施的时机风险、

市场风险、技术风险、管理风险等，这些风险一般可以通过加强企业经营管理，提高企业决策能力来规避和应对；另一类是非经营性风险，又称人为风险，是指由于人为破坏等因素给企业的经营造成损失的可能性，这类风险主要来源于计算机病毒、网络“黑客”的干扰和网络知识产权3个方面。在此主要分析非经营性风险。

1）计算机病毒

计算机病毒是指隐藏在计算机中、具有破坏性和自我复制传播能力的程序。一些病毒通过网络传播，一旦营销网络感染病毒，就会给企业造成一定的经济损失。

2）网络“黑客”的干扰

除了一些别有用心的人通过编制病毒对企业的网络进行破坏以外，还有一些犯罪分子通过网络盗窃企业机密，以直接获取非法经济利益或者破坏企业的网络营销系统，俗称网络黑客。网络黑客对社会和企业造成的危害是极为严重的，并成为影响企业网络安全的重要因素。

3）网络知识产权

网络营销环境的形成始于信息交流和传输方式的改变，而知识产权从本质上讲是一种“信息产权”，是对符合某些法定条件的“信息”的法律保护权。因此，网络营销环境对法律的挑战，首先产生于对知识产权法律制度的冲击。立法的滞后导致网络知识产权得不到有效保护，这成为网络营销中的另一人为风险。

2. 网络营销的风险控制

网络营销风险控制的核心和关键是交易的安全性，也是电子商务技术的难点。为了降低交易风险，企业必须从以下4个方面进行风险控制：一是信息保密性，交易中的商务信息均要求严格保密；二是交易者身份确定的有效性，为交易双方确认身份是保证交易安全顺利完成的重要手段；三是不可否认性，市场千变万化，交易一旦达成是不能被否认的，否则就会损害一方的利益；四是不可修改性，交易协议一旦达成，交易文件就不能擅自修改，以保障交易合约的严肃性和公正性。

**案例**

## 肯德基的“秒杀门”

2010年4月6日，肯德基(中国)公司推出“超值星期二”三轮秒杀活动，64元的外带全家桶只要32元，于是在全国引爆热情。但当消费者拿着从网上辛苦秒杀回来的半价优惠券时，突然被肯德基单方面宣布无效。与此同时，肯德基(中国)发表声明称，由于部分优惠券是假的，所以取消优惠兑现。不过消费者对此并不买账，认为是肯德基“忽悠”了大家，网友称肯德基这次陷入了“秒杀门”。

针对优惠券是否造假一事，顾客、网友及肯德基官方争论不已。顾客认为，“优惠券上明明白白写着能复印，能打印，而且使用期限未到为何不能使用?”“同一网站下载的其他券能用，为何这张不可?”而肯德基工作人员将这种现象归结于“肯德基官网遭遇黑客袭击”，秒杀活动尚未开始，顾客便拿到了优惠券。

在针对日益复杂的商业竞争上，以及在面临着日益扩展的网络商业宣传上，肯德基方面的准备显然不足。肯德基的经营者，既未能真正懂得如何有效地利用网络提高影响力、创造利润，更不具备严格地识别和介入网络优惠宣传的能力。这是肯德基的悲哀，也是此次“秒杀”纠纷之所以产生的一个重要根源。最终“秒杀门”究竟怎样收场，尚不能准确预期，但无可置疑的是，此次“秒杀门”将为肯德基及其他类快餐店很好地上了一课，也为类似的网络促销手段敲响了如何防范风险的警钟。

（资料来源：http://baike.baidu.com/view/3451701.htm.）

**思考题**：此次“秒杀门”事件出现的原因是什么？企业在网络营销活动中如何认识风险并进行规避？

为有效实施网络营销风险控制，构建完整的网络交易安全体系，企业应采取以下3类措施：一是技术方面的措施，包括防火墙技术、防杀病毒技术、信息加密存储通信、身份认证、授权等；二是管理措施，包括交易的安全制度、交易安全的实时监控、提供实时改变安全策略的能力、对现有的安全系统漏洞的检查及安全教育等；三是社会的法律政策保障，包括出台保护网上交易的各种法律法规。具体措施包括以下几个方面。

1）客户认证

客户认证是指基于用户的客户端主机IP地址的一种认证机制，允许系统管理员为具有某一特定IP地址的授权用户分配访问权限。系统管理员可以决定对每个用户的授权，允许访问的服务器资源、应用程序，访问时间及允许建立的会话次数等。这是保证电子商务交易安全的一项重要技术。

客户认证主要包括身份认证和信息认证。身份认证用于鉴别用户身份，防止假冒；信息认证用于保证通信双方的不可抵赖性、信息的完整性和可靠性。

2）防止黑客入侵

黑客有两类，一类是只想证明自己的能力、引起他人关注的“骇客”，即传统意义上的黑客；另一类是窃客，他们的行为带有强烈的目的性和经济犯罪性质。目前，黑客的行为正在不断地走向系统化和组织化。

防范黑客的技术措施根据所选用的产品的不同，可以分为网络安全检测设备、访问设备、浏览器服务器软件、证书、商业软件、防火墙和安全工具包/软件等。

3）网络交易系统的安全管理制度

网络交易系统的安全管理制度是用文字形式对各项安全要求所做的规定，是网络营销人员安全工作的规范和准则，是网络营销正常开展的保证。

企业实施网络营销时，必须建立一套完整的网络安全管理制度，这个制度应包括人员管理制度、保密制度、跟踪审计制度、系统维护制度、数据备份制度、病毒定期清理制度等。

4）网络营销交易安全的法律保障

网上交易中合同的执行、赔偿责任、个人隐私、资金安全、知识产权保护、税收等问题直接影响网络营销的发展。国家应加快相应的法制建设，为促进网络营销发展提供重要的法律保障。

网络的安全性问题是风险管理的重点。加强安全，就必须加强管制，但管制的加强又会降低网络交易的便利性，与网络建立的目的相矛盾；同时，追求最大化的安全性需要企业投入大量资金，付出巨大代价，而犯罪分子的入侵往往又是偶然性的，这又加大了企业的营销成本，影响企业的经营业绩。因此，安全性与便利性、安全性与经济性是两对矛盾，网络营销企业必须妥善处理。

## 本章小结

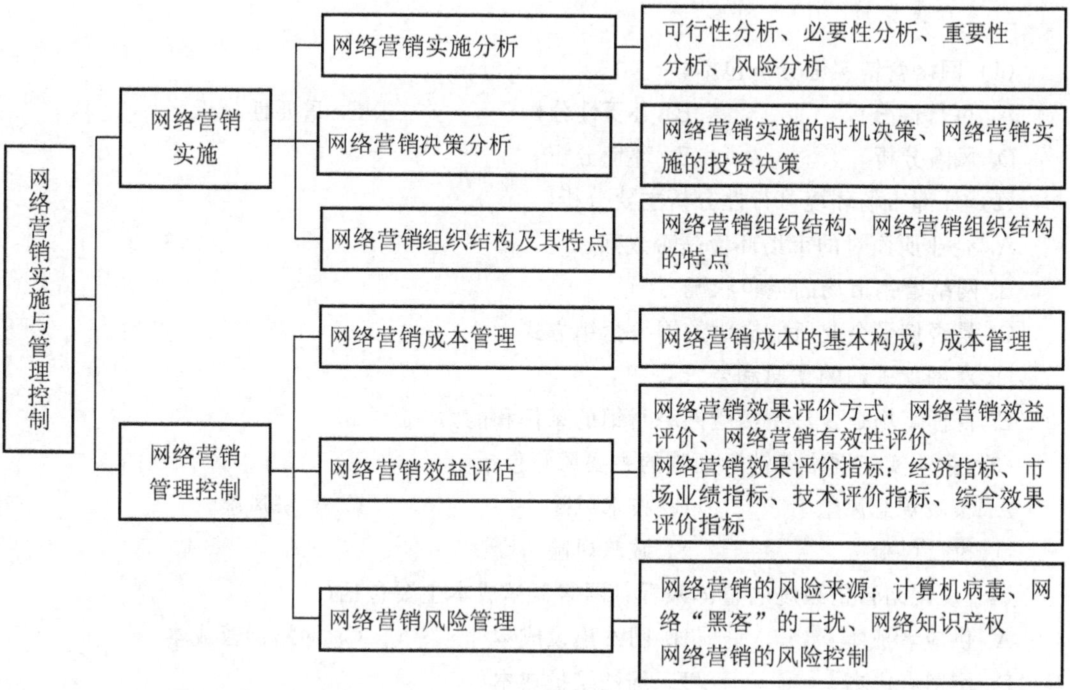


## 思考与练习

1. 单项选择题

(1)（　　）主要分析在当前市场环境和竞争状况下，实施网络营销是否能有效提高企业市场竞争力，抑制竞争对手，确保企业的稳定发展。

A. 可行性分析　　B. 必要性分析　　C. 重要性分析　　D. 风险分析

(2) 下列业务发生的费用不应计入使用者成本的是(　　)。

A. 网站建设　　B. 网站宣传

C. 网络系统维护　　D. 网页设计和更新

(3) 下列不属于网络营销评价的经济指标的是(　　)。

A. 网上销售收入(增长率)　　B. 网上销售费用(增长率)

C. 库存费用变动　　D. 市场占有率(变动)

(4) 下列不属于网络营销评价的市场业绩指标的是(　　)。

A. 网站推广评价　　B. 顾客回头率

C. 新市场拓展　　D. 市场占有率(变动)

(5) 实施网络营销风险控制，构建完整的网络交易安全体系，企业应采取的管理措施是(　　)。

A. 防火墙　　B. 身份认证　　C. 网络防毒　　D. 交易的安全制度

2. 多项选择题

(1) 网络营销实施分析包括(　　)。

A. 可行性分析　　B. 必要性分析　　C. 重要性分析
D. 风险分析　　E. 环境分析

(2) 外部市场环境可行性分析主要分析(　　)。

A. 企业所面对的市场环境是否成熟
B. 网络营销市场的竞争状况
C. 是否接受企业所能提供的网络营销方式
D. 对网上采购的意愿和要求
E. 目标市场是否具备接受网络营销的条件和能力

(3) 企业实施网络营销所面临的主要风险包括(　　)。

A. 市场观念风险　　B. 技术风险　　C. 经济风险
D. 执行风险　　E. 政策风险

(4) 从网络营销系统的整体来看，网络营销成本主要包括(　　)。

A. 供应者成本　　B. 网站建设成本　　C. 网站运营成本
D. 使用者成本　　E. 网站维护成本

(5) 为了降低交易风险，企业必须从多个方面进行风险控制，包括(　　)。

A. 信息保密性　　B. 不可否认性　　C. 不可修改性
D. 访问控制　　E. 交易者身份确定的有效性

3. 简答题

(1) 如何把握网络营销实施中的时机决策？
(2) 企业实施网络营销后，企业组织结构的特点是什么？
(3) 简述网络营销的成本构成和控制方法。
(4) 简述网络营销的风险来源和交易风险控制的措施。

## 实训与案例

### 案例分析

#### 相宜本草品牌网络推广

相宜本草——一个诠释“本草养肤”概念的品牌。其创始人封帅女士，乃中医名家之后，其外祖父杨继田先生为泰山脚下一代名医，曾任冯玉祥将军的御用医师，医术造诣深厚，医德馨名远扬。封帅女士自幼深受中医文化熏陶，秉承对中医文化与汉方美颜的一份责任，于1999年创立了相宜本草品牌。

相宜本草网络推广方式有以下几种。

1. 搜索引擎登录

按照提示在网站登录栏输入网站地址完成网站的登录，尽可能多地在各大搜索引擎上登录，例如，在搜搜、Yahoo、Google、新浪、网易、Tom搜索等搜索引擎网站上完成登录。

2. E-mail推广

(1) 利用网站的注册用户资料开展E-mail营销，如新闻邮件、会员通信、电子刊物等。

(2) 利用专业服务商的用户E-mail地址来开展E-mail营销，也就是E-mail广告的形式向服务商的用户发送信息。

信息发布推广：将有关的网站推广信息发布在其他潜在用户可能访问的网站上，如女装网站、明星网站、美容网站等。

3. 资源合作推广方法

通过网站交换链接、交换广告、内容合作、用户资源合作等方式，在具有类似目标网站之间实现互相推广的目的，其中最常用的资源合作方式为网站链接策略，利用合作伙伴之间网站访问量的资源合作互为推广。每个企业网站均可以拥有自己的资源，这种资源可以表现为一定的访问量、注册用户信息、有价值的内容和功能、网络广告空间等，利用网站的资源与合作伙伴开展合作，实现资源共享，共同扩大收益的目的。在这些资源合作形式中，交换链接是最简单的一种合作方式，这也是新网站推广的有效方式之一。交换链接或称互惠链接，是具有一定互补优势的网站之间的简单合作形式，即分别在自己的网站上放置对方网站的Logo或网站名称并设置对方网站的超级链接，使得用户可以从合作网站中发现自己的网站，达到互相推广的目的。交换链接的作用主要表现在几个方面：获得访问量、增加用户浏览时的印象、在搜索引擎排名中增加优势、通过合作网站的推荐增加访问者的可信度等。交换链接还有比是否可以取得直接效果更深一层的意义，一般来说，每个网站都倾向于链接价值高的其他网站，因此，获得其他网站的链接也就意味着获得了与合作伙伴和一个领域内同类网站的认可。

4. 信息发布推广方法

将有关的网站推广信息发布在其他潜在用户可能访问的网站上，利用用户在这些网站获取信息的机会实现网站推广的目的，适用于这些信息发布的网站包括在线黄页、分类广告、论坛、博客网站、供求信息平台、行业网站等。信息发布是免费网站推广的常用方法之一。

5. 快捷网址推广方法

即合理利用网络实名、通用网址及其他类似的关键词网站快捷访问方式来实现网站推广的方法。快捷网址使用自然语言和网站URL建立对应关系，这对于习惯于使用中文的用户来说，提供了极大的方便，用户只需输入比英文网址更加容易记忆的快捷网址就可以访问网站，用自己的母语或者其他简单的词汇为网站"更换"一个更好记忆、更容易体现品牌形象的网址。例如，选择企业名称或者商标、主要产品名称等作为中文网址，这样可以大大弥补英文网址不便于宣传的缺陷，因而在网址推广方面有一定的价值。随着企业注册快捷网址数量的增加，这些快捷网址的用户数据也可相当于一个搜索引擎，这样，当用户利用某个关键词检索时，即使与某网站注册的中文网址并不一致，同样存在被用户发现的机会。

6. 网络广告推广方法

网络广告是常用的网络营销策略之一，在网络品牌、产品促销、网站推广等方面均有明显作用。网络广告的常见形式包括：旗帜广告、关键词广告、分类广告、赞助式广告、E-mail广告等。旗帜广告所依托的媒体是网页，关键词广告属于搜索引擎营销的一种形式，E-mail广告则是许可E-mail营销的一种。由此可见，网络广告本身并不能独立存在，需要与各种网络工具相结合才能实现信息传递的功能，因此也可以认为，网络广告存在于各种网络营销工具中，只是具体的表现形式不同。将网络广告用户网站推广，具有可选择网络媒体范围广、形式多样、适用性强、投放及时等优点，适合于网站发布初期及运营期的任何阶段。

（资料来源：http://wenku.baidu.com/view/41f31a34a32d7375a41780d0.html.）

**思考题**：相宜本草采用的网络推广有什么特色？在推广过程中，企业如何通过管理和控制活动保证营销效果？

# 第10章 网络营销实训

网络营销是一门实践性较强的课程，实训是教学的重要环节。在实践中掌握、运用相关理论知识，是实现本课程教学目标的重要手段。本章结合课程教学要求和具体情况，选择了实际操作性和针对性较强的实训项目，在教学过程中进行营销技能训练。

## 10.1 创建商业站点

**【实训目的】**

（1）掌握简单商业站点的创建方法。

（2）规划商业站点内容。

**【实训要求】**

（1）学生如果有自己的网站空间，可以在此空间上建立一个虚拟的企业站点。

（2）学生如果没有自己的网站空间，可以在互联网上申请一个免费的网站空间，利用它来完成此次的实训。

（3）网站上至少应有以下3个要素：一个醒目的企业LOGO、企业简介信息、企业产品信息介绍页面。

**【实训内容】**

学生可按以下指导完成此项实训。

以凡科网提供的免费建站为例，说明建立商业站点的流程。

### 10.1.1 在线申请网站空间

登录凡科网(www.faisco.com)首页，如图10.1所示，单击凡科网首页中的“免费注册”按钮，在打开的免费注册页面中填写相关注册信息，填写完成后单击“立即注册”按钮，如图10.2所示。

图 10.1 凡科网首页

图 10.2 用户注册页面

此时系统会自动告知“注册成功”，如图 10.3 所示，单击“进入网站”按钮，则自动跳转到所开通的网站页面，如图 10.4 所示。

图 10.3　开通个人网站

图 10.4　进入所开通个人网站页面

### 10.1.2　规划管理商业站点

在图 10.4 中，显示了所开通网站的页面信息，可以直接拖动模块，或者单击模块上方标签对网站进行设计，单击“保存”按钮后生效。

在网站管理时，需更多地从营销角度对网站的内容进行规划。设置网站的有关页面时，需要考虑可能给未来的浏览者带来的影响，以及应当如何组织页面间的联系。

网站整体色彩的建设也要考虑营销问题，即考虑本企业的产品特性、消费者的年龄、地域、偏好等，来调和本网站的主色调，以最佳的颜色搭配实现本网站最佳的营销效果。

商业站点创建成功后，就可运营本网站，在网站上销售商品或者提供服务，不断地收集客户和有关消费者的信息；还可以运用E-mail、本网站的论坛、电子广告等手段与客户和消费者进行一对一的营销，以充分发挥网络营销的优势。

网站在运营的过程中，会出现各种问题，可能会收到来自客户和消费者方面的有关评价信息，也可能会对原来的网站内容进行修改。实际上网站内容的更新过程，是一个永远也不会完结的话题。

**【课堂思考】**

(1) 在组织网站的有关页面布局时，需考虑哪些因素？
(2) 在进行网站整体色彩的搭配时，需考虑哪些因素？

## 10.2 商务信息的收集与分析

**【实训目的】**

(1) 掌握网上市场调研的方法与手段。
(2) 能针对特定的目标，选择合适的方法或手段进行有效的网上市场调研。

**【实训要求】**

(1) 会使用搜索引擎快速地寻找商务信息。
(2) 会使用IE(包括另存网页、图片、收藏网址、导出收藏夹等菜单功能)。
(3) 会制作在线调研问卷。
(4) 利用站点页面、E-mail发布调研问卷。
(5) 统计分析调研问卷，形成调研报告。

**【实训内容】**

学生可按以下指导完成此项实训。

### 10.2.1 使用搜索引擎收集商务信息

1. 选择搜索网站

在IE地址栏中输入“www.Google.com”，进入Google搜索网站；再输入“www.Baidu.com”，进入百度搜索网站；再输入“www.Sogou.com”，进入搜狗搜索网站。

2. 输入关键词

分别在以上搜索网站的搜索栏中输入关键词“汽车市场”，记录搜索结果数量、搜索用时和前5项搜索记录，填入表10-1中，比较这3个搜索引擎的搜索结果。

表10-1 搜索引擎的搜索结果

| 搜索引擎 | 搜索结果数量 | 搜索用时 | 前5项搜索记录 |
|---|---|---|---|
| Google | | | |
| Baidu | | | |
| Sogou | | | |

3. 收集信息

选择一个搜索网站，如Google，确定关键词，利用“高级搜索”缩小搜索范围，找出5家销售汽车的网站，并将其网址命名后添加到收藏夹中。

访问Yahoo分类搜索引擎，查找二手计算机的供需信息，并将其网址命名后添加到收藏夹中。

4. 资料导出

将收藏夹整理后导出，并以“我的收藏夹”命名。

### 10.2.2 在专业网站进行商务信息的搜索

登录阿里巴巴·中国(www.china.alibaba.com)网站，可以看出在该网站上提供了大量的供应信息和求购信息，如图10.5所示。

图10.5 阿里巴巴·中国网站的主页

在“搜索”文本框中输入关键字可快速查找信息，例如，在“产品”选项卡下输入“二手笔记本电脑”，单击“找一下”按钮，搜索结果显示的便是有关二手笔记本电脑的供应信息，可以阅读该信息并进行有关的交易了，如图10.6所示。如果在“求购”选项卡下输入“二手笔记本电脑”，则搜索结果显示的便是有关二手笔记本电脑的求购信息。

**图 10.6 在阿里巴巴·中国网站上搜索供应信息**

### 10.2.3 在线调研问卷的制作与发布

1. 在线调研问卷的制作

利用搜索引擎搜索网上现有的在线调研系统，选择其中一个网站并登录该网站，例如，选择 OQSS 在线问卷调查系统网站(www.oqss.com/)，如图 10.7 所示。在选择的网站上注册，便可成为注册用户。

创建在线调研问卷。成为 OQSS 在线问卷调查系统的注册用户后，输入用户名和密码登录。登录后可以选择“直接创建问卷”、“使用问卷向导”、“从问卷库中复制”，直接使用文件库所提供的问卷，如图 10.8 所示。

对于第一次使用此网站的用户，建议选择“使用问卷向导”，在打开的页面中填写问卷名、问卷的说明、设置问卷外观和参数，如图 10.9 所示；然后单击“完成”按钮，出现新的设计题目的页面，如图 10.10 所示。

在新打开的页面中编辑问卷。单击页眉和页脚的“编辑”图标，对页眉和页脚进行编辑，完成后单击“保存”按钮，如图 10.11 所示。

页眉和页脚编辑完成后，再编辑题目。在弹出的题目编辑对话框中选择问卷题目的类型，例如，选择“单选[点选]”，然后单击“插入常用题目”按钮，在弹出的对话框中选择自己需要的题目，如姓名、年龄、性别、学历等，勾选完成后单击“批量插入”按钮，所有题目添加完成后，单击“保存”按钮，如图 10.12 所示。

图 10.7　OQSS 在线问卷调查系统网站首页

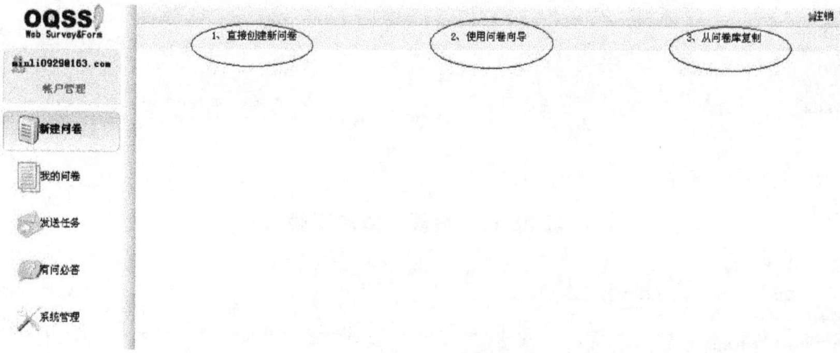


图 10.8　OQSS 主界面

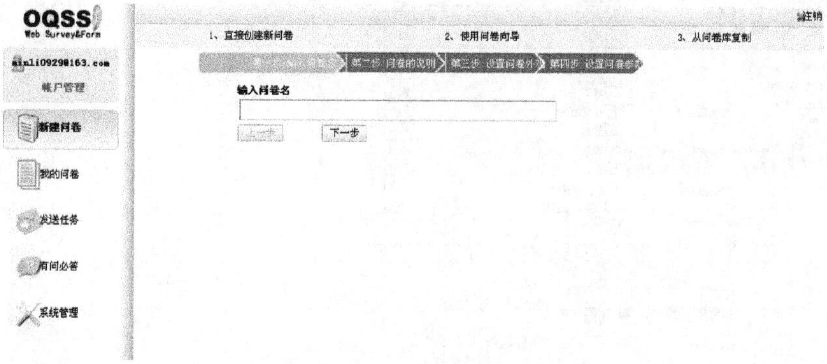


图 10.9　使用问卷向导

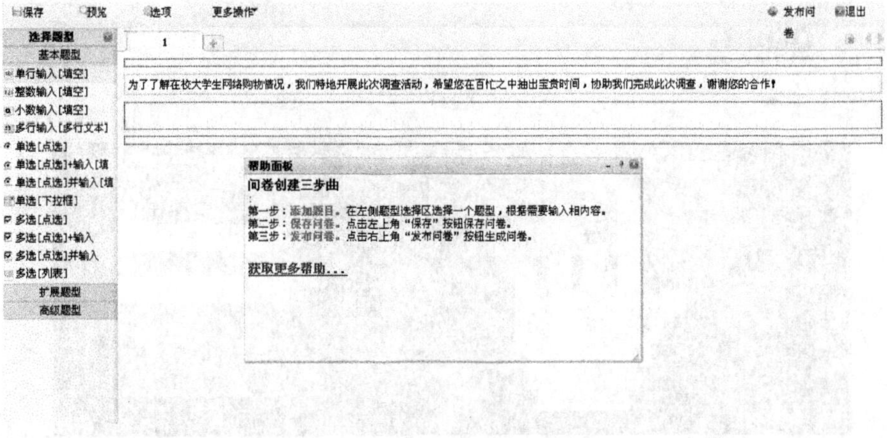


图 10.10　成功登录，并创建问卷

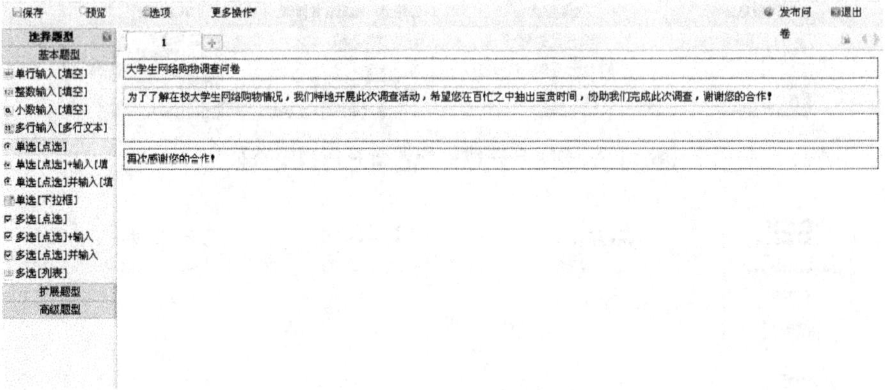


图 10.11　编辑页眉和页脚

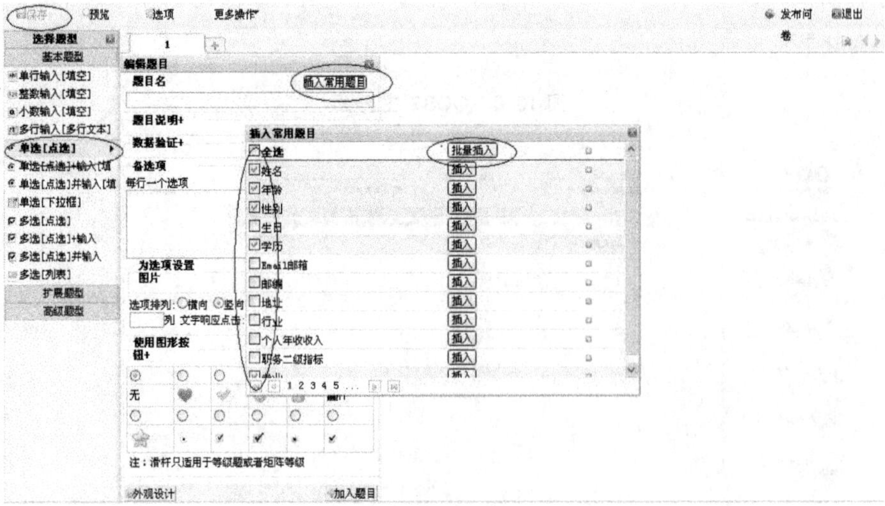


图 10.12　如何插入常用题目

需要继续添加题目，就单击“加入题目”，在对话框的中间栏目中按照提示选择题型、编辑题目、填写备选项，完成后单击“保存”按钮，如图 10.13 所示所有题目添加完成后，单击对话框左上角的“预览”按钮，出现如图 10.14 所示的页面。

单击该地址即可在新窗口打开所设计的问卷页面，然后再单击对话框右上角的“生成问卷”，随即产生问卷的地址，如图 10.15 所示。

如果制作完成后发现还需要添加新的问题，或者需要进行修改，选择“我的问卷”，在打开的页面中选择“编辑”，如图 10.16 所示。在弹出的对话框中对问题进行上移、下移、删除、外观设计等多种修改，如图 10.17 所示。

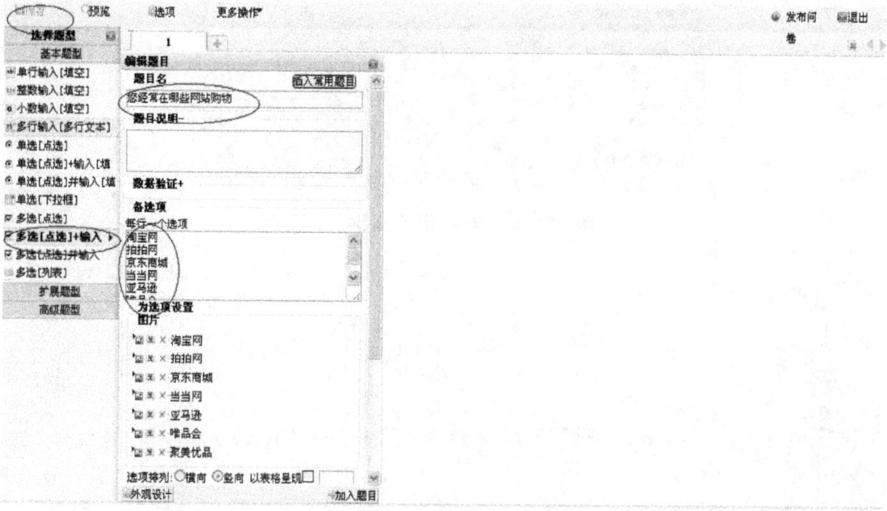


图 10.13 如何添加题目和选项

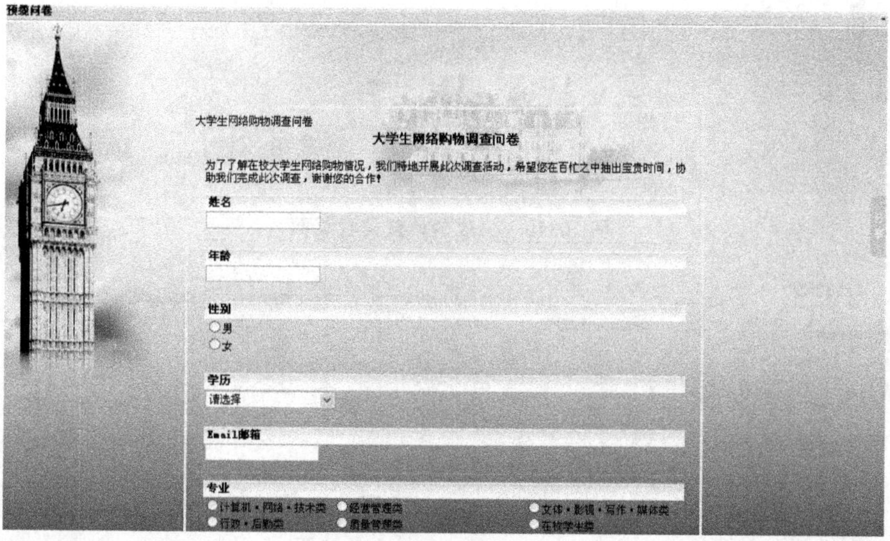


图 10.14 问卷预览页面(一)

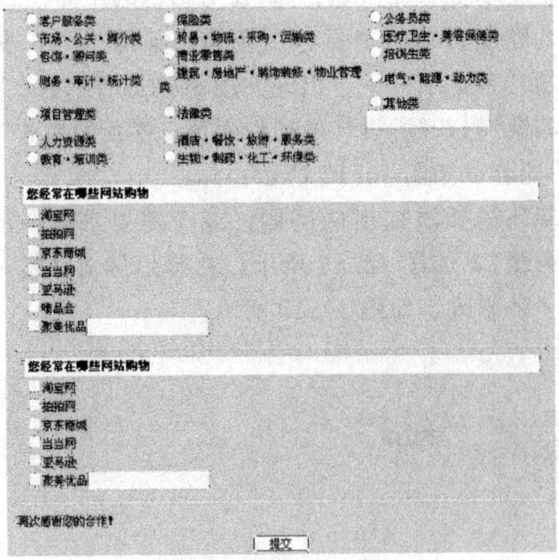


图 10.14 问卷预览页面(二)

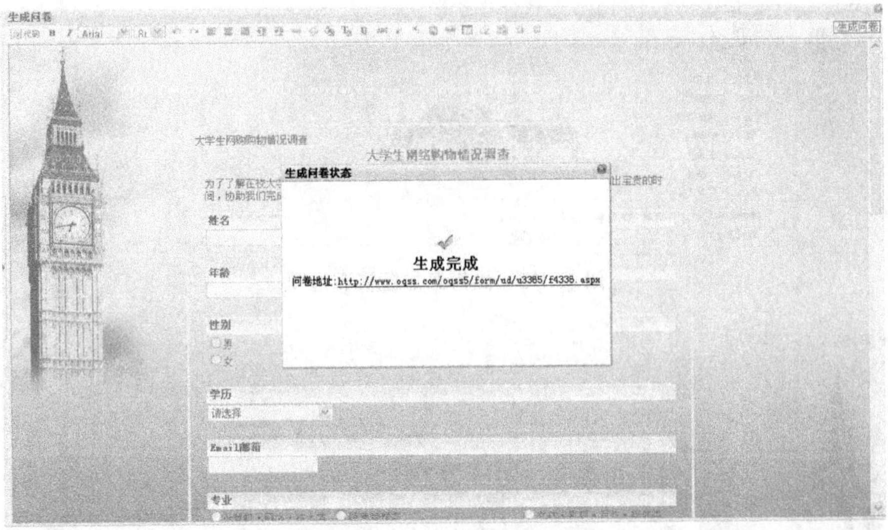


图 10.15 生成的调查问卷页面

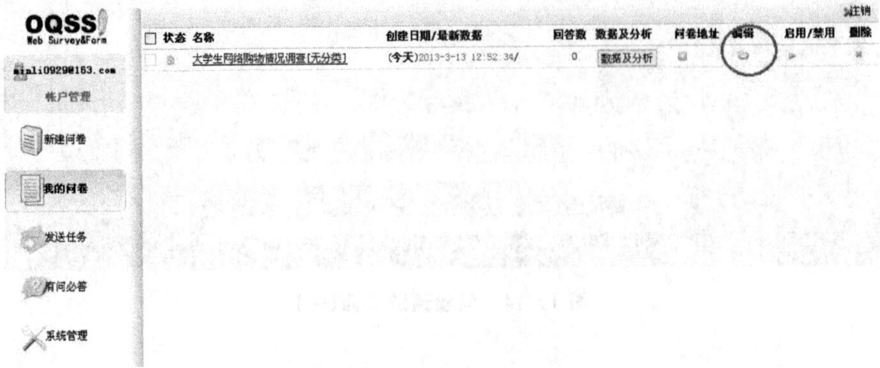


图 10.16 “我的问卷”主页面

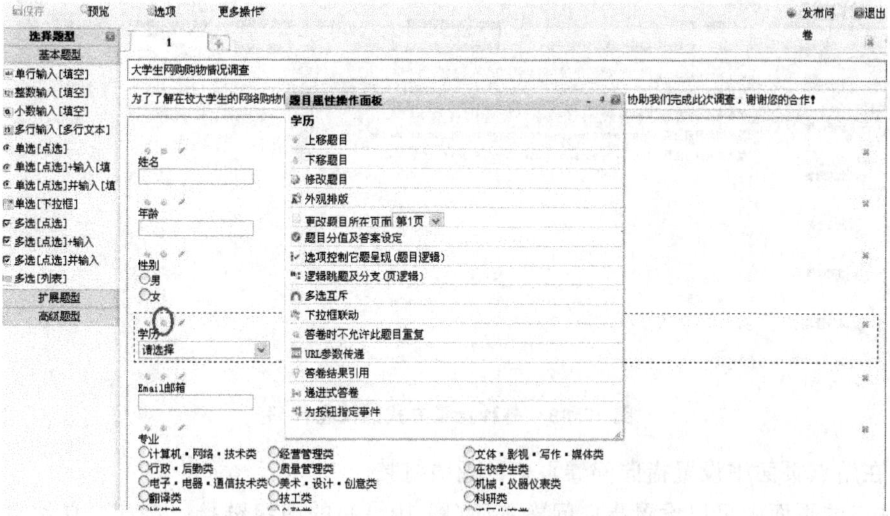


图 10.17 对问题进行修改编辑页面

2. 在线调研问卷的发布

单击图 10.17 中的“退出”按钮，完成退出编辑，之后在打开的新页面中选择“我的问卷”，即显示问卷的相关选项。单击“问卷地址”下的“获取问卷地址”按钮，如图 10.18 所示。

图 10.18 问卷地址

在打开的页面中显示了各种调用方式的问卷代码，复制并保存这些代码，如图 10.19 所示。

当在线调研问卷制作完成后，就可以在互联网上发布了，此时最重要的问题便是选择问卷发布的场所，以下介绍几种发布方式。

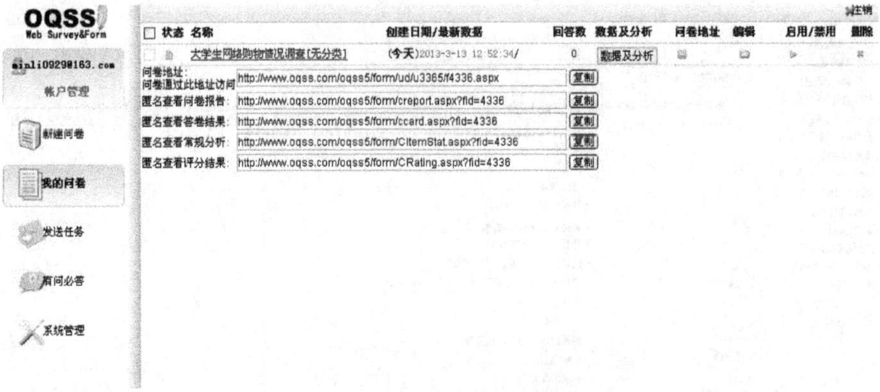


**图 10.19　各种查看方式的问卷代码**

1）在站点页面中设置指向问卷页面的超级链接

在站点的页面中可以设置指向问卷页面(图 10.19)的超级链接，例如，在站点首页的设置“市场调查”模块，然后编辑此模块，即把网址链接代码(HTML 代码)添加进去，单击“保存”按钮，如图 10.20 所示。

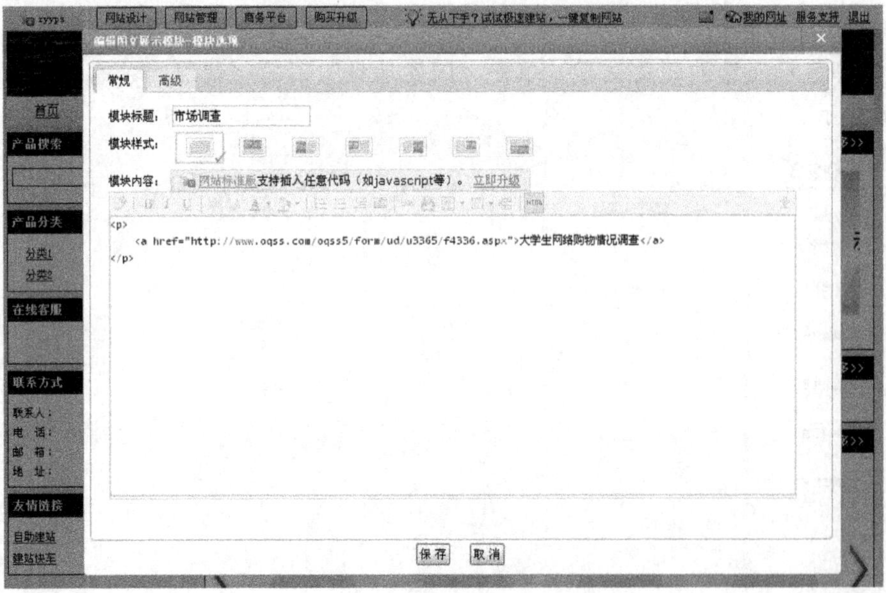


**图 10.20　添加网址链接代码**

如图 10.21 所示，单击“市场调查”模块中的文字链接“大学生网络购物情况调查”，即可打开调查问卷页面。

2）利用社区平台发布问卷

可以登录微博社区平台，在发布信息的对话框中，输入问卷的地址，如图 10.22 所示。

图 10.21　大学生网络购物情况调查问卷的超级链接

图 10.22　登录微博社区平台发布问卷信息

问卷信息发布后，可以选择转发给微博好友，让好友们尽快看到问卷，并进行填写，如图 10.23 和图 10.24 所示。

3）利用 E-mail 发布问卷

使用搜索引擎查找邮件群发软件，选择其中一种进行下载并安装，如“QtMail”。安装完成后单击“撰写邮件”按钮，在弹出的对话框中撰写带有大学生网络购物调查问卷相关信息的邮件，需添加发件人的“邮件地址”、“姓名”、“密码”、“邮件标题”、“邮件内容”，完成后单击“保存”按钮，然后再单击“发送邮件”按钮即可开始发送邮件，如图 10.25 所示。

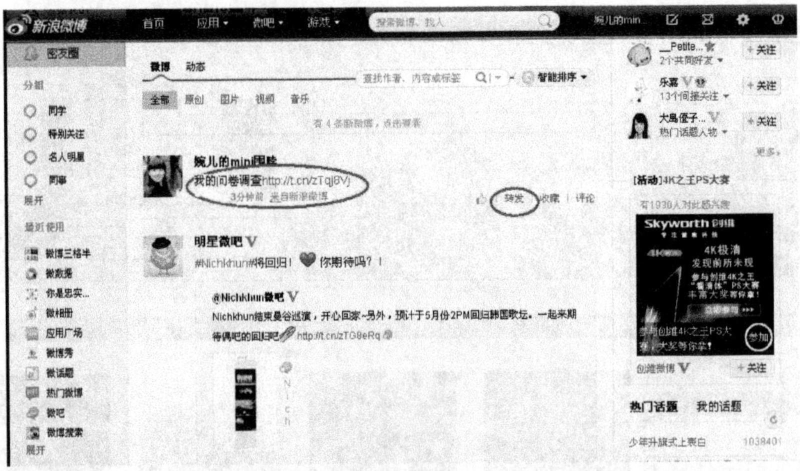


图 10.23　转发此条微博

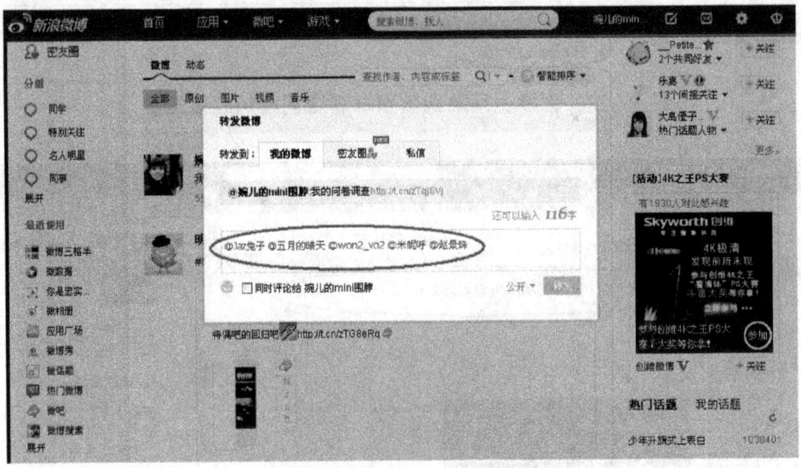


图 10.24　转发，并@好友

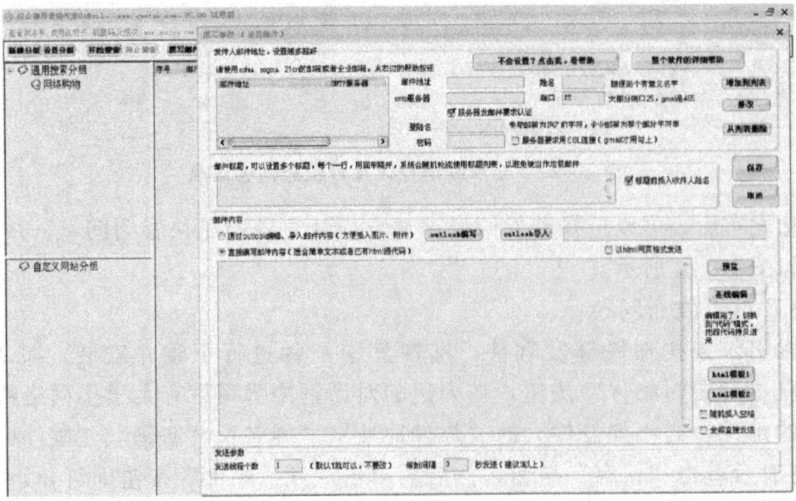

图 10.25　撰写邮件

3. 调研问卷结果的统计分析

问卷成功发布且被调查者填写完问卷并提交后，在线调研系统可自动收集并整理问卷结果。在“我的问卷”中选择“数据及分析”项，如图 10.26 所示。

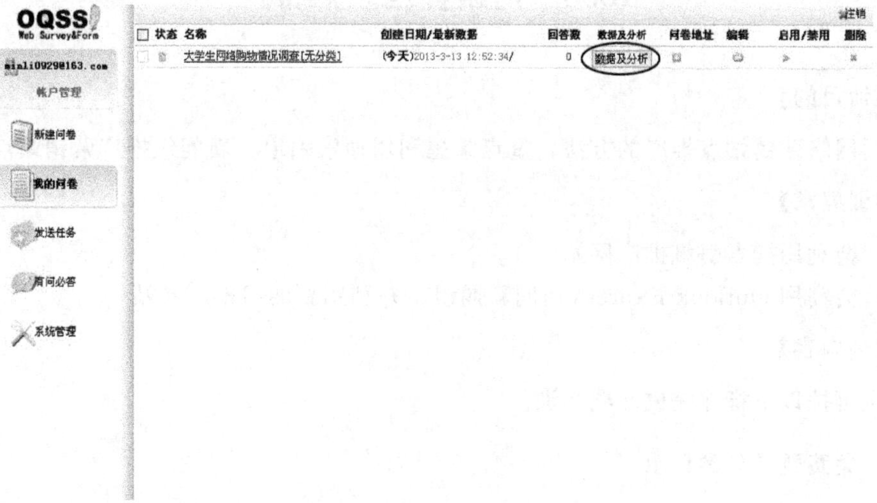


图 10.26 数据及分析

在打开的页面中，有“问卷报表”、“单项分析”、“数据列表”等项目。选择相关项目即可对结果进行分析，如图 10.27 所示。

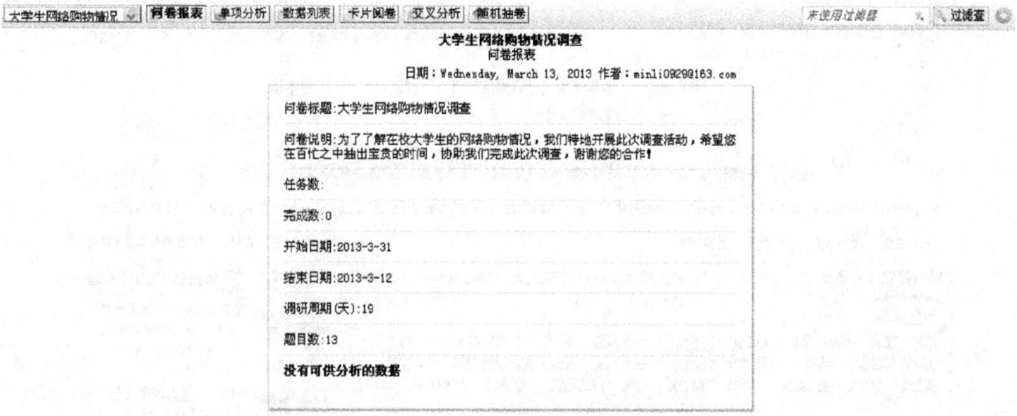


图 10.27 问卷报表

**【课堂思考】**

(1) 作为一个小企业的经营者，在为企业建立网站时，需要寻找合适的 ISP(网络服务提供商)，应如何通过网络查找相关信息？

(2) 对几个搜索引擎网站进行比较，并写出各自的特点。

(3) 设计在线调研问卷时应注意哪些问题？

(4) 列举问卷发布的其他方法。
(5) 调研报告书应包括哪些内容?

# 10.3 网络营销站点推广

**【实训目的】**

掌握网络营销站点推广的方法，重点掌握利用搜索引擎、新闻组推广营销站点。

**【实训要求】**

(1) 会利用搜索引擎推广网站。
(2) 会利用 Outlook Express 访问新闻组，并利用新闻组推广网站。

**【实训内容】**

学生可按以下指导完成此项实训。

## 10.3.1 免费登录分类目录

下面以 DMOZ 网站为例介绍登录分类目录的方法。

进入 DMOZ 网站首页，单击“地区分类”中的“河南省”，或者直接单击“提交网站”按钮，如图 10.28 所示。

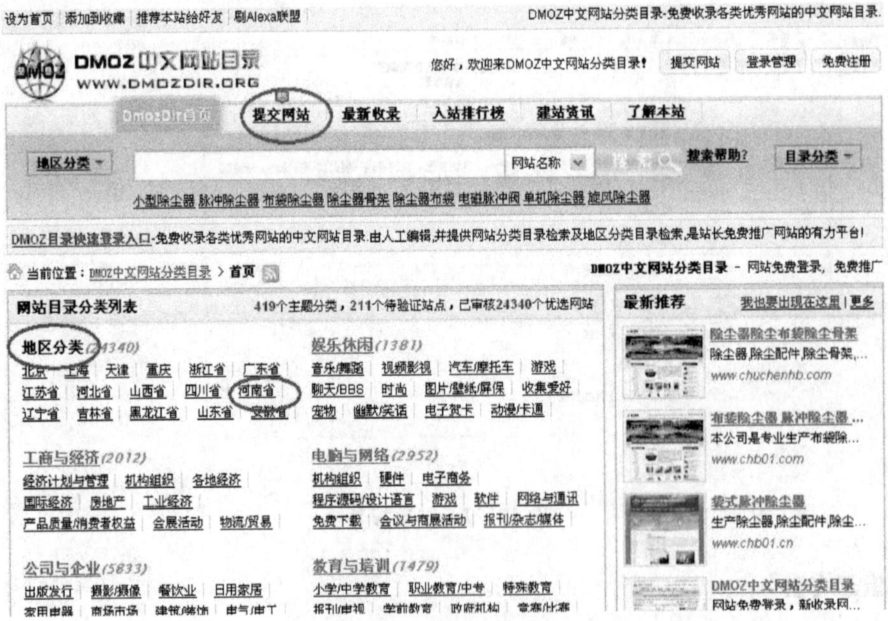


图 10.28 DMOZ 网站首页

在打开的页面中，单击“郑州市”，出现提示按钮“向该地区提交网站”，如图 10.29 所示；单击该按钮，显示登录页面，如图 10.30 所示。

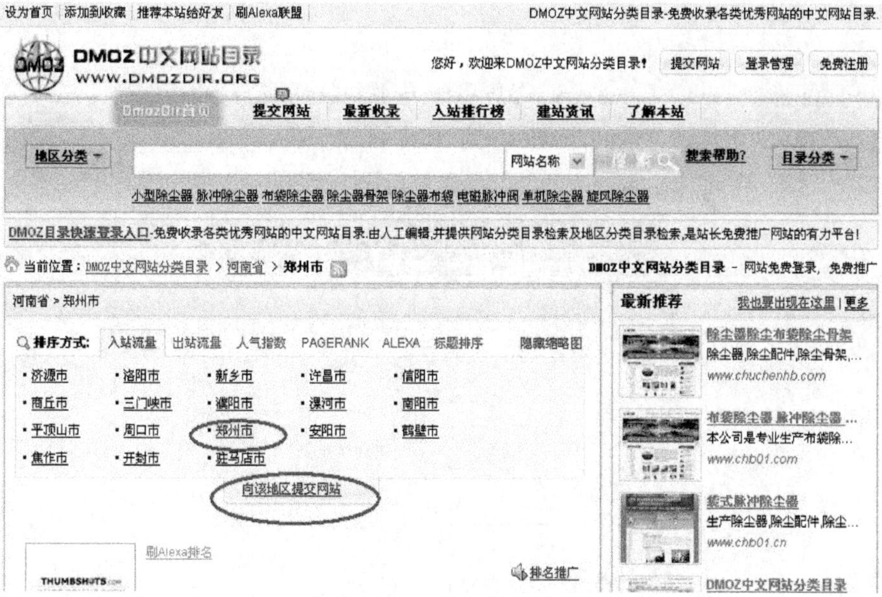


图 10.29　DMOZ 地区网页

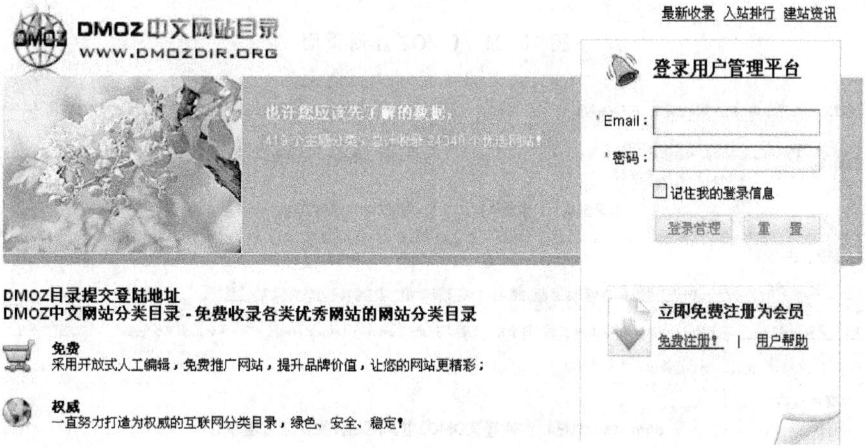


图 10.30　DMOZ 登录页面

单击“免费注册”按钮，出现注册页面，如图 10.31 所示。

注册完成后，弹出欢迎登录 DMOZ 中文网站分类目录管理中心的页面，单击“马上提交”按钮，如图 10.32 所示。

在弹出的对话框中，注册网站的具体信息，如图 10.33 所示。

注册所有相关信息后，单击“提交”按钮，提示有网站添加成功页面，并会有统计代码，如图 10.34 所示。

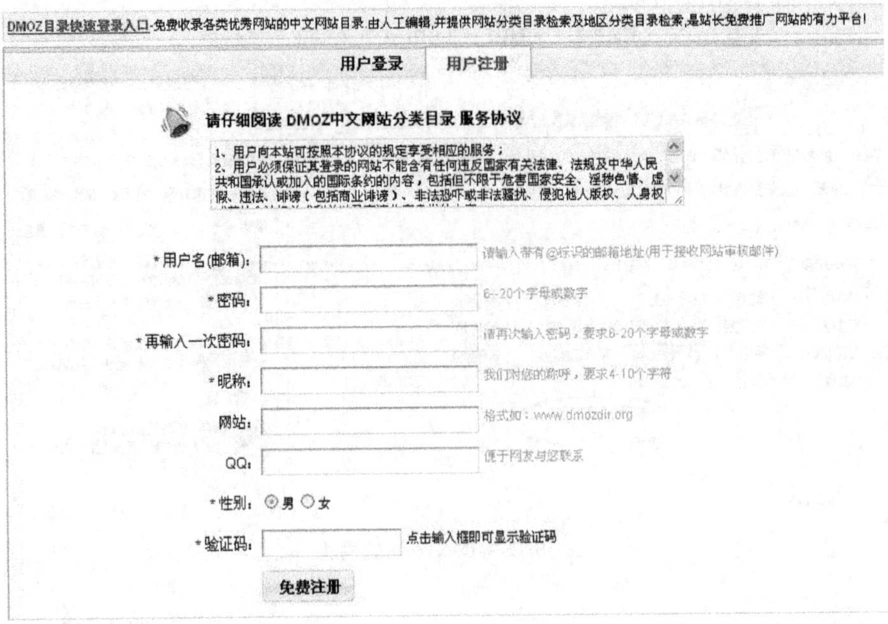

图 10.31　DMOZ 注册页面

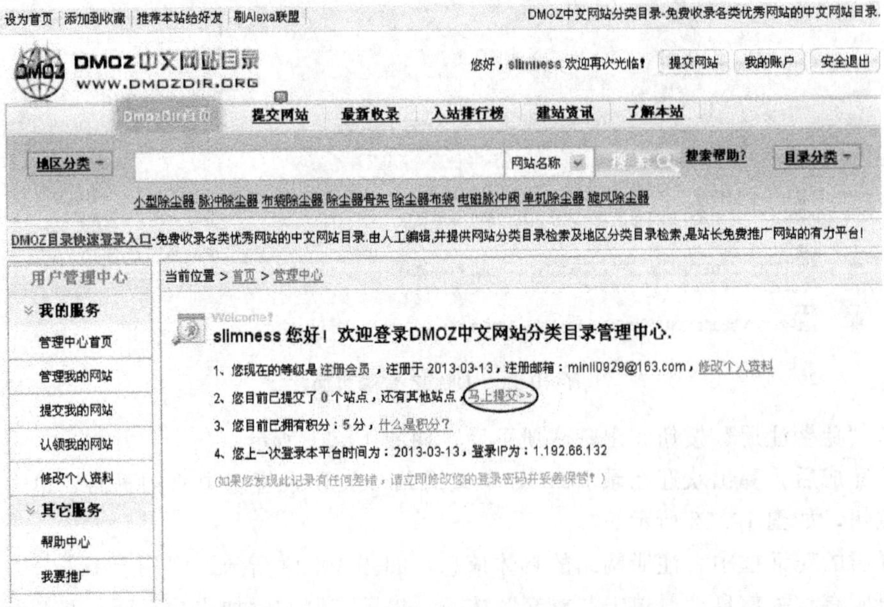

图 10.32　DMOZ 中文网站管理中心页面

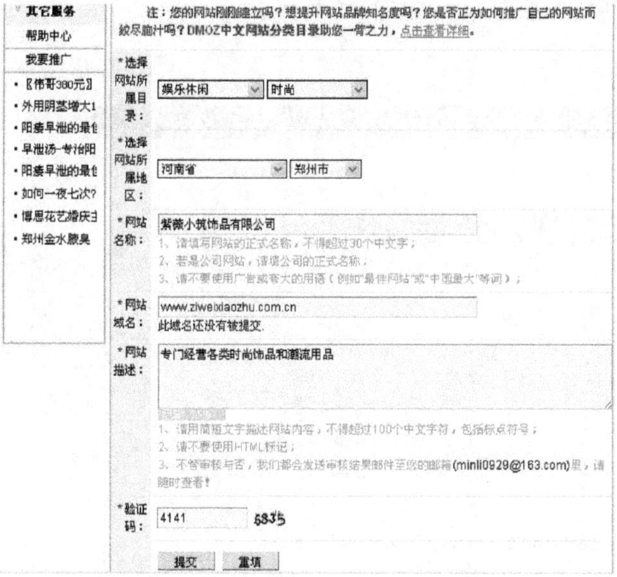


图 10.33　提交网站的相关具体信息页面

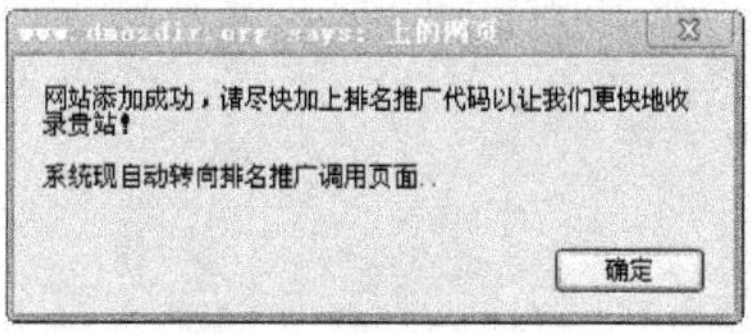


图 10.34　网站添加成功提示页面

## 10.3.2　向搜索引擎提交站点网址

下面以“百度”为例介绍向搜索引擎提交站点网址。

访问“百度”首页，在首页中单击“站长平台”链接，在打开的“站长平台”页面中，单击“站长工具”栏目，如图 10.35 所示。

图 10.35　“站长平台”页面

在打开的页面中单击“立即添加网站”按钮，如图 10.36 所示。

图 10.36 “站长工具”页面

在打开的页面中将网址添加到文本框中，单击“继续”按钮，如图 10.37 所示；弹出验证网址的页面，如图 10.38 所示，按照提示完成后，单击“完成验证”按钮。

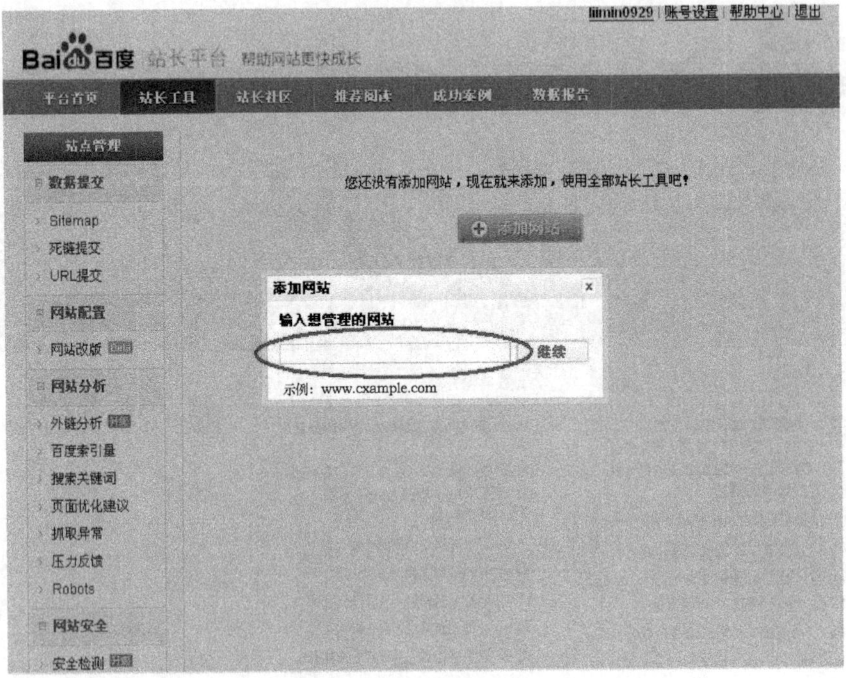


图 10.37 添加网站地址

图 10.38 “验证网址”的页面

待百度站长审核无误后，网站被抓取；然后就可以使用百度提供的其他服务，如百度索引量、页面优化建议等，如图 10.39 所示。

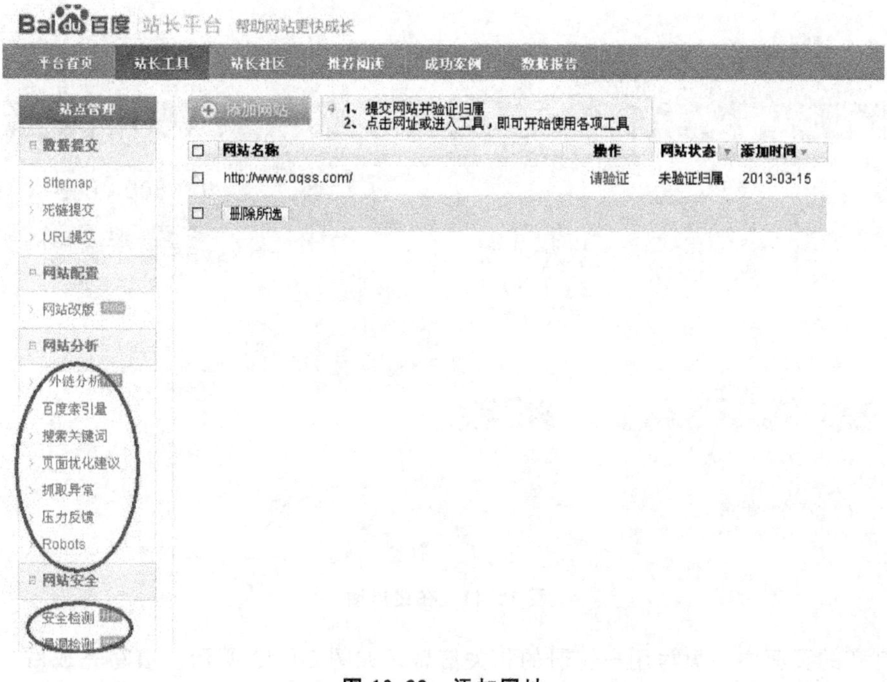


图 10.39 添加网址

### 10.3.3 搜索引擎关键词竞价排名

下面以百度关键词竞价排名为例介绍搜索引擎关键词竞价排名。登录百度网站，进入百度的“产品大全”，在“站长与开发者服务”栏目下，单击“百度推广”，如图 10.40 所示。

在打开的“百度推广”页面中，单击“在线申请”栏目，如图 10.41 所示。

图 10.40　百度“产品大全”页面

图 10.41　在线申请

在打开的页面中，填写用户注册的相关信息，如图 10.42 所示。填写完成后，单击页面下方的“提交申请”按钮，即可完成注册。系统会提示“提交成功”，会有电话主动与用户联系，提供专业的顾问咨询，如图 10.43 所示。

提交成功后是“签约付费”，百度搜索推广采取预付费制，首次开户仅需缴纳 5 600 元，其中包含预存推广费用 5 000 元，专业服务费 600 元（服务费和预存推广费根据地区情况可能有所变动，具体费用由客户和服务提供方另行约定）。

开通服务后，客户自助选择关键词、设置投放计划，当搜索用户单击客户的推广信息访问企业网站时，系统会从预存推广费中收取一次单击的费用，每次单击的价格由客户根据自己的实际推广需求自主决定，客户可以通过调整投放预算的方式自主控制推广花费。当账户中预存推广费用完后，客户可以继续续费保持或加大推广力度，通过百度推广获得更多客户和生意。

图 10.42　填写用户注册信息

图 10.43　提交成功

### 10.3.4　利用新闻组推广站点

1. 配置新闻组账户

打开 Outlook Express，选择“工具”菜单下的“账户”选项，如图 10.44 所示。

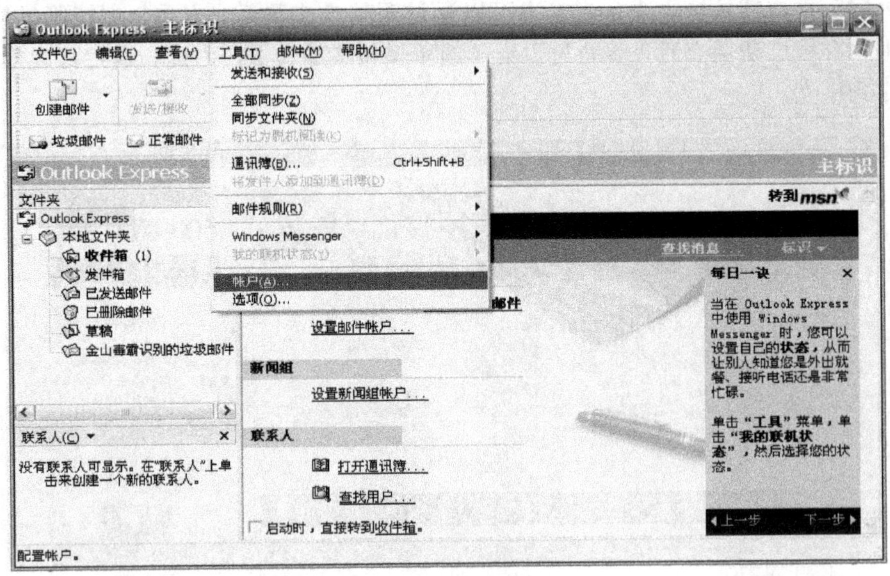


图 10.44　新建账户

在弹出的“Internet 账户”对话框中，单击“添加”按钮并选择“新闻”选项，如图 10.45 所示。

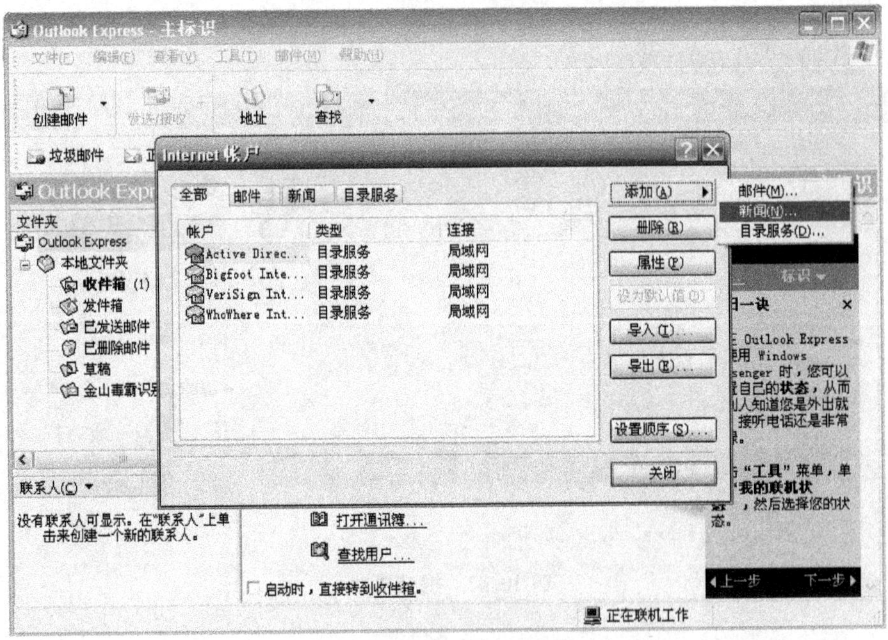


图 10.45　选择添加新闻账户

弹出“Internet 连接向导”对话框，输入新闻服务器名，单击“下一步”按钮继续输入 E-mail 地址，再单击“下一步”按钮输入新闻组服务器地址(可通过搜索引擎查找)。这里以新帆新闻组(news.newsfan.net)为例，单击“下一步”按钮继续，如图 10.46 所示。

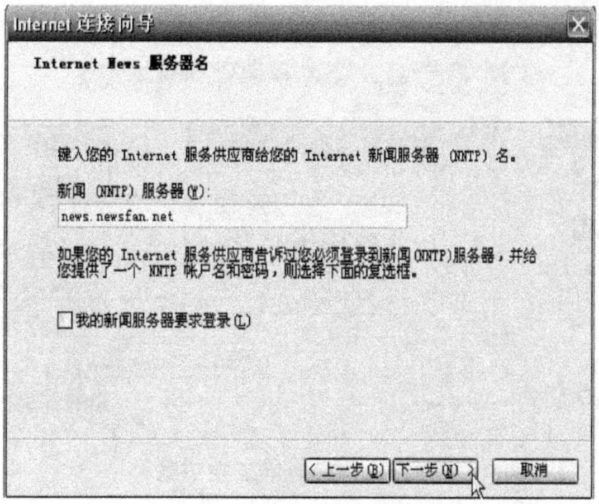


图 10.46　添加新闻组服务器

单击“完成”按钮，则新闻组的账户添加成功，如图 10.47 所示。

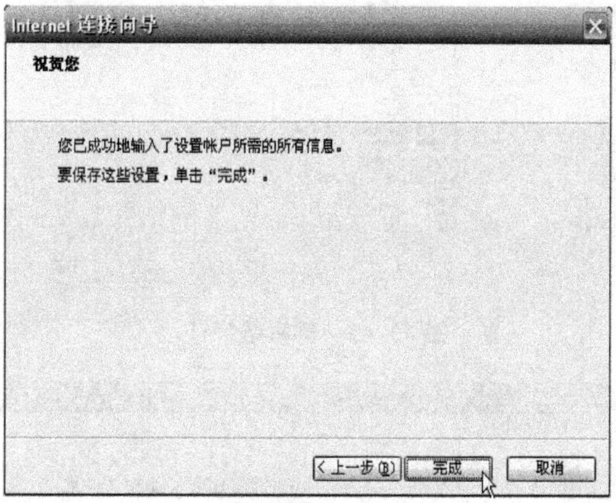


图 10.47　新闻组账户添加完毕

2. 订阅和查看新闻组

单击如图 10.45 所示的“Internet 账户”对话框中的“关闭”按钮，退出“Internet 账户”对话框，Outlook Express 会自动弹出一个窗口，询问是否下载新闻组，选择“是”按钮，Outlook Express 即可把新闻组的目录从新闻组服务器下载到主机，如图 10.48 所示。

下载完毕后，在弹出的“新闻组预订”对话框的“新闻组”列表中，选中感兴趣的主题，单击“订阅”按钮，即可在订阅的新闻组前出现订阅标记，如图 10.49 所示。

预订完成后，单击“确定”或“转到”按钮，Outlook Express 开始下载订阅栏目的 E-mail 标题，下载完成后双击标题，即可看到新闻组发来的 E-mail，如图 10.50 所示。

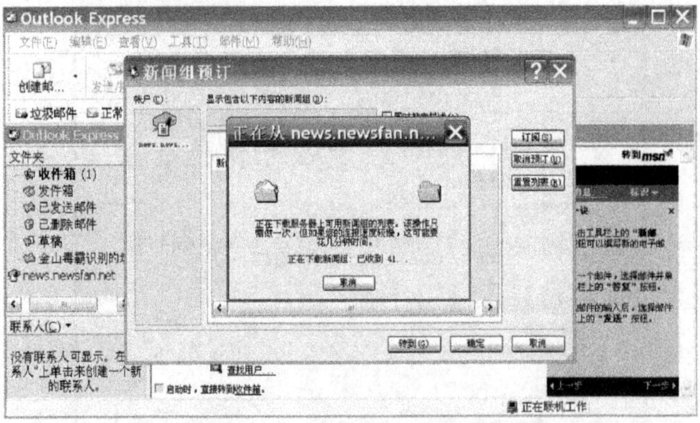

图 10.48　新闻组正在下载

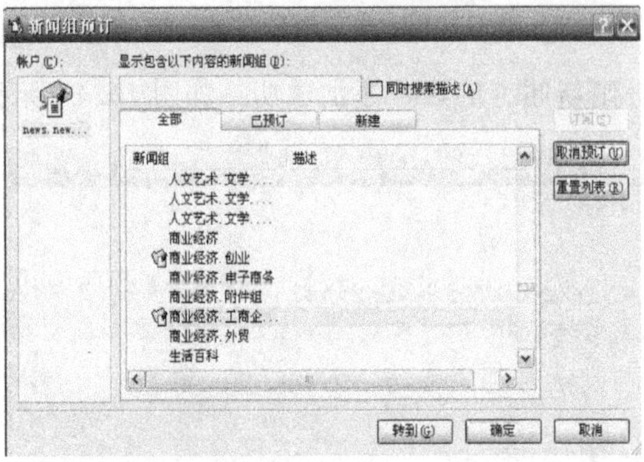

图 10.49　新闻组预订

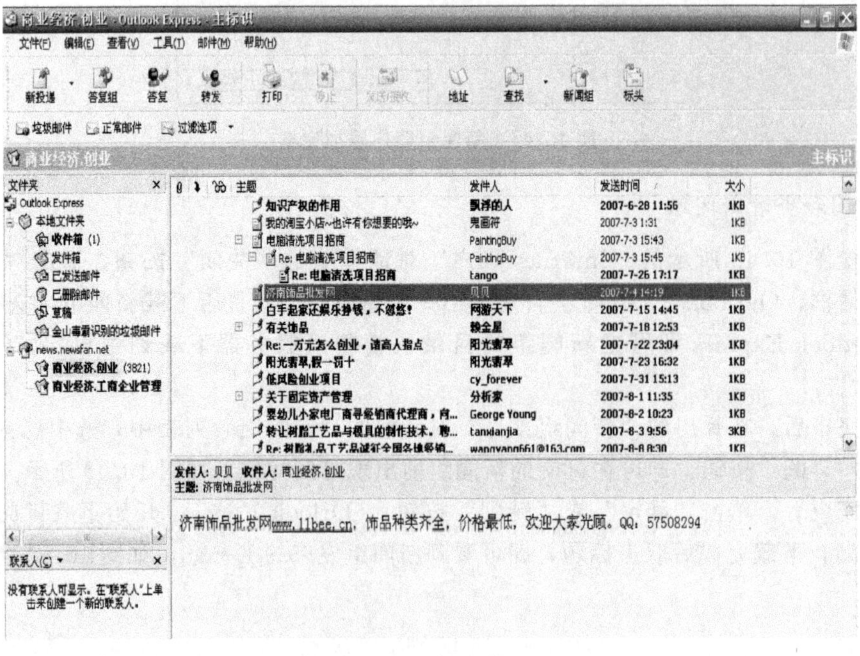

图 10.50　查看新闻 E-mail

3. 回复新闻组

在浏览新闻 E-mail 时，对于有些想进行回复的问题，可以单击工具栏上的“答复组”或“答复”按钮，在弹出的回复对话框中进行回复，如图 10.51 所示。

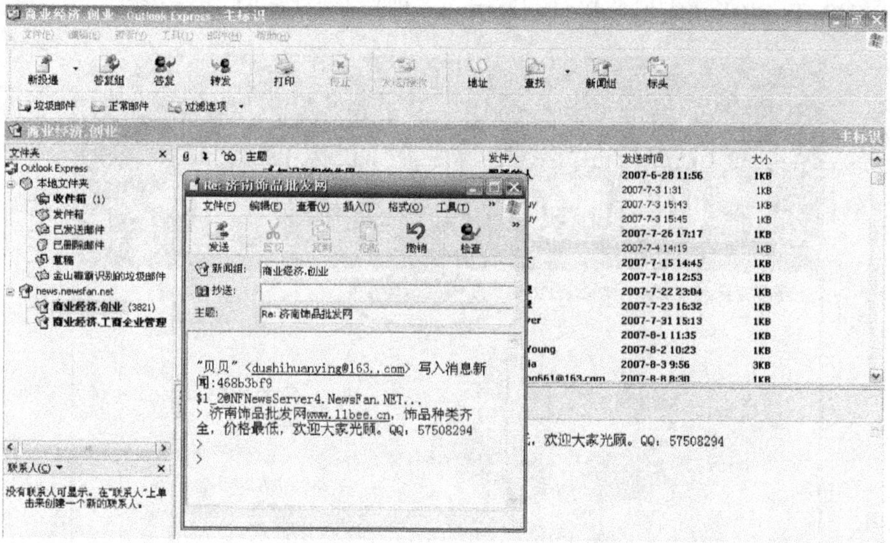

图 10.51 回复新闻 E-mail

4. 利用新闻组发布站点的推广信息

需要给新闻组发送新闻 E-mail 时，先选择要发送的新闻组，再单击左上角的“新投递”按钮，这样就会出现一个发送 E-mail 式的窗口，填写 E-mail 主题和内容后单击“发送”按钮，如图 10.52 所示。

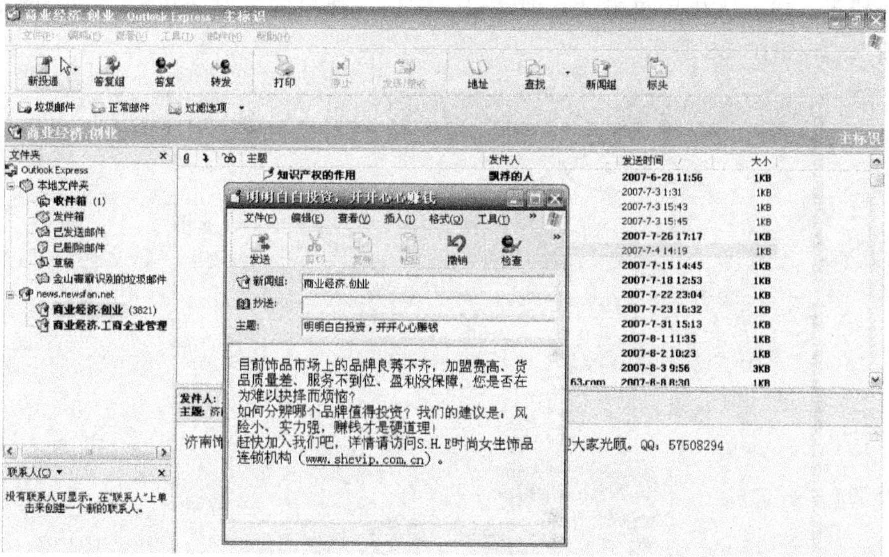

图 10.52 发布站点的推广信息

### 10.3.5　利用微博平台推广站点

1. 选择一个微博平台进行注册

打开新浪网，进入“微博”栏目，单击“立即注册”，如图 10.53 所示。

图 10.53　新浪微博页面

在打开的页面中，选择“企业注册”选项卡；按照提示输入邮箱、密码、昵称等，如图 10.54 所示；输入完成后单击“立即注册”按钮。弹出的页面会提醒“马上激活邮箱，完成注册”，如图 10.55 所示。

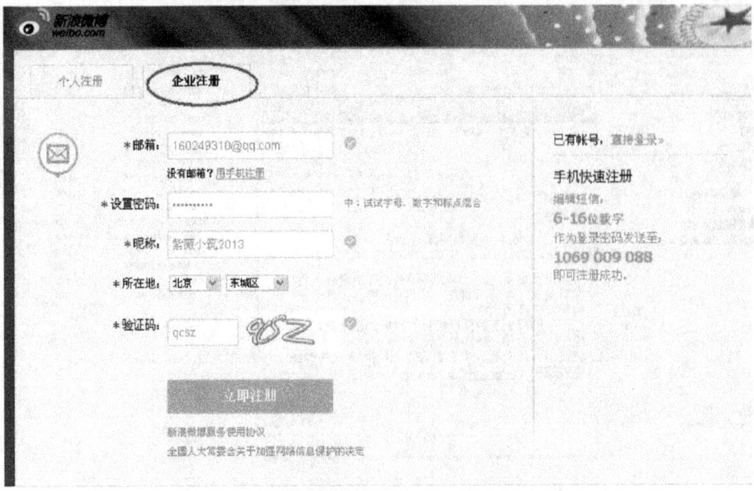


图 10.54　新浪微博“企业注册”页面

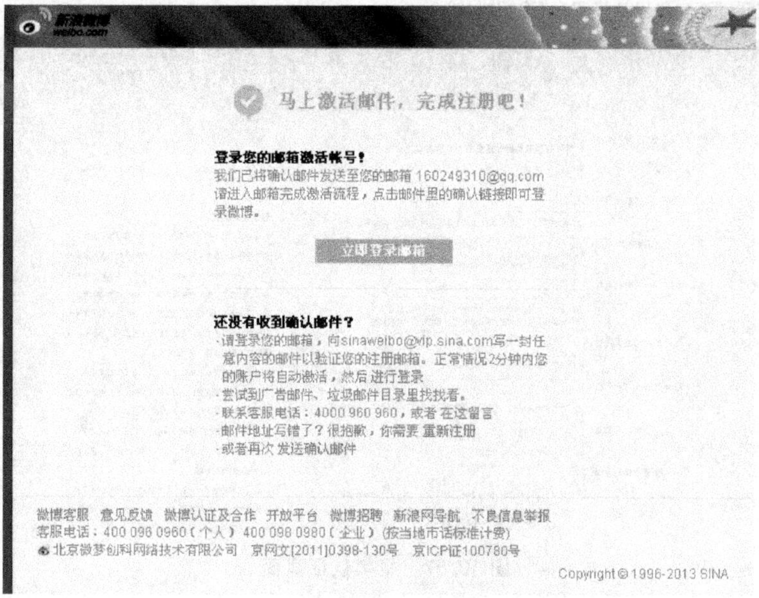


图 10.55 邮箱激活页面

激活邮箱后，打开要求填写企业认证资料的页面，按照提示进行填写，如图 10.56 所示。

图 10.56 填写企业认证资料的页面

单击“机构身份认证”按钮后，在打开的页面中填写企业相关的各项真实信息，如图 10.57 所示。

2. 利用开通的微博平台进行推广

认证成功后，就在新浪微博有了一个微博平台页面。如图 10.58 所示为小米公司的微博主页。利用这个主页可以发布与企业相关的资讯和信息，并增加一些促销手段来促进某段微博的转发，如图 10.59 和图 10.60 所示。

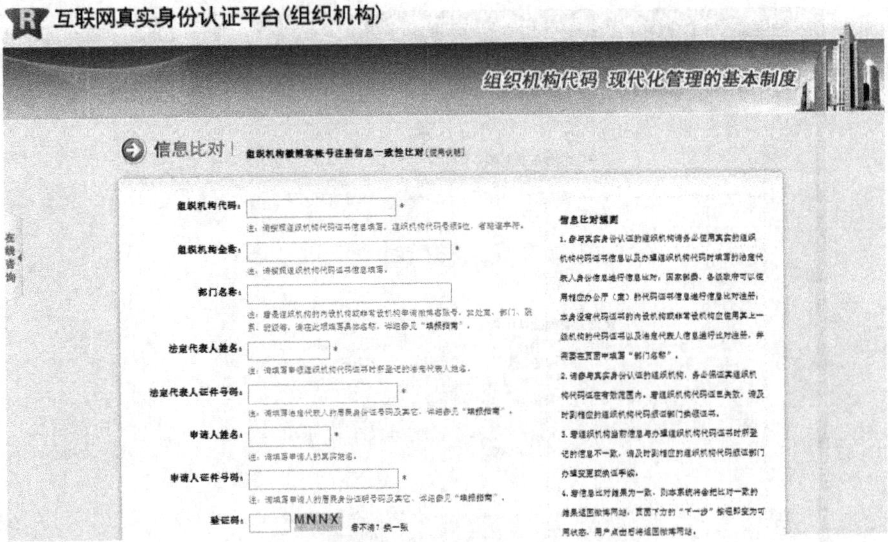


图 10.57　机构认证页面

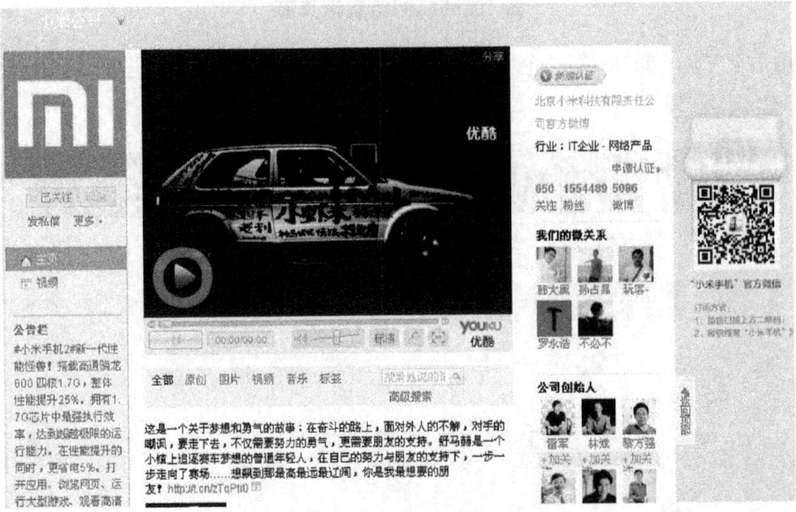


图 10.58　小米公司微博主页

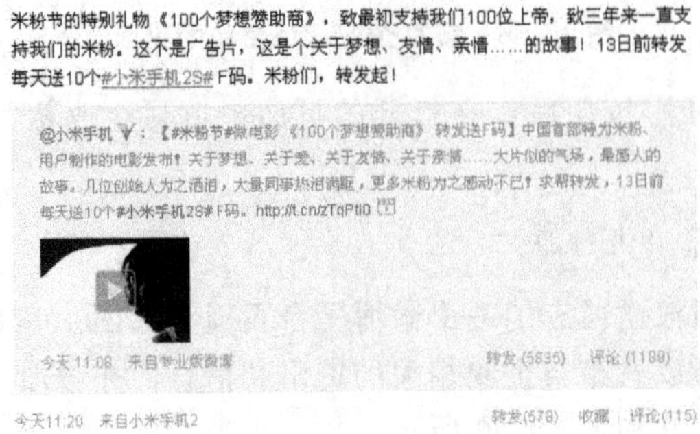


图 10.59　小米公司的微博促销

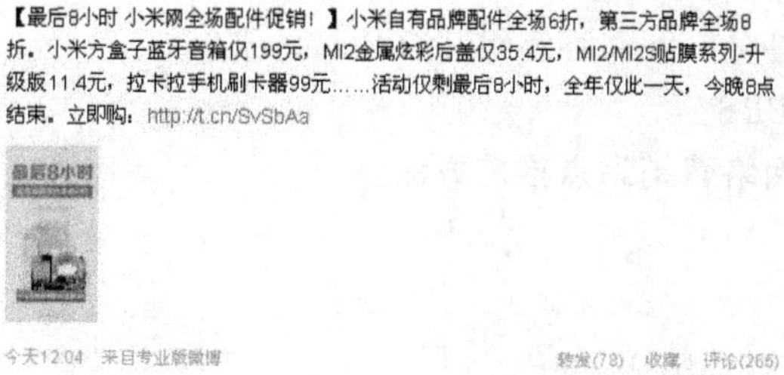


图 10.60 小米利用微博平台发布促销信息

## 本章小结

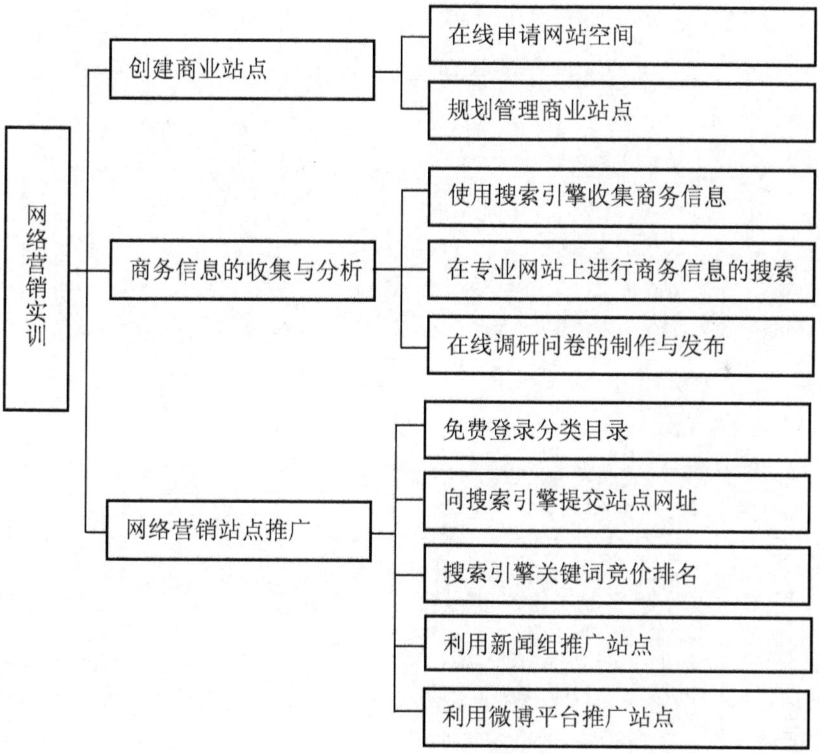


## 思考与练习

简答题

(1) 比较关键词搜索引擎与分类目录搜索引擎各自的优缺点。

(2) 免费登录分类目录搜索引擎时需要注意哪些问题？

(3) 向关键词搜索引擎提交网站需要注意哪些问题?

(4) 新闻组中的"答复"和"答复组"有什么区别?

(5) 比较新闻组和 BBS。

(6) 思考还有哪些网络营销站点推广方法。

# 附录

# 网络营销课程建议

1. 课程的性质和目标

本课程是电子商务、市场营销等专业的必修课程之一，具有市场营销学、计算机及网络技术等交叉学科的典型特征。本课程以对电子商务背景下消费者的需求和行为分析为基础，研究企业在互联网上的营销活动，以及新的营销手段与方法的运用。

通过本课程的学习，要求学生达到以下目标。

(1) 使学生在现代市场营销学的基础上，进一步了解网络经济下消费者行为的特征，掌握网络营销的基本原理和基本理论。

(2) 使学生熟悉网络经济下企业营销活动的运作过程，了解企业开展网络营销的主要策略和手段。

(3) 培养学生认识问题、分析问题的能力，使学生在具体的实践活动中能够运用网络营销技能来分析和解决所遇到的问题。

2. 课程对象

本课程主要为电子商务、市场营销专业学生开设。随着市场经济发展和市场竞争的不断加剧，营销工作正在由专业营销向全员营销和社会营销转变，本课程也可作为其他经济管理类专业学生的选修课程或必修课程。

3. 知识和能力结构

知识能力结构如附图 1 所示。

4. 教学起点

为保证本课程的教学效果，教学起点应为大学二年级学生。前导课程包括《经济数学》、《电子商务概论》、《市场营销》、《消费心理与消费行为》、《计算机及应用》、《财务会计》等。

5. 课程大纲

本课程总学时建议为 54 学时，其中，理论教学学时为 36 学时，实践教学学时为 18 学时，课外实践可根据需要安排，具体如附表 1 所示。

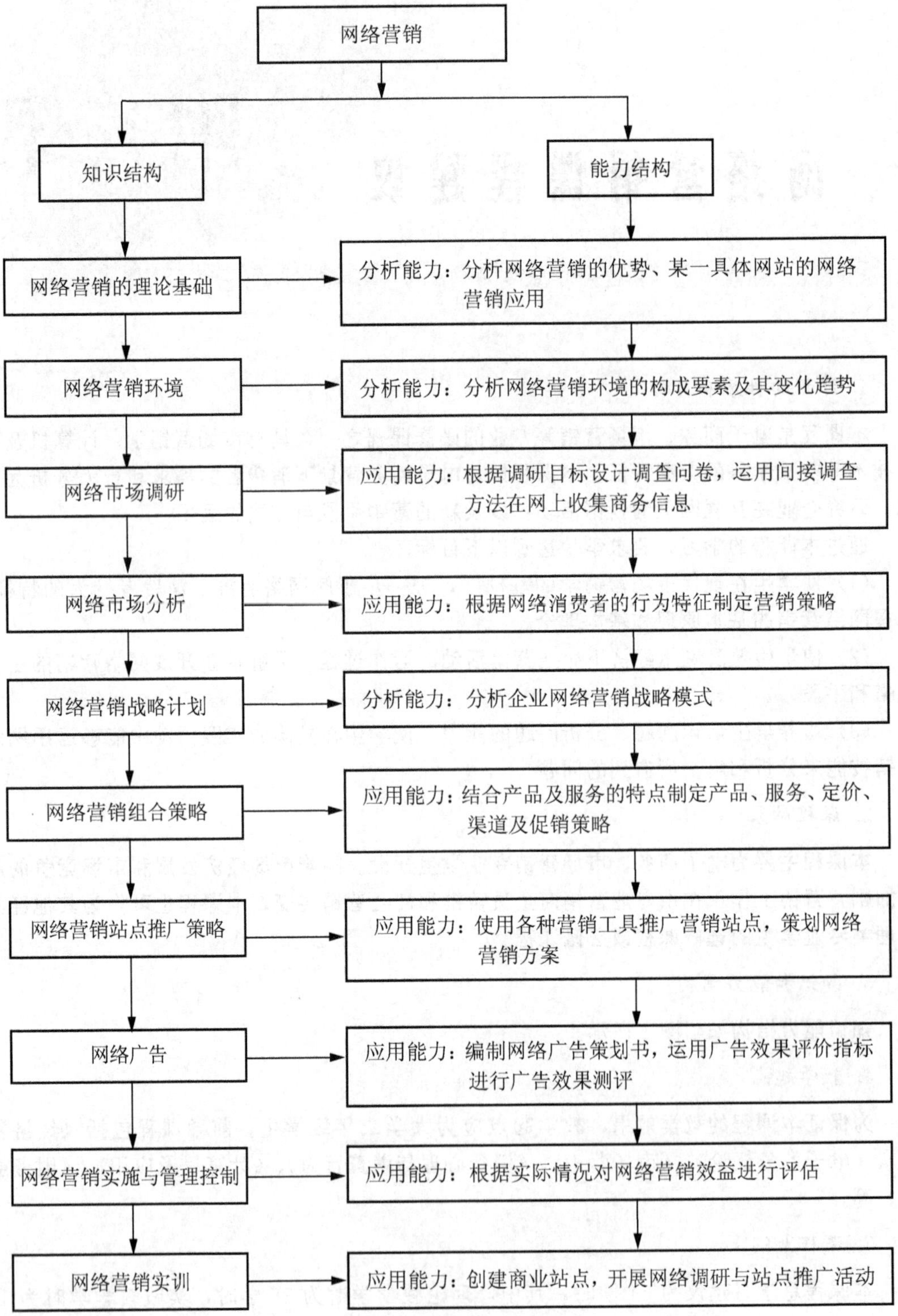
网络营销
知识结构
能力结构
网络营销的理论基础
分析能力：分析网络营销的优势、某一具体网站的网络营销应用
网络营销环境
分析能力：分析网络营销环境的构成要素及其变化趋势
网络市场调研
应用能力：根据调研目标设计调查问卷，运用间接调查方法在网上收集商务信息
网络市场分析
应用能力：根据网络消费者的行为特征制定营销策略
网络营销战略计划
分析能力：分析企业网络营销战略模式
网络营销组合策略
应用能力：结合产品及服务的特点制定产品、服务、定价、渠道及促销策略
网络营销站点推广策略
应用能力：使用各种营销工具推广营销站点，策划网络营销方案
网络广告
应用能力：编制网络广告策划书，运用广告效果评价指标进行广告效果测评
网络营销实施与管理控制
应用能力：根据实际情况对网络营销效益进行评估
网络营销实训
应用能力：创建商业站点，开展网络调研与站点推广活动

**附图 1　知识能力结构图**

附表 1　本课程学时及内容安排

| 章　　号 | 内　　容 | 理论学时 | 实践学时 | 重点教学内容 |
|---|---|---|---|---|
| 第 1 章 | 网络营销的理论基础 | 4 | | 网络营销产生的基础、网络营销的基本功能、网络营销与传统营销的整合、网络营销的基本理论 |
| 第 2 章 | 网络营销环境 | 4 | 1 | 网络营销宏观环境、网络营销微观环境、网络营销管理系统 |
| 第 3 章 | 网络市场调研 | 4 | 1 | 网络市场调研的特点、网络市场调研的步骤、网络问卷调查 |
| 第 4 章 | 网络市场分析 | 4 | 1 | 网络市场的特征、网络消费者的类型及特征、影响网络消费者购买的主要因素、网络消费者的购买动机与购买过程 |
| 第 5 章 | 网络营销战略计划 | 3 | 1 | 网络营销战略管理过程、网络营销计划的内容 |
| 第 6 章 | 网络营销组合策略 | 6 | 2 | 网络域名品牌策略、网络营销服务策略、网络营销定价策略、网络促销的形式 |
| 第 7 章 | 网络营销站点推广策略 | 5 | 1 | 搜索引擎营销的实现、E-mail 营销的过程、病毒性营销的实施、交换链接、网络社区、博客营销 |
| 第 8 章 | 网络广告 | 4 | 2 | 网络广告的形式、网络广告的计费模式、网络广告运作、网络广告效果测评 |
| 第 9 章 | 网络营销实施与管理控制 | 2 | | 网络营销实施分析、网络营销实施的投资决策、网络营销组织、网络营销成本管理、网络营销效益评估、网络投资风险管理 |
| 第 10 章 | 网络营销实训 | | 9 | 创建商业站点、商务信息的收集与分析、网络营销站点推广 |
| 合　　计 | | 36 | 18 | 54 |

6. 课程基本要求

(1) 教学要求。结合网络营销的应用实践，建议使用多种教学媒体、采用多种教学形式组织教学。在课堂讲授过程中，通过多媒体演示教学课件，展示相关的网络营销案例，对重点、难点问题进行详细的讲解和说明；在实践教学环节，充分利用网络资源，结合电子商务企业网络营销运作的实践，培养学生分析问题、解决问题的能力和实际动手操作的能力。

(2) 作业要求。应巩固课堂教学的效果，加强对学生操作能力的培养，通过必要的案例分析、模拟操作、上网查询、课余作业等方式辅助教学，鼓励学生收集相关的资料。

(3) 考核要求。本课程将考试与课堂讨论、作业(每章后的思考与练习)及网络营销实训报告等相结合，通过多种途径综合考查学生对教学内容的掌握情况，突出对学生技能的考核，以帮助学生改变原有的上课记笔记、考试靠突击的学习方式，形成良好的学习习惯。

# 参考文献


[1] 钱东人，朱海波．网络营销[M]．2 版．北京：高等教育出版社，2009.

[2] 宋文官．网络营销实务[M]．北京：高等教育出版社，2008.

[3] 宋文官．电子商务与网络营销[M]．大连：东北财经大学出版社，2003.

[4] 宋文官．网络技术与应用[M]．北京：高等教育出版社，2000.

[5] [美]加里·P. 施奈德．电子商务(原书第 7 版)[M]．成栋，译．北京：机械工业出版社，2008.

[6] 冯英健．E-mail 营销[M]．北京：机械工业出版社，2003.

[7] 段建，王雁．网络营销技术基础[M]．北京：机械工业出版社，2006.

[8] 尚晓春．网络营销策划[M]．南京：东南大学出版社，2002.

[9] 胡国胜，郑克俊．网络营销与安全实训指导[M]．北京：清华大学出版社，2007.

[10] 符莎莉．网络营销[M]．北京：电子工业出版社，2006.

[11] 翟彭志．网络营销[M]．3 版．北京：高等教育出版社，2013.

[12] 王宜．赢在网络营销——经典案例与成功法则[M]．北京：人民邮电出版社，2008.

[13] [美] 朱迪·斯特劳斯，阿德尔·埃尔·安萨瑞，雷蒙德·弗罗斯特．网络营销[M]．4 版．时启亮，金玲慧，译．北京：中国人民大学出版社，2007.

[14] 卓骏．网络营销[M]．北京：清华大学出版社，2005.

[15] 张卫东．网络营销理论与实践[M]．3 版．北京：电子工业出版社，2009.

[16] 甄小虎，秦琴，邬兴慧．网络营销与实训[M]．北京：经济科学出版社，2009.

[17] 中国互联网络信息中心(http://www.cnnic.cn).

[18] 中国网络营销网(http://www.tinlu.com).

[19] 龙腾网界(http://www.vecn.com).

[20] 瑞星(http://www.rising.com.cn).

[21] 新浪微博(http://weibo.com).

[22] 中国电子商务研究中心(http://b2b.toocle.com).